한국 근현대 사회철학의 모색

한국 근현대 사회철학의 모색

펴낸이 박재규
펴낸곳 경남대학교출판부
지은이 김재현

초판 1쇄 인쇄 2015년 10월 23일
초판 1쇄 발행 2015년 10월 30일

출판등록 제1974-100001호

주소 경남 창원시 마산합포구 경남대학로 7 (월영동)
대표전화 055-249-2074 팩스 0505-999-2115
전자우편 ko10@kyungnam.ac.kr
홈페이지 www.kyungnam.ac.kr/press

ISBN 978-89-8421-380-7 93100

한국 근현대 사회철학의 모색

근현대 한국에서의 서양철학 수용과 해석

2002년 3월에 『한국사회철학의 수용과 전개』(동녘)를 출간했다. 이제 13년이 지나서야 위 책 출간 전에 쓴 두 편의 글과 그 후 한국의 사회철학, 인문학 등에 대해 쓴 글을 모아 두 번째 책을 내게 되었다. 나는 앞의 책 '머리말'에서 다음과 같이 썼던 적이 있다.

> "필자는 개인적으로 '한국의 서양철학 수용'과 '동아시아의 서양철학 수용'에 대해 관심이 많다. 그 이유는 우리 자신의 역사적 상황, 정신적 상황과 특성을 이해하려면 세계 속에서 우리 사상의 위상을 알아야 하며, 이를 위해서는 특히 중국과 일본의 전통사상과 서양철학 사상 수용에 대한 폭넓고 깊은 이해가 요구된다고 생각하기 때문이다. 특히 근대 이후 우리 철학 사상의 형성, 발전은 전통적 사유와 사회 조건의 차이 속에서 서양의 충격에 대처한 방식이 달랐던 일본과 중국 그리고 한국이라는 동아시아 국가들의 서양사상 수용을 비교 검토할 때 보다 분명히 밝혀지리라 생각한다. …이러한 연구는 동서철학의 비교 연구와 함께 중국, 일본, 한국철학의 비교 연구라는 매우 폭넓고도 깊은 관점과 지식을 요구하므로 장기적 차원에서 여러 전문가의 도움을 받아 연구를 해야 할 것이다. 이 과제를 좁게 잡는다면

'근현대 한국에서의 서양철학 수용과 해석'이라고 할 수 있으며 좀 더 넓게 잡는다면 '한국 근현대 철학사상사', '동아시아에서의 서양철학 수용의 비교 연구'라 할 수 있다."

이 책은 이러한 필자의 관심에 따라 쓰게 된 논문 13편과 특강 1편, 서평 2편 총 16편으로 구성되었다. 쓰인 순서와 처음 게재된 논문집, 책을 밝히면 다음과 같다.

2000, 「근대 인문사회과학의 수용-1870년대부터 1909년까지」, 국사편찬위원회, 『한국사』 제45권 신문화운동 1.

2000, 「민족공동체 개념에 대한 연구」, 경남대 극동문제연구소, 『한국과 국제정치』 봄·여름, 통권 제32호.

2001, 「김석수의 『현실 속의 철학, 철학 속의 현실』에 대한 서평」, 『아카필로』 제4호, 산해.

2002, 「근대적 학문체계의 성립과 서양철학 수용의 특징」, 이화여자대학교 한국문화연구원, 『한국문화연구』 제3권

2003, 「해방 이후 한국 사회철학의 전개과정」, 이화여자대학교 한국문화연구원 편, 『철학연구 50년』, 혜안.

2003, 「주체사상과 북한연구」, 경남대학교 북한대학원 엮음, 『북한연구방법론』, 한울아카데미.

2004, 「철학원전 번역을 통해 본 우리의 근현대」. 한국철학사상연구회. 『시대와 철학』 가을(제15권 2호).

2007, 「한국에서 근대적 학문으로서 철학의 형성과 그 특징: 경성제국대학 철학과를 중심으로」, 『시대와 철학』 가을(제18권 3호).

2007, 「번역과 철학」, 한림대 인문과학연구소, 『인문학연구』 제13집.

2010, 「함석헌의 초기 사상형성에서 기독교와 사회주의」, 『시대와 철학』 제21권1호.

2011, 「철학의 제도화, 해방 전후의 연속성과 단절」, 『한국인문학의 형성과정』, 한길사(사회인문학총서 2).

2011, 「신남철의 『역사철학』에 대한 특강」, 인문학박물관, 『인문학의 싹: 오늘의 한국인문학을 있게 한 우리 인문고전 12선』, 인물과 사상사.

2012, 「한국철학사상연구회와 『시대와 철학』에 대한 비판적 고찰」, 『시대와 철학』 제23권1호.

2012, 「위상복의 『불화 그리고 불온한 시대의 철학; 박치우의 삶과 철학』에 대한 서평」, 『시대와 철학』, 2012.여름호.

2012, <한성순보>, <한성주보>, 『서유견문』에 나타난 '철학' 개념에 대한 연구–동아시아적 맥락에서」, 한림대학교 한림과학원, 『개념과 소통』 제9호.

2013, 「한국철학계 무엇이 문제인가」, 일송기념사업회 편, 『한국 인문·사회과학 연구, 이대로 좋은가』, 푸른역사.

위 글들을 주제별로 크게 다섯 부분으로 나누어 편집을 했는데, 이 책의 반 이상을 차지하는 1부에는 서양철학수용사, 한국근현대철학사상사에 대한 글로서, 각 글들이 다루는 시대순으로 실었다. 2부에는 민족공동체, 주체사상에 관한 글, 3부에는 철학과 번역 문제를 다룬 글을 묶었으며 4부에는 신남철에 대한 특강, 박치우와 박종홍을 다룬 저서에 대한 서평을 실었다. 5부는 '한국철학계, 무엇이 문제인가'라는 하나의 논문으로 되어있다.

1부 1장의 '근대 인문사회과학의 수용–1870년대부터 1909년까지'는 국사편찬위원회의 의뢰를 받아 쓴 글로 조선 후기의 서구학문의 수용에 대해 개략적으로 정리한 글이다. 2000년 당시에는 이런 종류의 글과 연구자가 부족한 상태라 주로 역사학계의 연구 성과를 참고해서 썼는데, 지금 보면 매우 빈곤한 글이지만 자료적 가치는 있을 것 같아 싣게 되었다.

2장 '<한성순보>, <한성주보>, 『서유견문』에 나타난 '철학' 개념에 대한 연구-동아시아적 맥락에서'는 한림대학교 한림과학원에서 한국에서의 개념사 프로젝트를 맡아 진행하는 중에 필자가 '철학' 부분을 맡아 준비하는 과정에 쓰게 되었다. 1-2년 내에 연구를 진척시켜 『철학』이라는 개념사 연구서를 내려고 한다.

3장 '근대적 학문체계의 성립과 서양철학 수용의 특징'은 이화여자대학교 한국문화연구원에서 기획한 특집 주제인 '근대적 학문체계의 형성과 전개'에 맞추어 철학 부분의 필자로 참여해 쓴 글로 첫 번째 글과 일부 중복되는 부분이 있다. 이 글이 실려 있는 『한국문화연구』 3권(2002)에는 당시 내가 발표에서 다루었던 조동일 교수의 논의에 대해 국문학 분야의 발표자였던 조동일 교수께서 논문과 함께 나의 발표에 대한 자신의 생각을 '부록'('철학분야 발표에 대한 토론' 34-39쪽)으로 첨부한 것이 실려 있다.

4장 '함석헌의 초기 사상형성에서 기독교와 사회주의'는 일본 교토포럼의 공공철학공동연구소 소장 김태창 박사의 제안으로 씨알사상연구소와 함께 2009년 7월 19일부터 22일까지 목포대학교에서 '한일철학대회'가 열렸는데, 그 때 발표한 글을 보완하여 『시대와 철학』에 실었다. 이 때 발표한 글과 이 글에 대한 토론 및 전체 토론은 씨알사상연구소 편 『모색: 씨알철학과 공공철학의 대화』(나녹, 2010년)에 실려 있다.

5장 '근대적 학문으로서 철학의 형성과 그 특징: 경성제국대학 철학과를 중심으로'는 연구년 중인 2005년 여름에 동경외대의 요네따니 마사후미(米谷匡史) 교수가 주도하는 '植民地·近代の超克研究會'에서 조관자, 최태원, 최진석, 홍종욱, 戸邊秀明 선생 등 여러 회원들이 참여한 가운데 발표된 초고를 기초로 작성되었다.

6장 '철학의 제도화, 해방 전후의 연속성과 단절'은 연세대 사회인문학 연구팀에서 기획한 '대학 인문교육의 제도화 과정과 문제의식'에 따라 해방 전후의 한국 철학계를 중심으로 새로 쓴 글인데, 경성제국대학 부분은 앞의 글과 중복되는 부분이 많다.

7장 '해방 이후 한국 사회철학의 전개과정'은 이화여자대학교 한국문화연구원에서 '한국에서 철학연구 50년'의 기획에 따라 한국의 사회철학 부분을 정리한 글로서 『한국사회철학의 수용과 전개』의 내용을 참고하여 보완한 것이다.

1부 마지막 글인 '한국철학사상연구회와 『시대와 철학』에 대한 비판적 고찰'은 2010년 8월19일, 20일 연세대학교 국학연구원 HK사업단이 '사회인문학의 시각으로 본 잡지'라는 주제로 개최한 국제학술회의에서 발표한 글을 수정, 보완하여 『시대와 철학』에 게재한 것이며 『지식의 현장 담론의 풍경: 잡지로 보는 인문학』(사회인문학 총서3, 한길사, 2012년)에 다시 실렸다.

2부는 두 편의 글로 구성되는데 '민족공동체 개념에 대한 연구'는 발표 당시 논쟁거리였던 민족공동체 개념에 대해 엄밀하게 분석하려고 시도한 글이고, '주체사상과 북한연구'는 경남대학교 극동문제연구소에서 기획한 『북한연구방법론』 중의 한 부분으로 『한국 사회철학의 수용과 전개』의 7장 북한의 사회철학의 내용을 기본 골격으로 하여 보완한 것으로 주체사상 부분은 중복되는 곳이 많다.

3부에는 두 편의 글이 있는데 '철학원전 번역을 통해 본 우리의 근현대'는 '한국철학사상연구회'에서 2002년부터 2년간 필자가 연구책임자로서 학술진흥재단의 연구 프로젝트를 받아 수행한 결과를 전체적으로 정리하면서 쓴 글이고, '번역과 철학'은 2006년 11월 24일 한림대 인문과학연구소에서 주최한 '인문학 번역 용어의 현황과 문제점'이란 학술대회에서 발표한 글을 보완해서 쓴 글이다.

4부로 묶은 글들은 특강 내용과 서평으로 1장은 서울 인문학박물관에서 열린 특강인 '신남철의 역사철학 읽기'를 녹음해서 원고로 만든 것이다. 2장은 위상복 교수의 『불화 그리고 불온한 시대의 철학: 박치우의 삶과 철학』이라는 저서에 대해 『르 몽드 디플로마티크』의 서평요청을 받아 2012년 3월호에 게재한 것을, 당시 지면 제약으로 다루지 못했던 내용을 보완하여 『시대와 철학』에 실은 것이다. 3장은 김석수 교수의 『현실 속의 철학, 철학 속의 현실』에 대해 원고지 50매 정도의 본격 서평을 요구했던 『아카필로』 편집진의 요청에 따라 쓴 것이다.

마지막 5부 '한국철학계, 무엇이 문제인가'는 '한국 인문·사회과학 연구, 이대로 좋은가'라는 주제로 2013년 한림대학교 일송기념사업회에서 개최한 학술대회에서 철학 분야의 발표자로 쓴 것이다.

이 책의 글들은 모두 외부의 요구에 의해 작성된 것이다. 필자에게 이 글들을 쓸 수 있도록 권유하고 추천해 준 모든 분들에게 감사드린다. 그리고 사회철학을 하면서 함께 고민하고, 격려하며 공부하고 토론했던 '한국철학사상연구회' 선후배 동료 회원들에게 감사의 마음을 전한다.

이 책은 필자가 재직하고 있는 경남대학교의 출판부 연구비 지원을 받아 만들게 되었는데 이 점에 대해 박재규 총장님과 정일근 언론출판원장에게 감사드린다. 그리고 편집을 담당한 김미숙 선생의 꼼꼼한 교정과 세심한 배려에 대해서도 감사한 마음을 전한다.
마지막으로 이 책의 출간을 함께 기뻐할 사람, 작년 1월 세상을 떠난 故 이연숙에게 이 책을 바친다.

2015년 10월
월영동 연구실에서
저자 김재현

차례

제1부
근대적 학문으로서의 철학

제2부
민족공동체와 주체사상

제3부
철학과 번역

제4부
신남철, 박치우, 박종홍

제5부

제1부

근대적 학문으로서의 철학

1장

근대 인문사회과학의 수용: 1876년부터 1910년까지

시작하는 말

중국·조선·일본은 동아시아에서 서로 인접하는 유교문화권에 속한 나라였지만 근대학문(서학)의 수용 양상은 세 나라가 서로 달랐고 또 그것이 근대에 서로 다른 길을 결정짓는 결과를 낳았다. 이는 당연한 일이겠지만 그 배후에 있는 각국의 유교문화의 성격을 포함한 사상적 체질의 차이에 의해 규정된 것이다.[1]

이 글에서는 서구 철학과 사회과학을 중심으로 서양근대 학문의 수용을 살펴본다. 그런데 인문·사회과학이라 할 때 그 개념의 내포와 외연이 우선 문제되는데, 내포의 문제는 생략하고 외연적으로 볼 때 인문학은 오늘날 문학·역사·철학 등을 총칭하고 사회과학은 경제학·정치학·사회학 등을 포괄한다. 그러나 문학과 역사는 이미 다른 분야에서 다루고 있으므로 여기서는 서양철학의 수용을 중심으로 다루되 정치학·경제학·사회학 등의 수용사도 자료소개의 차원에서 간략히 다루고자 한다.

잘 알려져 있듯이 조선에서는 이미 개국 전부터 실학파 사상가들에 의해 서구사상이 많이 수용되었다.[2] 종교적 차원에서는 서교西敎로 학술적 차원에서는 서학西學으로 나누어 본다면 서교의 수용에 대한 연구와 서학 중에서도 자연과학이나 서양기술의 수용에 대한 연구는 상당히 많다. 그러나 근대적인 의미의 인문사회과학의 수용에 대한 연구는 충

1 강재언/이규수 옮김, 『서양과 조선』, 학고재, 1998, 259~260쪽.

2 이원순, 『조선서학사연구』, 일지사, 1986; 이광린, 『한국개화사연구』 개정판, 1995, 일조각 강재언/정창열 옮김, 『한국의 개화사상』, 비봉출판사, 1984; 강재언/이규수 옮김, 『서양과 조선: 그 이문화 격투의 역사』, 학고재, 1998; 강재언, 『조선의 서학사』, 민음사 등 참조.

분하지 않은 것 같다.

한국에서 본격적으로 서구 학문(新學)을 수용하기 시작한 것은 개항 전후 개화사상이 대두되면서부터였다. 그러나 1870년대부터 1910년 정도까지는 아직 근대교육제도가 뚜렷이 확립되기 전이고 근대적 서양 학문의 수용도 체계적으로 이루어진 것이 아니었으며, 따라서 철학사상과 사회사상, 인간론, 정치사상 등이 서로 섞여서 수용되었다. 그러므로 당시 수용한 서구 근대학문의 분야가 분명히 나누어지지 않았고 또 학문분류도 분명하지 않았다.

이 글에서는 서양철학 수용을 중심으로 서술하고 나머지 분야에 대해서는 각 분야별 연구 성과를 토대로 간단하게 서술하고자 한다. 그리고 특정 분야로 나누기 힘든 사회진화론 같은 경우는 종합적으로 다루어 나가겠다. 또한 여기서는 서양 근대학문의 수용사가 중심이므로 사회적 배경이나 운동사, 대중적 차원의 영향관계 등은 다루지 않고 주로 개인이나 문헌을 통해 접근을 하고자 한다.

서술의 순서는 우선 서양 근대학문의 수용 통로와 매체를 간략히 살핀 후, 서양철학 수용의 과정과 내용을 고찰하고, 철학과 사회과학 수용 전반에서 중요한 위치를 차지하고 있는 사회진화론을 별개로 검토한 후에, 개별 사회과학의 수용을 간략히 살펴 볼 것이다. 그리고 마지막으로 서양 인문사회과학 수용의 특징과 문제점을 제시해 보고자 한다.

서양 근대학문의 세 수용 통로

한국이 서양 학문을 수용하는 과정은 중국과 일본을 매개로 하는 과정과 직접 서양을 접하는 과정으로 크게 나눌 수 있다. 여기서는 중국과 일본 그리고 서양 중에서도 특히 미국을 중심으로 살펴본다.

1876년 강화도 조약에 이르기까지 한국이 정식 국교와 무역을 행하는 상대국은 청나라와 일본뿐이었고 서양 국가들과의 직접적인 왕래는 없었으며, 조선시대에 한국에 알려져 있던 서양지식은 마테오리치(Matteo Ricci, 1552-1610)를 비롯한 중국주재 선교사들이 한문으로 쓴 저작물뿐이었다. 중국을 경유하여 서양의 지식을 얻는 상황은 대개 1870년대까지 계속되었다. 1774년 사절使節에 동행하여 북경에 간 이승훈은 예수회 선교사와 접촉하여 천문학과 수학을 배우고 세례를 받아 가톨릭 신자가 되었다. 이후 한국 내에서는 가톨릭 신자가 증가하여 이를 탄압하는 정부에 의해서 몇 번의 순교사건이 일어났다.

한편, 아편전쟁 이후 중국의 양무운동에 관한 저작물이 한국에서 읽혀졌다. 역관 오경석은 1853년 이래 북경과 천진을 왕래하며 서양의 부국강병술을 배울 것을 주장하여, 아편 전쟁 후에 쓰인 위원(魏源, 1794-1856)의 『海國圖志해국도지』와 세계지리서인 『瀛環志略영환지략』, 미국인 선교사가 발행하고 있던 월간 잡지 『中西見聞錄중서견문록』 등을 가지고 돌아왔다. 이러한 서적은 그와 교제가 있었던 실학파 사람들에게 읽혀져서 후에 '개화파'의 한 원천이 되었다.[3] 그리고 당시에는 『朝鮮策略조선책략』, 『易言이언』도 이미 수용되어 읽혀졌으며 『연암집』이 개화파 형성에 중요한 영향을 줬다. 개국 이전의 폐쇄적인 사상적 상황 가운데서 개화파 형성에 영향을 준 책 중에 사상적으로 가장 중요한 의미를 갖는 것은 『영

3 개국 전의 서양인식과 서양사상 수용에 대해서는 이원순, 『조선서학사연구』, 일지사, 1986; 강재언/정창열 옮김, 『한국의 개화사상』, 비봉출판사, 1984, '제3장 조선에 건너온 서양서목-개국 전의 서양인식과 관련하여' 등을 참조.

환지략』과 『해국도지』일 것이다.[4]

개화사상이 대두되던 1870년대나 1880년대에 있어서 우리에게 막대한 영향을 준 주요 외국서적은 거의 모두가 중국의 서적이나 그 당시 중국에 머물던 외국인 선교사들의 저작물이었고[5], 이와 같은 사실은 1890년대나 1900년대에도 여전히 지속되었다. 물론 일본서적의 영향이 점차로 확대된 것은 사실이다.[6]

『해국도지』 같은 책은 이미 최한기나 김정희 그리고 나중에 박규수 등이 읽었는데, 이들은 서양의 과학기술에는 긍정적인 반응을 보이지만 서양인들의 사상에 대해서는 종래 유학자들이 배척하던 불교 정도의 수준이라 판단하여 유학의 도덕적 우월성을 확신하게 된다.

중국을 방문하여 새로운 사상을 체득하게 된 박규수와 강위는 귀국하자 주위에 있는 젊은이들에게 국제문제에 대해 관심을 갖도록 역설하였다. 박규수는 유길준에게 위원의 『해국도지』를 주면서 오늘날에는 외양사外洋事, 즉 국제문제에 대해서도 알아야 된다고 충고하고 유길준은 이 말을 듣고 분발하게 된다.

『해국도지』는 위원이 1844년부터 1852년까지 100권으로 완간한 저작물로 서양의 역사와 지리를 중점적으로 소개한 일종의 세계지리서이다. 그런데 이 책이 동아시아 삼국에 심대한 영향을 끼쳤다는 점이 주목된다. 이 책의 출간을 계기로 청에서는 서양의 기술을 채용하자는 양무론洋務論이 일어나고, 페리의 내습(1853)으로 혼란에 빠진 일본은 결국 개

4 이광린, 「'해국도지'의 한국 전래와 그 영향」, 『한국개화사연구』 개정판, 1995, 일조각.
5 이광린, 『한국개화사 연구』, 38-46 쪽.
6 이재선, 『한국개화기 소설연구』, 29-33쪽.

국론으로 방향을 잡게 되었으며, 한국에서도 개화파가 출현하는 데 한 자극이 되었다.[7] 말하자면 『해국도지』는 당시 동아시아 지식인 사회에서 대체경서代替經書의 위치에 있었다고 해도 지나친 말은 아니다.[8]

1860년 후반기부터 한국사회에 나타난 새로운 사상은 1881년에 이르러 '자강自强'과 '개화開化'로 표현되게 된다. 자강은 당시 청국에서 유행되던 말이었고 개화는 일본에서 유행되었던 말인데, 함께 한국에 들어온 셈이다. 그러나 점차 자강보다는 개화에 더욱 매력을 느껴 한국사회에서 개화라는 말이 널리 사용되게 되었다. 그리고 어느새 급진파에서는 자기그룹을 개화당이라 부르고 온건파를 사대당이라 불러 구별하였다.[9]

1880년대 조선에 유입된 중국책과 잡지는 역사, 지리, 자연과학, 정치와 법률 등 다양한 분야에 걸친 것이었다. 당시 수용된 인문사회과학 쪽의 중국서적으로는 역사지리서적인 『海國圖志해국도지』, 『瀛環志略영환지략』, 『地球說略지구설략』, 『普法戰記보법전기』 등과 정치 법률서적인 『朝鮮策略조선책략』, 『萬國公法만국공법』, 『興亞會雜事詩續흥아회잡사시속』, 『易言이언』 신문잡지 종류인 『申報신보』, 『萬國公報만국공보』, 『中西見聞錄중서견문록』, 『格致彙編격치휘편』 등이 있었다.[10] 1883년 5월음력 3월경에 『이언』이 복간되고 한글 번역본까지 간행되었다.

다윈의 진화론은 1897년이 되어서야 중국에 비로소 소개되었다. 반면 일본에서는 이미 1880년대에 다윈의 진화론은 널리 알려져 있었고,

7 이광린, 『한국개화사 연구』, 2쪽.

8 최원식, 「신소설에 나타난 개화의 두 모습」, 『역사비평』, 1996, 가을, 계간34호, 142쪽.

9 이광린, 「개화사상의 형성과 그 발전」, 『개화파와 개화사상 연구』, 1989, 일조각, 35쪽.

10 더 자세한 내용은 이광린, 『한국개화사연구』, 일조각, 1982, 38-46쪽.

사회진화론적인 '생존투쟁', '우승열패'는 매우 일반적으로 사용되고 있었다. 그러나 1880년대에 한국에 유입된 일본서적의 수는 매우 적었고, 그 영향력도 매우 적었다고 한다.[11]

중국에서도 서양의 기술 뒤에 숨은 서양의 제도와 정치에 본격적으로 관심을 갖게 된 것은 청일전쟁의 패배 뒤였고 그리하여 자강론에서 변법론으로 사상을 바꾸게 된다. 청일전쟁 이후 중국에서 엄복이 헉슬리의 이론을 번역한 『天演論(천연론, 1898)』과 『群學肄言(군학이언, 1903)』, 양계초의 『飮氷室文集(음빙실문집, 1903)』이 들어와 조선에서 널리 읽혀졌다.

특히 『음빙실문집』의 영향은 대단히 컸는데, 그중 양계초의 변법자강 사상은 서양의 천부인권론, 사회계약론, 사회진화론적 근대사상과 함께 조선말기의 애국계몽운동에 깊은 영향을 미쳤다. 이러한 서양의 근대사상은 물론 단편적으로는 이미 1880년대부터 개화사상에 강한 영향을 주고 있었지만, 특히 유길준의 『서유견문』과 『독립신문』, 그리고 양계초의 『음빙실문집』 등에 의해 조선의 계몽사상가들 속에 깊은 뿌리를 내린 감이 있다.[12] 그러나 1900년대 후반기에 국권회복과 내정변법을 당면의 과제로 하고 있었던 조선의 계몽사상가들의 강한 관심은, 서양의 근대사상 자체보다 그 논리를 도입하여 쌓아올린 양계초의 변

11 이광린, 『한국개화사연구』, 일조각, 1979, 39쪽.

12 양계초는 『음빙실문집』(하권)에서 루소의 학설을 매우 자세히 소개하고 홉스, 로크, 흄을 그리고 몽테스키외의 『법의 정신』을 자세히 해설하여 소개하였고, 또한 벤담도 언급했다. 또한 그는 블룬칠리(Johann Caspar Bluntschli: 伯倫知理)의 학설이 국가유기체설에 기초를 둔 것이며, 국가유기체설은 루소의 공화정치론과는 대립되는 흐름임을 자세히 해설하여 소개했다. 이 때문에 이미 전제 군주제를 혐오하고 공화정을 동경하고 있던 한말의 사상계에는 독일낭만주의 보다 루소, 로크 등의 계몽사상이 더욱 중요한 서구의 정치사상으로 받아들여지고 검토된 것으로 보인다. 신용하, 『박은식의 사회사상연구』, 서울대학교출판부, 1982, 59쪽 참조.

법자강 사상에 있었던 것 같다.

1876년 일본은 군함을 파견하여 강제적인 함포 외교로 조선에게 개항을 강요했다. 오경석은 조선 측 전권비서를 맡아 일본사절로부터 철도와 전신에 관한 설명을 들었다. 이렇게 하여 급속히 서양문명의 도입을 추진하고 있던 명치유신 후의 일본이 조선의 새로운 서양문명 도입경로가 된 것이다.[13] 즉 실학사상을 기반으로 한 선구적인 개화사상이 청말淸末의 중국서적들을 통해 얻어진 것이라면 그 후의 개화사상은 일본서적을 통한 것과 실지로 견문하는 것으로 비롯하여 얻어졌다.

일본은 한국에서 가장 가까운 자본주의 국가로서 구미 자본주의 제국의 사정을 알기 위해, 또 명치유신 이래 단기간에 걸쳐 근대적 발전을 이룩한 경험을 알기 위해서 개화파 인사가 일본에 관심을 갖는 것은 당연한 것이었다.

김옥균 등 개화파의 일본에 대한 대외활동의 길을 튼 사람은 이동인이었다. 이동인은 처음에는 유홍기와 친분이 있어서 유홍기의 소개로 김옥균 등과 사귀게 되었고, 이동인이 동본원사 부산 별원을 통하여 근대화되고 있는 일본에 주목하고 연구하기 시작한 것은 1878년경부터이다. 이렇게 해서 유홍기는 신세계를 볼 수 있는 두 개의 눈을 가지게 되었으니 하나는 오경석을 매개로 한 청국을 통해서요, 다른 하나는 이동인을 매개로 한 일본을 통해서이다.

이동인은 부산에서 입수한 『萬國史記만국사기』나 세계 각국의 도시와 군대의 규모를 찍은 사진, 요지경(瑤池鏡, 만화경) 등을 김옥균 등에게 보여주고 당시 불온서적이던 『만국사기』 등을 동지들 사이에 서로 돌려가

13 上垣外憲一, 『일본유학과 혁명운동』, 진흥문화사, 1983, 13쪽.

며 읽었다. 김옥균과 박영효가 사재를 처분해서 여비를 조달하여 외국 사정에 관한 문헌이나 자료를 구입하도록 이동인을 일본에 파견한 것은 1879년의 일이며, 이는 민간인으로서의 최초의 여행이자 국법을 어기는 일이었다. 그리고 후쿠자와 유기치(福澤諭吉)를 최초로 만난 사람 또한 이동인이다.[14] 초기 개화파의 사상형성에는 내재적·외재적 요인이 있으나, 대부분의 논자들에 의하면 외재적 요인 중 일본의 후쿠자와가 미친 사상적 영향이 주로 거론된다.

1876년 개항 후 최초로 일본의 외교사절이 된 김기수金綺秀가 보고한 『일동기유서』에는 "그들의 학문은 경전을 숭상하지 않고 오로지 부국강병을 받들고 있다", "군사나 종사에 모든 서양의 방법을 쓰고 있다" 등의 내용을 싣고 있다. 1881년에는 신사유람단이 일본으로 떠났다.

유길준은 후쿠자와가 저술하여 일본사회에 큰 영향을 주고 있던 『서양사정』, 『학문의 권장』, 『문명론의 개략』 등을 열심히 읽었을 것으로 보인다. 이는 『서양사정』, 『만국공법』 등은 『서유견문』에 많이 인용되었고, 『서유견문』의 내용 중 많은 부분이 『서양사정』에 나타나고 있음에서 잘 알 수 있다. 심지어는 내용이 거의 전재된 부분도 있다.[15]

다른 한편으로는 당시 경응의숙慶應義塾에서는 미국인이 지은 『The Element of Political Economy』 등의 영어원서를 교재로 영어교습을 하기도 하였고, 또한 외국어에 능한 교수들이 스펜서, 몽테스키외, 토크빌 등의 책을 소개하는 강의를 하였다고 한다. 유길준은 특히 정치·경제학

14 강재언, 『韓國近代史研究』, 한울, 1982, 70~71쪽; 강재언/정창렬 옮김, 『한국의 개화사상』, 비봉출판사, 1984. 196~197쪽.

15 김봉열, 『유길준 개화사상의 연구』, 경남대출판부, 1998, 38~39쪽. 『서양사정』이 『서유견문』에 미친 영향에 대해서는 이광린, 「유길준의 개화사상-서유견문을 중심으로」, 『한국개화사상연구』, 일조각, 1979 참조.

에 큰 흥미를 갖고 있었다고 하는데,[16] 후쿠자와의 책 외에도 당시 일본에서 널리 읽혀진 카토 히로유키(加藤弘之)의 『입헌정체론』, 『국체신론』, 나카에 조민(中江兆民, 1847-1901)의 『민약역해』 등의 정치사상 관계 저술도 그에게 영향을 미쳤을 것으로 보인다.[17]

앞에서 서술한 것들 외에도 개화사상에 영향을 미친 서구의 책으로는 루소의 『사회계약설』이나 몽테스키외의 『법의 정신』, 아담 스미스의 『국부론』 등이 있는데, 개화사상가들은 이러한 저서를 직접 읽지는 않았고 주로 그들 사상이 소개된 중국서적이나 일본서적을 통해 접했을 것으로 추측되며, 번역된 일본서적을 통해 직접 부딪혔던 시기는 1890년대 이후로 볼 수 있다.[18]

마지막으로 미국이나 유럽으로부터 서구사상을 직접 수용한 경우는 1910년까지 매우 드물었지만 윤치호와 유길준, 서재필 등의 미국 유학생과 박정양 등의 '친미개화파親美開化派'를 통해 서구사상 수용이 이루어졌음은 잘 알려져 있다.[19]

지금까지 우리나라의 서구 사상 수용 초기에는 서양 선교사들의 한문저술을 통해서 이루어지다가 점차로 청말 중국학자들의 저술 혹은

16 이광린, 앞의 글, 『한국개화사상연구』, 52쪽.

17 유영익, 「갑오경장 이전의 유길준-1894년 친일개혁파로서의 등장배경을 중심으로」, 『한림대 논문집』 제4집, 1986, 75쪽.

18 신용하, 「19세기 한국의 근대 국가형성 문제와 입헌공화국 수립운동」, 64쪽, 『한국의 근대국가 형성과 민족문제』, 1986, 문학과 지성사; 독립협회 회보 제2호(1896. 12. 5)에서는 루소의 사회 계약설과 자연법사상, 몽테스키외의 『법의 정신』과 삼권분립설이 소개되고 있다.

19 이광린, 「미국 유학시절의 유길준」, 『한국개화사연구』, 「서재필의 개화사상」, 『한국개화사상연구』, 「서재필의 사상」, 『개화기연구』, 일조각, 1994; 유영열, 『개화기의 윤치호연구』, 한길사, 1985; 한철호, 『친미개화파연구』, 국학자료원, 1998 등 참조.

번역서를 그리고 나아가 일본의 철학서가 중국에서 한역된 것을 통해서 이루어졌고, 나중에는 주로 일본을 통해 그리고 그 다음에는 미국을 통해 이루어졌음을 역사적 맥락에서 간략히 살펴보았다.

서양철학의 수용

우리나라에서 서구의 철학사상이 알려지기는 천주학의 전래로부터 시작되었다. 『職方外記직방외기』나 『天主實義천주실의』 등의 책들 속에 서양철학에 관계된 것이 언급되는 것을 보면 단편적이나마 수용되었다는 것을 알 수 있다. 그러나 천주교를 통해서 전해진 서양철학사상은 주로 토마스 아퀴나스를 중심으로 한 스콜라 철학이었고, 그 외의 것은 아주 간략하게 소개되었다.[20]

서양철학이 본격적으로 수용되기 시작한 것은 한말韓末에 이르러서이다. 중국과 일본에서 서양철학이 본격적으로 수용되면서 우리도 이들을 통해 서양철학을 수용하기 시작한 것이다. 이는 '哲學'이라는 용어 자체가 일본의 니시 아마네(西周)가 서양어 'philosophia'를 번역한 용어로서 이 용어가 중국과 한국으로 유입되어 사용된 것으로 볼 수 있다.[21] 서양철학 수용에서 대표적인 몇 사람을 살펴보겠다.

20 송영배, 「'천주실의'의 내용과 그 의미」, 서울대학교 철학사상연구소, 『철학사상』 제5호, 1995; 허남진, 「서구사상의 전래와 실학」, 서울대학교 철학사상연구소, 『철학사상』 제4호, 1994; 금장태·강돈구, 「기독교의 전래와 서양철학의 수용」, 같은 책.

21 백종현, 「서양철학수용과 한국의 철학」, 강영안 「현재 한국에서 사용되는 철학용어의 형성배경」, 이기상, 「철학개론서와 교과과정을 통해 본 서양철학의 수용(1900~1960)」, 서울대 철학사상연구소, 『철학사상』 제5호; 조경란, 「중국과 일본의 서양철학 수용」, 서울대 철학사상연구소, 『철학사상』 제4호 참조.

우선 석정 이정직(1841~1910)은 조선말의 유학자로서 베이컨과 칸트에 대한 논의를 주로 하였다.[22] 석정은 1868년 북경에 가서 서구의 새로운 문물을 접하고 서양학문을 수용했다고 볼 수 있다. 그의 '배근학설(倍根學說, 베이컨 학설)'은 언제 쓰였는지 정확히 알 수 없으나 1903년에 간행된 양계초의 『음빙실문집』 '학설' 편에 있는 '근대문명의 시조: 베이컨, 데카르트의 학설' 가운데 '배근 실험파지학설(倍根 實驗派之學說, 역명 격물설)'을 보고 뜻이 중복되거나 긴 말을 삭제하고 일부 첨가하여 양계초의 글을 그대로 옮겨 적은 것으로 보인다.[23]

그는 베이컨 이전의 학설은 희랍 아리스토텔레스와 플라톤의 범주에서 새로운 길을 모색하지 못한 채 궤변과 공상空想을 벗어나지 못하였는데, 베이컨 철학이론이 나오면서 비로소 실제철학으로 돌아가게 됐다고 파악하여 베이컨 철학의 중요성을 강조했다. 여기서 주목되는 것은 일본에서는 논리학, 중국에서는 변학辨學으로 번역한 아리스토텔레스의 학문을 독특하게 삼구학三句學으로 소개한 것이다. 석정은 삼구법三句法이란 말과 문자로 표현하는 법에 불과한 것으로 진리를 터득해 이를 서술하면 크게 적용될 수 있으나 만일 문자 등을 빌어 진리들의 소재를 고찰하려 한다면 이는 옳지 못한 일로 파악함으로써 그 나름으로 아리스토텔레스의 논리학을 소화하고 '삼구법'이란 명칭까지 고안해 낸 것이다. 또한 이정직은 베이컨의 실험, 관찰의 방법을 도입하여 동서철학을 절충할 수 있다고 보았다.

그는 칸트철학에 대해서도 서술하고 있다. 그는 칸트의 윤리학과 『실

22 박종홍, 「이정직의 '칸트' 연구」, 『박종홍전집』 제5권, 민음사, 1998; 이현구, 「개화기 유학자와 계몽운동가들의 서양철학 수용」, 서울대 철학사상연구소, 『철학사상』 제4호.
23 오종일, 「실학사상의 근대적 전이-석정 이정직의 경우」, 『한국학보 35』, 1984.

천이성비판』에 주목하고 자유와 인간존엄 사상에 공감하였다. 이는 『음빙실문집』에 기록된 내용을 크게 벗어나지 않는 것이다. 양계초는 일본 철학관에서 석가, 공자, 소크라테스, 칸트를 네 성인으로 받드는 내용을 소개하면서 칸트를 19세기 학술사의 제 일인자로 소개하였는데 이는 일본 철학계의 평가에 따른 것이다.[24]

그러나 이정직의 칸트철학에 대한 소개에는 양계초와 약간의 차이점이 있다. 즉 양계초가 칸트의 철학을 불교의 화엄사상과 연결 지어 설명한 데 비해 이정직은 주자학을 연결 지어 설명한 것이 그것이다. 이정직은 칸트의 자유사상에 대하여 천리의 자연에 따르는 것이 진짜 자유이며 이는 유학에서 말하는 본연지성本然之性과 같고, 또 칸트의 '사람을 수단으로서가 아니라 목적 자체로 대하라'는 말은 인간의 존엄성에 대해 지적한 것으로 해석하고 유학에서 인仁이 바로 그런 경지와 같은 것이라고 이해하는 등 유학적 입장에서 서양철학을 절충하려는 나름대로의 고민과 독자성도 있었음을 엿볼 수 있다.[25] 그러나 다른 한편으로 양계초의 수용입장과 비교한다면 당시 현실에 대한 냉정한 인식이 부족한 데서 기인하는 것으로 해석할 수도 있다.[26]

24 이현구, 「개화기 유학자와 계몽운동가들의 서양철학 수용」, 서울대 철학사상연구소 엮음, 『철학사상』 제4호, 1994, 245쪽.

25 박종홍, 「이정직의 '칸트' 연구」, 『박종홍전집』 제5권, 민음사, 283~285쪽. 이현구는 이정직의 서양철학에 대한 논의가 양계초의 『음빙실문집』 자료에 근거하여 초록하고 논평한 것이라면 자료성립 시기도 1903년 뒤가 되어 역사적 의미가 적어진다고 평가한다. 이현구, 앞의 글, 247쪽.

26 물론 양계초의 경우에도 칸트철학을 소개하면서 인권이나 주권에 대한 근대적 사고의 내용을 소개하는 데 중점을 두고, 칸트의 자유개념을 양명학의 '良知'개념과 대비시킨 것은 양계초의 독창적인 생각이기 보다 일본 철학계가 칸트철학을 수용하는 입장과 연관될 것이다. 李威周, 『中日哲學思想交流與比較』, 青島海洋大學出版社, 1991, 209~212쪽; 이현구, 앞의 글, 246쪽 참조.

우리나라에서 서양철학을 서적을 통해서가 아니라 강의를 통해 직접 접한 최초의 인물은 유길준(1856~1914)이다. 그는 개항 후 최초의 서구 유학생으로 일본의 경응의숙慶應義塾과 미국에서 서양사상과 서양철학을 접한 것이 분명하다. 그는 또한 근대학문을 가장 먼저 체계적으로 소개했던 사람이기도 하다.

> 유길준은 『서유견문』에서 인문과학·사회과학·자연과학의 각 분야에 관하여 개념적인 설명을 시도하였다. 그는 농학·의학·산학算學·정치학·법률학·격물학(물리학)·화학·철학·광물학·식물학·동물학·천문학·지리학·인신학人身學·박고학博古學·언어학·병학·기계학·종교학에 걸친 근대학문을 종합적으로 소개함으로써 그때까지 오로지 관념적이고 사변적인 규범의 세계를 지향하고 있던 구학문으로부터 현실의 사회적 실천에 유용한 지식을 추구하는 신학문에로 전환하려는 노력을 사회전체의 과제로서 제시할 수 있었다.[27]

유길준은 『서유견문』 제13편에서 태서학술泰西學術의 내력來歷을 말하면서 도덕학에는 소크라테스와 플라톤이 있으며, 궁리학窮理學에는 아리스토텔레스와 베이컨이 박흡博洽한 지식智識과 재조才操를 가지고 있다고 소개하고 있다. 또한 '학업 하는 조목'에서 다른 학문과 더불어 철학을 들면서 "此學(철학)은 智慧지혜를 애호하야 理致이치를 통하기 위함인 故고로 그 근본의 심원함과 功用공용의 廣博광박함이 界域계역을 立입하야 限定한정하기 不能불능하니, 人인의 言行언행과 倫紀윤기며 百千事爲백천사위의 動止동지를 論定논정한 자"[28]라고 정의하고 있다. 유길준이 철학을 '功用

27 윤건차, 『한국근대교육의 사상과 운동』, 청사, 1987, 136쪽.

의 학'이라 하고 '百千事爲의 動止를 論定하는' 학문이라고 말한 것은 당시 일본과 미국에서 프랑스 계몽주의 철학이 성행하였기 때문일 것이다.

이인재(1870-1929)는 일본의 이노우에 엔료井上圓了가 저술하고 중국 나백아羅伯雅의 한역으로 된 『哲學要領철학요령』과 프랑스의 이기약(李奇若, 불어 원명 미상)이 저술하고 중국 진붕陳鵬의 한역으로 된 『哲學論綱철학논강』, 그리고 중국 양계초의 『飮氷室文集음빙실문집』에 수록된 여러 학설 등을 참고하여 『希臘古代哲學巧辯희랍고대철학고변』이라는 서양고대철학사에 관한 저술을 하였다.[29] 『희랍고대철학고변』은 고대 그리스 철학의 소개와 그의 비판으로 되어 있는데[30] 이인재에 의하면 철학은 다음과 같은 성격을 갖는다.

> 철학은 세 부분이 있는데 그 하나는 논리학이고 그 둘은 형이상학이라 하고 그 셋은 윤리학이라 한다. 比龍少飛阿(필로소피아)라는 것은 원래 희랍말로는 叡智(예지)에 대한 사랑, 예지를 사랑하는 사람을 말하는 것이다. 오늘날에는 이것을 번역하여 철학이라고 하는데 이 철학은 삼라만상의 法理(법리)를 연구하며 사물의 원리와 존재를 풀이하는 것이다. 과

28 유길준전서편찬위원회편, 『유길준전서』 제1권, 일조각, 371쪽.

29 이인재에 대해서는 박종홍, 「이인재론-처음으로 서양고대철학사를 소개 비판한 유학자」, 『박종홍전집』 제5권, 민음사, 424-434쪽. 이인재가 참고한 책들의 저자와 한역자(漢譯者)에 대해 박종홍이 제시한 내용에 대해서 해당 서적의 내용을 직접 검토하는 일이 필요하다는 의견이 제시되었다. 김종석, 「이인재의 사상과 역사적 의의: 서양철학 전래 초기 유학계의 동향에 관한 일 고찰」, 영남대, 『철학회지』 제17집.

30 이 책이 쓰인 시기는 1912년 이전으로 추측되지만 정확한 연대는 알 수 없다. 이현구, 앞의 글, 249쪽 참조.

학이란 사물 가운데 하나의 이치만을 연구하는 것이며 그 실용을 찾는 것이라면 백과의 학이 어찌 철학에 기초하지 않겠는가.[31]

이인재는 이어서 철학사론哲學史論이라 하여 간단한 개요를 이 책의 처음과 끝부분에 적고 있다.[32] 여기서 '철학'이란 용어는 물론이고 '논리학', '형이상학', '윤리학', '존재' 등의 용어가 등장하는데 이들 용어들은 19세기 말 일본에서 번역되어 사용되다가 일본을 거쳐 중국으로 들어가 다시 한국으로 재수입된 용어들이라고 할 수 있다.

다음으로 장지연, 서재필 등과 같은 계몽운동가들의 서양철학 수용을 간략히 살펴보자. 그런데 이들의 경우 그 저작의 특수성 때문에 서양철학 수용에 대한 명료한 경로와 내용을 파악하기는 어렵다. 다만 계몽운동가 일반에게 적용될 수 있는 사회진화론의 수용과 서구사회사상의 유입은 뚜렷하다.

장지연(1864~1921)은 황성신문 사장으로 있으면서 그 신문의 1909년 11월 24일자 논설에서 '철학가의 眼力(안력)'이라는 글에서 "무릇 철학이란 窮理궁리의 학이니 각종 과학공부의 所不及處소불급처를 연구하야 明天理淑人心명천리숙인심하는 고등학문이니 … 우리도 세계의 서적을 박람하며 세계의 학리를 廣求광구하야 … 세계철학가의 일부분을 점하면 또한 代대의 國光국광을 발표하는 價格가격이 有유한 줄로 사유하노라" 라고 쓰면서 서양철학을 적극적으로 공부할 것을 권면하고 그 스스로 『萬國事物

31 이인재, 『고대희랍철학고변』, 성곡집(附哲學巧辨), 한국학문헌연구소편(서울, 아세아문화사, 1980), 385~386쪽; 강영안, 「현재 한국에서 사용되는 철학용어의 형성 배경」, 『철학사상』제5호, 33쪽에서 재인용. 이인재의 이 책에서는 오늘날 일반적으로 사용되고 있는 용어들이 상당수 나타난다. 강영안, 같은 글, 33~35쪽.

32 더 상세한 내용은 박종홍·이현구의 앞의 글 참조.

紀原歷史만국사물기원역사』를 저술하고 여기에서 "서양철학은 희랍의 탈레스地利斯에서 시작하니 피타고라스에 이르러 비로소 철학으로 발전하여, 소크라테스에 이르러 점차 완성되었으며 아리스토텔레스에 이르러서는 완전히 이룩되었다. 16세기에 영국 철학자 베이컨倍根이 실험철학을 일으키니 이로부터 고대철학이 바뀌어 근세철학을 이루었고, 같은 영국학자 로크와 스펜서 등이 모두 이 학파에 속하였다. 또 독일에 칸트, 피히테, 셸링, 헤겔 등과 프랑스의 철학자 데카르트가 형이상학으로써 각각 주장을 세워 서로 다투었다"고 간략히 정리하고 있다.[33]

서재필(1864-1951)은 한국의 볼테르라고 할 정도로 뛰어난 계몽사상가이자 운동가였다.[34] 서재필은 1897년 10월 7일자 독립신문 영문판에서 "독립을 이야기 할 때 자유란 무엇인가 라는 문제가 제기된다. … (中略) 그런데 만약 사람이 하고자 하는 자유가 행해지지 못한다면 그것은 무엇을 뜻하는 것일까? 자유는 일반적으로 선한 것으로 인식되어 있다. 그렇기 때문에 그 결과는 개인과 사회를 위해 선이 되어야 한다. 그러므로 다음과 같이 자유에 대한 정의를 내릴 수 있다. 최대다수에 대한 최대의 선善이라고. 스피노자Spinoza가 말하기를, '이성에 의해 인도되는 사람은 자유스럽다고 생각한다'고 하였고 또 아리스토텔레스Aristoteles가 말하기를 '자유스러운 사람이란 자기 자신이지 다른 사람이 아니다'라고 하였다. 양자의 주장은 모두 틀린 것은 아니나, 후자는 어떤 경우에 틀렸다

33 『장지연전서』, 단국대학교 동양학연구소, 동대학출판부, 1979, 全書 제2권, 237-610쪽에 『만국사물기원역사』가 수록되어 있고, 이 책의 118-119쪽(전집으로는 352- 353쪽)에 인용한 것과 같이 철학을 소개하고 있다. 단 이 인용은 한자식 이름은 대부분 생략했고 현대 우리말로 바꾸었다.

34 이광린, 「서재필의 사상」, 『한국개화사상연구』, 일조각, 1979, 93쪽.

고도 할 수 있다. 그 까닭은 모든 사람은 그 사회, 그 시대, 그 국가에 속해있기 때문이다. 그러므로 책임과 의무라는 것이 자유에 대한 정당한 정의를 내릴 때 나타나게 된다."[35]

이를 통해서 우리는 서재필이 스피노자, 아리스토텔레스와 같은 유럽 사상가들의 글을 읽었고 또 그 글로부터 영향을 받았음을 알 수 있다. 위 인용문에서 최대다수의 최대 선善은 영국의 공리주의자 벤담의 사상임은 다 아는 사실이다. 이 외에도 서재필은 영어로 18세기 계몽주의 사상가 이를테면 로크, 루소, 몽테스키외 등의 저서를 통해 계몽사상 예컨대 합리주의, 자연법사상, 진보의 관념 등과 미국 민주주의 사상을 익혔을 것이다.[36]

서재필이 또한『독립신문』에서 특별히 강조한 문제는 민권, 법치주의, 주권수호 등이었다. 민권이란 국민들이 자기의 권리를 지켜야 된다는 것이었고, 법치주의란 나라가 나라다우려면 법으로 다스려야 하고 또 법은 누구에게나 공평히 적용되어야 한다는 것이며, 또한 주권수호란 열강이 호시탐탐 한국침략의 기회를 노리고 있는 마당에 국민들은 정신을 차려 주권을 지켜야 된다는 것이었다.[37] 서재필의 경우는 서양철학의 수용이 현실적인 문제와 직결되어 있었으므로 주로 계몽적 차원에서 그리고 정치사상적 차원에서 이루어졌다고 볼 수 있다.

이제까지 살펴본 개인 수준에서의 서양철학 수용 외에 가톨릭 신학

35 이광린,「서재필의 사상」,『개화기연구』, 110쪽에서 재인용.

36 이광린,「'해리 힐맨' 고등학교를 찾아서」,『개화기 연구』, 127쪽;「서재필의 개화사상」,『한국개화사상연구』, 138~139쪽.

37 이광린,「개화사상의 형성과 그 발전」,『한국개화사연구』, 37쪽. 이광린은 서재필의 개화사상의 핵심을 실용적 학문론, 천부인권론, 법치주의론으로 파악한다(이광린,「서재필의 개화사상」, 139~147쪽).

교에서 철학(신학)수업이 있었으며, 1905년에 평양에 숭실학당이 설립되면서 대학부가 설치되었고 여기서 서양인 선교사 번하이젤(Bernheisel, 한국명: 片夏薛)이 철학과 심리학, 논리학을 강의한 일이 있고 김하정 번역의 『심리학교과서』(1907년, 普成館刊)가 현존해 있다.[38]

우리는 서구철학의 수용이 초기에는 서양선교사들의 한문저술을 통해서 이루어지다가 점차로 청말 중국학자들의 저술 혹은 번역서를 그리고 나아가 일본의 철학서가 중국에서 한역된 것을 통해서 이루어졌고 나중에는 일본과 미국을 통해 이루어졌음을 살펴보았다. 대체로 개화사상이 먼저 중국에서 다음으로 일본을 통해 그리고 나중에는 구미로부터 직접 영향을 받았음을 볼 때 철학의 경우는 그 수용과정에서 더욱 완만하였음을 알 수 있다.

사회진화론의 수용

개화사상에서 사회진화론은 매우 중요한 역할을 담당하였다.[39] 사회의 진보에 대한 믿음과 진화적 역사관은 개화사상에서 중심적인 사고를 이루고 있었는데, 진화론적 사상은 1870년대 중엽부터 중국과 일본을 거쳐서 조선에 유입되었으며 19세기 말 이후에 한국사회에 가장 커다란 영향을 미친 서구의 사회이론이다. 19세기 말 조선왕조와 대한 제국이 외세의 침략 앞에 무력함을 드러냈을 때 이 땅의 지식인들은 침몰하

38 조요한, 「한국에 있어서의 서양철학 연구의 어제와 오늘」, 숭전대학교 철학회, 『思索』 제3집, 1972.

39 전복희, 『사회진화론과 국가사상-구한말을 중심으로』, 한울, 1996, 104쪽.

는 국가를 위기에서 건져내기 위해서는 우리도 자본주의적 근대화를 통해 실력을 기르지 않으면 안된다면서 '자강운동'을 전개했다.

한국에서 사회진화론을 가장 먼저 받아들인 사람은 개화파의 유길준이었다. 그의 일본유학 시절 당시 일본에서는 헉슬리의 『Lectures on Origins of Species』가 이택수이(伊澤修二)에 의해 『생종원시론生種原始論』(1879년)이란 명칭으로, 다윈의 『The Descent of Man』의 제2판이 神津專三郎신진전삼랑에 의해 『人祖論인조론』(1881년)이라는 제목으로 발간되어 널리 읽혀지고 있었으며, 또한 동경대학의 모스 교수의 강연으로 지식층에 널리 보급되고 있었다.

유길준은 1880년대 일본과 미국에 유학하던 시절 일본의 후쿠자와와 미국의 에드워드 모스의 지도를 통해 사회진화론을 접하고 이를 자신의 것으로 수용했다. 모스는 본래 생물학적 진화론을 주장하는 동물학자로서 유길준에게 생물학적 진화론과 함께 사회진화론을 가르쳤으나 정치와 경제 등 사회문제와 국가문제에 관심이 더 많았던 유길준은 사회진화론에 더 큰 관심을 가졌다. 유길준이 일본에 유학했다가 귀국한 직후에 쓴 「競爭論」에서 유길준은 "무릇 인생의 만사가 경쟁에 의하지 않은 것이 없으니, 크게는 천하국가의 일로부터 작게는 一身一家일신일가의 일에 이르기까지 모두 경쟁으로 말미암아 비로소 능히 진보할 수 있는 것이다. 만일 인생에 경쟁하는 바가 없으면 무엇으로써 그 智德지덕과 행복을 崇進숭진함을 얻을 수 있으며, 국가가 경쟁하는 바가 없으면 무엇으로써 그 光威광위와 부강을 증진할 수 있으리오"[40]라고 말한다.

여기서 주목되는 것은 그가 사회진화론을 단순히 한 국가 내부의 사

40 『유길준전서』제4권, 일조각, 1971, 「정치·경제」편 참조.

회에 적용하는 것을 넘어서서 국제사회에서 국가와 국가 사이에 이루어지는 경쟁을 인류사회 발전의 중요한 동력으로 인식했다는 점이다. 이 부분은 유길준을 지도한 후쿠자와 유키치로부터 받은 영향이 상당히 컸다고 여겨진다. 1880년대 후쿠자와는 당시의 세계를 약육강식, 생존경쟁이 지배한다고 보고 그러한 세계 속에서 강자, 적자가 되어야만 국권을 수호할 수 있으며 당시 일본의 급무를 '국체보전'이라고 생각했다. 그리고 국가 간의 경쟁에서 승리하기 위해서는 전 국민의 역량을 결집하고 동원해야 한다고 생각했다. 후쿠자와가 이같이 사회진화론을 수용하고 이를 국제사회에 적용한 것은 그에 앞선 사회진화론자인 가토 히로유키加藤弘之의 영향이 컸다.[41] 1880년대 개화파의 개화자강론은 이같이 일본에서 국가주의, 제국주의론을 뒷받침하는 구실을 하던 사회진화론의 수용 위에서 만들어졌다.

이 시기 사회진화론은 일본을 통해서만 수용되었던 것은 아니다. 미국에 유학 중이던 윤치호는 1890년대 초에 이 세계를 현실적으로 지배하는 원리는 정의가 아니고 힘이며 '힘이 곧 정의'라는 것이 이 세계의 신적 원리라고 생각하게 되었다. 그는 이와 연관하여 "서구 문명국이 비서구를 정복하는 약육강식의 현상을 전 인류의 문명화를 위해 신이 선택한 수단으로 보고 서구의 비서구 세계에 대한 침략을 도덕적인 투쟁이라고 보았다. 즉 인류의 역사는 서구의 문명국이 비서구의 야만국을 정복하면서 그 문명을 확대해 가는 과정으로 인식하고 이러한 인류사

41 박찬승, 「한말·일제시기 사회진화론의 성격과 영향」, 『역사비평』 제32호, 1996, 봄, 342쪽. 이 책에서는 박찬승의 글 외에도 김병곤, 「사회진화론의 발생과 전개」, 윤건차, 「일본의 사회진화론과 그 영향」; 조경란, 「중국에서 사회진화론 수용과 극복」을 게재하여 '사회진화론 수용의 비교사적 검토'를 개괄적으로 하고 있다.

관에 근거하여 '서구문명국=강자=도덕적 선, 비서구 문명국=약자=도덕적인 악'이라는 독특한 등식을 도출해 내었다"[42] 그는 당시의 국제사회를 약육강식·적자생존의 열국경쟁列國競爭의 사회로 인식하고 이같이 힘이 지배하는 냉엄한 사회에서 하나의 민족이 독립국가로 존속하기 위해서는 힘을 길러 강자, 즉 적자가 되는 길 밖에 없다고 보았다. 따라서 그는 조선도 스스로 문명화하여 강자가 되지 못하면 타국의 지배하에 들어갈 수밖에 없으리라 전망하고 조국이 힘을 길러 적자가 되도록 하는 것이 자신의 사명이라고 생각했다.

윤치호는 미국사회에서 강자의 권력을 정당화하는 권력사상이라고도 할 수 있는 사회진화론을 흡수해서 그의 세계관의 근간으로 삼았으며 또한 "서구의 비서구사회에 대한 정복의 확대를 그리스도교의 신의 축복으로 칭송하는 '행복의 신의론神義論'에 취해있던 19세기 말의 '그리스도적 제국주의' 형태를 그리스도교의 원리적 본질로서 이해하고 수용했다"[43]

사회진화론에 기초를 둔 개화자강론은 1890년대 독립협회 시기에 더욱 구체적으로 나타난다. 독립협회 지도부는 당시의 국제정세를 약육강식과 우승열패의 법칙이 지배하는 상황으로 인식하고 이러한 생존경쟁의 시대에 애국지사는 반드시 국가를 부흥케 할 책임이 있다고 주장했다. 『독립신문』에는 약소국이 되어 제국주의의 지배를 받지 않게 하려고 대한제국의 자주적인 개화자강을 강조한 글들이 매우 많다. 그

42 양현혜, 『윤치호와 김교신-근대조선에 있어서 민족적 아이덴티티와 기독교』, 한울, 1994, 45쪽.

43 양현혜, 앞의 책, 54쪽.

러나 그 논설 가운데에는 서구문명 지상주의와 사회진화론에 입각한 제국주의 지배의 불가피론을 펴는 경우도 많았다. 즉 독립협회 지도부는 제국주의의 식민지 침탈을 비판하는 시각을 갖지 못하고 오히려 이를 선망하면서 개화자강을 통해 제국주의의 대열에 가담하고자 하는 희망을 가졌던 것이다.[44]

이처럼 1890년대 후반부에 사회진화론적 사고는 신문을 통하여 지식인들과 국민들에게 확산되기 시작하여 국제사회에 있어서 힘의 메커니즘을 설명하고 서구적 근대화의 필요성을 일깨워주는 역할을 했다.

사회진화론은 한국에서 수용되던 초기부터 몇 가지의 특징을 보이는데 하나는 지식인들이 사회진화론의 관점을 국제사회에만 적용시켜 인종과 국가 간의 갈등과 싸움을 설명하는데 주력하고 국내사회에는 적용하고 있지 않다는 것과, 둘째로 지식인들이 사회진화론을 통해 강자의 권리를 옹호하면서 제국주의의 속성에 대해 비판하지 못하고 스스로 그들을 정당화하게 되었으며 그럼으로써 약자가 약자일 수밖에 없는 까닭을 약자의 무능 탓으로 돌리게 되었다는 것이다.[45]

사회진화론적 원칙인 '생존경쟁'과 '우승열패'는 1890년대 말 이후 계몽적인 글에서뿐만 아니라 학생들의 교과서나 노래에서도 많이 사용될 정도로 대중적인 어휘가 되었으며 다윈의 진화론도 신문과 회보의 다양한 글들을 통해서 구체적으로 소개되고 있다.[46]

사회진화론은 90년대 후반 이후 점차 국내에서 확산되게 된다. 이는 1905년 대한제국이 일본의 이른바 '보호국'으로 전락한 이후 국권회복

44 박찬승, 앞의 글, 344쪽.

45 전복희, 『사회진화론과 국가사상』, 한울, 1996. 133쪽.

46 전복희, 앞의 책, 140쪽 참조.

운동의 방법으로서 의병투쟁론과 자강운동론이 제기된 것과 맥락을 같이 한다. 즉 자강운동론이 강력히 대두했던 데는 이 시기에 본격적으로 수용되기 시작한 '사회진화론'의 영향이 컸다. 1905년을 전후한 시기 대한제국의 지식인들은 신지식층의 경우에는 주로 일본유학을 통해 사회진화론을 수용했고, 개명유학자의 경우에는 주로 양계초의 『음빙실문집』을 읽음으로써 사회진화론을 수용했던 것이다.

사회진화론은 유길준, 서재필 등에 의해 우리나라에 도입되고 특히 1903년부터 양계초의 『飮氷室文集음빙실문집』이 보급되면서 계몽운동을 일으키는 기본 이론으로 정착되었다. 한국의 계몽운동에서 사회진화론은 국가유기체설과 이론적으로 결합되어 발전되었으며 이 두 이데올로기의 결합은 계몽운동에서 다음과 같은 기능을 하고 있다. 첫째, 국가는 사회진화론적 싸움, 즉 생존경쟁의 단위로서 강조되었다. 따라서 국가는 적자생존에 의해 발전할 수도 있고 자연적 도태에 의해서 멸망할 수도 있다. 둘째, 국민들에게 국가에 대한 소속감을 일깨우면서 국민을 통합시키는 기능을 하였다. 그런데 국가유기체론도 사회진화론이 한국에 수용된 과정처럼 일본과 중국을 통해 수용되었다. 특히 블룬칠리의 국가유기체론이 큰 영향을 미쳤는데 그의 『일반국법*Allgemeines Staatsrecht*』은 1896년 중국에 와 있던 미국의 선교사 마틴W.A.P. Martin에 의해서 『公法會通공법회통』이라는 제목으로 번역되어 발행되었고, 이 중국어판은 같은 해에 한국에서 한국인이 서문을 붙여 발간하여 한국의 외교정책에 이론적인 도움을 주었으며, 1897년 제정된 한국 최초의 근대적 헌법에 영향을 주었다고 한다.[47] 당시 한국의 많은 지식인들은 국가유기체론을

47 전복희, 앞의 책, 157~158쪽.

블룬칠리의 저서를 직접 읽고 접했다기보다는 양계초의 『음빙실문집』을 통해서 또는 일본의 카토 히로유키의 저서를 통해서 간접적으로 영향을 받았으리라 생각된다.

이와 연관하여 당시 지식인들이 가졌던 국가와 개인 사이의 유기적 관계에 대한 파악은 두 가지 경향으로 나눌 수 있다. 하나는 개인의 권리 신장에 대해 특별히 중점을 두는 경향으로 민권을 국권의 기반으로 보고 국가생존을 위해 민권이 보장되어야 한다는 경향이며[48], 다른 하나는 민권보다 국권에 더 비중을 두는 경향으로 이것이 당시에 지배적인 동향이었다.

국권에 대한 강조는 당시 조선이 처한 시대적 위기, 즉 패망의 위기로부터 국가를 구출하기 위하여 민족의식을 기반으로 한 국민통합을 강조하기 위한 것이었으며, 따라서 민권의 중요성과 그 신장을 주장하는 민권운동을 한다 하더라도 이를 국가의 근대화와 독립을 달성하기 위한 수단으로 파악하고 있었기 때문이다. 애국계몽운동이 보여주는 이러한 문제는 다음과 같은 요인들에 의해서 야기되었다고 볼 수 있다.[49]

첫째, 한국에서는 수많은 사상과 가치가 수용 초기부터 부국강병이라는 목적 아래 수용되었다.

둘째, 서로 다른 사상적, 역사적 배경을 갖는 서구 사상과 가치가 한꺼번에 수용되자 한국의 지식인들은 그것들의 사회적 맥락이나 사상사적 배경을 제대로 이해하지 못한 상태에서 당시의 한국적인 이해와 필

48 警世生, 「人權은 國權의 基礎」, 『大韓學會月報』4호, 1908, 18쪽; 전복희, 앞의 책, 170쪽 참조.

49 전복희, 앞의 책, 183쪽.

요에 따라 단편적이고 선택적으로 수용했다.

셋째, 때때로 서구사상을 유교사상의 이해를 기반으로 파악하는 일종의 절충주의적 오류를 범하기도 했다. 우리는 이러한 예를 사회진화론과 민권사상이 원형적으로 서로 대립되는 이론인데도 불구하고 애국계몽운동에서 서로 보완적으로 결합 수용되는 데서 발견할 수 있다.

사실 사회진화론이 제기되는 정치적 정세의 문제와 수용 주체의 입장에 따라 사회진화론이 갖는 의미도 변화될 수 있다. 이런 점에서 다음과 같은 견해는 주목할 만하다.

> 진화의 주체를 국가로 봤을 때와 민족으로 봤을 때는 큰 차이가 있다. 국가의 진화를 생각했을 때는 엉뚱하게도 경부선 철도가 일제에 의해 부설되는 침략상황을 진화로 보는 등의 오류가 발생할 가능성이 많고, 또 국가가 1910년 망했을 때는 진화의 주체가 없어졌으므로 진화론의 근거가 없어졌으니 변절해가게 된 이론적 함정에 빠지게 된다고 생각된다. 1905년부터 국가의 운명과 더불어 계몽주의자가 점차 변절해 갔던 것은 그것을 말한다. 그러나 진화의 주체를 민족으로 봤을 때는 국가는 망해도 진화의 주체인 민족은 있으니까, 양기탁·박은식·신채호처럼 독립운동의 길을 택할 수 있었다고 보이는 것이다.[50]

그런데 사회진화론의 주체를 국가가 아닌 민족으로 볼 때에도 문제는 생긴다. 예컨대, 신채호·박은식 등의 민족주의가 논리적으로 제국주의를 인정할 수밖에 없다는 데 있다. 주체를 이동하면 제국주의란 민족주

50 조동걸, 「일제식민지시대 국내 독립운동의 이해와 과제」, 『일제식민지시대의 민족운동』, 한길사, 1988, 39쪽.

의가 대외적으로 표현된 것이다. 독립협회와 애국계몽기의 민족주의가 갖는 한계성은 분명 진화론과 관련되어 있는 것 같다. 그러므로 사회진화론적 사고에 기반을 둔 자주독립 사상, 부국강병의 자강 사상은 약육강식의 제국주의 논리를 그대로 시인하는 것으로, 침략하는 자보다 침략당하는 자가 더 어리석다는 결론을 함축하고 있다. 이 점에서 사회진화론을 수용했던 신채호가 일제강점기 때 마르크스주의를 수용했다가 다시 무정부주의 수용으로 발전해 나간 것은 매우 중요한 시사점을 준다.[51]

사회과학의 수용

개항 이후 사회과학의 수용에 대한 연구들은 개별과학 분야에서 부분적으로 이루어져 왔다. 이 글에서는 이들 연구 성과를 간단하게 소개하는 정도로 그치겠다. 한국의 근대정치학은 그 시작에서부터 대상없는 정치학이었다. 왜냐하면 근대정치학은 일본을 경유하여 그리고 도일유학생을 매개로 하여 주체적 연구 대상이 없이 이루어졌다. 유길준의 『정치학』은 전문적인 정치학 교과서로 기획된 것으로 국가론, 정치사상사 등 다방면에서 정치 이론을 체계화한 한국 최초의 정치학 저술로 평가될 수 있다.[52] 근대 정치학은 주로 일본을 통해서 수용되었는데 유길준, 안국선 등의 정치학은 초기에는 다원주의적 학문의 경향을 볼 수 있으며, 1900년 초에 정치학을 전공한 김상연의 『국가학』(1906)의 경우

51 신용하, 『신채호의 사회사상연구』, 한길사, 1984 참조.

52 유길준, 『정치학』, 한석태 역주, 경남대학교출판부, 1998.

는 블룬칠리의 영향을 많이 받았음을 알 수 있고, 이후에 수용된 정치학은 국가학이 주류가 된다.[53]

우리나라에 사회학이 소개된 것은 20세기 초였다. '사회'라는 단어는 19세기 말에야 우리나라에 처음 소개된 번역어이다. 따라서 우리의 전통인 문사철文史哲과 달리 사회학은 20세기 들어와서야 우리에게 소개된 대표적인 서양학문이라 할 수 있다. 사회학도 중국과 일본이라는 두 통로를 거쳐 들어왔는데, 일본에서 공부한 이인직은 1906년에 월간 잡지인『소년한반도』에 1호부터 5회에 걸쳐서 사회나 사회학의 제목으로 사회 및 사회학의 정의, 사회의 종류, 사회이론의 중요성, 스펜서의 진화론 등을 소개하였다. 일본에서 'Sociology'를 사회학으로 번역했으므로 이인직도 사회학이라는 용어를 사용했고, 또한 당시 일본에서는 사회학이 세태학으로도 불렸다고 한다.[54]

한편 사회학이 중국을 통해 '군학群學'의 이름으로 우리나라에 처음 소개된 것도 1905~1906년 무렵인 것으로 보인다. '군학'이라는 말이 처음으로 활자화된 것은 1909년에 나온 장지연의『萬國事物紀原歷史만국사물기원역사』였다. 장지연은 이 책에서 '군학'이라는 새 학문의 역사와 꽁트, 스펜서의 사상을 소개하였다.[55] 처음에 이렇게 두 낱말로 우리에게 알려졌던 새 학문은 얼마가지 않아 '사회학'이라는 낱말로 쓰이게 되었다.[56]

53 안용준,『개화기 서구정치학의 도입에 관한 연구』, 경남대학교 대학원 정치외교학과 박사논문, 1998, 208쪽; 서구 정치학의 수용에 관해서는 이 논문과 한석태,「개화기 정치학에 관한 연구」,『사회과학연구』제4집, 경남대 사회과학연구소, 1992 참조.

54 이기준,『한말 서구경제학 도입사연구』, 일조각, 238쪽.

55 이준식,「일제침략기 개량주의 사회학의 흐름」,『사회학연구』, 1986, 256~257쪽.

경제학의 경우, 서구의 체계적인 경제학이 수용되기 이전에 '경제학'economics이라는 용어가 활자화되어 지식사회에 널리 알려지게 된 것은 1884년 <한성순보>를 통해서였다. 이기준은 서구 경제학 도입의 역사를 초창기(1881~1893), 중기(1894~1903), 말기(1904~1909)로 나누어 다루고 있다. 초창기에는 유길준, 권동진, 이종일 등이 일본에 유학하여 경제학을 부분적으로 수용하는 단계이며, 중기는 이 기간에 많은 도일渡日 유학생이 경제학을 연구하여 몇 권의 저서와 역서를 출간하고 경제학 교육에 종사할 뿐만 아니라 귀국 후에도 계속 경제학에 관한 글을 발표하는 시기이다. 그리고 말기는 상당수의 도일 유학생이 경제학을 연구하여 일본의 기관지에 경제학 관련 전문 논문을 발표하고 또한 귀국하여 경제학 교육에 종사한 기간이다.[57]

다른 분야에서와 마찬가지로 근대적 의미의 법학 즉 서양법학의 수용은 일본과 중국을 매개로 이루어진다. 즉 한국이 서양 법사상을 받아들이는 방법은 일본의 난학蘭學으로 시작된 명치 법문화와 청말 이른바 양무론의 서적들을 통한 간접 수용으로 시작된다.[58] 1895년 최초의 법학교육기관인 '법관양성소'가 설립되고 "법관 양성소의 교과목은 법학통론, 민법, 민사소송법, 형법, 형사소송법 및 기타 현행법률 등이었으며 그 후에 헌법, 행정법, 국제법, 상법 등이 추가되었다"[59]

56 최재석, 「한국의 초기 사회학: 구한말-해방」, 『한국사회학』 제6집, 1974 참조. 박영신에 의하면 한반도에 대한 일본의 영향력이 커짐에 따라 새로운 강자 일본의 번역어인 '사회학'이 쓰였고, 학문과 사상의 중심부가 중국에서 일본으로 옮겨졌다. 박영신, 「한국 사회학의 사회학적 역사」, 『사회학 이론과 현실인식』, 민영사, 1992. 425~426쪽.

57 이기준, 『한말 서구경제학 도입사연구』, 일조각, 1985.

58 이원순, 「한국근대문화의 서구적 기초」, 『한국사학』 1, 한국정신문화연구원, 1980, 75~79쪽 참조.

한국에서 최초로 영미법학서가 소개된 것은 중국에서 번역된 『만국공법』이며 『만국공법요략』(1909), 『國際公法志국제공법지』(1909) 등의 국제법에 관한 책자도 발간되었다.[60] 한국 지식인들이 『만국공법』 중에서 흥미를 가졌던 것은 균세均勢 외에도 '자주'의 문제가 있었는데 원래 '주권'이니 '자치'니 '자주'라는 말은 『만국공법』에서 처음 사용된 것이다.[61]

한국에서 서양법사상 수용의 특징으로 특히 주목할 만한 것은 중국의 양무론과 일본의 난학에서 출발한 명치법 문화에서 간접적으로 수용한 것으로 이는 서구인문사회과학 수용의 일반적 특징이라 할 수 있다. 또한 법적인 측면에서 한국이 서양국가와 접촉하는 정치적, 외교적 강도와 순서에 따라 미국의 영향이 제일 빠르고 컸지만 나중에는 일본 법학서를 통해 독일 법사상이 강하게 정착하게 된다는 점이다. 이는 서양인문사회과학 수용에서 일본의 역할을 알 수 있는 중요한 사례이다. 그리고 전체적으로 보아 한말의 서양법 수용은 대체로 소극적 보수적인 면을 가지고 있었으며 따라서 서양적 민주주의와 법사상을 독특한 동양적 권위주의와 국가주의로 각색하여 받아들였고 뒤따른 일제강점기의 일본판 서양법학이 이것을 그대로 지속시켰다는 것이다.[62]

59 최종고, 『한국의 서양법 수용사』, 박영사, 1982.

60 최종고, 같은 책, 404쪽.

61 이광린, 「한국에 있어서의 '만국공법'의 수용과 그 영향」, 『한국개화사의 제문제』, 158쪽.

62 최종고, 앞의 책, 427~428쪽.

서양 인문사회과학 수용의 특징과 문제점

이제까지의 고찰을 토대로 개항 이후 1910년까지의 서양철학과 사회과학 수용의 몇 가지 특징을 살펴보자. 전체적으로 개국 전야의 서양학문 수용의 태도를 비교해 보면 한국은 중국과 일본보다 적극성과 자주성이 결여되어 있었다. 특히 "조선의 유학자들은 '서교西敎'와 '서학西學'을 구별하지 않고 한데 몰아 배척하고 말았다. 이에 따른 서학(양학)수용의 시간차가 근대화에서 일본의 성공, 조선의 좌절을 결정지었다"[63]고 할 수도 있다.

그리고 인문사회과학의 수용 통로는 우선은 중국문헌을 통해, 그리고 일본책의 한역판 등을 통해 이루어졌고 다음으로 직접 일본을 통해 대부분 이루어졌다. 서구로부터의 직접적인 수용은 대단히 제한적이었음을 알 수 있는데, 이와 연관하여 서양학문의 수용과정에서 중국, 일본과 비교해 볼 때 번역에 대한 심사숙고가 미흡했음을 알 수 있다. 예를 들면 사회학의 수용과정에서 중국에서 '군학'으로 번역하고 일본에서 '사회학'으로 번역하면서 나름대로 그들의 필요와 요구 그리고 해석에 따라 번역한 것에 비해 우리는 왜 '군학'이어야 하며 왜 '사회학'이어야 하는가를 그 바탕과 뿌리에 다가가서 되묻지 않았다.[64]

다음으로 서양 인문사회과학 수용에서 서양 콤플렉스와 진보 콤플렉스는 분리할 수 없게 결부되어 있으며, 이는 특히 사회진화론의 수용에서 잘 나타난다. 이는 개항 이후의 역사를 서구적 가치기준과 현대적

63 강재언/이규수 옮김, 『서양과 조선: 그 이문화 격투의 역사』, 학고재, 1998. 머리말.
64 박영신, 앞의 책, 425쪽.

시각으로 이해하여 전통시대와 단절적으로 이해함으로써 전통적 학문과 근대적 학문과의 관계에 대한 해명이 어렵다는 오늘날의 현실에서도 확인될 수 있다.

이 글은 서양인문사회과학의 본격적인 수용사에 대한 연구라 하기에는 매우 미흡하다. 보다 본격적인 연구는 각 학문영역에서 상당히 진행되고 있고, 이를 토대로 보다 포괄적인 인문사회과학 수용사에 대한 충실한 연구가 가능하리라 생각한다.

2장

<한성순보>, <한성주보>, 『서유견문』에 나타난 '철학' 개념에 대한 연구: 동아시아적 맥락에서

시작하는 말

동아시아 삼국에도 서양의 'philosophy'와 유사한 내용을 가진 사상 또는 사상체계가 있었다. 동양에서는 이러한 사상이나 사상체계에 대해 시대의 변화에 따라 자학子學, 경학經學, 현학玄學, 이학理學, 도학道學, 심학心學 또는 성리학性理學 등의 명칭을 붙였다.

서양에서 유래된 'philosophia, philosophy'를 처음에는 음역하여 斐祿所費亞비록소비아, 菲洛素菲비락소비, 非羅沙非비라사비 등으로 사용하다가 19세기 후반에 일본에서 '哲學'이라는 용어로 번역하고 이 번역어가 동아시아 삼국에 정착하게 된다.

동아시아 삼국이 서양문화와 서양어를 번역, 수용하는 과정은 서구를 따라가는 '근대화'과정이면서 전통적 '知'의 체계를 구성하던 개념들이 변화, 해체되면서 서구의 새로운 학지學知에 의해 대체되는 과정이고, 이 과정은 전통적 지식인이 사라지고 새로운 지식인이 등장하는 과정이기도 하다.[1]

우리는 동아시아 삼국이 서구의 새로운 문화와 사상을 번역하고 수용하는 과정에서 자신들의 전통 개념 및 사유체계를 어떻게 자각하고 변화시키려고 노력했는가를 개념사적, 사회사적 맥락에서 가능한 한 정확히 고찰할 필요가 있다. 왜냐하면 "비서구 세계의 근대화에는 예외없이 서구어의 번역과 번역을 통한 무수한 신조어의 출현이라는 개념의 혁명, 그리고 그에 따른 지적 아노미 현상이 수반"[2]되는 과정을 겪기

1 '學知'에 대해서는 나카무라 슌사쿠(中村春作), 2009, 「근대일본의 學知와 유교의 재편-근대지로서의 철학사 성립」, 『사림』 제32집 참조.

2 나인호, 2011, 『개념사란 무엇인가: 역사와 언어의 새로운 만남』, 역사비평사, 21쪽.

때문이다.

이 논문은 한국에서 '철학'개념사 연구를 위한 하나의 입문적 시도로서 <한성순보>, <한성주보>, 『서유견문』에 나타나는 '철학'개념을 고찰한다.[3] 그런데 조선 후기의 '철학'개념을 연구하려면 일본과 중국에서의 '철학'개념 번역과 수용에 대한 연구 즉 서구사상 수용의 동아시아적 맥락을 고려하지 않으면 안 된다.

이 글의 연구 방법으로서는 영향사적 접근과 의미장 이론을 채택했는데, 영향사적 접근은 일본에서의 '철학'의 번역과 중국에서의 '철학' 개념의 수용, 일본과 중국에서 사용된 개념들이 어떻게 조선에 들어왔는지 그 과정에 대한 영향사적 연구를 의미한다. 그리고 의미장 이론은 "한 단어는 고립되어서 존재하는 것이 아니라 친화적인 단어들, 즉 동의어, 유의어, 공의어, 반의어와 함께 상호작용하는 구조화된 총체를 이루어 존재하며, 특정 단어의 특화된 의미는 그 구조 속에서 비로소 분명해진다"[4]는 점에서 하나의 개념이 독립적으로 존재하는 것이 아니라 하나의 의미장을 이루면서 성립된다는 이론이다. 의미장 이론을 적용한다면 동아시아에서 '철학'개념이 들어오는 과정에서 과학, 종교, 물리학 등과 같은 개념들은 어떻게 수용되는가에 대한 연구와 함께 전통 성리학의 의미장을 이루는 개념들 즉, 격물궁리, 격치, 철리哲理 등의 개념들이 어떤 변화를 겪는가를 살펴보아야 한다.

그러므로 동아시아에서 '철학'의 개념사적 연구는 사료에 대한 검토

3 개념사 연구의 현황에 대해서는 양일모, 2012, 「한국 개념사 연구의 모색과 논점」, 『개념과 소통』제8집 참조.

4 김학이, 2009, 「롤프 라이하르트의 개념사」, 박근갑 외, 『개념사의 지평과 전망』, 소화, 109쪽.

와 함께 전통 개념과의 충돌 내지는 융합, 변형과정에 대한 매우 구체적인 연구를 요구한다. 이는 서구 문화와 학문의 번역, 수용과정에 대한 연구인데, 이 과정은 한편으로는 전통 학문의 개념과 체계의 변화를 의미하고 다른 한편으로는 새로운 서양학문의 개념과 체계가 수용되는 과정이다. 이 두 과정은 서로 충돌하면서도 내적으로 긴밀히 연관되어 있으며 동시에 이 과정은 사회정치적 변화라는 사회사적 변화의 과정을 드러내주는 것이기도 하다.

일본에서 '哲學'의 번역과 수용

우선 philosophia(philosophy)를 '哲學'이라는 용어로 최초로 번역한 일본에서 '철학'이라는 개념의 탄생, 다른 개념들과의 경합과정을 통해 정착되는 과정을 간략하게 살펴보자.[5] 이 과정은 일본에서 전통적 학지學知의 체계가 근대적 학지學知의 체계로 변화되는 과정이기도 하다.

philosophia, philosophos라는 용어가 최초로 일본에 등장하는 곳은 16세기의 기독교 문서이다. 1591년 나가사키(長崎)의 예수회 콜레지오 Collegio에서 간행된 『Sanctos Nogosaggveono Vchinvqi(산토스의 작업 중의 拔書)』에 'philosopho', 'フイロゾホ'라는 용어가 보이는데 그 의미는 사물의 근

5 여기서는 본 연구와 관련되는 수준에서 일본에서의 '철학' 개념의 번역과 수용을 개략적으로 서술하는 데에 그치고 본격적인 연구는 차후의 과제로 미룬다. 일본에서 '철학'이라는 용어의 탄생과 정착에 대한 상세한 연구는 김성근, 2011, 「메이지 일본에서 '철학'이라는 용어의 탄생과 정착-니시 아마네(西周)의 '유학'과 'philosophy'를 중심으로」, 『동서철학연구』 제59호; 김동기, 2003, 「일본의 근대와 번역」, 『시대와 철학』 제14권2호; 김동기, 2005, 「일본근대철학의 형성과 번역」, 『시대와 철학』 제16권1호 참조.

원을 아는 것이라고 이해되고 있다. 그 이후에 philosopho의 번역으로 음역인 'フイロゾホ'외에도 '格物窮理격물궁리', '窮理學궁리학', '理學이학' 등의 개념이 사용되었다. 이 당시에는 philosophy를 자연학 또는 학문일반과 엄밀히 구분하지 않은 채로 혼용하고 있는 것으로 보인다. 『英和對譯袖珍辭書영화대역수진사서』(1862)는 철학을 '理學'으로 번역하고 있다. 이때 '이학'이라는 용어는 17세기의 중국어의 용법을 이어받은 것이라 볼 수 있다.[6]

잘 알려져 있다시피 philosophy를 '哲學'으로 처음 번역한 사람은 니시 아마네(西周, 1829~1897)이다. 그는 츠다 마미치(津田眞道, 1825~1903)의 『性理論』(1861)에 대한 발문에서 다음과 같이 쓰고 있다.

> 西土의 학이 전래된 지 이미 백여 년. 格物, 舍密(화학), 地理, 器械등 여러 科에 대해서는 그것을 궁구하는 자가 있지만 오직 希哲學(ヒロソヒ)一科에 대해서는 아직 그런 사람을 볼 수 없다. 마침 세상 사람들이 말하기를 西人이 論氣는 구비했지만, 論理는 아직 없다고 한다. 여기 한 명 보이는 사람이 있다. 내 친구 天外如來(쯔다의 호)이다.[7]

여기서 니시가 philosophy에 대한 음역 ヒロソヒ를 '希哲學희철학'으로 번역하면서 철학이라는 용어가 처음 등장하는데 그는 1862년 開成所에서 한 강의안에 '희철학'을 세 번 사용했다.[8] 또한 같은 시기에 친구 마츠오카 린(松岡隣, 1820~1898)에게 보낸 편지글에도 philosophy에 대한 언급이 나온다.

6 이시즈카 마사히데(石塚正英)외, 2003, 『哲學·思想飜譯語事典』, 論創社, '哲學' 항목, 209~210쪽 참조.

7 西周, 『西周全集』卷1, 東京, 宗高書房, 13~14쪽, 김성근; 앞의 글, 371쪽에서 재인용. 번역은 필자가 부분적으로 바꿈.

8 김동기, 2003, 앞의 글, 282쪽.

> 小生 근래 서양의 性理之學과 經濟學의 일단을 규명해 본 결과, 실로 놀라울 정도로 公平正大의 論으로, 종래 배웠던 漢說과는 매우 다른 것이 있다는 것을 알았습니다. ... ヒロソヒ의 학에 있어서는 性命의 理를 푸는 것이 程朱를 뛰어넘고, 恭順自然의 道에 근거하여 경제의 대본을 세우는 것은 소위 王政을 뛰어넘습니다. 미국과 영국 등의 제도 문물은 堯舜이 전하들 官하는 意와 周召이 典型을 制하는 마음을 넘었습니다.[9]

니시는 여기서 philosophy라는 서양학문이 동양의 유학(특히 주자학)보다 뛰어나다는 것을 분명히 말한다. 1863년에 그는 츠다와 함께 서양의 우월한 학문을 배우기 위해 네덜란드로 유학을 간다. 유학 후에 니시는 philosophy를 전통 유학과 구별하기 위해 '철학'이라는 개념으로 처음 번역하고 그 과정을 『生性發蘊생성발온』(1873)에서 분명하게 밝히고 있다.

> 哲學의 원어는 영어로 philosophy, 불어로 philosophie이다. 희랍어의 philo는 사랑(愛)하는 사람이고 sophos는 현명하다는 의미이다. 賢을 사랑하는 사람이라는 뜻으로 그 學을 philosophy라고 한다. 周茂叔의 소위 士希賢의 뜻이다. 후세에 관용적으로 쓰이게 된 理를 한결같이 강구하는 學을 가리킨다. 理學, 理論으로 번역하는 것이 직역이지만 다른 것과 혼동할 염려가 있기 때문에 哲學이라고 번역하여 東州의 儒學과 구별하고자 한다.[10]

니시는 'philosophia'를 처음에는 'philo'의 뜻을 살리면서 한자역어를 고르는 과정에서 '애愛'의 의미를 갖는 '希求', '希'란 용어를 사용했다. 니시

9 西周, 『西周全集』 제1권, 8쪽; 김성근, 앞의 글, 372쪽에서 재인용.

10 西周, 『西周全集』 제1권, 8쪽; 김성근, 같은 글, 375쪽에서 재인용.

는 주돈희의 '聖希天성희천, 賢希聖현희성, 士希賢사희현'을 모방해서 '希求賢學희구현학'이라는 의미에서 '希賢學희현학'이라고 번역했다가 '希求哲智희구철지'라는 의미에서 '希哲學희철학'이라 했는데 네덜란드 유학 후에 '희'를 빼고 '철학'이라고 번역했다고 볼 수 있다.[11]

중국 사상사의 맥락에서 보면 음양오행설에 기초한 만물의 생성발전을 명확히 한 주돈희의 태극도설이 주희의 이기이원론理氣二元論에 의해 더욱 심화되어 합리론적 우주론, 존재론, 실천론으로 전개되었다. 이것이 송학 또는 주자학으로 명명되었지만 내용적으로는 성리학性理學으로도 불려 여기서 이학理學이라는 말이 생겨났다.

그런데 당시 일본에서 이학理學은 물리학物理學의 의미로도 사용되었기 때문에 니시는 이 혼동을 피하고 전통 유학의 이理 개념을 비판하고 유학과의 차이를 분명히 하기 위해 철학이라는 용어를 선택했다고 볼 수 있다. 또한 니시는 전통 유학의 이理 중심주의를 비판하기 위해서『百一新論백일신론』에서 선천先天의 이理로서 물리物理와 후천後天의 이理로서 심리心理를 구별한다. 이러한 구별은 모든 것을 통괄하는 전통적 '理'개념에 대한 비판을 통해 물리와 심리를 구분하고 이 과정에서 이학理學, 이론理論과 구별되는 '哲學'을 philosophy의 최종 번역어로 확정했던 것으로 보인다.

그런데 니시가 활동했던 메이지 유신 전후의 일본과 중국에서 사용되던 philosophy에 대한 번역어로는 궁리窮理, 학문學問, 이학理學, 천도지설天道之說, 도리道理, 도道, 의리지학義理之學, 학學, 현학玄學, 물리物理, 이론理論, 이과理科, 이과학理科學, 애지학愛智學, 지학智學, 성학聖學, 희철학希哲學, 구

11 김동기, 2003, 282쪽.

성학求聖學, 철리哲理 등 매우 다양한 개념이 있었다.[12]

어떤 개념이 언어적·문화적 경계를 넘어 처음 파악되기 시작하는 초기에는 다양한 용어가 출몰하는 것이 매우 보편적 현상이다. 광범위한 번역어의 종류는 한 개념이 도입될 당시 매우 새롭거나 평범하지 않다고 인식되었으며, 또한 그것이 기존 용어들과 불편한 방식으로 갈등하고 있었음을 가리킨다.[13] 그러므로 니시가 1870년 전후로 만든 번역어인 '哲學'이 메이지 사회에 정착하기까지에는 위의 다양한 개념들과 치열한 경합과정을 거쳤으며 마침내 두 가지 사건에 의해 제도적으로 정착하게 된 것으로 보인다.

이 두 가지 사건 중 특히 중요한 것은 메이지 10년(1877)에 동경대학이 법학부, 이학부, 문학부의 세 학부로 창립되었고, 이때 문학부에 두 개의 학과가 개설되었는데 제1과는 사학, 철학, 정치학과로 제2과는 화한문학和漢文學과로 명명된 것이다. '철학'이 동경대학의 한 학과의 명칭으로 제도화되어 사용되면서 일반인에게도 널리 알려지기 시작했다. 그리고 '철학'이 정착되는 또 하나의 중요한 계기는 1881년에 이노우에 데츠지로(井上哲次郎, 1856~1944) 등이 간행한 『철학자휘哲學字彙』였다. 이 사전은 philosophy의 번역어로 '철학'을 채택한 최초의 사전이며 제목 자체에 '철학'이라는 개념을 썼으므로 이 사전이 출간된 이후 철학이라는 용어가 거의 모든 사전들에서 philosophy의 번역어로 사용된다는 것이다.[14]

---

12 야마무로 신이치(山室信一), 2001, 『思想課題としてのアジア – 基軸·連鎖·投企』, 岩波書店, 제2부 7장 3절; 김성근, 앞의 글, 379쪽 참조.

13 요아힘 쿨츠, 2012, 「칸트의 '물자체'에 대한 중국어 번역」, 『개념의 번역과 창조: 개념사로 본 동아시아 근대』, 돌베개, 337쪽.

14 김성근, 앞의 글, 378~379쪽; 김재현, 2007, 「번역과 철학」, 『인문학연구』 제13집, 한림대인문과학연구소, 59쪽; 『철학자휘』는 근대 동아시아의 한자어 교류양상을 밝

그러나 당시 일부 다른 학자들은 여전히 이학理學, 이론理論, 경학經學이라는 역어를 사용했는데 특히 유학사상과 서양철학의 연속성을 강조하려던 나카에 조민(中江兆民, 1847-1901) 같은 경우는 철학의 번역어로 '이학理學'을 고수한다.[15]

이제까지의 고찰을 통해 우리는 philosophy의 번역어로 구지학求知學, 구성학求聖學, 궁리학窮理學, 경학經學, 이학理學 등이 사용되다가 희현학希賢學, 희철학希哲學, 철리哲理, 이학理學, 철학哲學이라는 번역어로 전환되면서 최종적으로 '철학'이라는 개념이 정착되는데 이 과정에서 이학理學 개념이 끝까지 경합을 벌였음을 알 수 있다.[16]

이러한 번역과정은 일본에서 근대지의 형성과정이면서 동시에 전통 학문의 전환과정, 즉 전통유학의 개념과 체계가 서양 근대학문의 개념과 체계와 어떻게 충돌하면서 변화되는가를 보여주는 중요한 사례이다. 이러한 사례를 보여주는 것이 니시의 『백학연환百學連環』(1870)이다. 이 책명은 영어의 Encyclopedia의 번역어로서 니시는 서양의 학문을 분류 정리해서 소개하고 있다.[17] 여기서 근대 서양학문에 대한 체계적 분류가 영어와 번역어로 나타나는데 아직은 전통 성리학적 개념들이 번역어로 많이 등장한다. 예를 들어 철학 중에서 논리학logic을 치지학致知學으로, 심리학psychology을 성리학으로 실증철학positive philosophy을 실리상철

히는데 매우 중요한 자료이다. 이에 대해서는 陳一新, 2010, 「동아시아의 접사성 한자어 교류 양상 연구」, 인하대학교 대학원 한국학과 석사논문 참조.

15 '철학'이라는 번역어에 대하여 동양사상과 서양사상의 연속성을 강조했던 사람들은 '이학(理學)' 또는 '성학(聖學)'이라는 번역어를 더 선호했다. 이에 대해서는 김성근, 앞의 글, 380-383쪽; 이시즈카 마사히데(石塚正英) 외, 앞의 책, 209-210쪽 참조.

16 김동기, 앞의 두 글 참조.

17 미야카오 토루·아라카와 이쿠오/이수정 옮김, 2001, 『일본근대철학사』, 생각의 나무, 49-52쪽.

학實理上哲學으로 번역하고 있으며 물리학physics을 '격물학'으로 번역하고 있다.

당시에 서구의 science 개념은 아직 '과학'으로 번역되지 않았고 실리實理, 학學, 학술學術, 궁리窮理, 이학理學 등의 번역어가 사용되었는데 science를 '과학'이라는 용어로 처음 번역한 사람도 니시 아마네이다.[18] 그는 1874년 『明六雜誌명육잡지』 제22호에 실린 「知說지설」이라는 글에서 '과학科學'을 제시했고 그 의미는 분과학문이었다. "일본에서 과학을 분명하게 science에 대응시켜 번역한 것은 1881년에 출간된 『철학자휘』였고, 과학은 일본에서 메이지 유신 이후에 널리 사용되었다."[19]

일본에서의 서양학문과 기술에 대한 수용은 주로 번역을 통해 이루어졌고 '철학'과 '과학'이라는 개념도 일본에서 번역된 용어로서 이 개념이 중국과 조선에 수용되어 자리를 잡게 된다.[20]

중국에서의 '철학' 개념의 수용

중국어로 '哲學'은 바로 philosophy의 번역이었고, 이 일본어 번역이 중국에 등장하기 전에는 서양의 철학과 버금가는 중국의 학술 또는 학문

18 이시즈카 마사히데(石塚正英)외, 앞의 책, '과학·학문·학', 36~37쪽 참조.

19 진관타오·류칭펑/양일모·송인재·한지은·강중기·이상돈 옮김, 2010, 『관념사란 무엇인가 2. 관념의 변천과 용어』, 푸른역사, 411쪽.

20 일본에서의 '과학'의 번역에 대해서는 김성근, 2003, 「일본의 메이지 사상계와 '科學'이라는 용어의 성립과정」, 『한국과학사학회지』제25호. 또한 과학의 대상으로서의 자연개념이 정착되는 과정에 대해서는 김성근, 2010, 「동아시아에서 '자연(nature)'이라는 근대어휘의 탄생과 정착: 일본과 한국의 사전류를 중심으로」, 『한국과학사학회지』제32권2호 참조.

에 대해 자학子學이나 경학經學, 이학理學이나 성리학性理學 등의 용어로 불렀다.

이지조는 1629년에 천주교리서인 이편理編 10종과 서양과학서인 기편器編 10종을 합한 20종의 한역서학서로 이루어진 『天學初函천학초함』을 간행했다. 이 책의 이편에 「천주실의」, 「서학범」, 「職方外紀직방외기」, 「靈言蠡勺영언여작」 등이 포함되어 있는데 이들 저술에서 서학 수용이 잘 나타난다.

선교사 알레니(Giulio Alleni, 중국명 艾儒略, 1582~1646)의 저술 『직방외기』(1623)는 세계 각지의 지리와 문물을 기록한 책인데, 알레니는 이 책에서 유럽의 교육제도에 대해서 문과文科와 이과理科를 나누어 소개한다. 문과는 소학小學으로 기초적 교양을 습득하는 과정을 의미하고 이과는 철학일반의 교과과정을 의미한다.

> 중학中學은 이과理科 과정이며 3과목이 있다. 일 년째는 落日加(로기카, logica), 즉 시비를 변론하는 방법을 배운다. 이 년째는 費西加(피지카, physica) 즉 성리性理를 관찰하는 방법을 배운다. 삼 년째는 黙達費西加(메타피지카, metaphysica), 즉 성리를 넘어서는 학문(性理以上之學)을 배운다. 이 과정을 통틀어서 斐祿所費亞(비록소비아, philosophia)라고 한다.[21]

알레니는 서양의 philosophy를 비록소비아지학斐祿所費亞之學으로 음역하고 이를 '격물궁리지학格物窮理之學' 또는 '이학理學'이라고 번역했다.[22] 그의 책 『서학범』(1623)에서도 '이과' 혹은 '이학'은 대체로 당시 서구의

21 양일모, 1999, 「번역의 사상사: 강유위와 엄복」, 『중국학보』 제40집, 433쪽에서 재인용하면서, 이원순, 1986, 『조선서학사연구』, 일지사를 참조.

22 진관타오·류칭펑, 앞의 책, 401쪽.

philosophy를 의미하고 있다.[23]

『靈言蠡勺영언여작』은 프란체스코 삼비아시(Francescos Sambiasi, 1582~1647)가 구술하고 서광계가 한자로 기록한 책으로 1624년 간행되었는데 여기서 philosophy는 비록소비아費祿蘇非亞로 음역되고 '격물궁리지학格物窮理之學'으로 번역된다.[24]

중국에서 1860년대 이래로 시작된 서양서적 번역은 20세기의 전환점을 전후하여 일본의 번역서적을 다시 중국어로 번역하는 형식으로 바뀌어 갔는데, 이때부터 근대 일본어 번역의 영향을 받기 시작했다. '哲學'(저쉐)이라는 근대 중국어는 청말의 관료 황준헌(1848~1905)이 일본에서 만들어진 용어인 '哲學'(데츠가쿠)을 중국에 소개하면서 이후 근대 중국어로 정착된 어휘다.[25] 황준헌은 『일본국지』(1887)에서 도쿄대학의 학제를 소개하면서 '철학'이라는 용어를 도입한다.

> 도쿄대학교는 법학, 이학理學, 문학의 세 학부로 이루어져 있다. 법학부는 전적으로 법률 및 공법을 익힌다. 이학부는 5개의 학과로 화학과, 수학물리학 및 천문학과, 생물학과, 공학과, 지질학 및 채광학과로 나누어져 있다. 문학부는 2개 학과로 철학·정치학 및 이재理財학과, 일어·한문학과로 나누어져 있다.[26]

23 이원순, 앞의 책, 285, 301~304, 337~340쪽 참조.

24 프란체스코 삼비아시/김철범·신창석 옮김, 『영언여작』, 일조각, 2007, 12·16쪽. "'격물궁리'란 도덕수양을 위한 사물과 이치의 관찰이라는 송대 성리학의 학문방법론에 대한 개념이다. 격물이란 앎에 이르기 위해 사물의 이치를 관찰하는 것이며(致知在格物, 物格而後知致『大學』), 궁리 또한 敬을 실현하기 위해 사물의 이치를 탐구하는 것이다."(같은 책, 11쪽).

25 양일모, 2012, 「근대 중국의 서양학문 수용과 번역」, 『개념의 번역과 창조; 개념사로 본 동아시아 근대』, 돌베개, 221쪽.

26 『일본국지』제32권, 양일모, 같은 글, 222쪽에서 재인용.

황경징(1863~1904)은 일본에 방문하여 쓴 여행일기인 『동유일기東遊日記』(1894)에서 일본어 차용어인 '哲學'을 사용했다고 한다.[27] 그런데 1898년 간행된 『천연론天演論』에서 엄복은 philosophy를 비락소비非洛蘇非로 음역하면서 애지愛智로 번역하고 있고, 때로는 이학理學으로 쓰고 있으며 또한 철학자를 이가理家로 번역하는 것을 보면, 당시 중국에서는 '哲學' 이 아직 일반화되지 않고 여러 개념들이 혼용되는 것으로 생각된다.[28] 그리고 서양의 science에 대해 '격치지학'으로 번역하고 서문을 쓴 오여륜은 서양의 과학자를 '격치가'로 번역한다.[29] 그러므로 중국에서는 19세기 말까지 서양의 철학과 과학에 대한 분명한 구분 없이 격물궁리, 격치, 이학 등의 개념들이 혼용되다가 일본으로부터 유입된 '철학', '과학' 개념이 점차적으로 일반화되어 사용되었다고 볼 수 있을 것이다.

19세기 말과 20세기 초에 중국어 문언과 구어로의 차용번역어와 차의어借義語 및 다른 차용어의 유입은 일본이 유럽의 용어를 번역하기 위해 한자를 사용했고 이 신조어들이 중국으로 다시 수입됨으로써 이루어진다. 차용어는 다음 세 가지에 해당된다. ①근대 이전의 일본어에서만 발견되고 전통적인 중국어에는 없는 한자 복합어 ②서구의 용어를 번역하기 위해 일본인이 사용한 고전 중국어 표현으로, 이들은 의미상 현격한 변화를 거친 상태로 중국으로 역수입되었다. ③근대 일본어 복합어들로 고전 중국어에는 같은 표현이 없는 것들이다.[30] 철학哲學은 ③

27 페데리코 마시니/이정재 옮김, 2005, 『근대중국의 언어와 역사』, 소명출판, 162~163쪽.

28 엄복/양일모·이종민·강중기 역주, 2008, 『천연론』, 소명출판, 42·239·240·277·293쪽.

29 같은 책, 25쪽.

30 리디아 리우/민정기 옮김, 2005, 『언어횡단적 실천』, 소명출판, 70~71쪽.

의 경우에 해당되는데 이 개념과 함께 중국에서는 격물, 궁리, 성리, 이학, 현학 등의 개념이 같이 사용되었다. 또한 서구 science의 음역으로 '사이인스塞因斯'로 또는 '격치'로 사용되다가 과학科學으로 수용된 경우는 ②의 경우로 과학은 중국에서 과거科擧와 관련된 학문으로 사용되다가 의미상 완전한 변화를 겪게 된다.

량치차오는 「격치학의 연혁에 대한 간략한 고찰」(1902)에서 형이상학으로서 정치학, 군학(群學; 사회학) 등의 사회과학을 그리고 형이하학으로서 화학, 천문학, 지질학 등의 학문으로 나누어 후자를 격치라고 했다. 즉 협의의 자연과학을 바로 격치로 썼다.[31] 그런데 결정적으로 1905년에 과거제가 폐지되면서 '과학'이 '격치'를 대체하게 된다.

> 과학이 격치를 대신한 것이 결코, 우연이 아니라 사회제도와 사상사적 측면에서 중요한 원인이 있었음을 증명해 준다. 언어상으로 볼 때 이것은 역시 '과학'이 중국어에서 '과거科擧'와 '분과학문'이라는 두 가지 의미가 섞여 있었기 때문에 중국인이 '과학'으로 science를 지칭하는 것을 방해하는 주된 원인이 있었음을 증명해 준다. 이러한 혼용은 과거제의 폐지에 의해 사라졌고, 이 때 부터 '과학'이라는 용어가 단일한 의미로 널리 사용될 수 있었다.[32]

따라서 우리는 중국에서 격치와 철학, 과학에 대한 개념사적 고찰은 단순히 개념의 변화 과정만을 해명하는 것이 아니라, 사회역사적 변화를

31 진관타오/류칭펑·양일모·송인재·한지은·강중기·이상돈 옮김, 2008, 『관념사란 무엇인가 1. 이론과 방법』, 푸른역사, 480쪽; '과학'에 대해서는 같은 책, 474~477쪽; '격치'의 변화에 대해서는 같은 책, 477~481쪽; '격물치지'에서 '과학'으로의 변화에 대해서는 진관타오, 류칭펑, 2010, 388~449쪽 참조.

32 진관타오·류칭펑, 2010, 416쪽.

밝히는 중요한 단서를 제공함을 알 수 있다.

1900년 이후 유교윤리와 우주질서를 서양의 정치경제제도와 무관한 두 영역으로 구분하게 되자, '궁리'와 '서학경제'는 곧바로 유교윤리와 무관하게 되었고 '격치'라는 용어 역시 사용가치를 잃게 되었다. 따라서 '과학'이 '격치'를 대체한 것은 실질적으로는 중국지식체계가 유교적 도덕윤리의 궤도에서 이탈함을 의미한다.[33] 그러므로 중국에서는 '철학'개념의 수용과정에 대한 연구와 "격치에서 과학에 이르는 과정에 대한 연구는 바로 중국 지식체계의 현대적 전환의 특수한 경험을 탐색해보려는 시도"[34]라 할 수 있을 것이다. 이러한 연구의 중요성은 다음과 같은 주장에서 확인할 수 있다.

> 만청민국晩晴民國 시기 중국의 지식체계와 제도체계에는 중대한 변화가 발생하여, 중국인의 정신세계와 행위규범으로 하여금 이전과 이후를 확연히 양분시켰는데, 이 천고千古의 일대 변국變局의 각 방면을 이해하고, 중외中外의 충돌과 융합의 대大 배경 하에서 지식체계와 제도체계의 연혁, 이식移植, 변경, 조절과 적응의 수많은 문제를 깊이 탐구해야만 비로소 전통적 인식과정을 이해하고 현재를 이해하며 미래를 파악하는 열쇠를 획득할 수 있다.[35]

33 같은 책, 418쪽.

34 같은 책, 2010, 449쪽.

35 桑兵, 「晩晴民國的知識與制度體系轉型」, 『中山大學學報』, 2004년 6기, 쑨장·리리펑/최정섭 옮김, 2011, 「개념, 개념사, 그리고 중국적 콘텍스트」, 『개념과 소통』 제8호, 200쪽에서 재인용.

<한성순보漢城旬報>, <한성주보漢城週報>에서 '격치', '철학'

조선에서 서구 철학사상이 알려지는 것은 천주학의 전래로부터 시작한다. 『직방외기』나 『천주실의』 등의 책들 속에는 서양신학이나 철학에 관계된 것이 가끔 나온다. '철학'이라는 용어를 받아들이기 이전에는 'philosophy'가 斐祿所費亞비록소비아 또는 費祿蘇非亞비록소비아로 음역되어 단편적으로 소개되었다.[36] 그러나 천주교를 통해서 전해진 서양철학사상은 주로 토마스 아퀴나스를 중심으로 한 스콜라 철학이었으며 따라서 그 외의 것은 아주 단편적으로 소개되었다.

philosophy가 '哲學'이라는 개념으로 조선에 수용되기 시작한 것은 1880년대에 들어와서라고 볼 수 있다. 니시 아마네가 'philosophia'를 '哲學'이라는 용어로 번역한 이후 이 용어가 중국과 조선에 유입되어 그대로 사용되는데 조선에서는 어떤 자료와 경로를 통해 '철학'이라는 용어가 수용되었는지 구체적으로 살펴볼 필요가 있다. 여기서는 우선 한국의 근대 신문이라 할 수 있는 <한성순보>와 <한성주보>를 살펴보겠다.

<한성순보>(1883.10.31.~1884.10.9.)는 관보로 창간되었고 <한성주보>(1886.1.~1888.7.)는 <한성순보>가 갑신정변으로 폐간된 지 13개월 만에 발행된 신문으로 이 두 신문 모두 민지民智를 개발하여 개화를 추진하려는 의도로 발간되었다. 그러므로 세계 각국의 정치, 경제, 지리 및 각종 제도, 기술과 격치格致 분야를 소개하는 기사 즉 '각국근사各國近事' 혹은 '외보外報'의 외국관계 기사가 압도적인 비중을 차지한다.[37] <한성순보>의 경우

36 이원순, 1986, 『朝鮮西學史硏究』, 일지사.

국내기사와 '사의私議' 등을 제외하면 만국공보, 상해신보 등 대부분 중국에서 발간되는 신문의 내용 중 지리, 격치, 역사, 시사, 문명 등에 관한 글들을 재편집하여 실었고 부분적으로 일본에서 간행되는 자료들을 번역해 싣기도 했다.[38]

이 두 신문이 가장 많이 다룬 나라는 중국과 일본이다. 그런데 <한성순보>가 중국을 많이 다룬 것에 비해 <한성주보>는 일본을 많이 다루었다. 이는 전자가 중국에서 발간되는 신문에 많이 의존했던 반면 후자는 일본신문을 더 많이 인용하는 데서 오는 차이로 볼 수 있고 또한 시간이 갈수록 중국에 비해 일본의 영향력이 커지는 점도 작용했으리라 본다.[39]

> 중국 사람이 민첩하지 못한 것이 아니요, 중국 인재가 넉넉하지 못한 것도 아니다. 진실로 이때를 틈타서 泰西태서의 格致之學격치지학을 익혀서 오늘날 중국의 格致之利用격치지이용을 성취한다면[40]

> 태서 각국의 학업 역시 그 제도가 대동소이하다. 민간학교서는 자기 나라의 언어·문자를 위주로 가르치는데 그 과정은 독서·작문·筆算필산·心算심산·地球圖說지구도설 등으로 거의 일치하고, 大書院대서원은 그리

37 이광린, 1969, 「한성순보와 한성주보에 대한 일고찰」, 『한국개화사연구』 개정판, 일조각; 김연희, 2011, 「한성순보 및 한성주보의 과학기술 기사로 본 고종시대 서구 문물 수용노력」, 『한국과학사학회지』 제33권1호.

38 이 두 신문의 편집 기사는 대부분 번역으로 이루어져 있었는데, 계몽기 문명과 만나는 방법으로 번역의 의의와 방법, 현황에 대한 연구로는 정선태, 2006, 「근대계몽기의 번역론과 번역의 사상」, 『근대어, 근대매체, 근대문학』, 성균관대학교 대동문화연구원; 김욱동, 2010, 『번역과 한국의 근대』, 소명출판; 김욱동, 2010, 『근대의 세 번역가; 서재필, 최남선, 김억』, 소명출판, 참조.

39 정진석, 1983, 「한성순보와 주보의 뉴스원」, 『신문학보』 제16호, 12쪽, 15~21쪽.

40 <한성순보> 1884.1.8, '中西時勢論', 이하 날짜는 모두 양력으로 표시한다.

스語·로마文을 正課정과로 하고 이어 測算측산·格致격치를 거쳐 의학·법학·性道諸學성도제학으로 끝낸다. (태서에서)...... 周주나라 말엽에 性理之學성리지학이 크게 발달하여 각 파로 나뉘어 百家백가가 論說논설을 주장해 점점 허무의 학술로 빠져들었다. 그 중 索格底소크라테스·布拉多플라톤·額利斯多아리스토텔레스 3인이 聖賢성현이라 일컬어졌다. 소크라테스는 格致격치·誠正성정·修齊수제·治平치평을 급선무로 삼았고, 플라톤은 원래 소크라테스에게서 나와 스승의 학문을 확충하였으며, 아리스토텔레스는 플라톤에게서 배워 별도의 학파를 세웠다. 플라톤은 性道之學성도지학을 宗旨종지로 삼고, 아리스토텔레스는 格致之學격치지학을 요지로 삼았다. 그때 測算측산·格致격치는 후세처럼 자세하지 못하고 단지 그 단서만 열렸는데, 세 사람을 모두 神明신명처럼 존경하고 그들의 論논을 모두 宗主종주로 삼다가 明명나라 초 무렵에야 改易개역하여 다른 길로 들었다.[41]

위 두 인용문에 나타나듯이 <한성순보>에는 성리학, 성리라는 용어도 나오고 동시에 서양철학자와 과학자의 이름과 이론이 많이 소개되지만 주로 격치학 또는 격치의 개념으로 소개되고 있으며 '哲學'이라는 용어는 나오지 않는다. 주로 '格致격치', '格物격물', '格致之理격치지리', '格致之學격치지학', '格致學격치학', '格致術격치술', '泰西格致士태서격치사', '格致之用격치지용', '格致之功격치지공' 등의 용어가 많이 나오며 '격물치지'와 '치지격물'이 혼용되기도 한다.[42] 또한 플라톤과 구분되어 아리스토텔레스가

41 <한성순보> 1884.3.18, '各國學業所同'.

42 '격물치지'와 '거경궁리'를 중심으로 학문개념의 근대적 변화를 다룬 글로 이행훈, 2009, 「학문개념의 근대적 변환; '격치', '궁리'개념을 중심으로」, 『동양고전연구』 제37집. 김용헌은 '격물치지'설에 대해 객관주의적이고 주지주의적이며 도덕주의

중요한 격치가로 그 생애와 활동, 저서가 소개되기도 한다.[43] 구태여 구분하자면 오늘날 '철학'에 해당되는 것은 대체로 성리학, 성도학으로 그리고 개별 과학에 해당되는 것은 격치학 등으로 나타나는 경향도 있지만 대체적으로 <한성순보>에서는 서양의 philosophy에 해당하는 것이 과학이나 종교 등과 뚜렷하게 구분됨이 없이 '격치'의 개념으로 많이 나타난다고 볼 수 있고 이러한 경향은 <한성주보>의 경우도 크게 다르지 않다. 그러므로 "1880년대 <한성순보>와 <한성주보>에서 이용되던 '격치'는 청일전쟁 이전 중국에서 여러 의미가 내포된 용어를 그대로 받아들인 것"[44]으로 볼 수 있다.

> 태서의 文學문학은 비록 分派분파되어 여러 가지가 많지만 요점은 모두 天천문학·算(算學: 산학)·格(物理學: 물리학)·化화학 등이다. 대저 그 근원은 동방에서 나왔는데 다만 서양인들이 推廣추광하여 流傳유전한 것이다. ...... 牛頓(뉴튼, Newton)이 天文천문과 格致격치 등 학문에 옛것을 개척하고 새로운 것을 연구한 것이 많지만 인력(吸力相引之理, 흡력상인지리)을 발견한 공로가 제일 크다. 인력으로 인하여 重學중학의 근본이 되었으니 이것이 없었다면 천문과 격치 등 학문이 모두 헛 문서로서 증명할 수 없었을 것

적인 주자학적 설, 주관주의적이고 도덕적, 실천적인 양명학적 설 그리고 자연을 도덕적 관점에서가 아니라 자연자체로 파악하려는 자연학적 실학적 설로 나누어 고찰하는데 이러한 구분은 조선 후기의 '격치'개념을 파악하는데 유효하리라 생각한다. 김용헌, 2002, 「격물치지」, 『조선유학의 개념들』, 예문서원. 그러나 <한성순보>와 <한성주보>에서 사용된 '격치' 또는 '격치학'의 개념이 성리학적 특징에서 완전히 벗어나 자연과학적 격치의 개념으로 보기는 어렵다고 생각한다. 이에 대해서는 '격치', '격치가', '격물군자' 등의 개념에 대한 보다 상세하고도 구체적인 연구가 필요하다.

43 <한성순보> 1884.6.4, '亞里斯多得里傳'(아리스토텔레스전).

44 김연희, 앞의 글, 9쪽.

이다. ... 그리고 이 천문에 공헌한 자는 또 모두 測(측량학)·算산·格격·化화 등 여러 학문의 힘을 빌지 않았으면 역시 그 조화의 妙諦(묘체: 묘한 진리)를 탐색하지 못하였다. 대체로 上古상고시대에 歲時세시를 바로잡을 때는 모두 算學산학의 힘을 빌어 천문학을 관측하였는데, 뉴튼 때부터는 重學중학을 이용하여 천문을 연구하게 되었다. 지금은 光學광학·화학을 이용 연구한다.[45]

인용문에서 사용되는 '文學문학'은 19세기 말에 'literature'의 번역어로 채택된 '文學'과는 다른 것으로 학문, 학예와 같은 포괄적 의미를 갖고 있다. 이는 일본과 중국에서의 용례를 그대로 따르고 있는 것이라 할 수 있다.[46] 여기서 격格은 '격치학'으로서 대체로 물리학을 의미하지만 중학重學이 역학力學을 의미하므로 물리학과 역학의 관계가 애매하다. 이 당시까지는 서양의 언어와 학문을 제대로 이해하기 어려운 상태였으므로 개별과학들의 관계를 정확히 알면서 수용하기는 힘들었을 것이다.

이제까지의 논의를 통해 볼 때 <한성순보>는 窮天地之理致萬物之性(궁천지지리치만물지성; 천지자연의 이치를 탐구하여 만물의 본성에 이른다.)'[47]이나 '講其道究其理(강기도구기리; 그 도를 강구하여 그 이치를 탐구한다.)'[48] 등의 표현에서 볼 수 있듯이 전통 성리학적 개념과 틀을 가지고 서양의 새로운 학문을 수용하려는 경향이 강하다고 볼 수 있을 것이다.

45 <한성순보> 1884.3.8, '泰西文學原流考'.

46 김찬기, 2004, 「<한성순보> 소재 '亞里斯多得里傳'에 관한 연구」, 『현대문학이론연구』 제21권, 49쪽; 스즈키 사다미, 2001, 『일본의 문학개념』, 김채수 옮김, 보고사, 제1장과 2장 참조.

47 <한성순보> 1884.3.8, '亞細亞洲總論'.

48 <한성순보> 1884.7.3, '鄰交論'.

<한성순보>는 갑신정변의 여파로 발행이 중단되었다가 1886년 1월 25일(양력)에 <한성주보>로 이름과 발행형식을 바꾸어 발행된다. <한성주보>의 입장도 <한성순보>의 입장과 마찬가지로 서양 제국이 부강한 이유를 찾아 그것을 수용하는 데 있었다.[49] 그러나 <한성주보>는 순한문으로 발행되던 <한성순보>와는 달리 기사에 따라 한문, 국한문혼용, 순 한글을 사용했으며 따라서 번역에 대한 문제의식도 있었다.[50] 필자가 이제까지 조선 후기 자료를 검색해 본 바에 의하면 '哲學'이라는 용어가 처음 나타나는 곳은 1888년 2월의 <한성주보> 101호의 '외보外報'이다.[51] 길지만 이 기사문 전체를 인용한다.

> 일본 문부성 보고에 의하면 동경 도서관에 지난달 1일부터 21일까지 도서를 광폭(廣曝; 널리 햇볕을 쬐게 함)하는데 개관한 다음 날부터 마음먹고 서적을 좇아 살펴보고자 하여 10일에 한 번이라도 와서 서적을 살펴본 이가 모두 합쳐 1,517명이며 안에서 범관(泛觀; 그냥 한 번 훑어봄)한 이가 1,476명, 실관實觀한 이가 41명으로 매일 평균 151명이나 된다. 또 같은 달 교육박물관보에 의하면 개관은 약 27일이고 와서 서적을 본 사람이 모두 4,957명이며 이 중 學士학생는 3,997명, 어린아이가 388명으로 실

49 노대환, 2010, 『문명』 한국개념사총서6, 소화, 113쪽.

50 <한성주보> 1886. 2. 15. '論學政第三', 정선태, 앞의 글, 참조.

51 조선에 '哲學'이라는 개념이 언제 들어왔는가에 대한 기존 연구로 이행훈, 2012, 「한국근대 철학 개념의 역사의미론 연구」, 『개념의 번역과 창조; 개념사로 본 동아시아 근대』, 돌베개, 참조; 이에 의하면 대중매체 가운데 '철학' 이라는 용어가 쓰인 최초의 사례는 1896년 12월 5일자 「대조선독립협회회보」 제2호에 나타난다.(이행훈, 같은 글, 139쪽); 이 문제를 포함해 '철학' 개념의 수용과정과 내용에 대해서는 "텍스트별로 개념의 사용 주체, 내용, 지시 대상 등을 분석하지 않으면 역사의미론적 해석을 할 수 없"(같은 글, 141쪽)으므로 좀 더 구체적이고 철저한 자료조사와 고증이 필요하다.

관한 자들이 572명으로 매일 평균 183명이나 되고 또 동경도서관에서 제공한 각종 서류와 책을 본 사람을 비교한 <표>는 다음과 같다.

貸	類別	和漢書	洋書	合計
	第1門 宗敎	121	1	122
付	第2門 哲學 敎育	493	37	530
	第3門 文學 語學	1,929	271	2,200
圖	第4門 歷史 地理 傳記	1,624	162	1,786
	第5門 法政	1,153	113	1,266
書	第6門 理學 醫學 數學	1,694	207	1,901
	第7門 工學 藝術 兵事 產業	798	46	844
冊	第8門 類書 雜書	616	26	642
	合計	8,428	863	9,291
數	1日平均	8,428	836	9,219

[52]

이 기사는 <한성주보> 편집진에서 일본의 자료를 선택하여, 한자로 번역한 것인데 일본의 당시 서양학문의 수용과 분류방식, 도서관 체계, 도서관 이용 인원 등이 잘 나타나는 자료이다. 여기서 종교 다음으로 '哲學'이란 용어가 나온다. '화한서'는 중국책과 일본책을 같이 말하는 일본식 표기이며 양서는 서양책에 대한 일본식 표기이다.[53]

이 당시 일본에서는 1877년에 설립된 동경제국대학을 중심으로 서양학문에 대한 수용이 심화되어 체계적 수용과 분류도 상당히 이루어진 단계이며 도서관도 많이 건립되어 일반인들도 많이 이용하기에 이른다. 또한 다양한 분야의 서적들이 번역 소개되고 있었으며 각 개별학

52 <한성주보> 1888. 2. 6. '曝書閑話'.

53 화한학과 양학의 제도적 변화에 대해서는 류준필, 2009. 「19C 말 일본 대학의 학과 편제와 國學·漢學·東洋學의 위상」, 『코기토』 제65호, 부산대학교 인문과학연구소 참조.

문의 사전 편찬 작업도 이미 다 이루어진 상태였다. 그러므로 이미 '철학'이라는 용어가 상당히 정착했다고 볼 수 있으며 <한성주보>에서는 새로운 서양학문에 대한 관심을 촉구하는 입장에서 일본의 자료를 소개했다고 볼 수 있다. 그러나 이 자료에서는 여러 도서분류의 하나이자 학문분야의 하나로서 단지 '철학'이라는 명칭만 소개될 뿐, 철학에 대한 어떤 설명도 없다. 그러므로 이 '哲學' 용어가 제대로 수용되는 것은 유길준에 와서라고 볼 수 있다.

『서유견문』에서 철학

우리나라에서 서양 근대문명과 학문에 대해 서적을 통해서 뿐만 아니라 강의를 통해 직접 접한 최초의 인물은 유길준(1856~1914)이다. 그는 최초의 서구 유학생으로 일본과 미국에서 서양문명과 서양사상을 학습했고 이를 통해 서양 근대학문을 가장 먼저 체계적으로 소개한 사람으로 알려져 있다.

1889년에 집필이 완료된 『서유견문』은 우여곡절 끝에 1895년에 일본 도쿄에서 간행된다.[54] 유길준은 이 책의 제13편에서 '泰西學術태서학술의 來歷내력', '태서군제의 내력', '태서종교의 내력', '학업 하는 조목'을 소개한다. 여기서 '태서학술의 내력'의 내용을 처음부터 인용하면서 서술해 가기로 한다.[55]

---

54 유길준과 『서유견문』에 대해서는 이광린, 1979, 「유길준의 개화사상-서유견문을 중심으로」, 『한국개화사상연구』, 일조각; 김봉렬, 1998, 『유길준 개화사상의 연구』, 경남대학교출판부; 정용화, 2004, 『문명의 정치사상: 유길준과 근대한국』, 문학과지성사 참조.

이천칠백여 년 전 시대로부터 希臘國희랍국에 學士학사가 배출하니 詩시에는 胡邁호머와 喜時傲히시옷와 扁道핀더의 諸人제인이오 文문에는 喜老道히로도타스와 秋時伊츄싯이듸스와 杜娛道듸오도라스와 弼婁台플누타치의 諸人제인이며 生物學생물학에는 脫累秀텔늬스와 皮宅高피퇴코라스의 諸人제인이오 道德學도덕학에는 思嗜賴스크렛즈와 弼賴土플네토의 諸人제인이며 窮理學궁리학에는 阿利秀아뤼스토텔라."[56]

유길준은 '태서학술의 내력'에서 서구 학술의 역사를 개관한다. 그는 지명과 인명을 번역하면서 중국과 일본의 번역이 있으나 자신이 듣고 본 것은 비록 我音(한글음)에 맞지 않아도 채용했는데 英吉利영길리나 墺地利오지리가 그러한 예이며 듣지 못한 것은 한자로 한글음에 가깝도록 번역했는데 喜時傲희시오와 秋時伊추시이 등의 예가 그렇다고 말한다. 그리고 전해 듣고 번역하는 과정에서 오류가 있을 수 있음을 고백한다.[57]

인용문에서 그는 '시'(호머와 헤시오도스)를 오늘날의 문학으로 '문'을 오늘날의 역사학의 의미로 쓰고 있고, '생물학'에 탈레스와 피타고라스를 언급하고 '도덕학'에 소크라테스와 플라톤을 집어넣는다. 그리고 '궁리학'의 학자로 아리스토텔레스를 꼽고 있는데 이는 <한성순보>에서 아리스토텔레스를 격치가로 소개하는 것과 유사하다. 그러나 궁리학이나 격치가 정확히 무엇을 의미하는지는 파악하기 어렵다.

阿羅比亞(地名)의 諸人제인이 學業학업을 務무하여 測量學측량학과 醫學의학과 窮理學궁리학을 世세에 傳전함으로 태서학술의 一脈일맥이 僅保근보

55 유길준, 『西遊見聞』, 교순사, 1895, 東京 제13편, 329-333쪽.

56 유길준, 같은 책, 329쪽.

57 유길준, 같은 책, '西遊見聞備考', 1-4쪽.

하야 後代후대에 至지함이라. 西曆서력 일천이백 년 시대에 英吉利영길리 國人국인 裵昆베콘이 … 實驗실험하는 理術이술을 倡起창기하야 天文學천문학에는 望遠鏡망원경을 作작하며 化學화학에는 萬物만물의 性質성질을 探顧탐고하야 分析분석과 和合화합하는 理致이치를 議論의논하고 又또 醫學의학과 器械學기계학의 大綱대강을 發明발명하니 一時일시의 大學者대학자라 칭하나[58]

또한 태서학술로는 측량학과 의학, 궁리학, 기계학을 말하고 베이컨의 실험술을 소개하면서 만물의 성질을 탐구하여 분석하고 종합하는 이치를 밝힌 로저 베이컨을 대학자로 소개한다. 여기서 궁리학이 정확히 무엇을 의미하는지 확실하지 않으며 대체로 철학, 자연과학 또는 물리학이 섞여져 사용되는 것으로 볼 수 있다.[59]

일천사백이십삼 년(오백육십 년 전)에 及급하야 泰西태서에 板刻판각하는 法법이 始出시출함으로 文學문학이 大振대진하야 性理學성리학과 詩學시학과 史學사학의 種類종류가 그 盛성함을 極臻극진히 하나 惟유 窮理궁리하는 學術학술에 이르러서는 琢磨탁마하는 新工신공이 無무하고 古人고인 阿利秀아리수의 遺緖유서를 株守주수하야 變通변통하기 不能부능하되 … 일천육백 년 시대(280여 년 전)에 至지하야도 學問학문하는 道도에 虛實허실이 猶且相蒙유차상몽하야 理術이술이 不明부명하거늘 此時차시에 布蘭施프란세스와 裵坤德바콘데스과 哥道壽카데스의 諸學者제학자가 文明문명한 氣기를 應응

58 같은 책, 329쪽.

59 『서유견문』에는 '궁리학'이 9번 나오지만 오늘날 의미에서 철학, 과학, 자연과학, 물리학, 이학(理學) 등의 의미로 혼용되고 있다. 이한섭외 편(2000), 『서유견문 어휘색인』, 박이정 참조.

하야 인간에 出출한지라 實用실용있는 學業학업을 修進수진하며 實像실상 있는 理致이치를 證據증거하야[60]

여기서 문학은 동양 전통적인 의미의 문사철文史哲을 포함한 학문일반을 의미하고 성리학은 철학을, 시학은 문학을, 사학은 역사학을 의미한다. '궁리하는 학술'은 과학을 의미하며 阿利秀아리스토텔레스를 시조로 하여 중간에 그 전통이 끊겼다가 근대에 와서 부흥한 것으로 서술되어 있다.

유길준은 프란시스 베이컨과 布蘭施프란세스를 별개의 인물로 본 듯하고, 또한 데카르트도 수용하는 과정에서 혼란을 일으켜 布蘭施프란세스와 裵坤德바콘데스과 哥道壽카데스의 諸學者제학자로 잘못 서술한 것으로 보인다. 이것은 布蘭施 裵坤프란세스 바콘과 德哥道壽데스카데스의 잘못된 표기이다.[61] 데스카데스는 R. Descartes에 대한 영어식 음역인 데 당시 프랑스어를 모르는 중국인이 음역한 자료를 받아들이면서 띄어쓰기에 착오를 일으킨 것으로 추측할 수 있다.[62] 유길준이 국한문 혼용체를 사용하면서 외국 지명과 인명은 한글음대로 표기하려고 했으므로 출판과정

60 유길준, 같은 책, 330쪽.

61 『西遊見聞』의 번역서인 『서유견문: 조선 지식인 유길준 서양을 번역하다』(허경진 옮김, 2004, 서해문집)는 유길준 당시의 용어를 현대식으로 풀어 번역했는데, 이 과정에서 많은 오류가 발생한다. 예를 들어 도덕학을 철학으로 번역하고 궁리학을 논리학으로, 또 궁리학과 성리학을 모두 철학으로, 다른 한편으로는 궁리학을 물리학으로 번역하기도 했다. 또한 잘못된 인명에 대해서도 수정하지 않고 "프랜시스·바콘데스·카데스 같은 여러 학자들"(349쪽)로 그대로 번역했다.

62 이광린은 앞의 논문(71, 75쪽)에서 제13편 '태서학술의 내력'은 후쿠자와 유지키의 『서양사정』에 있는 내용이고 '태서 종교의 내력'과 '학업하는 조목'은 『서양사정』에 없는 것으로 서술했다. 그런데 이한섭은 '태서군제의 내력'만 『서양사정』의 전문을 번역해 쓴 것이고, 다른 부분 즉 '泰西學術의 來歷', '태서종교의 내력', '학업하는 조목'은 참고 자료를 알 수 없다고 본다. 이한섭, 1987, 「서유견문에 받아들여진 일본의 한자어에 대하여」, 『일본학』 제6집, 89쪽.

에서의 실수는 아닌 것으로 보인다. 그런데 원고 작성 과정에서 <한성순보>나 <한성주보>에서 소개되는 베이컨과 데카르트를 보았을 수도 있는데 왜 이렇게 됐는지 정확히 알 수 없다. 보다 확실한 검증을 위해서는 유길준이 서양철학에 대한 정보를 어디서 어떻게 얻었는가에 대한 상세한 문헌적 고찰이 필요하다.

> 英吉利國영길리국에 柳頓(유돈: 뉴톤)이라 하는 大學者대학자가 有유하니 古今고금의 不世出부세출하는 才操재조를 抱포하고 學術학술의 日新일신하는 世界세계에 生생하야 時年시년이 二十四이십사에 太空태공과 大地대지의 引力인력을 窮究궁구하며 光線광선의 功用공용과 物色물색의 根源근원을 論研논연하고 萬物만물의 理리를 格격하야 造化조화의 深妙심묘한 門戶문호를 披開피개하니 其기 著述저술한 書册서책이 萬物만물의 窮理學궁리학의 大本대본이라.[63]

인용문에서 柳頓(뉴톤)은 '萬物의 理를 格하'는 窮理學궁리학의 대학자이다. 여기서도 궁리학이 자연철학을 의미하는지, 자연과학을 의미하는지 아니면 물리학을 의미하는지 정확히 알 수 없다. 그런데 유길준은 '격치'라는 말을 전혀 사용하지 않는데 이는 <한성순보>, <한성주보>와 비교할 때 뚜렷한 차이로 볼 수 있다. 그는 당시를 기준으로 백년 전후의 유명한 학자들을 소개하는데 철학자에 대해 말하면서 궁리학과 성리학을 혼용해 쓰고 있다.

유길준은 '학업하는 조목'에서는 서양의 여러 학문 분야를 분류하면서 소개를 구체적으로 하고 있다. 그가 서술하는 순서로 보면 농학·의

63 유길준, 같은 책, 331쪽.

학·산학算學·정치학·법률학·격물학格物學·화학·철학·광물학·식물학·동물학·천문학·지리·인신학人身學·박고학博古學·언어학·병학·기계학·종교학 등이 있고 이 외에도 다양한 것들이 있다고 한다. 여기서 산학은 수학이고 격물학은 화학과 짝을 이루는 물리학을 의미한다. 그런데 화학이 그 효용의 측면에서 매우 중요하므로 학문 중의 학문이며 화학 연구의 방법론을 구체적으로 제시하는 것이 특징적이다.[64] 인신학은 인체학(해부학 포함)을 의미하며 박고학은 고고학을 의미한다. 추측컨대 여러 학문 분류의 순서는 반드시 그렇지는 않더라도 그가 허명虛名학문이 아닌 이용후생利用厚生하는 실상實狀학문으로서 중요하다고 생각한 분야의 순서인 것 같다. 그는 '哲學'에 대해서 다음과 같이 규정한다.

> 此學차학은 智慧지혜를 애호하야 理致이치를 통하기 위함인 故고로 그 근본의 심원함과 功用공용의 廣博광박함이 界域계역을 立입하야 限定한정하기 不能부능하니, 人인의 言行언행과 倫紀윤기며 百千事爲백천사위의 動止동지를 論定논정한 자라.[65]

『서유견문』에서 철학이라는 개념은 이곳에서 단 한 번 나오며 이 규정은 조선에서 '철학'에 대한 본격적 소개와 함께 최초로 개념적인 정의를 내린 것이다. 또한 『서유견문』에서 화학 등과 같은 개별과학에 대한 소개는 많지만 '과학'이라는 개념은 프랑스 파리의 농공農工 박물원에 "각科學의 전문박사"[66]가 와서 강의하는 것을 소개하면서 단 한 번 나오는

64 김현주, 2004, 「서유견문과 계몽기 지(知)의 장(場)」, 『서유견문: 조선 지식인 유길준 서양을 번역하다』, 허경진역, 서해문집, 602~603쪽.

65 유길준, 앞의 책, 351쪽.

66 유길준, 같은 책, 530쪽.

데, 조선에서는 처음 나온 것으로 추측할 수 있다.

윤건차는 유길준에 대해 근대학문을 가장 먼저 체계적으로 소개하고 '구학문'을 '신학문'으로 전환하는 것을 '사회전체의 과제'로 제시한 사람으로 아래와 같이 평가하는데 이는 상당히 타당한 평가로 보인다.

> 유길준은 1895년 당시로서는 혁명적이라고 할 국한문혼용체로 『서유견문』을 간행하였는데 그 가운데서 인문과학·사회과학·자연과학의 각 분야에 관하여 개념적인 설명을 시도하였다. 그는 농학, 의학, 산학, 정치학, 법률학, 격물학, 화학, 철학, 광물학, 식물학, 동물학, 천문학, 지리학, 인신학, 박고학, 언어학, 병학, 기계학, 종교학에 걸친 근대학문을 종합적으로 소개함으로써 그때까지 오로지 관념적이고 사변적인 규범의 세계를 지향하고 있던 구학문으로부터 현실의 사회적 실천에 유용한 지식을 추구하는 신학문에로 전환하려는 노력을 사회전체의 과제로서 제시할 수 있었다.[67]

이제까지의 고찰을 통해 볼 때, 유길준이 서양철학에 대해 성리학, 궁리학 등의 용어를 사용하다가 '철학'이라는 개념을 본격적으로 소개하는 것으로 볼 수 있다. 그러나 여러 개별학문들과 종교, 과학, 철학의 관계가 정확히 나타나지 않는 것으로 보아 그에게는 서양학문 자체의 체계적 분류는 크게 관심의 대상이 되지 않은 것으로 보이며 따라서 서양철학에 대해 그가 어느 정도 이해하고 있었는지 정확히 알기는 어렵다.

그러나 유길준이 『서유견문』을 집필할 당시에는 인문과학, 사회과

67 윤건차, 1982, 『朝鮮近代教育の思想と運動』, 東京大學出版會, 133~134쪽; 『한국 근대교육의 사상과 운동』, 청사, 1987, 136쪽.

학, 자연과학에 대한 구분이 없었고, 철학과 종교, 과학, 개별 분과학문 간의 관계에 대한 이해도 부족했으므로 철학에 대한 개념규정을 하더라도 성리학, 궁리학 등의 개념과 엄밀히 구분되지 않는 개념적 혼란이 있었다고 볼 수 있다. 그리고 이러한 개념적 혼란은 유길준뿐만 아니라 그와 동시대를 살았던 대부분의 사상가나 지식인들에게 공통적이었다고 추측할 수 있다.

맺는말

이 글은 한국에서 '철학' 개념사 연구를 위한 하나의 입문적 시도로서 일본에서 '철학' 개념의번역과 수용과정, 중국에서 '철학' 개념의 수용과정을 간략히 고찰한 후, 이와 연관하여 <한성순보>, <한성주보>, 『서유견문』에 나타나는 '철학' 개념을 고찰하고자 했다.

이 장에서 논의한 내용들이 많지만 그 중 몇 가지 중요한 것을 정리하면 다음과 같다.

첫째, '哲學'이라는 번역어는 니시가 처음 만들었는데 메이지 유신 전후의 일본과 중국에서 사용되던 philosophy에 대한 번역어로 窮理궁리, 學問학문, 理學이학, 天道之說천도지설, 道理도리, 道도, 義理之學의리지학, 學학, 玄學현학, 物理물리, 理論이론, 理科이과, 格致學격치학, 愛智學애지학, 智學지학, 聖學성학, 希哲學희철학, 求聖學구성학, 哲理철리 등 매우 다양한 개념이 있었다. '哲學'은 메이지 사회에서 다양한 개념들과 경합과정을 거치면서 정착되는 데 이 과정에서 두 가지 사건을 주목해야 한다. 이 중 하나는 메이지 10년(1877)에 동경대학 문학부에 철학과가 창설되어 '철학'이한 학과의 명칭으로 제도화되어 사용된 것이고, 다른 하나는 철학사전인 『哲學字彙철학자휘』(1881)의 간행이다.

둘째, 중국에서는 20세기를 전후하여 일본 서적을 중국어로 번역하면서 일본어 번역의 영향을 받기 시작한다. '哲學'(저쉐)이라는 근대 중국어는 황준헌이 『일본국지』(1887)에서 도쿄대학의 학제를 소개하면서 일본어 번역인 '哲學'(데츠가쿠)을 도입하여 중국에 소개하면서 근대 중국어로 정착된 어휘이다. 중국에서는 19세기 말까지 서양의 철학과 과학에 대한 분명한 구분 없이 격물궁리, 격치, 이학理學 등의 개념들이 혼용되다가 일본으로부터 유입된 '철학', '과학' 개념이 점차적으로 일반화되어 사용되었다고 볼 수 있다.

셋째, 19세기 후반 조선에서 서구문명과 학문의 수용은 전적으로 중국이나 일본의 영향 아래에서 이루어졌다. 이는 당시 지식인들의 서구문명과 지식의 수용 통로를 통해서 확인할 수 있다. 그러므로 일본, 중국과는 달리 조선에서는 번역 문제에 대한 문제의식이 약했고 실제로 서구 언어를 직접 번역할 능력과 시간도 거의 없었다고 볼 수 있다.

넷째, <한성순보>에는 성리학, 성리라는 용어도 나오고 서양철학자와 과학자의 이름과 이론이 많이 소개되지만 주로 격치학 또는 격치, 격물 등의 개념으로 소개되며 '哲學'이라는 용어는 나오지 않는다. 이는 중국의 영향으로 보인다. <한성순보>에서는 철학, 과학이나 종교 등과 구분됨이 없이 중국에서 여러 의미가 내포된 용어인 '격치'의 개념으로 많이 나타난다고 볼 수 있고 이러한 경향은 <한성주보>의 경우도 크게 다르지 않다.

넷째, 조선 후기 자료를 검색한 결과 '哲學'이라는 용어가 처음 나타나는 곳은 1888년 2월 6일자 <한성주보>의 '외보外報'로 일본의 자료를 번역해서 소개한 것이다. 여기서는 일본의 도서관과 관련되어 도서 분류의 하나이자 학문분야의 하나로서 '哲學'이라는 명칭만 소개된다. 당시는 중국에서도 '철학' 개념이 아직 일반화되기 전이었다.

다섯째, '哲學' 용어가 제대로 수용되는 것은 유길준에 와서이다. 그는 '격치'라는 말을 전혀 사용하지 않는데 이는 <한성순보>, <한성주보>와 비교할 때 뚜렷한 차이로 볼 수 있다. 유길준은 서구의 학자들과 철학자들을 역사적으로 소개하면서 궁리학과 성리학 등을 혼용해 쓰면서도 '철학'에 대해 처음으로 개념적 규정을 한다.

여섯째, 유길준이 서구학문에 대한 분류를 하고 철학에 대해서 개념 규정을 했지만 성리학, 궁리학 등의 개념과 엄밀히 구분되지 않는 개념적 혼란이 있었다.[68] 그리고 이러한 개념적 혼란은 유길준뿐만 아니라 그와 동시대를 살았던 대부분의 사상가나 지식인들에게 공통적이었다고 추측할 수 있다. 이 당시 지식인들에게 있어 이런 개념적 혼란들은 사회적·정치적·문화적 혼란을 반영하는 것으로 볼 수 있으며 아마 이 점이 한국에서의 '철학' 개념사 서술의 어려움이 아닐까 생각해 본다. 이에 대한 구체적 탐구는 앞으로의 과제이다.

68 이 혼란은 전통사회와 서구사회의 접점에 있었던 유길준의 사상 전반에 나타나는 혼란일 수도 있을 것이다. "그의 사상은 논리 전개과정에서 간혹 모순을 초래하기도 하였고, 사상체계의 일관성이 결여되기도 하였고, 사상적 확고성이 결여되기도 하였다고 여겨진다." (김봉렬, 앞의 책, 303쪽, 399-400쪽 참조)

3장

근대적 학문체계의 성립과 서양철학 수용의 특징

시작하는 말

한국의 근대성을 어떻게 봐야 할 것인가?

일본에서의 서양철학 수용과 식민정책학

한국에서의 서양철학 수용

서양철학수용과 번역의 문제

맺는말

시작하는 말

동아시아에서 전통적 학문은 중국적 학문이었으며 인문학적[1] 전통이 그 중심을 이루고 있다. 그것은 원래 철학·사학·문학이 서로 밀접하게 연관된 것이므로, 그 중에서 철학이라는 것을 엄격하게 분리해 내는 것은 사실상 불가능하다. 동아시아에 있어서는 소위 근대적 학문체계로서 서양학문이 본격적으로 도입되기까지 전통적 학문의 뚜렷한 분화는 없었으며 따라서 동아시아에 철학이라고 하는 학문자체가 존재한 적은 없었다.[2]

조선에서는 이미 개국 전부터 실학파 사상가들에 의해 서구사상이 수용되기 시작했다. 그러나 본격적으로 서구 학문新學을 수용하기 시작한 것은 개항 전후 개화사상이 대두되면서부터였다. 그러나 개항 이후 일제 식민지가 되기까지 아직 근대교육제도가 뚜렷이 확립되지 않았고, 근대적 서구학문의 수용도 본격적으로 이루어지지 않았다고 볼 수 있다.

서구학문이나 사상의 수용이 부분적으로 이루어진 경우에도 철학사상과 사회사상, 인간론, 정치사상 등이 단편적으로 서로 섞여서 수용되는 정도였다.

'한국에서 근대적 학문으로서 철학이 어떻게 형성되었는가' 하는 것

---

1 인문학의 개념에 대해서는 조동일 「인문학문의 유래와 위치 재검토」 참조. 『인문학문의 사명』, 서울대학교출판부, 1997. 조동일은 기존의 서양 중심의 학문 분류를 비판적으로 검토하면서 자연학문, 사회학문, 인문학문으로 분류할 것을 제안한다. 그리고 철학과 문학과 역사를 하나로 연결시킨 새로운 인문학을 우리의 '창조학'으로 만들고자 한다.

2 오이환, 「동아시아적 사유구조」 대동철학회, 『대동철학』 제17집, 2002.6, 29쪽.

이 이 장의 주제이지만 이를 본격적이고 체계적으로 다루기에는 기존의 연구가 부족하다. 그러므로 이 문제를 해명하기 위해 우선 한국 근대성을 어떻게 봐야 할 것인지를 다루고, 일본에서의 서양철학 수용과 식민정책학, 한국에서의 서양철학 수용에 대해 살펴본 후, 서양철학 수용에서 번역의 문제를 간단히 제기하면서 글을 마치고자 한다.

한국의 근대성을 어떻게 봐야 할 것인가?

발리바르는 월러스틴이 근대적 민족형성을 자본주의 시장이라는 추상이 아니라 그 구체적 형태인 세계경제와 연결시키고 그 위계화와 식민화의 산물로 파악한 점을 중요한 공헌으로 본다. 그러므로 근대자본주의는 그 성립 자체가 시초부터 전쟁과 식민지화와 결합되어 있었다. 발리바르는 "어떤 의미에서는 모든 근대민족은 식민지화의 산물이다. 일정한 정도까지는 항상 식민지를 만들거나 식민화를 당하는 처지이며 때로는 둘 다이기도 했던 것이다."[3]라고 지적한다. 우리는 발리바르의 지적을 토대로 해서 더 구체적으로 다음과 같은 논의를 끌어낼 수 있다.

> 인종·민족문제는 종종 계급의 애매한 발현형태로 나타나곤 하는데, 이는 세계 경제를 하나의 단위사회로 설정해 보면 양자가 위계화된 체제 '내부'의 문제라는 점에서 연유한다. 민족 간의 구별이 얼마간 계급 간의 위계제를 구현하는 측면이 쉽게 확인되는 것도 근대자본주의가 지리적, 종족·계급적 위계제를 작동계기로 삼아온 현실에서 비롯되는

3 발리바르/서관모 옮김, '민족형태: 그 역사와 이데올로기', 『이론』, 1993 가을호, 112쪽.

> 것이다. 그러므로 지주-부르주아 노선이 근대성이라면 식민지화를 통한 수탈구조, 즉 민족·인종 구분에 근거한 위계제 역시 근대성의 본질적 일부이다.[4]

따라서

> 근대가 내세우는 '합리성'과 '효율성'이 실제로는 억압의 고도화나 은폐된 폭력성과 표리관계를 이루고 있다는 것이 '근대성'에 대한 최근의 비판적 담론이기도 하지만 어쩌면 이것은 식민지에서 한층 전형적으로 나타날 수 있는 것이다. 이 점에서 근대가 지닌 복합성 가운데 부정적 측면이 식민지 같은 약한 고리에서 한층 집중적으로 표현되는 것은 아닐지 생각해 볼 필요가 있다.[5]

이러한 논의를 받아들인다면 "세계자본주의라는 역사적 총체 안에서 계급적·지리적 위계화라는 중첩적 과정을 제대로 인식할 때 고전적 자본주의상과 다른 온갖 왜곡·반역사성·'비정상'이라 해야 할 사태의 확산을 설명할 수"[6] 있으며, 또한 "근대세계를 인종·종족적 의미를 띠는 지리적·계급적 위계제로 본다면 그 위계제에 저항한 민족주의의 세계사적 의의는 참으로 큰 것이며 그렇게 지켜낸 민족문화의 다양성은 결코 무시해서는 안되는 자산일 것이다."[7]

4 유재건, 「식민지·근대와 세계사적 시야의 모색」, 『창작과 비평』 제98호, 1997, 겨울, 65쪽.

5 같은 글, 67쪽.

6 같은 글, 68쪽.

7 같은 글, 73쪽.

근대성에 대한 다양한 논의가 있지만 이 장에서는 앞의 논의를 토대로 한국에서 근대성 또는 근대화 문제는 제국주의와 식민주의의 문제와 떼려야 뗄 수 없는 관계에 있으며 이를 세계적 차원에서 보느냐, 동아시아 차원에서 보느냐, 일본 또는 중국, 한국 등의 국가적 차원에서 보느냐에 따라 문제설정이 다르게 나타날 수 있다.

세계적 차원에서의 논의는 월러스틴의 경우를 참고할 수 있으며, 동아시아 차원에서 근대를 본다면 서구의 충격과 연관된 일본, 중국, 한국의 관계를 총체적 연관 속에서 살펴봐야 한다. 이는 보다 구체적으로 일본에서 근대주의와 일본주의, 식민주의의 관계, 중국에서 중화주의와 근대주의, 반식민주의의 관계, 한국에서 근대성 또는 근대화와 식민지성의 관계 등을 해명해야 하며 이들의 총체적 연관을 보다 구체적으로 밝히는 것이 필요하다. 다시 말해 '세계사적인 시각'에서 동아시아, '동아시아적 시각'에서 일본, 그리고 중국, 한국 등의 개별 국가, 개별 국가 내에서도 소수 인종 등으로 구체화면서, 각 차원들이 역사전개 과정에서 어떻게 중첩적으로 관계 맺어 나타나는지를 밝혀야 할 것이다.[8]

특히 한국에서의 근대성에 대한 논의는 세계체제적 시각에서, 또 동아시아적 시각에서 일본의 탈아입구脫亞入歐적인 근대주의와 이의 다른

8 이를 위해 월러스틴의 세계체제론, 마루야마 마사오 '억압이양의 구조' 이론, 조동일의 근대극복을 위한 새로운 학문론 등이 참조될 수 있을 것이다. 마루야마 마사오는 "일본 군국주의 하의 관료제는 근대적 합리화만을 의미하는 것이 아니라 '억압의 이양(移讓)'에 의한 정신적 균형의 유지라는 특이한 성격을 갖는다. 즉 일본군국주의는 절대자로서 천왕을 중심으로 하는 동심원적 위계질서에서 중심으로부터 억압을 순차적으로 이양해 균형을 유지하는 체제이기 때문에 동심원의 맨 가장자리에서는 그 억압이 극히 누적됨으로써 이민족에 대한 잔학행위가 자연스러워 진다"고 본다. 마루야마 마사오 '초국가주의의 논리와 심리', 『현대정치의 사상과 행동』, 한길사, 1997, 61-62쪽.

측면인 대외적 팽창주의(식민주의)에 대한 충분한 이해와 한국에서의 이에 대한 적응 또는 저항에 대한 구체적 연구를 바탕으로 해야 한다. 즉 한국에서의 근대성을 문제로 삼을 때, 우리는 백낙청이 일컬은 데로 "타율적 근대전환에 따라 민족문제가 중첩된 우리의 '특수한 근대'야말로 보편성이 결여된 예외적·국지적 현상이기는커녕 오히려 흔히 '보편성'의 기준이 되는 서양의 근대를 올바로 이해하고 극복하는 데에 핵심적인 현실"임을 분명히 자각할 필요가 있다. 따라서 "식민지가 어떤 의미에서 '근대의 실험실'이었다고 한다면, 식민지와 동떨어진 근대의 담론 따위란 있을 수 없다는 것은 당연한 일"[9]이며 따라서 우리의 근대성과 식민지성이 어떻게 결합되어 나타나는가를 해명하는 것은 우리 자신의 근대 이해와 근대 극복만이 아니라 세계체제 차원에서, 그리고 동아시아 차원에서 그리고 일본의 차원에서도 매우 중요한 과제라 할 수 있을 것이다.[10]

---

9 강상중, 『오리엔탈리즘을 넘어서』, 이산, 1997, 15쪽.

10 조동일 교수의 일본 비판 참조. "한·일 학문에 제기되는 근대사 극복의 과제를 논하는 것은 우리 학문의 위상을 밝히는 작업의 일환으로서 의의가 있으며, 일제강점기 동안 일본에서 받은 침해 때문에 우리 철학에 대한 부당한 폄하가 생겨난 것을 근본적으로 해결하는 데에 기여한다. 탈아입구(脫亞入歐)의 미망 때문에 빚어진 일본 학문의 혼미를 시정하는 데에 힘을 합쳐서, 동아시아 학문의 새로운 방향을 설정하기 위해서 철학이 어떤 기여를 할 것인가"(조동일, 『한국의 문학사와 철학사』, 11쪽)를 제기하고 "불행한 시대인 근대를 극복하기 위해서는 중세를 재인식해야 하고 동아시아 중세문명의 전통을 이어 발전시키는 과업을 함께 수행해야 유럽철학을 이식하는데 머무르는 잘못을 시정하고 유럽철학과 대화하고 토론해 더 큰 창조를 이룩할 수 있다"(같은 책, 499쪽)고 주장한다.
같은 책, '근대 극복의 과제와 한·일 학문' 참조. 또한 조동일은 월러스틴의 세계체제론이 대안을 제시하지 못함을 비판하고 있다(『인문학문의 사명』, 70-77쪽). 그러나 근대를 괄호치고 동아시아 중세문명의 전통을 이어받아 새롭게 세계문학사를 다시 쓴다면 실제로 존재했던 '불행한 근대'인 일본의 근대, 한국의 근대의 실체는 어떻게 해석되어야 하는가, 그리고 오랫동안 서구의 철학을 이식, 수용하여 일본

일본에서의 서양철학 수용과 식민정책학

명치유신 이후 일본이 유럽의 학문을 적극적으로 받아들일 때 유럽에서는 이미 학문의 전문화, 개별화가 아주 분명한 형태를 취했고 대학제도 등에서도 학문의 세분화와 전문화는 당연한 것으로 받아들여졌다. 그리고 이런 전문화의 토대에는 공통된 학문적, 문화적 뿌리가 있었다. (부챗살 유형) 그러나 서구학문이 일본에서 수용될 때는 공통된 뿌리는 제거되고 부챗살 끝 쪽의 개별화된 형태가 이식되고(문어항아리 유형) 그것이 대학 등의 학부나 학과의 분류가 되었으며 학자는 그런 의미의 전문가이며 개별화된 학문의 연구자로 당연시되었으며, 철학의 경우도 전문화된 형태로 수용되었다. 그리고 공통적인 뿌리 없는 학문적 전문화는 다른 분야와의 의사소통을 불가능하게 하고 현실과 역사에 대해 포괄적이고 전체적인 접근을 차단하는 역할을 해 왔다고 볼 수 있다. 특히 철학의 역할은 여러 과학들을 관련지어주고 기초 지어주는 것을 임무로 하는데, 근대 일본에서는 철학자체가 아카데미 세계에서 철저히 전문화되었던 것이다.[11] 그러므로 일본의 서양철학 수용은 처음부터 상당히 문제가 있었다고 볼 수 있다.

명치유신 이후 백여 년에 걸친 일본근대철학사를 통람할 때 근대독일철학의 수용과 이식이 압도적인 비중을 차지하고 있고, 그 중심적인 역할을 담당한 것이 토교와 쿄토의 '제국대학'의 강단이었다.[12] 즉 '제국

나름의 새로운 철학을 모색해 나가는 현상에 대해서 어떻게 설명할 수 있겠는가?

11 마루야마 마사오/김석근 옮김, 『일본의 사상』, 한길사, 1998, 209-214쪽.

12 미야카와 토루·아라카와 이쿠오/이수정 옮김, 『일본근대철학사』, 2001, 생각의 나무, 365쪽(이하에서 『일본근대철학사』로 인용함).

대학'의 강단을 중심으로 하는 관학철학의 주류는 학술적인 정밀함의 외견 하에 통속성과 이데올로기성을 칭송한 지능적 기술관료의 철학의 형태를 취했다.[13]

일본의 탈아입구적 근대화는 '열등한 아시아'(劣亞)라는 의식에 괴로워하면서 동시에 '아시아를 깔보는'(蔑亞) 우월감을 팽창시킴으로써 국가의 위세를 '완고하고 고루한' 인접 아시아 국가로 확장하고자 했다.[14] 이러한 일본적 오리엔탈리즘은 특히 조선과의 관계에서는 노골적인 힘을 발휘하게 되었다.

일본에서는 1910년 식민학회植民學會가 탄생하고 대학에서 식민정책 강좌의 설치, 교과서적인 저작의 출판, 전문적인 식민정책학자의 배출 등 식민정책학이 하나의 학문으로서 사회적으로도 인정을 받아 학문적 전통의 축적과 이전, 전문화, 전달이 저널리스트·정치가·관료·실업가와의 교류 속에서 널리 확산된다. 이러한 과정을 통해 "다양성으로 가득 찬 아시아의 역사와 사회는 '동양적 전제주의론'과 '정체사회론'을 두 기둥으로 하는 19세기적인 아시아 인식에 의해 재단"[15]된다. 그러므로 식민정책이라는 학문의 역사적 의의를 검토하는 것은 근대 일본과 아시아의 관계를 총체로서 재구성하는 데 반드시 필요한 작업이었다.[16]

이처럼 한국에서의 식민지적 근대는 일제의 한국지배를 정당화하려는 맥락 속에 위치하고 있으므로 한국에서의 근대적(주체적 동시에 식민지적) 학문체계에 내포된 권력관계를 파악할 수 있어야 한다.[17] 물론 이러

13 같은 책, 369쪽.

14 강상중, 앞의 책, 90쪽.

15 같은 책, 83쪽.

16 같은 책, 82쪽.

한 시각만으로 일본에서의 서양철학 수용과 한국에서 근대적 철학의 형성을 설명하는 것은 철학이 갖는 보편성을 너무 무시하는 것이므로 큰 한계가 있다. 그러므로 일본 철학계 내부의 상황을 좀 더 구체적으로 파악할 필요가 있으나 여기서는 한국에서 근대적 학문으로서 철학이 형성되는 시기와 관계되는 부분만을 살펴보기로 한다.

> 1920, 30년대의 (일본)아카데미에 있어서는 대정 13년 칸트 탄생 200주년 때에 절정에 달한 칸트연구를 기초로 후설의 현상학, 딜타이, 짐멜 등의 생의 철학, 하이데거, 셸러 등의 실존철학이 도입, 연구되었고 또 1930년대는 헤겔 부흥이 큰 조류가 되었다.[18]

특히 하이데거의 도입은 1930년대 들어 지배적인 경향이었다[19]. 동시에 1920년대 후반부터 마르크스주의가 일본의 아카데미를 뒤흔들게 된다. 젊은 시절 마르크스의 철학적 저작물들이 번역되었고 루카치나 코르쉬 등 독일 관념론의 영향이 강한 마르크스주의자들의 저작물들이 1930년대 초기에 지식인들 사이에 상당히 읽혀졌다. 당시 마르크스주의 이해에 관한 한 일본은 앵글로 색슨 세계에 비해 기묘하게 성숙되었다.[20] 특

17 푸꼬에 의하면 모든 지식의 발전이 권력의 행사와 긴밀히 연관되어 있고, 사회가 과학적 관찰의 대상이 되거나 인간과 인간의 행동이 분석과 해결을 필요로 문제가 되는 것은 권력의 다양한 메카니즘과 밀접하게 얽혀있기 때문이다. 그러므로 사회과학이든 인문과학이든 근대적 지식의 분류도 이러한 틀을 벗어날 수 없다.

18 『일본근대철학사』, 334쪽.

19 같은 곳.

20 마루야마 마사오/김석근 옮김, 『일본정치사상사연구』, 한국사상사연구소, 1995, 58~60쪽.
마루야마는 번역의 경우 일본에서 공산주의나 사회주의에 대한 소개가 빠른 것을 '후진국의 조숙성'으로 표현한다(『번역과 일본의 근대』, 164쪽).

히 마르크스주의를 일본의 철학에 자리매김한 사람이 미키 키요시(三木清)였다. 그는 마르크스주의에 대한 인간학적 해석을 통해 이데올로기의 문제, 모순과 실천, 로고스와 파토스, 기초경험과 노동, 존재의 역사성 등을 해명하고 또 실천함으로써 당시 일본 철학계와 지성계에 큰 영향을 미쳤다.[21]

그런데 조동일은 일본에서는 수많은 철학도가 유럽에 유학하고 돌아와 유럽철학을 소개·번역·재조립하는 일에 종사하여 일본학자들이 수입학에서는 세계제일의 모범생이 되었다고 평가하면서도 이러한 일본의 서양철학 수용노력을 비판한다. 일본에서 유럽에 대한 열등의식, 이론 창조 능력의 상실, 철학의 빈곤 등으로 지적될 수 있는 폐단이 한국보다 더 심각하게 나타나는 직접적인 원인은 탈아입구의 노선이 잘못되었기 때문이고 또한 "유럽철학의 수입이 뜻하는 대로 이루어지지 않아 철학의 공백이 생겨났으며, 그 때문에 철학일반을 불신하지 않을 수 없게 된 것이 일본의 형편"[22]이었다고 지적한다. 그런데 이러한 비판에서 유럽철학의 수입이 뜻대로 이루어지지 않았다는 것은 무엇을 의미하는 것인지 구체적인 지적이 없다.

한국에서의 서양철학 수용

조선에서 서양철학이 본격적으로 수용되기 시작한 것은 조선 말기에 이르러서다. 중국과 일본에서 서양철학이 본격적으로 수용되면서 우

21 『일본근대철학사』, 266-268쪽.

22 조동일, 『인문학문의 사명』, 508쪽.

리도 처음에는 중국을 통해 나중에는 일본을 통해 서양철학을 수용했다. '哲學'이라는 용어 자체가 일본의 니시 아마네(西周, 1829~1897)가 서양어 'philosophia'를 번역한 용어로서 이 용어가 중국과 한국으로 유입되어 사용된 것이다.[23]

한말 유학자들의 서양철학 수용과 개화파 인물들의 서양철학 수용[24] 외에 일제강점기에 들어서는 1920년에 창간된 『개벽』지에 거의 매달 니체, 칸트, 루소, 제임스, 러셀, 헤겔, 토마스 모어 등을 소개하는 글이 실렸지만 이들 역시 전문적인 연구자에 의해 쓰인 글이 아니었다고 할 수 있다.

20세기 초 서양철학의 수용은 대체로 전통적 유학교육을 받았던 개인들의 철학연구에 머물러 있었고 아직 제도화된 형태를 지니고 있지는 않았다. 대학이나 유사한 기관에서의 철학(신학)교육은 1855년 가톨릭 신학교에서 시작된다. 소신학교 6년 과정 이후 대신학교 6년 과정이 이어지는데 이 가운데 처음 2년 과정은 철학과라고 불렸다.[25] 그리고 1905년 평양의 숭실학당에서 서양인 선교사 Bernheisel(한국명: 片夏薛)이 철학, 심리학, 논리학을 강의했다고 하는데, 대학 수준에서 알려진 첫 강의로 보인다. 이후에 보성 및 연희 전문학교에 교양교과 수준의 강의가 개설되었으나 본격적인 강의는 1926년 경성제국대학의 법문학부에 철

23 『일본근대철학사』, 46~47쪽; 강영안, 『우리에게 철학은 무엇인가』, 궁리, 2002, 216~217쪽.

24 이들의 서양철학 수용에 대해서는 허남진외 '서구철학의 유입과 그 평가' 1부 서양철학 수용에 따른 전통철학의 대응, 서울대 철학사상연구소, 『철학사상』제8호, 1998; 졸고 '근대학문의 수용', 『한국사45: 신문화운동 1』, 국사편찬위원회, 2000년, 201~223쪽(본서 1부 1장) 참조.

25 한국철학회편, 『한국철학사』, 1987, 하권, 389쪽 이하 참조.

학과가 설립되면서 시작된다. 그러므로 경성제국대학에서 서양철학이 어떻게 수용되는가를 제도적 차원과 학문 내용적 차원에서 살펴볼 필요가 있다.

경성제국대학은 1920년대 민족운동의 일환으로 등장한 민립대학 설립운동에 대한 저지책으로 만들어졌다. 일본은 우리의 고등교육을 우리 민족의 수중에 방임하는 것보다 자신들의 식민정책의 일환으로 제국대학을 만든 것이다. 그러므로 경성제국대학이 조선에 세워진 것은 사실이지만 조선인을 교육하기 위한 기관이었다고는 할 수 없다.[26] 애초에 '조선제국대학'으로 칭하다 일본 황실의 자문기관인 추밀원에서의 논의를 거쳐 '경성제국대학'으로 바뀌었다는 사실과 법문학부에 정치학과를 두었다가 학부개설 2년 만에 폐지한 것은 이를 뒷받침하는 것이다.[27]

법문학부는 법학, 문학, 사학, 철학과로 이루어졌다. 조선인 교수는 없었고 철학전공의 일본인 교수들은 동경제대나 구주제대 출신의 비교적 젊은 교수들이었다. 경성제대 법문학부 예과에서는 수신, 철학개설, 윤리교과가 철학관련 교양교과목이었고 본과에는 철학과에 지나철학, 철학·철학사, 윤리학, 미학·미술사 전공이 개설되어 있었다.[28] 그리고 앞에서 살펴본 1920, 30년대 일본에서의 서양철학연구 경향은 당시의 경성제대의 철학연구에 상당한 영향을 준다.

1920년대 후반과 30년대의 초반을 서양철학연구와 수용이 본격화

26 이충우, 『경성제국대학』, 다락원, 1980, 55쪽.

27 이충우, 같은 책, 58~59쪽.

28 허남진 외 「근백년 한국철학의 교육제도」, 서울대학교 철학사상연구소 엮음, 『철학사상』 제8호, 1998, 172~174쪽.

된 시기로 볼 수 있다. 왜냐하면 이 시기에 첫째, 경성제대에서 서양철학 연구가 시작되고 둘째로, 이 시기에 서양에서 서양문헌을 통해 철학을 본격적으로 공부한 사람들이 귀국하기 시작했으며 셋째, 『신흥新興』이나 『철학』 등을 통한 체계적인 저술활동이 이때부터 시작되었기 때문이다.[29] 그런데 이 당시의 철학은 한마디로 서양철학이었다. 즉 문제제기 방식이나 그것을 표현하는 언어와 사고, 글쓰기 방식이 모두 서양철학이 정한 규범에 의해 규정되었다고 할 수 있다.[30]

이러한 경향 속에서도 경성제대에서 철학을 배우고 수용하는 조선철학도의 입장에서는 식민지 현실의 문제를 무시할 수 없었고, 식민지 지식인으로서 울분과 고통을 감수하면서 아카데미 바깥에서의 사회운동, 민족해방운동 등에 관심을 가지지 않을 수 없었으며 이에 따른 다양한 연구도 하게 된다. 따라서 초기 철학자들은 대체적으로 철학함의 현실적·실천적 기반을 강조하고 문제의식에 따른 연구를 했다. 특히 마르크시스트 철학자였던 신남철과 박치우 그리고 하이데거에 대한 논문을 일어로 발표했던 박종홍도 철학함의 현실적 기반과 실천을 상당히 강조했다. 그런데 민족해방에 대한 문제의식이 있었던 이들도 이론적으로는 당시 일본의 저명한 철학자였던 미키 기요시의 영향을 상당히 받았다고 볼 수 있다. 그러나 그렇다고 해서 이들이 서양철학을 수입만 한 것은 아니었다. 이들은 전통학문에 대한 교양이 있었고 연구도 했으며 또한 식민지 현실 문제를 철학적으로 규명하려는 주체적 노력을 했다. 신남철은 마르크스주의를 수용하면서도 식민지 현실에 대한 파악을 위

29 『신흥』에 대해서는 졸저, 『한국 사회철학의 수용과 전개』, 동녘, 2002, 72쪽; 『철학』에 대해서는 같은 책, 80쪽 참고.

30 강영안, 앞의 책, 25-29쪽.

해 1930년대의 '조선학 논쟁'[31]에 참여했으며 30년대의 유럽철학과 일본철학에 대해서도 식민지 지식인의 입장에서 비판하고 있다. 박종홍도 일찍이 조선역사와 종교, 철학 등에 대해 관심을 갖고 전통 서적들을 탐독했고 조선미술사에 대한 연구를 하는 도중에 한계에 부딪혀 서양철학을 본격적으로 공부하게 되지만 그 이전에 이미 '이퇴계의 교육사상'이라는 글을 쓰기도 했고, '중용과 변증법'에 대한 글쓰기를 시도한 적이 있었다.[32]

신남철과 박종홍이 모두 서양철학 특히 일본을 통해 수용된 서양철학의 영향을 받았다 하더라도 이들이 민족전통에 대한 교양을 가진 식민지 철학자로서 주체적 사유를 하려고 한 노력들을 간단하게 평가할 수는 없을 것이다. 그러므로 "일제의 침략과 더불어 전통문화 파괴, 일본화된 서양문화의 이식이 철학에서 가장 치명적인 피해를 빚어냈다. 일본인 교수를 통해서 일본에 가서, 나중에는 서양까지 가서 서양철학을 익힌 철학전공자들이 스스로 의도한 바는 아니었어도 전통철학의 계승과 현대화 가능성을 손상시키는 구실을 하면서 오늘에 이르렀다"[33] 고 하는 것은 너무 단순한 평가라고 생각된다.

31 '역사비평' 편집위원회, 『논쟁으로 본 한국사회 100년』, 2000, '조선학 논쟁', 132~147쪽 참조.

32 졸고 '신남철의 마르크스주의 철학 수용과 그 한국적 특징', '열암 박종홍의 초기 철학함의 특징', 『한국사회철학의 수용과 전개』 참조.

33 조동일, 『한국의 문학사와 철학사』, 5쪽.

서양철학수용과 번역의 문제

일본의 메이지明治정부는 서양에 대한 철저한 정보를 얻을 필요에 따라 번역의 필요성을 자각했다. 군사제도나 부국강병에 관한 책만이 아니라 역사서도 포함해서 직접적으로 도움이 되지 않는 책들, 예를 들어 나카에 초민의 『維氏美學유씨미학』 같은 책도 태정관이나 원로원 등의 권력체가 주도적으로 번역했다.[34] 그리고 근대화를 위해 외국인 교사를 제일 먼저 군대에 배치하고, 제국대학에 초빙하는 등 활발하게 서양문화를 수용했다.[35]

이처럼 서구적 근대화를 주도했던 메이지 정부는 서구의 다양한 서적들을 번역하는 데에 매우 적극적이었고 서양철학의 수용과 서양철학서의 번역에도 많은 노력을 기울였다. 번역과정에서 기존의 언어로 부족한 경우에는 '조어造語'를 사용했다. 조어에는 세 가지가 있는데, 하나는 기존 한자의 의미를 바꾸지 않고 조합해서 쓴 경우이고 두 번째, '자유'처럼 이전부터 있었던 한어漢語의 의미를 바꿔서 사용한 경우, 그리고 세 번째로는 '부동산'처럼 완전히 새롭게 만들어 낸 경우이다.[36]

그리고 일본은 서양문화의 수용에서 화혼양재和魂洋才 문제를 나름대로 고민해서 해결하려는 시도를 했다. 예술교육은 결국 서양화와 일본화, 양악과 국악의 병행으로 즉 화혼양재和魂洋才가 아니라 화혼화재와 양혼양재의 병립으로 자연과학 쪽은 "의학은 하나다"라는 입장에서 적어도 국립대학에서는 완전히 서양모델을 따랐고 따라서 한의학은 민간

34 마루야마 마사오·가토 슈이치, 『번역과 일본의 근대』, 166쪽.

35 같은 책, 25쪽.

36 같은 책, 106쪽.

에 자리 잡게 되었다. 그리고 화혼과 양재가 대립하거나 융합하거나 여러 가지 형태로 교섭한 것은 문제가 훨씬 복잡한 정치·경제·도덕의 영역이었다. 이 영역에서의 문제의 복잡성은 바로 번역의 문제 – 무엇을 번역했나, 어떻게 번역했나, 사회가 번역된 개념과 사상을 어떻게 수용했나 등– 로 나타난다고 할 수 있다.[37] 번역에 대한 이러한 견해는 충분히 검토되어야 할 것이다. 우리의 경우에는 식민지라는 조건 때문에 서양철학 원전의 번역작업이 제대로 이루어지지 않았고 동양이나 한국의 철학고전에 대한 번역도 매우 어려웠다.

조동일은 서양철학 용어에 대한 번역은 불가능하다고 판단하면서 "유럽문명권 철학을 정확하게 번역해서 이해하려고 하는 시도는 포기해야만 한다. 그렇다고 해서 유럽문명권 철학을 연구의 대상에서 제외하자는 것은 아니다"[38]라고 말한다. 그러므로 일본식으로 유럽문명권의 저작을 번역해서는 안 되고 설사 번역을 하더라도 전통철학의 용어를 되살리는 작업의 토대 위에서 해야 한다고 강조하면서 글 읽기와 글쓰기를 분리시켜 일본식민지의 영향인 글 읽기에서 글쓰기로 나아가 수입학을 창조학으로 바꾸어야 한다고 주장한다.[39] 그런데 이러한 관점에서는 동서양철학고전의 번역이나 주요 사상서의 번역은 별로 의미가 없는 것이 된다. 인문학의 발전이 고전으로서의 텍스트를 기초로 이루어졌고 또 이루어진다는 견해를 염두에 둔다면 우리의 근대사회에서 텍스트다운 텍스트가 과연 있었는가 의문시된다. 어떤 의미에서든 인문학의 발전에서 제대로 된 번역은 매우 중요한 문제이다.

37 같은 책, 175쪽.

38 조동일, 『인문학문의 사명』, 526쪽.

39 조동일, 『이 땅에서 학문하기』, 지식산업사, 25쪽.

맺는말

'철학사'의 맥락 속에서 현실적 이론적 문제에 대한 진정한 '철학함'이 가능하며, 현재와 연관이 없는 과거 전통철학에 대한 역사적 연구는 단순한 역사서술에 머물고 만다. 한국에서의 근대적 철학함은 전통 철학사에 대한 토대 없이 이루어졌으므로 근현대에 이르기까지의 철학사가 아직 없으며, 또한 역으로 '철학사'에 대한 작업은 과거의 철학사에 대한 단순한 역사적 서술에 그쳤다. 즉 우리의 근대 철학의 경우 전통의 철학사와 단절되어 서양철학 수용 일변도로 전개되었고 그것도 일본의 서양철학수용과 번역어의 영향을 절대적으로 받으면서 이루어졌으므로 우리의 전통과 근대 또는 현대의 단절이 심각함을 알 수 있다.

그러므로 전통과 근대의 문제를 철학에서 어떻게 해결하느냐 하는 것이 중요한 철학적 과제이자 우리의 근대철학(사상)사를 쓸 수 있는 가능성의 토대이다. 이는 앞에서 다룬 '근대'에 대한 총체적 시각을 토대로 긍정적이든 부정적이든 사실로서 전개되어 온 한국에서의 근대상을 해명하고 전통학문과 근대적 학문의 연관관계를 복원 내지 극복해야 할 과제이다.

이러한 과제는 과학과 통찰을 아우르는 새로운 인문학의 정립을 통해, 즉 "동아시아 철학을 한국에서 발전시켜 온 전통을 되살려 우리말로 철학하기의 세계적인 모범을 이룩"[40]함으로써 서구중심의 근대화를 극복할 수도 있을 것이고,[41] 이와는 전혀 다른 방식으로 이루어질 수도 있

40 조동일, 『인문학문의 사명』, 540쪽.

41 조동일과 유사한 문제의식과 관점을 갖고 있었던 철학자로 박동환을 들 수 있다. 박동환은 서구문명권에서 예외자와 잉여적 존재였던 나라들이 모든 방면의 역사

을 것이다.[42] 그러나 어떤 방식으로 이루어지든 중국과 인도, 일본 등에서의 철학함의 과정과 우리 자신이 어떻게 해왔고 또 하고 있으며, 해야 할 것인가를 비교 고찰하는 것은 반드시 필요할 것이다.

발전과 사회변혁에 중요한 공헌을 했음을 지적하면서 우리 자신이 문제와 물음을 가지고 끝까지 밀고 나갈 때 오히려 변방에서 중심을 바꿀 수 있는 변혁이 일어날 수 있다는 관점에서 '주변유도적 체계'(the periphery-derivative system)라는 개념을 제시한다.

박동환, 「개방사회와 한국사회의 문제」, 김태길 외, 『현대사회와 철학』, 문학과 지성사, 1981; 강영안, 앞의 책, 131~135쪽 참조.

42 이진우, 「세계체제의 도전과 한국사상의 변형」, 『한국인문학의 서양콤플렉스』, 민음사, 1999 참조.

4장

함석헌의 초기 사상형성에서 기독교와 사회주의

시작하는 말

기독교와 민족문제

사회주의에 대한 관심과 고민

우치무라 간조와의 만남

공산주의, 자본주의에 대한 비판과 사회주의에 대한 견해

맺는 말

시작하는 말

함석헌(1901-1989)은 철학자, 종교사상가, 언론인, 민주화운동가 등의 다양한 면모를 가지고 있다. 그는 기독교 사상을 동양의 여러 종교철학사상과 소통시키면서 고난의 한국현대사의 한복판에서 역사와 정면으로 대결하는 삶을 살아왔다. 또한 '씨ᄋᆞᆯ'사상이라는 민중사상을 창조하여 독창적인 기독교 사상, 현대한국사상을 발전시킨 사상가로 평가받는다.

함석헌 사상의 뿌리는 일제강점기 3·1 운동에 앞장섰다가 좌절을 겪은 후 오산학교에 편입하여 공부하면서 형성된다. 특히 당시의 기독교와 민족해방운동, 사회주의와의 관계 등을 고민하는 과정은 그의 사상을 이해하는데 매우 중요하다. 왜냐하면 1920년대 초반 민족운동의 좌우분열의 상황에서 마르크스주의가 민족운동의 주도적 이념과 세력으로 자리잡아가면서 기독교와의 갈등이 불가피하게 등장했고, 이 문제를 함석헌 자신이 심각하게 고민하는 과정을 거쳤기 때문이다.

필자는 한국근현대철학사상사 연구에 큰 관심을 갖고 연구를 수행해왔는데, 이 연구도 그 한 부분에 속한다. 왜냐하면 한국에서 사회주의와 기독교의 관계는 사상사적으로 과거에도 중요했고 또 오늘날까지도 여전히 매우 중요한 문제로 남아있기 때문이고 함석헌은 바로 이 점에서 중요한 연구대상이라고 생각하기 때문이다.[1] 이 장에서는 함석헌의 청년시대 사상형성과정에서 서양사상의 수용, 특히 기독교, 민족주의

1 한국에서 기독교 사회주의에 대한 논의로는 한국기독교사회연구소, 『일제하 한국 기독교와 사회주의』, 1992; 서정민, 『이동휘와 기독교: 한국사회주의와 기독교 관계 연구』, 2007, 연세대학교출판부; 유영렬, 『기독교 민족사회주의자 김창준』, 숭실대학교출판부, 2006 등이 있다.

문제와 사회주의 또는 마르크스주의와의 관계에 초점을 맞추고자 한다. 그러므로 1910년대 후반부터 기독교와 서양사상의 수용, 사회주의의 수용과 확산 등을 살피면서 특히 3·1 운동 이후의 기독교와 사회주의와의 관계, 일본에서의 우치무라 간조(內村鑑三, 1861~1930)의 영향 속에서의 기독교와 사회주의에 대한 함석헌의 입장 변화 등을 그의 저술을 중심으로 정밀하고 구체적으로 추적하고자 한다.

이하에서는 기독교와 민족문제, 사회주의에 대한 관심과 고민, 우치무라 간조와의 만남, 함석헌의 공산주의와 자본주의에 대한 비판과 사회주의에 대한 견해 그리고 결론 순으로 서술하였다.

기독교와 민족문제

함석헌은 서당에서 초등한문을 배운 뒤 1906년에 열렬한 기독교신자이자 장로교 목사가 된 그의 숙부인 함일형이 세운 기독교계 사립학교인 덕일소학교에서 기독교를 배우고, 동명왕, 을지문덕, 임경업, 이순신을 배우면서 민족의식을 익힌다.[2] 함일형은 그에게 많은 영향을 준 최초의 정신적 스승이다. 어린 함석헌은 이 숙부를 통해 기독교와 민족애를 조화롭게 융합하는 능력을 키우게 되었다.[3] 또한 함석헌은 일찍부터 서구 민주주의의 영향을 받게 되는데 이것도 개신교의 영향이라 할 수 있다. 함석헌은 다음과 같이 말한다.

2 함석헌 저작집(이하 저작집) 제6권, 『죽을 때까지 이 걸음으로』, 한길사, 2009, 53쪽.
3 김성수, 『함석헌평전』, 삼인, 2001, 33쪽.

> 그때 내가 받은 교육은 한마디로 하나님과 민족이라 할 수 있습니다. 우리는 그 때 그것을 '신학문'이라고 했습니다. 이 신학문이 가르쳐준 '신문명'은 두 개의 얼굴을 가진 스핑크스였습니다. 기독교와 민족주의입니다.[4]

그 당시 기독교는 영혼의 구원뿐만 아니라 일본의 압박을 물리치고 나라를 독립시키기 위해 서양 선진국, 즉 강국이 믿는 기독교를 믿어야 한다는 신념이 강했고 교회는 '희망의 등대'였다.

함석헌은 1916년 보통학교를 졸업하고 일제에 의해 세워진 일류 관립평양고등보통학교(평양고보)에 입학한다. 아버지가 함석헌을 장래 의사로 만들기 위해 이 학교에 입학시켰고 함석헌은 현실주의에 빠져 이제는 일본의 지배를 벗어나기는 도저히 불가능하므로 부득이 학문의 길로 나가는 수밖에 없다는 생각을 하기도 한다.[5] 그러다가 함석헌에게 매우 중요한 의미를 갖는 사건이 발생하는데, 그것은 그가 18세 때 평양고보 학생으로 자신이 주도적으로 참가했던 3·1 독립운동이었다.

> 나에게 삼일운동이 없으면 오늘은 없다. 그것은 내 일생에 있어서 큰 돌아서는 점이 됐다. 만일 삼일운동이 일어나지 않았더라면 나는 입학할 때의 생각 그대로 관립평양고등보통학교를 졸업했을 것이요. 그랬다면 … 나도 누구들처럼 국회의원에 출마도 했을는지 모르고 누구보다 못지않은 자유당 주요 간부쯤도 됐을는지도 모른다.[6]

---

4 저작집 제7권, 『하나님의 발길에 채여서』, 한길사, 2009, 23쪽.

5 저작집 제7권, 26쪽.

6 저작집 제6권, 298쪽.

함석헌은 또 "3·1 운동이 일어나지 않았더라면 일본사람의 심부름꾼 밖에 될 것이 없었다."고 회고했다. 그는 3·1 운동의 체험을 통해서 종교인으로서 사회참여 의식에 눈뜨게 되고, 동시에 평양고보의 교육가치에 깊은 회의를 품게 된다. 더구나 3·1 운동 이후 평양고보를 포함한 관립학교에 복학하려는 학생은 일본인 교사에게 사죄를 해야만 했는데 그는 사죄하고 싶은 생각이 전혀 없었다.[7] 그는 다른 학생들이 대부분 복학을 했지만 복학을 거부하고 중퇴하게 된다.[8] 함석헌은 다음과 같이 말한다.

> 3·1 운동은 우리 역사에서 한 시기를 짓는 사건이다. 그 전의 역사는 정치가의 역사, 지배자의 역사, 영웅주의의 역사였다. 이제부터는 씨올의 역사다. 자주自主하는 민民의 역사다. … 이것은 사상적인 운동이다.[9]

7 저작집 제6권, 298쪽, 저작집 제7권, 84~85쪽.

8 저작집 제6권, 164~169쪽. 함석헌과 평양고보 입학동기로서 3·1 운동에 참여했던 열암 박종홍은 평양고보를 계속 다녀 졸업을 했다. 열암은 대한민국의 대표적 철학자로 알려져 있으며 서울대 철학과 교수를 했고, 1970.12~1975.12까지 박정희 대통령 교육문화담당 특별보좌관을 했다. "나도 만일 양시(楊市) 공립보통에서 관립평양고등보통으로만 올라가 졸업을 했다면 대통령 보좌관(열암 박종홍을 지칭: 필자) 쯤이나 되고, 말았을는지 모릅니다. 다행히 시골 상놈의 집에 나서 사립 덕일소학교 물 먹고 사립 오산중학교 물 먹었기 때문에 벼슬은 못했어도 얼반둥이 일본 사람 됐던 일 없고, 남에게 종살이 아첨질 가르쳐 준 일 없습니다." ('내가 겪은 관동대지진', 『씨알의 소리』제26호. 1973년 9월, 27쪽; 저작집 제6권, 258~259쪽) 열암 박종홍에 대해서는 김재현 「열암 박종홍의 초기 철학함의 특징」, 『한국사회철학의 수용과 전개』, 동녘, 2002 참조.

9 저작집 제6권, 173쪽.

사상적 운동으로서 "씨올의 진정한 의미의 자각의 시작인 3·1 운동"[10]은 당 시대의 많은 식민지 청년들에게 있어서처럼 함석헌 사상형성에서도 아주 결정적인 사건이었다.

함석헌이 관학인 평양고보 복학을 거부하고 중퇴한 이후 2년간 정신적으로 방황하며 고민하다가 마침내 정주의 오산학교 편입생으로 들어가 오산의 세 가지 정신을 철저히 배우게 된다. 오산학교의 세 가지 정신은 "그 첫째는 청산맹호식의 민중정신이요, 그 둘째는 자립자존의 민족정신이요, 그 셋째는 참과 사랑의 기독정신이다"[11] 오산학교에서 1921년 9월에 새로 부임한 유영모(1890~1981) 교장선생과의 만남은 그에게 있어 본격적으로 "생각하는 인생의 시작"[12]이었다. 톨스토이 이야기, 노자의 이야기, 우치무라 간조에 대한 이야기를 유영모에게 처음 들었고 이때부터 종교에 대해서도 "남을 따라 미리 마련된 종교를 믿기보다는 좀 더 깊고 참된 믿음이 있어야겠다는 생각이 시작"되었는데, 이러한 생각하는 삶의 시작은 유영모의 영향이 컸고 또 시대의 까닭도 있었다고 회고한다.[13] 함석헌은 다음과 같이 말한다.

> 이때 오산 시절에 비로소 책을 보자는 생각이 들었다. 동문회에서 책을 사온 중에 톨스토이가 있었고, 투르게네프가 있었고, 입센, 괴테, 실러, 로맹 롤랑, 윌리엄 블레이크가 있었다. 니체도 있었고 베르그송도 있었다. 무엇을 이해했으랴마는, 이들의 이름을 지금도 기억하고, 역시

10 저작집 제10권, 『오늘 다시 그리워지는 사람들』, 15쪽.
11 저작집 제6권, 204쪽.
12 저작집 제7권, 30쪽.
13 저작집 제7권, 31쪽.

> 나의 나 되는 데에 모두 각각 끼쳐 준 것이 있다. 그리고는 이때에 된 일로서 나의 인생관을 지어가는 데 한 큰 영향을 준 것은 H.G. 웰스의 『세계문화사대계』를 본 것이다. … 그가 페이비언협회의 회원이요, 세계국가주의자라는 것은 동경가서야 안 일이지만, 지금 내가 세계국가를 주장하는 것은 그때 영향을 받아 터가 잡히기 시작했다. 역사에 대한 흥미를 가지게 된 것도 그의 영향, 진화론에 대해 좀 보게 된 것도 그의 영향이다. 이리하여 그때는 나타나지 않았으나 정통적인 기독교 신앙에 만족 못하게 되는 원인이 거기서 놓였다.[14]

함석헌은 나이 스물 전후 때 일본어로 다섯 권으로 번역된 H.G. 웰스(1866~1946)의 『세계문화사대계Outline of History』를 읽고서 큰 영향을 받았고, 또 역사에 관심을 갖게 되었다. 함석헌은 다음과 같이 말한다. "그때까지 역사라고 하면 왕이나 영웅에 관한 것을 중심으로 쓴 것으로 생각하고 있었는데 진정한 역사는 민중의 문화와 생활에 있다는 것을 나는 고쳐 배우게 되었습니다." 또한 "그 후 웰스의 영향을 받아서 그와 마찬가지로 페비언협회에 속하는 올더스 헉슬리의 책을 몇 권 읽었습니다."[15]

1920~30년대에 웰스는 세계에서 가장 영향력 있는 공상과학 작가이자, 사회주의 사상가로 여겨지고 있었으며 유럽과 미국의 언론사에서 가장 중요시되는 칼럼니스트였다. 웰스는 인종적인 편견이나 국가주의를 배격하고 우주적 관점에서 세계정부의 필요성을 주장하기도 했다. 그는 진정한 세계인의 관점에서 인류의 과거를 연구하고, 과학적 상상력으로 미래의 세계를 예측한 작가이자 현실에서는 인류가 실현해야

14 저작집 제6권, 243~244쪽.

15 저작집 제13권, 『우리민족의 이상』, 226쪽.

할 사상으로서의 사회주의 실현을 위해 노력한 사회주의자였다.[16]

함석헌은 일본 유학 후 다시 "한국으로 돌아와서 내 길을 가면서 H.G. 웰스에게서 다시 영향을 많이 받았기 때문에 우리나라 기독교계를 보면서 역사의식이 부족하다 싶어 영 답답했"[17]다고 회고한다. 함석헌은 역사를 매우 중요시하면서 한국 기독교계가 역사의식이 없음을 매우 안타까워했다.[18] 그는 "웰스의 영향으로 나는 코스모폴리턴이 되었습니다."[19]라고 고백한다.

함석헌은 오산학교에서의 독서를 통해 여러 동서양사상가들이나 작가들로부터 영향을 많이 받았지만[20] 특히 함석헌이 사회주의자인 웰스로부터 매우 큰 영향을 받았음을 강조하고 싶다.

사회주의에 대한 관심과 고민

함석헌은 어린 시절부터 3·1 운동까지는 장로교회 안에서 단순한 기독

16 윤재설외, 『세계의 사회주의자들』, 펜타그램, 2009, 87~94쪽; H.G. 웰스/지명관 옮김, 『웰스의 세계문화사』, 가람기획, 2003 참조.

17 저작집 제25권, 『함석헌과의 대화』, 115쪽.

18 함석헌은 1970년 4월 사상의 게릴라전을 위해 『씨ᄋᆞᆯ의 소리』를 창간한다. 그런데 사상의 게릴라전도 웰스에게서 배운 것이다. 웰스는 말년에 『세계혁명초안』(Blue-print for a World Revolution)이라는 책을 썼는데, 여기서 그는 공산주의 식의 지하운동은 안되고 드러내 놓고 해야 하고(open conspiracy) 따라서 어떤 특별한 때에 혁명하는 것이 아니라 행주좌와(行住坐臥) 즉 언제나 어디서나 비폭력적, 평화적으로 혁명을 해야한다고 말한다(저작집 제25권, 431쪽). 함석헌에 있어 웰스의 영향은 초기부터 후기까지 매우 크다고 할 수 있다.

19 저작집 제25권, 19쪽.

20 동서양사상으로부터의 영향에 대해서는 이치석, 『씨ᄋᆞᆯ 함석헌 평전』, 시대의창, 2005, 121~124쪽; 김성수, 앞의 책, 4,248쪽 참조.

교인이었다. 그런데 3·1 운동 이후 일제에 대한 조선교회의 애매한 태도변화를 보면서 조선장로교회에 의구심을 갖게 되고 그 의구심이 더해 갈수록 함석헌의 고민은 깊어져 갔으며, 내적 갈등을 겪게 된다.[21] 함석헌은 이 과정을 다음과 같이 회고한다.

> 기독교와 민족주의가 한데 든 것은 첨에는 좋은 듯 했으나 나중에 그 폐단이 차차 나타났습니다. 독립의 희망이 있을 때 그것은 놀라운 형세로 올라갔지만 일본의 통치가 아주 어쩔 수 없는 것으로 굳어지면서 겉으로 보기에 어느 정도 부드러운 문화정책을 쓰게 되자 지난 날의 지사志士라던 사람들이 많이 변절, 타협을 하게 됐습니다. 그러는 반면 종교는 점점 현실에서 멀어져 오는 세상주의로 굳어지기 시작했습니다. 다른 젊은이도 많이 그랬지만 나는 그것이 싫어서 교회에 차차 가기가 싫었고 점점 비판적이 되어갔습니다.[22]

함석헌은 특히 3·1 운동 후의 기독교계의 변화에 대해 기독교정신은 없어지고 "죽어서 천당 가고 하는 이야기"[23]만 많이 하게 되었다고 비판한다. 이때는 이미 일부 민족주의자들은 사회주의나 공산주의 노선을 택하기도 하고 보수적인 조선교회에 대한 사회적 비판도 심해지고 있었고 반면에 교회는 좌익계 지식인을 포용하기 보다는 강한 반공, 반사회주의 노선을 관철해 나가는 것 같았다.

이 당시의 상황을 이해하기 위해 식민지조선에서 사회주의 사상이

21 김성수, 앞의 책, 41쪽.
22 저작집 제7권, 31-32쪽.
23 저작집 제25권, 117쪽.

들어오는 상황을 간단히 살펴보자. 함석헌의 회고처럼 3·1 운동이 실패로 끝난 직후 민족주의 운동이 계급적으로 분화되면서 민족 해방을 위한 새로운 이념적 지주로 사회개조사상과 사회주의 사상이 들어온다.

1919~1920년경 한국에서는 이른바 '개조운동'이 일본을 통하여 수용되었는데 당시 『개벽』(1920.6.25. 창간) 잡지에는 마르크스, 러셀, 카펜터 등의 생애와 사상, 특히 '개조사상'이 비교적 자세하게 소개되고 있었다. 러셀이나 카펜터는 현대문명 즉 자본주의 문명이 지니고 있는 모순에 대한 비판이라는 입장에서 그리고 동시에 소련식 사회주의에 대해서도 비판적인 입장에서 '사회개조'를 부르짖고 있었다.[24]

당시 일본사상계에 알려진 개조사상가로는 '사회주의의 비조 마르크스', '사회개조론의 러셀', '세계국가설의 웰스', '종교적 혁명가 간디' 등이 있었다. 우리는 함석헌이 1920년대 초 『개벽』지의 영향으로 사회주의, 사회개조에 대한 이론과 카펜터와 러셀[25] 등에 대해 알게 되었으리라 추측해 볼 수 있다. 이처럼 한국에서 1910년대부터 본격적으로 소개되기 시작한 사회주의사상은 단지 마르크스주의뿐만 아니라 아나키즘이나 길드사회주의, 기독교사회주의, 페비안니즘 등과 같은 다양한 조류를 포함하고 있는 매우 복잡한 것이었다.[26]

사회주의 사상이 한국에 수용되는 경로는 크게 사회주의·공산주의

24 박찬승, 『한국근대정치사상사연구-민족주의 우파의 실력양성운동론』, 역사비평사, 1992, 176~185쪽 참조. 당시의 러셀 사상의 수용에 대해서는 류시현 「식민지시기 러셀의 <사회개조의 원리>의 번역과 수용」, 『한국사학보』22, 2006; 「일제강점기 러셀 저작의 번역과 볼셰비즘 비판」, 『역사교육』100, 2006 참조.

25 저작집 25권, 『함석헌과의 대화』56, 80쪽.

26 박종린 「1920년대 초 정태신의 마르크스주의 수용과 개조」, 『역사문제연구』제21권, 역사비평사, 2009, 138쪽.

운동의 과정에서 소련과 중국으로부터의 길과 일본유학생으로부터의 길로 나눌 수 있다. 그런데 이 두 경우 모두 민족 해방 운동과 관련되어 있으므로 민족주의적 요소와 결합되어 수용된다. 사회주의 사상의 대두 원인으로는 첫째, 3·1 운동의 전개 과정에서 나타난 민족 지도자들의 소극적 태도, 농민·노동자·학생층을 포함한 민중들의 광범위한 참여에 의한 민족 해방 주체 세력의 등장, 자연발생적 봉기 형태에 대한 반성과 조직적 활동에의 모색 둘째, 민족 자결이라는 구호를 자국의 세력 확장에 이용하는 제국주의 열강에 대한 환멸 셋째, 러시아 혁명의 영향, 특히 식민지 민족 해방 투쟁에 대한 레닌 정부의 이론적·물질적 지원 넷째, 소시민적 민족주의 운동의 한계와 변질에 대한 자각 다섯 째, 소작쟁의·노동쟁의·학생운동 등의 대중 투쟁의 고양 여섯째, 소위 '문화정책'에 따른 언론 매체의 활성화 등이었다. 이처럼 사회주의는 불과 몇 년 만에 민족 운동·민중 운동의 중심적 위치로 등장하게 되었다.

3·1운동 이후 1920년대 초 식민지에서 전개된 사회주의 운동의 지도 이념은 다양한 사회주의사상 가운데 마르크스주의가 점차 주도적인 위치를 점하기 시작했다.[27] 이때에는 사상운동이 본격화되고 많은 단체들이 성립되면서 사회주의 내지 좌익적 색채를 띤 『개벽』, 『신천지』, 『조선지광』 등이 창간되었고, 특히 물산장려운동을 둘러싼 민족주의자와 사회주의자 사이의 논쟁을 통해 사회주의자들이 민족 문제를 적극 수용해서 계급 문제와 접맥시킨다.[28] 사회주의자들은 타협적·개량적 민족운동을 비판하고 대다수 민중의 지지와 6·10 만세운동 등의 자극 위에

27 박종린, 같은 글, 138쪽.

28 김재현, 『한국사회철학의 수용과 전개』, 동녘, 2003, 61~65쪽 참조.

서 비타협적인 혁명적 민족 운동과 통일 전선을 형성하여 신간회를 결성한다.

이처럼 일제강점기에서의 마르크스주의 수용은 식민지 민족해방 투쟁과 불가분의 관련을 갖는다. 민족해방의 과제는 민족주의에 사회주의적 경향을 자극하여 민족주의는 사회주의의 근원이며, 사회주의는 민족주의의 본류라는 인식이 지배적이었다.[29]

일본에서는 이미 1905년을 전후로 마르크스주의가 번역 소개되기 시작하고, 1927년경에는 마르크스·엥겔스 전집이 번역되기 시작해서 1935년에 완결된다. 또한 19년대 후반에는 『경제학 전집』, 『사회사상전집』, 『신흥문학 전집』, 『마르크스주의 강좌』 암파문고, 개조문고 등의 출간으로 마르크스주의와 프롤레타리아 문학이 대중화를 이루게 된다. 이러한 상황에서 식민지 학생과 지식인들의 마르크스주의 또는 사회주의와의 만남은 시대적 필연성을 갖는다고 하겠다. 그리고 식민지 모국으로 유학을 간 학생들에게도 이것은 마찬가지였다.

함석헌의 경우도 예외가 아니었다. 그는 조선에서 기독교와 민족주의, 사회주의의 관계에 대해 계속 고민하다가 마침내 동경으로 유학가게 된다. 1923년에 동경으로 유학을 간 함석헌이 직면한 사상적 갈등은 기독교와 사회주의 사이에서 오는 갈등이었다. 그런데 그는 동경에서 뜻하지 않은 대지진의 경험과 함께 첫 감옥 생활을 하게 된다. 그리고 조선인 사냥에 나선 일본의 어리석은 민중에 대한 체험을 하고, 민중을 살인자로 돌변시키는 국민국가의 국가주의적 폭력에 대한 자각을 하게

29 서중석, 「일제시대 사회주의자들의 민족관과 계급관」, 『한국민족주의론 3』, 창작과 비평사, 272쪽.

된다. 이 사건은 그로 하여금 반국가주의적 사유를 하게 되는 단초가 된다.[30] 또한 지진 직후 와세다대학에서 일본의 기독교 사회주의자인 가가와 도요히코(賀川豊彦, 1888~1960)의 강의를 듣는다.[31]

함석헌은 진로에 대한 여러 고민 끝에 동경고등사범에 입학했지만 곧 학교생활에 실망하면서 후회하게 된다. 동경고등사범은 "가장 일본인다운 일본인을 만드는 교육자를 교육하며, 국체명징國體明徵과 '천황天皇'의 병사를 길러내는데 충실한 교육기관"[32]이었기 때문이었다. 그는 자신의 유학생활 속에서 모순을 느끼면서 동시에 기독교와 사회주의의 관계에 대한 고민은 계속되었다.

함석헌은 동경사범에서 경제원론을 가르치던 야마다 모리타로山田盛太郎란 젊은 강사를 만난다. 이 젊은 강사의 사상이 마르크스주의인 것은 그의 경제학에서 알았고, 후일 대동아 전쟁 당시에 커다란 좌익운동을 하다가 검거됐던 것도 신문에서 보아 알게 된다.[33] 이 강사가 셸리의 시 '서풍의 노래'를 소개 해 줬는데 이 시가 평생토록 자신을 사상의 '레지스

30 이치석, 앞의 책, 148쪽

31 저작집 제6권, 291쪽, 국내에서는 1927년에 가가와 도요히코의 '기독교사회주의론'의 글이 번역되어 소개되었다. 강명숙, 『일제하 한국기독교인들의 사회경제사상』, 백산자료원, 1999. 66쪽 참조. 가가와 도요히코의 구체적인 영향에 대해서는 이 글에서 자세히 밝힐 수가 없다. 함석헌의 저작집에서는 단 두 번 인용되는데, 관동대지진에 대한 가가와 도요히코의 견해와 관련해서이다(저작집 제6권, 291쪽; 저작집 제7권, 157쪽). 그러나 일본에서 당시 유명한 기독교 사회주의자로서 다양한 활동을 하고 저술활동을 했으므로 그를 잘 알고 있었고 어느 정도 영향을 받았으리라 추측할 수 있다.
가가와 도요히코에 대해서는 장규식, 「1920년대 개조론의 확산과 기독교사회주의의 수용·정착」, 『역사문제연구』No.21, 2009; 가가와 도요히코/홍순명 옮김, 『우애의 경제학』, 그물코, 2009 참조.

32 이치석, 앞의 책, 152쪽.

33 저작집 제6권, 141쪽.

탕스'로 살아가도록 만들었다고 스스로 자인할 정도로 큰 영향을 준다.[34]

그 당시 동경고등사범학교의 조선인 유학생 50명 중 대부분이 마르크스주의의 추종자가 되었고 기독교 신앙을 가진 학생들은 소수로 소외되는 분위기였다. 일본에서는 좌익사상이 맹렬하게 일어나고 있었는데, 그곳의 조선 유학생 치고 좌경 아니었던 사람이 없을 정도였다.[35] 그리고 실제로 공산주의는 민족주의와 결합되어 민중 속으로 파고 들어가는 것처럼 보였다. 그는 "우리나라에서는 민족적인 것을 무시하고 공산주의가 발전할 수는 없었다. 하여간 민족주의자는 타락을 해버리는데 그들은 민족주의를 이용해가며 민중 속에 들어가려고 애썼다."[36] 라고 회고한다.

함석헌은 조선사회의 변화 속에서 민족주의자들의 타락 상황을 보며 민중 속에 파고 들어가는 사회주의에 대해 어떻게 대응할 것인가를 계속 고민하게 된다. 그는 다음과 같이 말한다.

> 나는 번민하기 시작했습니다. 기독교를 가지고 정말 우리 민족을 건질 수 있느냐고. 정치란 이런 것일진대, 지식인-상류사회란 것이 이런 것일진대, 그 악당을 물리치는 것은 종교 도덕으론 도저히 될 수 없는 것이 분명했습니다. 나라를 해방시키려면 혁명밖에는 길이 없고 혁명을 한다면 사회주의 혁명 이외에 길이 없는 것으로 보였습니다. 민족주의 진영이 썩어져 가는 것을 보면 혁명은 어림도 없는 일이었습니다. 그러나 그렇다고 내 신앙을 버리고 도덕이니 인도주의니 하는 것은 전혀 무시해 버리는 사회주의에 들어갈 수는 차마 없었습니다. 나는 이러지도

34 이치석, 앞의 책, 155-161쪽.

35 저작집 제25권, 96쪽.

36 저작집 제6권, 65쪽.

저러지도 못했습니다. 많은 우리나라 학생이 사회주의로 기울어 머리를 길다랗게 기르고 지팡이라기보다는 몽둥이를 들고 거리를 활보했습니다. 그리고 사회주의자들끼리는 민족의 차별 없이 일본사람과 조선사람이 서로 동지 노릇을 하는 듯이 보였습니다. 내 친구도 나를 설득시켜 사회주의로 끌어가려고 기회만 있으면 힘을 썼습니다. 나는 오래 고민했습니다.[37]

이러한 고민은 한동안 지속되다가 공산주의가 갖는 부정적인 측면과 일면성에 대한 인식과 인간의 진정한 삶에 대한 방향에 대한 자각을 통해 조금씩 변화하게 된다. 그러면서 그는 공산주의와 사회주의를 구분하기도 한다. 그는 다음과 같이 회고한다.

나는 학생시절에 기독신앙을 가지나 사회주의자가 되나 많이 망설였다. 도덕적, 정신적인 데서는 문제도 아니 되지만 역사적인 자리에서 볼 때 사회주의에 어떤 '진보적'인 것이 있음을 인정 아니할 수 없다고 생각했기 때문이다. 공산주의자가 아니다. 사회주의 말이다. 그러나 아무리 생각해도 사회주의 이론에 일면의 진리가 있다하여도 어디까지나 일면이지, 그것으로 사람을 옳게 이끌어 나갈 수는 없다.[38]

역사에서는, 그때 한창 성한 공산주의의 유물사관을 전혀 눈감고 아니라 할 수는 없어 알대로 알아보려 애썼다. 그 결과 근본에서 틀린 것은 말할 것도 없지만, 현실적인 면에서 어느 부분 진리를 가진 것으로 단정했다.[39]

37 저작집 제7권, 33쪽; 저작집 제10권, 『오늘 다시 그리워지는 사람들』, 226-227쪽 참조.

38 저작집 제6권, 66쪽.

이처럼 함석헌은 한편으로 역사적인 측면에서 사회주의적 역사관이 갖는 현실성과 진보성을 인정하지만 다른 한편으로 사회주의는 일면적인 것으로 도덕적, 정신적인 문제를 해결할 수 없으며 따라서 이것으로는 사람이 옳은 삶을 살 수 없다고 보았다.

우치무라 간조와의 만남

함석헌이 우치무라 간조를 만났을 때는 조국을 식민지 상태에서 구원할 힘을 가지면서도 자신의 전체적인 삶을 걸 수 있는 진정한 사상을 찾고 있는 중이었다. 즉 민족주의인지, 공산주의인지 아니면 기독교인으로서 새로운 사상이 있는지를 고뇌하고 있던 때였다.

> 나는 맘 속에 두고두고 반복해 왔다. '내 영혼의 요구 하나를 위해서 맘은 이론異論은 없다. 그러나 우리 사회의 현실의 상태를 볼 때에 가르침을 이대로 실행하기는 너무 우원한 일이다. 방금 굶어죽고 방금 쫓겨가는 것을 목격하면서 먼저 그 의義를 구하라? 나는 차마 못하겠다.'고. 이리하여 만일 마침내 둘이 서로 용납지 못하는 날이면 차라리 복음을 내던지고라도 현실의 전사戰士가 되려고 까지 했다. 만일 내가 내 판단대로, 내 생각대로, 내 동포애대로 했더라면 나의 현대적인 비판적 관찰로써 세운 인생관·역사관으로 했더라면 벌써 복음을 버리고 합리주의자가 되었을 것이다. 혹은 사회주의자가 되었을 것이다. 그러나 그리될 수 없었다. 어떤 무엇이 이를 허락하지 않았다.[40]

39 저작집 제6권, 250쪽.

40 저작집 제18권, 『먼저 그 의를 구하라』, 21쪽.

함석헌은 1924년 가을 우연히 김교신의 소개로 우치무라 모임에 나가 '예레미야서 강의'를 듣고 "뜻하지 않았던 빛"[41]을 만나게 된다. "그때 인생 문제와 민족 문제가 한 데 얽혀 맘에 결정을 못했던 나는 그 강의를 듣는 동안에 많이 풀린 것이 있고, 참 믿음이 곧 애국이라는 확신이 생겼다."[42]고 회고한다. 우치무라는 1903년에 '실망과 희망: 일본의 미래'라는 글에서 "우리가 기독교를 믿는 가장 중요한 이유는 유일하게 그것으로 사랑하는 일본을 구할 수 있으리라 믿기 때문이다"[43]라고 말했으며 1923년에는 '두 개의 J'라는 글에서 다음과 같이 말한다.

> 나는 두 개의 J만을 사랑한다. 하나는 예수Jesus이고 다른 하나는 일본Japan이다. 내가 예수를 더 좋아하는지 일본을 더 좋아하는지는 모르겠다. … 나의 신앙은 중심점이 하나 뿐인 원이 아니다. 그것은 예수와 일본이라는 두 개의 중심을 가진 타원이다. … 예수는 일본에 대한 나의 사랑을 강화하고 정화한다. 그리고 일본은 예수에 대한 나의 사랑을 명확하게 해주고 객관화한다. … 예수는 나를 세계적인 인간, 인류의 친구로 만들었으며, 일본은 나를 애국자로 만들었고 내가 이 땅에 확고히 발을 붙이도록 했다.[44]

함석헌은 우치무라의 강의와 글을 통해 깊은 인상을 받았고 우치무라의 예언자적 실존에서 조국과 기독교 신앙을 결합시킬 방법을 발견하고 이것이야말로 조국을 구원할 수 있는 길이라고 확신하게 된다.[45] 즉

41 저작집 제7권, 33쪽; 저작집 제10권, 226~227쪽 참조.

42 저작집 제6권, 247쪽.

43 미우라 히로시, 『우치무라 간조의 삶과 사상』, 예영커뮤니케이션, 2000, 81쪽에서 재인용.

44 미우라 히로시, 같은 책, 79~80쪽에서 재인용.

그는 "영혼의 요구를 무시하고 사회는 설 수 없다"[46]고 보고 따라서 조국을 구원할 힘은 기독교 밖에 없다는 확신을 갖기에 이른다. 우치무라는 1907년에 『기독교와 사회주의』에서 다음과 같이 말했다.

> 우선 첫째로 우리가 주의해야 할 것은 기독교와 사회주의는 둘 다 서로 비슷한 점이 있다는 사실입니다. 어떤 큰 부자 한 사람이 예수께 와서, 선한 선생님, 제가 무엇을 해야 영원한 생명을 얻겠습니까 하고 물었을 때, 예수는 그에게 여러 가지 요구를 하신 후에 대답하시기를 네가 가진 것을 모두 팔아 가난한 사람들에게 나누어 주라. 그리하면 네가 하늘에서 보화를 가지게 될 것이라고 하였습니다. 이는 물론 오늘날의 사회주의자가 완전히 동의하는 교훈은 아니지만 그러나 예수의 이 정신이 사회주의자들의 찬동을 받는 것임은 틀림없습니다. 또 오순절 후의 교회에서 재산의 공동소유가 실지로 행해졌으며 … 이 밖에도 기독교가 순수하게 실제로 행해진 곳에서는 재산 공동소유제도가 이와 비슷한 형태로 행해진 예가 적지 않은 것으로 보더라도 기독교와 사회주의와는 어딘지 인연이 있는 것 같이 생각됩니다.[47]

우치무라는 기독교와 사회주의의 비슷한 점을 이렇게 언급하면서도 이 책에서 사회개혁을 선도하던 사회주의에 대한 거부를 분명히 밝힌다. 우치무라는 사회주의가 "기독교와 흡사하면서 가장 다른 것"이며 사회

45 양현혜, 『근대 한·일관계사 속의 기독교』, 이화여자대학교출판부, 2009, 287쪽.

46 저작집 제18권, 22쪽.

47 우치무라 간조/전호윤 외 옮김, 「기독교와 사회주의」, 『内村鑑三全集』 제10권, 설우사, 413~414쪽(장성규, '이태준 문학에 나타난 이상적 공동체주의; 오스키 사카에, 우치무라 간조와 『성서조선』그룹, 헨리 데이빗 소로우의 영향을 중심으로', 서울대 규장각 한국학연구원, 『韓國文化』 제38권, 2006.12, 148~149에서 재인용).

주의에는 "경건이 없고, 공순恭順이 없고, 평화가 없고, 단지 불평과 완강과 파괴의 사상만"이 있으므로 "반역의 정신"이자 "악마의 정신"이라고 비판하면서 사회주의와의 단절을 선언하고 공격했다.[48]

우리는 함석헌이 우치무라의 책을 통해 사회주의와 기독교의 관계에 대해서 입장정리를 했으리라 추측해 볼 수 있다. 함석헌은 우치무라의 십자가 신앙(대속 신앙), 즉 영원성의 맥락에서 인간적 삶을 바라보는 십자가 신앙에 의지함으로써 더 이상 '인간적 굴레'에 매인 세속적 사건들에 대하여 당황하거나 놀라지 않겠다는 의지를 보인다. 그리고 현실 사회의 개혁을 외면하거나 사회혁명을 무조건 부정하고 싶지도 않지만, 사회주의자의 길에서 '죄로부터의 해방'은 기대할 수 없다고 판단하고 이것이 곧 영혼의 요구임을 확신하게 된다.[49] 그리하여 그는 신앙으로 눈앞에 펼쳐진 불의에 찬 외부 현실을 극복할 수 있다고 본다.

> 그래 분명하게 잘라버렸다. 기독 신앙이 아니었다면 나는 험악한 공산주의는 몰라도 영국의 페이비언(점진적 사회주의자) 같은 것은 됐을는지도 모르겠다. 누구의 말같이 현대 사람이야 넓은 의미로는 다 사회주의자지, '사회'란 생각을 빼고 오늘날 사람의 살림은 있을 수 없다.[50]

함석헌은 우치무라의 영향으로 민족문제, 기독교와 사회주의의 갈등 속에서 고민하던 것을 마침내 해결하게 되었다.

---

48 우치무라, '사회주의', 『성서의 연구』제87호, 1907(스즈키 노리히사, 『무교회주의자 우치무라 간조』, 한림신서, '일본학총서 11', 1995, 125~126쪽에서 재인용).

49 이치석, 앞의 책, 217~225쪽.

50 저작집 제6권, 66쪽.

공산주의, 자본주의에 대한 비판과 사회주의에 대한 견해

함석헌은 우치무라와의 만남을 통해 민족문제와 기독교, 사회주의와의 갈등을 해소하고 확실하게 신앙의 길로 접어들었다. 그러나 함석헌은 우치무라보다는 사회주의를 좀 더 긍정적으로 또한 역사적으로 접근하고자 했다.[51] 그는 사회주의 혁명을 성공시킨 러시아는 역사발전을 위한 "불가결의 요역자要役者"[52]로 볼 수밖에 없다고 했으며 또한 모택동을 젊어서 한 때 좋아한 것도 사실이었다.[53]

그는 다음과 같이 말한다.

> 자본주의와 공산주의가 경제에 대한 해결이 다르다 하여도 물건에 본위를 두는 이 점에서는 다른 것이 없습니다.[54] 즉 자본주의, 공산주의가 서로 반대되어도 사람을 그 이용가치에서만 보려는 점에서는 꼭 같습니다. 다 물질주의, 세속주의입니다. 거기서 인격이나 사람값은 아니 나옵니다.[55]

함석헌이 볼 때 자본주의와 공산주의는 똑같은 물질주의적, 세속적 세계관을 갖고 있으므로 여기서는 진정한 인간적 가치나 인격의 가치 같

51 이치석, 앞의 책, 221-223쪽.

52 '러시아에 감사함', 『성서조선』, 1931. 2월호(이치석, 앞의 책, 222쪽에서 재인용).

53 '조즉존 구즉득(操則存求則得)', 『씨알의 소리』, 1978.12월호, 4쪽. 물론 함석헌은 이 글에서 태워버려야 할 가치 중에 가장 큰 것이 모택동이라고 비판하고 있다.

54 저작집 제2권, 『인간혁명』, 229쪽.

55 저작집 제13권, 『우리민족의 이상』, 55쪽.

은 것은 무시된다. 그는 또 자본주의에 대해서 다음과 같이 말한다.

> 자본주의 사회에서는 돈이 왕이다. 돈만 있으면 지식 있는 놈의 지식 사 쓸 수 있고, 칼 든 놈의 손 칼 든 채 부릴 수 있다. 그만인가, 덕이 높은 성인까지 사서 앞세우고 다닐 수 있다. 그러므로 무식 걱정마라, 힘없는 걱정마라, 잘못한 걱정마라, 돈 벌어라, 그저 돈만 벌어라, 그러나 생명의 세계에서는 얼이 임금이다.[56]

우리는 이 인용문에서 함석헌이 마치 『자본론』이나 『공산당선언』에 나오는 자본주의에 대한 이야기를 알기 쉽게 풀이하여 쓴 것 같은 인상을 받는다. 그리고 "무산자가 못사는 것은 그의 개인적인 책임 때문만이 아니다. 그보다 사회 전체의 기구에 있다. 그가 게을러지는 책임까지도 사회제도가 져야 한다."[57]고 주장하면서 무산자의 빈곤이나 나태함의 원인을 사회제도라는 구조적인 문제에서 찾고 있는 관점도 상당히 사회주의적이라 볼 수 있다. 더 나아가 함석헌은 다음과 같이 말한다.

> 나는 자본가의 착취를 반대하고 눌린 '씨올'을 해방하자는 데서는 누구보다 뒤지고 싶지 않지만 그들이 도덕을 무시하고 시기와 미움과 싸움과 원수갚음과 파괴만을 일삼는 데는 따라갈 수 없었습니다. 유물론도 털어놓고 반대하지 않았습니다. 어느 면의 진리가 있는 것을 인정했습니다. 계급 없는 사회 건설하자는 데 반대 있을 까닭 없습니다. 계급투쟁까지도 어느 정도 용납할 수가 있습니다. 그러나 그 투쟁 방법은 악인 것을 말하기에 주저하지 않습니다.[58]

56 저작집 제1권, 『들사람 얼』, 74쪽.

57 저작집 제6권, 『죽을 때까지 이 걸음으로』, 57쪽.

함석헌은 공산주의와 유물론, 심지어 계급투쟁에 대해서도 어느 정도 인정하면서도 공산주의자들의 투쟁방법인 폭력투쟁에 대해서는 결코 동의하지 않았다. 그의 기독교적 신념이 결코 용납할 수 없기 때문이다. 그리고 도덕과 정신의 면을 무시하고 폭력혁명을 주장하는 공산주의에 대해서 매우 비판적이었다. 또한 그는 역사는 인간의 정신과 영혼이 서로 문답하는 과정이고 하나님과 사람의 대화이므로 이러한 영적 대화와 만남을 부정하는 유물변증법은 비과학적이라고 비판한다.[59]

맺는말

우리는 이 글에서 1920년대 초반 민족운동의 좌우분열의 상황에서 마르크스주의가 민족운동의 주도적 이념과 세력으로 자리잡아가면서 기독교와의 갈등이 불가피하게 등장하는 것을 살펴보았다. 그리고 함석헌이 이 문제를 심각하게 고민하다가 마침내 우치무라와의 만남을 통해 해결하는 과정을 고찰했다. 본론에서 다루어진 내용들을 대체적으로 정리하면 다음과 같다.

첫째, 함석헌은 가족적, 사회적 환경의 영향으로 일찍부터 기독교를 받아들였고 민족의식을 자각하게 된다. 그에게 있어 신문명은 기독교와 민족주의의 조화로운 융합으로 다가왔다.

둘째, 3·1 운동에의 적극적 참여와 평양고보 복학의 거부는 그의 사

58 저작집 제7권, 『하나님의 발길에 채여서』, 54쪽.

59 저작집 제1권, 30~31쪽.

상형성에 결정적인 의미를 갖는다.

셋째, 오산학교에서의 유영모와의 만남, 학교생활, 독서경험은 민족정신, 민중정신, 사랑이라는 기독교 정신의 형성에 매우 중요한 영향을 준다. 이때의 독서경험으로 다양한 사회개조 이론을 접하게 된다. 이 중에서도 역사와 역사의식을 강조하고 세계국가주의를 강조하는 페비언 사회주의자 웰스의 영향이 매우 컸다.[60]

넷째, 동경에서 대지진의 체험을 통해 국민국가의 폭력주의에 대한 자각을 하고, 기독교와 사회주의와의 갈등 속에서 많은 고민을 하다가 우치무라와의 만남을 통해 이를 해결한다.

다섯째, 하지만 함석헌의 사회주의관은 우치무라의 사회주의관과는 상당한 차이가 있다. 함석헌은 사회주의를 좀 더 긍정적으로 그리고 역사적으로 파악하고자 했다. 우치무라와의 이러한 차이는 개인의 차이만이 아니라 제국의 지식인과 식민지의 지식인이라는 상황이 크게 작용했으리라 생각한다.

여섯째, 함석헌은 자본주의와 공산주의는 똑같은 물질주의적, 세속적 세계관을 갖고 있으므로 진정한 인간적 가치나 인격의 가치를 무시한다고 보는 점에서 자본주의에 대해서도 상당히 비판적이라는 것을 알 수 있다.

일곱째, 그는 사회주의와 유물론, 심지어 계급투쟁에 대해서도 부분

60 페비언 사회주의를 대표하는 페비언 협회는 의회를 통한 점진적인 사회개혁을 추진하려는 사회주의 조직으로 나중에 영국 노동당 건설의 한 주체가 된다. 김경재는 "기독교인은 무신론자나 교조적 마르크스-레닌주의자가 되지 않으면서도 얼마든지 사회주의자가 될 수 있는 것이다"고 말한다. 김경재, 『울타리를 넘어서』, 유토피아, 2005, 150쪽.

적으로 인정하면서도 공산주의자들의 투쟁방법인 폭력투쟁에 대해서는 결코 동의하지 않았다. 함석헌은 사회주의에 대해서는 비교적 수용적이었고 특히 페비언 사회주의에 대해서는 상당히 긍정적이었다.

5장

근대적 학문으로서 철학의 형성: 경성제국대학 철학과를 중심으로

시작하는 말

식민지 시대 사상사를 보는 기본 전제

일본에 있어서 식민정책학과 서구철학(사상)의 수용

경성제국대학과 철학과

- 경성제국대학의 성립과정과 기본 성격
- 철학과의 특성과 교수진
- 강좌제와 교과과정
- 학생들

경성제국대학 출신의 학술운동

- 경성제대와 『신흥』
- 철학연구회와 『철학』

맺는 말

시작하는 말

이 글의 목적은 한국 근대의 여러 측면 가운데 근대적 지식의 측면, 그 중에서도 일본의 서양철학수용의 제도와 내용이 한국 근현대철학의 형성에 미친 영향을 살펴보는 것이다. 특히 근대 식민지 체제하에서 지식의 제도적 틀 가운데 가장 핵심적인 경성제국대학(1924~1945) 법문학부의 철학전공을 중심으로, 일본의 영향 하에서 근대적 학문으로서의 철학의 성립과 계보, 근대적 '철학지哲學知'의 갈등과 대립에 대해 해명하려고 한다.[1]

경성제대는 한국 최초의 4년제 대학으로서 체계적으로 근대적 학문이 시작된 곳이었다고 할 수 있지만 식민정책의 일환으로서 형성된 식민지 대학이라는 점, 그리고 해방 후에도 이러한 측면이 상당 부분 온존·유지되면서 미국에 의해 재편되었다는 점은 우리나라의 서양철학수용, 근대적 학문 성립에서 간과할 수 없는 중요한 문제이다. 왜냐하면 근대적 성격의 학문이란 지식을 생산·관리·통제하는 제도로서 대학을 떠나서는 성립할 수 없기 때문이다. 또한 경성제대 연구는 "일본제국주의의 식민정책, 특히 총독부의 교육문화정책의 실상을 밝히기 위한 제재로서는 물론, 해방 이후 식민체제 청산의 실패가 가져다 준 남한 현대사의 일면을 해명할 수 있다는 점에서 그 현재적 유효성을 확인할 수 있다."[2] 경성제국대학에 대한 연구는 과거에도 부분적으로 있었지만 최근

1 이 글은 2005년 여름 동경외대의 요네따니 마사후미(米谷匡史) 교수가 주도하는 '植民地·近代の超克研究會'에서 조관자, 최태원, 최진석, 홍종욱, 戸邊秀明 등 여러 회원들이 참여한 가운데 발표된 초고를 기초로 작성되었다. 여러 가지 도움을 주고 조언을 해 준 요네따니 교수와 회원들에게 감사드린다.

2 박광현(1999), 「경성제국대학의 문예사적 연구를 위한 시론」, 『한국문학연구』 제21

에 학문분야별로 보다 구체적이면서도 다양한 연구가 나오고 있다.[3]

이 글에서는 한국에서 철학이라는 학문이 형성되는 과정에서 경성제대 법문학부 철학전공의 제도적, 내용적 측면, 교수와 학생의 연구와 활동 등을 가능한 한 자료를 충실히 고찰하면서 구체적으로 살펴보고 그 특징을 밝혀내고자 한다.

우선 식민지시대 사상사를 보는 기본 전제를 검토하여 감시와 검열의 조건이 매우 중요함을 밝히고, 다음으로 일본에서 식민정책학과 서구철학(사상) 수용의 상황을 간략히 살펴본다. 또 '제도로서의 학문'이라는 차원에서 경성제국대학 성립과정과 이념, 철학과의 특성과 교수들의 구체적인 연구내용과 강의, 커리큘럼, 강좌제의 성격과 교과과정, 철학과 학생들의 수와 특징, 졸업논문 등에 대해 고찰한다. 그리고 '운동으로서 학문'이라는 차원에서 경성제대와 『신흥』의 간행, 철학연구회의 성립과정과 『철학』의 간행, 그리고 이들의 특징들을 고찰함으로써 한국에서 철학 1세대들의 철학학습내용과 경향, 학술활동의 특징 등을 살펴보고, 마지막으로 이 글의 성과를 간단히 서술한다.

집(1999년 3월), 348쪽, 동국대학교 한국문학연구소.

3 경성제국대학에 대한 연구로는 백영서(2005), 「상상 속의 차이성, 구조 속의 동일성」, 인하대학교 한국학연구소, 『한국학연구』 제14집, 174쪽의 참고문헌; 金容德, 「京城帝國大學(1924-45)の教育と學生」, 宮嶋博史, 金容德編, 『近代交流史と相互認識2-日帝支配期』, 慶應義塾大學出版會, 2004; 정선이(2002), 『경성제국대학연구』(문음사)와 馬越徹·한용진 옮김, 『한국근대대학의 성립과 전개』(교육과학사, 2001) 참고문헌; 박광현(1999)의 논문; 정규영(1995), 『京城帝國大學に見る戰前日本の高等教育と國家』, 東京大學大學院 教育學研究科 博士學位請求論文 등 참조.

식민지 시대 사상사를 보는 기본 전제

일제 식민지시대 사상사를 어떻게 봐야할 것인가에 대해서는 많은 논의들이 있지만 여기서는 경성제대 철학과를 사실적이고도 객관적으로 보는 데 도움이 될만하다고 생각되는 논의들을 참고하고자 한다.

"식민지주의의 본질은 힘에 의한 이민족 지배이며 따라서 차별, 억압, 폭력, 착취, 지배·종속관계가 그 기조를 이룬다고 봐야 한다. 게다가 식민지주의 및 그것과 표리일체를 이루는 근대성을 살아왔던 사람들의 경험은 무엇이었는가를 구체적으로 고찰하는 것이야말로 식민지근대를 비판하는 기초적인 작업이 될 것"[4]이라는 입장을 수용하면서 이를 보다 구체적으로 살피기 위해서는 복합적인 행위자로서 인간상을 묘사하는 작업이 필요하지 않을까 생각한다. 왜냐하면 "민족주의라는 잣대만으로 식민지배기의 저항운동을 투시함으로써 각각의 운동이 근대사회 이행과정을 통해서 마련해 온 집단으로서의 정체성을 이해하고, 정체성의 확인과정으로서 운동의 의미를 제대로 파악하기는 매우 어렵다"[5]고 볼 수 있기 때문이다.

또한 "적극적인 형태의 저항만이 아니라 사보타주나 협력을 중지하는 행위 등 무저항적 저항이나 내면적 저항 등 다양한 저항의 방식을 인정하고, 이를 식민통치에 대한 '협력'과 대응시키고자 한다. 이런 방식은 협력과 저항이 식민지 근대적 합리성의 증가와 어떤 관련을 맺고 있는가 하는 문제에 접근할 수 있게 해준다."[6]는 입장을 수용하기 때문이

4 板垣龍太, 「植民地近代をめぐって–朝鮮史研究における現狀と課題」, 『歷史評論』, 2004. 10, 654号, 41쪽.

5 윤해동, 『식민지의 회색지대』, 역사비평사, 2003, 28쪽.

다.[7] 왜냐하면 동화, 또는 체제 내화 하는 모습을 보이는 것이 겉으로는 협력양태를 띠고 동조하는 모습을 보이지만, 이것이 바로 지배를 내면화하는 것을 의미하지는 않기 때문이다. 이렇게 본다면 한국의 피지배 민중들은 끊임없이 동요하면서 협력하고 저항하는 양면적인 모습을 보이고 있었던 것은 아닐까? 여기가 바로 식민지 인식의 회색지대가 발원하는 지점이다. 요컨대 저항과 친일의 이분법은 한편으로 저항의 범위를 부당하게 축소하고, 다른 한편으로 저항과 친일을 직접 대응시킴으로써, 식민지기 정치사의 부재로도 운위될 수 있는 정치사의 빈약함을 초래하게 되기 때문이다.[8] 특히 경성제대에 대한 구체적 연구의 경우에는 보다 복합적 요소들을 고려해야 한다.

> 경성제대는 '지배하는 지知'에 유효한 통치체제를 구조화하기 위한 목적에 의해 설립되었다. 그러나 이것은 식민지 권력이 필요로 하는 통제된 인력을 생산해내기 위해서 이제까지 독점해 온 '지배하는 지'의 일부를 조선인에게 이양하는 모험적인 프로젝트였다고 할 수 있다. 그 프로젝트의 시혜자를 대적협력자(對敵協力者, Collaborator)라고 정의한다. 그들은 '지배하는 지'의 공동 소유자면서, 동시에 '통제'의 대상이라는 모순된 존재였다. 따라서 이제까지 식민지 연구의 이분법적인 논리, 가해자와 피해자라는 논리로는 해명될 수 없는 대상이라고 하겠다.[9]

---

6 윤해동, 앞의 책, 26쪽.

7 식민지 하에서의 근대화와 동화, 식민지 유산에 대한 논의로는 권태억, 「근대화·동화·식민지유산」, 『역사학보』 제165집, 2000 참조.

8 윤해동, 앞의 책, 35쪽.

9 박광현(1999), 350쪽.

또한 근대성과 식민성의 관계를 구체적으로 해명하는 데에도 경성제대연구는 중요하다고 할 수 있다.

> 식민지주의가 문화적이고 심리적인 차원을 내포하고 있음이 주목되는 경향(예컨대 포스트 콜로니얼리즘)이 있음을 감안할 때, 일본제국의 교육체계의 서열구조 속에서 최상층에 위치한 제국대학이 식민지 지배의 정당성 형성에 미친 영향을 검토하는 것은 의미 있는 작업이라고 본다. 더욱이 그렇게 형성된 식민지성이 오늘의 해당 사회 속에서도 일정한 사회적 기능을 하고 있다면 더더욱 중요한 연구 대상이 되지 않을 수 없다.[10]

그리고 우리는 식민지에서의 학문의 제도화 과정, '운동으로서 학문'을 고찰하면서 일제강점기 사상사를 보는 기본 전제로 감시와 검열의 문제를 고려해야 한다. 왜냐하면 한국인의 식민지 시기(근대적) 표현은 검열체제의 갈등과 대립, 복종과 절망 가운데서 수행된 것이므로 검열체제(동시에 개인과 조직에 대한 감시체제)의 존재를 상정하지 않고는 한국의 근대정신사, 문화사, 문학사의 실태를 명확히 밝히는 것은 불가능하기 때문이다.[11] 그러므로 검열의 제도화가 한국의 근대적 주체의 형성, 특히 글쓰기 문화에 미친 영향이 무엇인가를 고찰할 필요가 있다. 왜냐하면 "식민지시기의 내면적 고백을 포함한 모든 형태의 자기표현은 이런 엄격하고 차별적인 검열을 의식하면서 발전한 것"[12]이기 때문이다. 또 철학의

10 백영서(2005), 175쪽.

11 한기형, 「왜 식민지 검열 연구인가-경위보고서」, 『동아시아학술원 연례학술회의-식민지 검열체제의 역사적 성격』, 2004.12.17.

경우에도, '철학연구회'의 모임이나 '철학연구실'의 토론은 늘 감시를 받았으며 『신흥』이나 『철학』을 발간할 때, 감시와 검열을 받는 가운데 자기검열을 할 수 밖에 없었다.[13]

일본에 있어서 식민정책학과 서구철학(사상)의 수용

한국에 있어서 근대학문의 성립과정은 조선 말 근대화의 시도가 실패함과 동시에 식민지로 전락하는 과정에서 미국, 프랑스 등 다른 국가와의 관계가 축소, 단절되고 동시에 학문적, 언어적으로 일본 중심으로 변모되는 과정이기도 하다. 즉 일본이라는 '제국주의의 기획 하에 은폐되어 있는 식민화 언설'로서 일본에 의해 근대학문이 이식되는 과정이라고 말할 수 있을 것이다. 그러므로 일본의 서양학문(철학) 수용과정에 대해 먼저 살펴보아야 한다.

일본의 근대는 서구의 수용에 의해 가능했으며, 일본의 탈아입구적 근대화는 "'열등한 아시아'劣亞라는 의식에 괴로워하면서 동시에 '아시아를 깔보는'蔑亞 우월감을 팽창시킴으로써 국가의 위세를 '완고하고 고루한' 인접 아시아 국가"[14]로 확장하고자 했다. 이러한 '일본적 오리엔탈

12 정근식, 「식민지 검열의 역사적 기원, 1904~1910」, 한국사회사학회편, 『사회와 역사』 제64권, 2003.1, 43쪽. 최근에 식민지 시대 글쓰기와 검열에 대한 연구들이 활발히 나오고 있다. 한만수, 「1930년대 검열기준의 구성원리와 작동기제」, 『한국어문학연구』 제47집, 2006; 한기형, 「문화정치기 검열체제와 식민지 미디어」, 『대동문화연구』 제51집, 2005; 정근식·최경희, 「도서과의 설치와 일제 식민지출판경찰의 체계화」, 『한국문학연구』, 동국대한국문학연구소, 2006 등 여러 논문 참조.

13 박광현, 「경성제대와 '신흥'」, 『한국문학연구』 제26집, 2003, 265~267쪽.

14 강상중, 『오리엔탈리즘을 넘어서: 근대문화 비판』, 이산, 1997, 90쪽.

리즘'은 특히 조선과의 관계에서는 노골적인 힘을 발휘하게 되었다.

일본에서 식민지 정책학이 아카데미즘으로 제도화된 것은 니토베 이나조오(新渡戸稲造)가 「식민植民이라는 명사名辭에 대하여」라는 논문에서 밝힌 바와 같이 1909년부터이며 다음 해인 1910년에 식민학회植民學會가 창설되고 이어서 대학에서 식민정책 강좌의 설치, 교과서적인 저작의 출판, 전문적인 식민정책학자의 배출 등 식민정책학이 하나의 학문으로서 사회적으로도 인정을 받아 학문적 전통의 축적과 이전, 전문화, 전달이 저널리스트·정치가·관료·실업가와의 교류 속에서 널리 확산된다. 이러한 과정을 통해 "다양성으로 가득 찬 아시아의 역사와 사회는 '동양적 전제주의론'과 '정체사회론'을 두 기둥으로 하는 19세기적인 아시아 인식에 의해 재단"[15]된다. 그러므로 식민정책학이라는 학문의 역사적 의의를 검토하는 것은 근대 일본과 아시아의 관계를 총체적으로 재구성하는 데 반드시 필요한 작업이다.[16]

이처럼 한국에서의 식민지 근대는 일제의 한국지배를 정당화하려는 맥락 속에 위치하고 있으므로 한국에서의 근대적 학문체계에 내포된 권력관계를 파악할 수 있어야 한다. 이러한 시각을 바탕으로 한국에서의 서양철학 수용의 전제라 할 수 있는 일본에서의 서양철학 수용에 대해 간략히 살펴본다.

명치유신 이후 백여 년에 걸친 일본근대철학사를 전체적으로 살펴볼 때 근대독일철학의 수용과 이식이 압도적인 비중을 차지하고 있고 그 중심적인 역할을 담당한 것이 토쿄와 쿄토 양 '제국대학'의 강단이었

15 강상중, 앞의 책, 83쪽.

16 강상중, 앞의 책, 82쪽.

다.[17] 즉 '제국대학'의 강단을 중심으로 하는 관학철학의 주류가 학술적인 정밀함의 외견 하에 통속성과 이데올로기성을 칭송한 지능적 기술관료의 철학의 형태를 취했다.[18] 일본 철학계의 이러한 전체적인 경향은 식민지 조선에도 전반적으로 영향을 주었다. 그러나 세부적으로는 대단히 다양한 철학사조들이 소개되고 번역된다.[19]

명치 30년대 즉 1900년대 초부터 칸트 피히테 등 독일관념론 철학의 소개·연구와 함께 헤겔의 진화론적 철학에 대항해서 파울젠과 같은 정열적인 윤리적 이상주의를 주장하는 당대 독일의 신칸트학파적 철학사상 등이 소개된다. 이 외에도 1910년 전후에는 당대 구미철학의 여러 조류가 '자아의 인격적 확립'이라는 요구에 응답하는 것으로서 다양하게 도입되었다.[20] 그리고 대정大正 데모크라시의 자유로운 분위기 속에서 1915년 이후 『岩波哲學叢書암파철학총서』 총12권이 간행된다.

> 편집자는 일고一高이래의 이와나미 시게오(岩波茂雄)의 친구였던 아베 지로(阿部次郎), 우에노 나오아끼(上野直昭) 및 아베 요시시게(安培能成)이며, 교수들로 상담을 했던 사람들은 니시다 키타로우(西田幾多郎), 토모나가 산주로우(朝永三十郎), 쿠와키 겐요쿠(桑木嚴翼) 정도로 우리들은 이들 교수들에게 큰 신세를 졌다. 선배로는 키히라 타다요시(紀平正美)의 『인식론』, 하야미 히로시(速水滉)의 『논리학』 정도의 것으로 1915년(大正4년) 9월 출

17 미야카와 토루·아라카와 이쿠오/이수정 옮김, 『일본근대철학사』, 2001, 생각의 나무, 365쪽(이하에서 『일본근대철학사』로 인용함).

18 『일본근대철학사』, 369쪽.

19 일본에서 명치 이래 1980년까지 서양철학의 문헌 번역에 대해서는 伊藤友信外 編, 『近代日本哲學思想家辭典』, 東京書籍株式, 1982 부록의 번역목록 참조.

20 『일본근대철학사』, 147쪽.

판한『인식론』을 시작으로 타나베 하지메(田辺元)의『최근의 자연과학』, 미야모토 카즈요시(宮本和吉)의『철학개론』, 아베 요시시게의『서양고대중세철학사』, 하야미의『논리학』, 이시하라 켄(石原謙)의『종교철학』, 아베 지로의『윤리학의 근본문제』, 우에노 나오아키의『정신과학의 기본문제』, 아베 지로의『미학』, 아베 요시시게의『서양근세철학사』, 다카하시 미노루의『심리학』그리고 다카하시 사토미(高橋里美)의『현대의 철학』은 최후의 1917년(大正 6년) 8월에 즉 만 2년에 12권을 완간했다.[21]

이 철학총서는 엄청나게 팔렸고 일본 사상계에 특히 당시 젊은 일본인 학생과 일반 지식층에게 큰 영향을 주었으며 '철학서 유행시대'를 만들어 내면서 문화주의적 '교양' 관념의 형성에 커다란 영향을 주게 되었다.[22] 1920년대는 철학이 '교양'과 더불어 '철학연구'의 황금시대가 된 '교양주의'의 시대이기도 했다. '교양주의'는 독일 이상주의에 뿌리박은 '문화주의'와 '인격주의'와 불가분의 것이었다.[23]

또한 1920, 30년대의 (일본)아카데미에 있어서는 대정 13년 칸트 탄생 200주년 때에 절정에 달한 칸트연구를 기초로 후설의 현상학, 딜타이·짐멜 등의 생의 철학, 하이데거·셀러 등의 실존철학이 도입, 연구되었고 또 1930년대는 헤겔 부흥이 큰 조류가 되었다.[24] 특히 하이데거의 도입은 1930년대 들어 지배적인 경향이었다.[25]

그런데 동시에 1920년대 후반부터 마르크스주의가 일본의 아카데

21 아베 요시시게(安培能成),『岩波茂雄傳』, 岩波書店, 2001(19쇄, 1957 초판발행), 141~142쪽.

22 아베 요시시게, 앞의 책, 140쪽;『일본근대철학사』, 158~159쪽.

23『일본근대철학사』, 298쪽.

24『일본근대철학사』, 334쪽.

25『일본근대철학사』, 334쪽.

미를 뒤흔들게 된다. 젊은 시절 마르크스의 철학적 저작물들이 번역되었고 루카치나 코르쉬 등 독일 관념론의 영향이 강한 마르크스주의자들의 저작물들이 1930년대 초기에 지식인들 사이에 상당히 읽혀졌다. 당시 마르크스주의 이해에 관한 한 일본은 앵글로 색슨 세계와 비교하면 기묘하게 성숙되었다.[26] 특히 마르크스주의를 일본의 철학에 자리매김한 사람이 미키 키요시(三木淸)였다. 그는 마르크스주의에 대한 인간학적 해석을 통해 이데올로기의 문제, 모순과 실천, 로고스와 파토스, 기초경험과 노동, 존재의 역사성 등을 해명하고 또 실천함으로써 당시 일본 철학계와 지성계에 큰 영향을 미쳤다.[27]

경성제국대학과 철학과

일제강점기 조선에서는 19세기 후반부터 서양학문, 서양철학이 조금씩 수용되었지만 서양철학의 본격적인 수용은 경성제국대학의 설립(1924년)을 통해 시작된다고 볼 수 있다. 그러므로 경성제국대학에서 서양철학이 어떻게 수용되었는가를 제도적, 인적 차원과 학문 내용적 차원에서 살펴볼 필요가 있으며 그 전제로서 경성제국대학의 성립과 그 기본 성격에 대한 이해가 필요하다.

26 마루야마 마사오/김석근 옮김, 『일본정치사상사연구』, 통나무, 1995, 58~60쪽. 마루야마는 번역의 경우 일본에서 공산주의나 사회주의에 대한 소개가 빠른 것을 '후진국의 조숙성'으로 표현한다(마루야마 마사오, 가토 슈이치·임성모 옮김, 『번역과 일본의 근대』, 이산, 2000, 164쪽).

27 『일본근대철학사』, 266~268쪽. 경성제대 철학과 출신들 중 신남철, 박치우, 박종홍 등이 미키의 영향을 많이 받았는데, 이에 대해서는 후술하겠다.

경성제국대학의 성립과정과 기본 성격

경성제국대학은 1920년대 민족운동의 일환으로 등장한 민립대학 설립운동에 대한 저지책으로 만들어졌다. 일본은 고등교육을 우리 민족의 수중에 방임하지 않기 위해 식민정책의 일환으로 제국대학을 만든 것이다. 즉 경성제국대학은 3·1 운동을 통해 민족의식이 각성되어 조선인의 교육요구가 높아지는 것에 대응하면서, 이를 환골탈태시켜 식민지교육 체제를 보강하기 위해 총독부에 의해 설립되었으며, 여기에는 무엇보다 동화同化와 차별差別이라는 식민지교육의 원칙이 관철되고 있었다.[28] 그러므로 경성제국대학이 조선에 세워진 것은 사실이지만 조선인을 교육하기 위한 기관이었다고는 할 수 없다.[29] 애초 '조선제국대학'으로 칭하려 했으나, 일본 황실의 자문기관인 추밀원에서 논의하여 '경성제국대학'으로 바꿨다는 사실과 법문학부에 정치학과를 두었다가 학부개설 2년 만에 폐지한 사실이 이를 뒷받침해준다.[30] 경성제국대학의 성립 배경과 요인은 다음과 같다.

> 첫째, 무엇보다도 조선총독부의 정책전환이다. 1922년 개정 조선교육령에서 조선에도 대학성립의 길을 여는 법적 조치를 취한 것이다. 둘째, 이러한 총독부의 새로운 정책은 3·1 독립운동 후에 조선인의 교육열에 대한 대응책으로서 생겨난 것도 있지만 당시 일본에서 진행되고 있던 교육제도의 개혁, 특히 1918년의 '대학령'의 제정에 의한 고등교

28 世界教育史研究會 編, 『世界教育史 5: 朝鮮教育史』, 講談社, 1975, 386쪽.
29 이충우, 『경성제국대학』, 다락원, 1980, 55쪽.
30 이충우, 앞의 책, 58~59쪽.

육의 재편성과 그것에 기초한 대학을 중심으로 하는 고등교육기관의 확장계획에 호응한 것이었다. 셋째, 사이또(齋藤實) 총독의 소위 '문화정책' 하에서 조선인의 교육적 에너지가 폭발한 것이다. 고등교육분야에 관해서 말하면 사립전문학교의 대학승격운동이나 조선인 자신의 손으로 민족대학을 새롭게 설립하려고 하는 민립대학 설립운동 등을 들 수 있다. 또한 해외 유학생의 격증激增도 교육열이 높아졌음을 보여주는 것이었다. 넷째, 재조선 일본인의 고등교육기관 설립에의 요구를 들 수 있을 것이다.[31]

경성제국대학의 목적과 성격은 제국의 대학령 제1조의 이념인 "국가가 필요로 하는 학술의 이론 및 응용을 교수하며 동시에 그 온오蘊奧를 공구功究한다."는 '국가를 위한 학문관'이 그대로 반영되며, 특히 대학령 1조 뒷부분에 "인격의 도야 및 국가사상의 함양에 유의하여야 한다."는 이념은 일본보다 강한 형태로 조선에 강요된다. 핫도리 우노키치(服部宇之吉) 초대 총장은 1926년 5월 1일 학부개설의 시업식 훈시에서 "국가의 기초를 동요시키고 국가의 존립을 위태롭게 하는 연구는 허용할 수 없다." 라고 선언했다.[32]

그리고 경성제대의 중요한 사명으로 '동양문화의 연구'를 제시하면서 "한편으로 지나(중국)와의 관계 또 한편으로는 내지內地와의 관계로 널리 여러 방면에 걸쳐 조선연구를 행하고 동양문화 연구의 권위가 된다고 하는 것이 본 대학의 사명이라고 믿고 있다. 능히 이 사명을 수행하려면 일본정신을 원동력으로 하여 일신日新의 학술을 이기利器로 하여 나아

31 馬越徹·한용진 옮김, 『한국근대대학의 성립과 전개』, 교육과학사, 2001, 103쪽.
32 馬越徹, 앞의 책, 125~126쪽.

가지 않으면 안된다"[33]고 말하고 있다.

정규영에 따르면 경성제국대학의 공식적이고 정통적인 이념은 이미 살펴 본 '국가를 위한 학문'과 '동양문화의 연구'를 사명으로 하는 것이었지만 대학 내에는 비정통적인 대학관을 가진 자유주의적 학자들도 제법 있었다. 이들은 식민지 대학의 정통적인 대학관과 다르게 서양지향적인 학술적 대학관, 또는 보편적인 학문연구기관으로서 대학관을 갖고 있었으므로 경성제대 내에서 성향이 다른 교수들 사이에 약간의 긴장이나 갈등이 있었다고 볼 수 있다.[34] 특히 학문의 성격상 직접적으로 국가사상이나 정책과 관계되든지 조선에 대한 식민지 지배를 위한 '조선연구' 또는 제국의 정책을 뒷받침하는 '동양문화연구'의 분야가 아닌 경우는 대체로 자유주의적이고 교양주의적인 분위기가 있었으며, 더 나아가서는 식민지 지배에 비판적인 좌파 교수들도 있었다.

철학과의 특성과 교수진

1926년에 설치된 경성제대 법문학부는 법학, 문학, 사학, 철학과로 구성되었으며 철학과 안에는 철학·철학사, 윤리학, 심리학, 종교학·종교사, 미학·미술사, 교육학, 지나(중국)철학, 사회학으로 전공이 나뉘어져 있었다.

철학과의 경우는 경성제국대학의 역할에 대한 초대총장의 견해인 정통적 대학관과 약간 차이가 난다. 경성제대 철학과의 대표적 교수라

33 정선이, 앞의 책, 112쪽.

34 정규영, 앞의 책, 제2장1절 대학이념 참조.

할 수 있는 아베는 자유주의적 학자로서 그는 경성제국대학이 학문의 연구를 목적으로 하는 본래의 성질상 이미 국제적이며 또한 동양문화의 자각을 위해서도 서양문화의 이해가 필요하다고 주장하면서 유럽연구의 중요성을 강조하고 있다.

> 아베의 경성제국대학관은 정통적인 대학상像인 일본중심주의나 동양문화중심주의와는 명확히 구별된다. 그는 정통적인 대학인처럼 대학령 제1조에서 대학의 본질을 추론하지 않고 어디까지나 보편적인 학문연구의 기관으로서 대학의 정신을 주창했다. 이같은 보편주의적인 대학이념은 마침내 1930년대 후반 천황숭배주의운동 가운데에서 그의 비정통성이 추궁되는 운명을 맞는다.[35]

철학과의 교수들 중 서양철학을 전공한 교수들은 대체로 아베의 입장과 비슷한 입장이었다고 생각할 수 있는데, 이는 당시 경성제대 철학과를 다닌 사람들의 회고나 다른 전공의 사람들의 회고(유진오의 회고 등)를 통해서도 확인된다.

당시 경성제대 철학과의 교수들을 구체적으로 살펴보자.[36] 우선 철학·철학사 전공 교수로는 아베 요시시게(安倍能成), 미야모토 카즈요시(宮本和吉), 다나베 쥬우조우(田邊重三)가 있었으며, 심리학 전공에 하야미 히

35 정규영, 앞의 책, 78쪽, 290~291쪽. 구체적인 내용은 京城帝國大學創立五十周年記念編輯委員會, 『紺碧遙かに』(이 제목은 경성제대 공식 교가 1절 처음의 '푸른 하늘 저 멀리'의 일본어 표현이다. 그런데 조선인 학생들은 한글로 따로 교가를 만들어 불렀다고 한다. 이충우, 앞의 책, 168~169쪽). 京城帝國大學同窓會, 1974年, 114~115쪽.

36 이 내용은 일제강점기 『조선인사흥신록』과 『紺碧遙かに』, 이충우, 앞의 책 등을 참고해 작성한 것이다.

로시(速水滉) 등이, 윤리학 전공에 시라이 시게타다(白井成允) 미학전공에 우에노 나오아끼(上野直昭), 타나까 토요조우(田中豊藏), 중국철학 전공에 후지쯔까(藤塚鱗) 등, 종교학 종교사 전공에 아카마츠 지죠(赤松智城), 교육학에 마츠즈기 히데오(松月秀雄) 등이 있었다.

아베(安倍能成, 1883~1966)는 철학·철학사 제1강좌를 맡았는데 그는 1909년에 동경제대 철학과를 졸업하고 대학원을 마친 후 1912년에 오이켄의『대사상가의 인생관』을 번역했으며 이와나미 서점(岩波書店)의 경영에 참여하여 '철학총서'의 편집자로『서양고대중세철학사』(1916),『서양근세철학사』(1917)를 간행했다.[37] 그는 1919년에『도덕철학원론, Grundlegung zur Metaphysik der Sitten』(藤原正과 공역)을 번역하고 호세이(法政)대학 교수를 거쳐, 1924년 6월에 경성제대 예과 교수로 임명되면서 서양철학사를 더 연구하기 위해 바로 유럽으로 갔다. 1925년에『칸트의 실천철학』을 간행했으며 영국, 프랑스, 독일 등 유럽에서 2년간 공부하고 1926년 4월에 경성제대 교수로 부임했다. 그는 문화비평가이자 철학자로서『思想』의 지속적인 필자였으며 문화적 자유주의자로서 원숙한 사상과 세속을 초탈한 말쑥한 인격으로 학생들로부터 경모敬慕의 대상이었다.[38] 그는 1928년에 법문학부장을 지냈고, 1932년에는 칸트의『종교철학』, 1938년에는 칸트의『형이상학의 진보』(金子弘과 공역)를 번역했으며, 1940년 동경제일고등학교(동경대학 교양학부의 前身) 교장으로 전근할 때까지 15년간 근무했다. 그는 2차대전 후 상원의원, 문부대신, 학습원 원장 등을 역임

37 아베(安倍能成)에 대해서는 최재철,「安倍能成における「京城」」, 세계문학비교학회『세계문학비교연구』, 2006; 이선옥,「日帝强占期のソウル考察-安倍能成の韓國觀を中心に」, 일어일문학회,『일어일문학연구』제43집, 2002.11 참조.

38 1935년『조선인사흥신록』.

한다. 그는 『법문학회논찬』 제2집 '철학논집'(1930.9)에 「칸트의 근본악설」을 발표하고 1935년부터 제목이 바뀐 『문학회논찬』 제4집(특집호, 1936.10, 경성제국대학 창립 10주년 기념 논문집: 철학편)에 「스피노자 철학에 있어서 직관지의 문제」를 발표했다. 또한 문학회 공개강연회 제3회 '조선문화공개강좌'(1936.10)에서 「조선문화문외한」을 발표하기도 했다. 그는 주로 서양철학사와 칸트, 스피노자에 관한 연구와 강의를 했으며 그를 중심으로 헤겔연구회가 만들어지고 법철학 등의 여러 문제가 연구, 토론되었다고 한다.[39]

미야모토(宮本和吉,1883~1972)는 철학·철학사 제2강좌를 맡았다. 그는 1908년 동경제대 철학과를 졸업한 후 동양대학 등에서 강의를 하다가 1912년에 빈델반트의 『헤겔리아니즘의 부흥』을 번역하고, 1923년 10월 문부성 재외연구원으로 독일, 영국, 프랑스에 체재했다가 1925년 10월 귀국한 후 1927년 4월 경성제대 교수로 임명된다.[40]

그는 칸트의 『실천이성비판』(波多野精一과 공역, 1918, 개정판 1927)을 번역했으며, 1925년에 간행된 『암파철학사전』을 공동으로 편찬했고, 경성제대에서 철학개론, 서양철학사, 인식론, 독일관념론 등을 강의했으며 칸트의 『순수이성비판』을 5년간 번역하면서 강독을 했다고 한다. 『칸트연구』(1941)는 그의 주요 저서이며 박종홍의 지도교수이기도 했다.

다나베(田邊重三)는 1919년 7월에 동경제대 철학과를 졸업하고 1927년 9월에 경성제대 조교수로 부임한다. 1929년 10월에 재외연구원으로 독일, 영국, 프랑스, 미국 등에서 유학하고 1932년 4월에 귀국하여 다시 경

39 『紺碧遙かに』, 143쪽.

40 『조선인사흥신록』, 461쪽.

성제대 교수로 부임한다. 그는 신칸트학파의 대표적인 철학자인 H.리케르트의 『역사철학』(1922)과 칸트의 『논리학』(1929), 빈델반트의 『상등성과 동일성에 대하여』(1929, 윤태동과 공역)를 번역했고, 서양근세철학사(데카르트, 스피노자, 라이프니츠), 브렌타노, 후설의 현상학, 하이데거 등을 강의했으며, 특히 하이데거의 『존재와 시간』을 강독했다. 『문학회논찬』 제9집(1940.3)에 「개체의 인식」이라는 논문을 발표했으며, 1940년대에 경성제대 철학연구실에서 열린 철학과 한국인 졸업생들의 모임인 '철학담화회'에 참여하여 한국학생이 한국어를 사용해 토론하는 것을 경청했다고 한다.[41]

우에노(上野直昭)는 1908년 동경제대 철학과를 졸업하고 아베 요시시게와 함께 '암파철학총서'의 편집인이었으며 1916년에 『정신과학의 기본문제』를 간행하고, 1924년 경성제대 예과 강사가 된 직후 1927년까지 재외연구원으로서 프랑스, 독일, 영국, 이탈리아, 미국 등에서 유학한다. 1927년에 귀국, 경성제대 교수로 미학, 서양미술사 등을 강의했는데 서양미술사 강의 중에는 레오나르도 다빈치의 '최후의 만찬'을 가지고 1년 동안 강의를 한 적도 있다고 한다. 당시 대학 내에 관현악단이 만들어져 정식으로 음악부가 탄생하자 음악부장을 맡기도 했다.[42] 그는 칸트의 『미와 숭고와의 감정에 관한 관찰』(1939)을 번역했다.

하야미(速水滉, 1876~1943)는 1900년에 동경제대 철학과를 졸업하고 '암파철학총서'의 하나인 『논리학』(1915)을 간행하고, 1924년에 경성법학전문학교 교수로 부임한 후 재외연구원으로 영국, 독일, 미국에 유학 중

41 김규영, 「나에게 있어 학(學)과 도(道)」, 『철학과 현실』, 1993, 봄, 307~308쪽.
42 이충우, 앞의 책, 137쪽.

경성제대 교수가 되었고, 1926년 6월 경성제대로 돌아와 9월 법문학부장이 된다. 그는 심리학 전공교수로 철학과 심리학의 교섭에 관해 주로 연구하고 심리학, 논리학 등을 강의했으며 1936년에는 경성제대 총장으로 취임한다. 그는 『법문학회2부논찬』에 「딜타이의 심리학에 있어서 구조의 개념」이라는 논문을 싣는다.

시라이(白井成允)는 1913년 7월에 동경제대 철학과를 졸업하고 1926년에 칸트의 『도덕철학, Metaphysik der Sitten』을 번역하고 1927년 경성제대 교수가 되어 윤리학을 담당한다. 그는 『법문학회2부논찬』 제5집(1933)에 「서양문예잡고」, 「플라톤 초기저술의 근본정신에 대하여」라는 글을 싣는다.

타나까(田中豊藏)는 1911년 7월 동경제대 지나철학과를 졸업하고 1927년에 경성제대 법문학부 강사가 된 직후 재외연구원으로서 독일, 프랑스, 영국, 미국, 인도 등에서 유학하고 1928년에 귀국하여 경성제대 교수를 지낸다. 미학을 담당했으며 '동양미술사', '동양미술사연습' 등을 강의했으며 고유섭(경성제대 2회)의 지도교수로서 영향을 주었다. 그는 『법문학회논찬』 제3집(1931.9)에 「日本文化叢考」 등을 발표했다.

다카하시 도오루(高橋亨, 1878~1967)는 1902년 7월에 동경제대 문과대학 한문과를 졸업하고 1903년 대한제국정부의 초빙을 받아 구한국경성관립중학교 교사를 했다. 1908년 1월 관립한성보통학교 학감이 되었고, 1911년 11월 경성보통학교 교유(교사), 1916년 5월에는 대구고등보통학교 교장이 되었다. 1919년 문학박사 학위를 수여받고 1924년 2월 조선총독부 시학관(視學官) 및 경성전수학교 교수로 있다가 1925년 경성제대 예과 교수로 부임한 후 1926년 경성제대교수로 조선어문학과에서 문학사와 사상사, 조선사상(불교와 유교)을 강의한다. 이후 혜화전문학교장, 경학원장, 명륜연성소장 등을 거친다.[43] 전후에 천리대天理大 교수로서『조선학보』를 간행한다. 그는 조선유교를 황도 유교화시키는데 주력하는 등 제국의 식민정책, 교육정책, 이데올로기 정책에 깊이 관여했다.[44]

경성제대 철학과 교수들은 모두 동경제대 출신으로 대부분 경성제대에 부임 직전 또는 부임 후에 국가에서 지원하는 재외연구원 자격으로 2~3년 동안 서구에 유학한 경험을 갖고 있었으며, 따라서 이들은 최첨단 서구 근대학문으로 무장한 동경제대 관학아카데미즘의 정통파 학자들이라고 볼 수 있다. 이들 중 특히 아베(安培能成), 우에노(上野直昭), 하야미(速水滉), 미야모토(宮本和吉)는 '암파철학총서' 그룹의 일원으로서 당시 일본에서도 이름 있는 중견 철학자들이었으며 경성제대에서도 관록 있는 교수로 인정받았다.[45]

강좌제와 교과과정

경성제대 법문학부 예과에는 수신, 철학개설, 윤리교과가 철학 관련 교양교과목으로 개설되어 있었고, 본과에는 강좌제의 실시에 따라 철학 전공 안에 철학·철학사, 윤리학, 심리학, 종교학·종교사, 미학·미술사, 교육학, 지나(중국)철학, 사회학으로 전공이 나뉘어져 있었다.

경성제국대학의 경우 다른 제국대학과 마찬가지로 강좌제로 운영

43 경학원, 명륜학원에 대한 연구로는 유미나,「植民地期朝鮮における經學院」, 朝鮮史研究會,『朝鮮史研究會論文集』42(2004.10);「植民地期朝鮮における明倫學院」,『史滴』제26호(2004. 12), 참조.

44 高橋亨에 대해서는 정규영, 앞의 책, 147~171쪽; 다카하시 도오루·조남호 옮김,『조선의 유학』, 소나무, 1999, 5~21쪽; 유미나의 앞의 논문 참조.

45 이충우, 앞의 책, 108쪽.

되었는데 강좌제는 교수를 중심으로 하는 연구와 교육의 기초단위이다. 강좌제의 가장 큰 특색은 이것이 전문연구의 기초단위로 연구 성과는 세계의 다른 대학과 마찬가지로 학술잡지(아카데믹 저널)로 간행되는 형태로 세상에 공표되었다. 강좌제의 특징으로는 첫째, 1강좌에 1교수라는 형태로 대학교수의 책임을 명확히 한 것과 둘째, 각 강좌에 직무봉제(職務奉制: 직무에 따른 봉급제도)를 부여했다는 것이다. 이러한 강좌제의 특색은 교관대우 개선과 합리화, 전문성의 강조로 연구와 교수의 충실과 효율화를 이끌어낼 수 있다는 점에서 일본의 대학이 서구 세계의 근대대학으로 진입하는 계기로 평가되기도 하지만 다른 한편으로 강좌제의 관치주의적 성격 때문에 강좌제의 제도화를 주도한 일본국가의 기본 의도를 비판하는 견해도 있다.[46] 이러한 강좌제 아래서는 전문적 연구를 중시하므로 대체로 강좌 수보다 교수 수가 많으며, 철학과 학생 수가 교수 수보다 적은 경우도 있었다. 심지어 수강하는 학생이 전혀 없어도 강좌의 책임을 맡은 교수의 지위는 안정적으로 유지되었다.[47]

철학·철학사 전공의 경우 1935년 이전까지는 이수단위가 19단위였다. 이 때 한 단위는 1주에 2~4시간, 1년간 수업을 듣고 시험에 합격해야 인정되는 것이다. 이수과목으로는 철학개론(1), 서양철학사개설(2) 논리학·인식론(1), 철학연습(3), 철학특수강의(2) 철학과에 속하는 과목 중 특별히 정하는 것과 희랍어 또는 라틴어 과목 포함(8), 사학과, 문학

46 강좌제의 특징과 내용에 대해서는 정선이, 『경성제국대학연구』, 문음사, 2002, 106~111쪽; 馬越徹/한용진 옮김, 『한국근대대학의 성립과 전개』, 교육과학사, 2001, 149~155쪽; 정규영, 앞의 책 82~91쪽; 백영서(2005), 177쪽 참조.

47 이준식, 「일제강점기의 대학제도와 학문체계-경성제대 조선어문학과를 중심으로」, 『사회와 역사』 제61집, 2002, 193쪽.

과 또는 법학과에 속하는 과목(2)으로 모두 19단위였다. 그러나 1935년 이후는 강좌제와 교과과정이 강화되면서 철학과 공통과목 9단위와 그 외 전공과목 13단위를 이수하게 되어 이수단위가 3단위 증가했고, 동일 학과 내 타 전공과목 이수를 의무화하던 것이 바뀌었고, 특히 이전에 없던 과목인 '일본도덕사'가 '윤리학부통강의' 안에 포함되게 된다.[48]

학생들

경성제대의 학생 중 조선인 학생의 비율은 대체로 3분의 1 정도였는데, 그 이유는 경성제대 예과에 입학하기 위한 수험자격 조건의 차이가 있었기 때문이다.

> 조선인 지원자에 대하여는 경찰에 의해 ①본인 및 가정의 사상경향, ② 3·1 독립운동과의 관계 유무, ③재정 및 성향 등에 관한 신분조사가 실시되었다고 한다. 이를 '동아일보'에서는 조선인 지원자에 대한 당국의 압력이라 보고 '기괴한 교경敎警일치'라고 비난하였다.[49]

법문학부 1회 졸업식이 행해진 1929년 이후 1941년까지의 경성제대의 졸업생 총수는 1,588명(조선인 533명-33.6%, 일본인 1,055명-66.4%)이었다. 이 중 법문학부 졸업자의 비율이 상대적으로 높았으며(823명 중 335명-40.7%), 다시 조선인의 전공별 졸업생 수를 보면 법학과가 479명(40.9%), 철학과가 81명(58.0%), 사학과가 77명(35.0%), 문학과가 186명(34.9%)이었다. 여기서 특히

48 정규영, 앞의 책, 95~96쪽.

49 馬越徹, 앞의 책, 138쪽.

철학과에 조선인 학생 수가 일본인 학생 수 보다 많은 것을 볼 수 있다.[50]

법학과 학생이 많은 이유는 1934년에 예과 3년제를 실시하면서 학부 진학에서 문과 갑류(법학계; 법학과)와 을류(문학계; 철학과, 사학과, 문학과)를 구분하던 제도를 철폐하자 조선인 학생들 대부분이 법학과로 몰렸기 때문이다. 예를 들어 1934년에 예과 11회로 조선인으로 입학한 문과 갑류 16명, 문과 을류 16명 중 11명이 문학계(문학, 사학, 철학)를 선택했고, 21명이 법학과를 선택했는데 공교롭게도 문학계를 선택한 전원이 모두 북한으로 올라간 것으로 나타난다. 당시에 경성제대 출신은 사회주의자 아니면 출세주의자라는 극단적 인식이 널리 퍼져있었다는 것을 증명해 주는 것 같다.[51] 예과 14회(1937년 입학)의 경우 문과 갑류 12명, 을류 15명 중 김규영이 철학과를 택했고, 1명이 사학과, 다른 1명이 문학과를 택하고 나머지는 모두 법학과를 택했다. 예과 15회(1938년 입학)의 경우는 문과 갑류 15명과 을류 19명 총 34명 중 배종호(서양철학 전공)를 제외한 전원이 법학과를 택했다. 이때는 철학과의 경우 교수 수가 학생 수보다 많았다고 한다.[52]

철학과의 졸업논문은 교수의 지도로 쓰였는데 김계숙(철학과 1회)은 「헤르만 코헨의 순수논리학」, 권세원(1회, 필명 권국석)은 「볼차노의 현상학 원류」를 썼다. 신남철(3회)의 졸업논문은 「브렌타노에 있어서 표향적 대

---

50 정규영, 앞의 책, 16쪽.

51 임영태, 「혁명적 지식인 김태준」, 『사회와 사상』 창간호, 한길사, 1988. 물론 사회주의자도 아니고 출세주의자도 아닌 순수한 학문(철학)에로 나가는 경우도 있었다. 해방 후 한국 철학계에 주도적인 역할을 한 사람들은 대체로 소극적으로 저항하면서도 동화되는 중간적인 사람들이 많았다고 볼 수 있다. 윤명로, 「철학에 입문하기까지의 인생 역정의 자기 소묘」 참조, 『한국철학회 50년, 역대 회장의 회고와 전망』, 철학과 현실사, 2003.

52 김규영, 앞의 글, 304쪽.

상과 의식과의 관계에 대하여」이며, 박치우(5회)의 졸업논문은 「니콜라이 하르트만의 존재론에 대하여」이다.[53] 고형곤(5회)은 「쉘링은 어떻게 피히테를 넘어섰는가?」(1933)라는 졸업논문을 쓴다.

당시 일본이나 조선을 막론하고 신칸트학파에 이어 후설의 현상학과 하이데거의 존재론이 학생들을 사로잡고 있었다. 박종홍(5회)의 학부 졸업논문은 「하이데거에 있어서 염려(Sorge)에 대하여」(1933.1)이며 당시 일본의 저명한 학술지인 『이상理想』(1935) 4월호 '하이데거 특집'에 「하이데거에 있어서 지평의 문제」를 싣는다.

앞에서 살펴본 경성제대 교수들의 면면과 신남철, 박치우, 박종홍의 경우를 보면 당시 경성제대 철학과의 교수내용과 철학적 지향을 대강 알 수 있다. 그것은 데카르트를 시작으로 하는 서양근세철학사, 칸트철학에 대한 지속적이고 깊은 연구, 신칸트학파에 대한 연구, 칸트 이후의 브렌타노, 후설 등의 현상학적 흐름, 하르트만, 하이데거에 이르는 존재론 등이 매우 중요한 경향임을 알 수 있다. 그리고 위 3인은 철학과의 이러한 아카데미적 경향을 한편으로 충실히 따라가면서 연구했으며 그 결과 경성제대 법문학부의 조수助手를 하기도 했다.[54] 그러나 이들은 순전히 아카데믹한 것에만 빠져있었던 것은 아니다.

53 신남철과 박치우의 졸업논문이 이들 철학사상에 미친 영향에 대해서는 손정수, 「신남철, 박치우의 사상과 그 해석에 작용하는 경성제국대학이라는 장」 참조, 『한국학연구』 제14집, 2005, 193~196쪽.

54 손정수, 앞의 논문, 196~197쪽.

경성제국대학 출신의 학술운동

식민지 지식인으로서 자각이 있었던 경성제대 철학과 출신들은 한편으로 대학 내에서의 근대적 서양철학을 충실히 학습하고 수용하면서도 다른 한편으로는 식민지 현실에 무관할 수 없었다. 이들은 제도권 내에 있으면서도 식민지 현실을 변화시켜보려는 시도를 하지 않을 수 없었다.

이러한 두 가지 경향의 상관관계를 '제도로서의 학문'과 '운동으로서의 학문'이라는 차원으로 구분하여 살펴보고자 한다. '제도로서의 학문'은 이미 살펴본 경성제국대학의 성립과정, 철학과의 특성과 교수들의 구체적인 연구내용과 강의, 커리큘럼, 강좌제의 성격과 교과과정, 철학과 학생들의 수와 특징, 졸업논문 등과 이를 통해 드러나는 것을 의미한다. 그리고 '운동으로서 학문'은 '제도로서의 학문'이 대응하지 못한 사회적 수요를 어느 정도 충족시켜준 제도 밖의 학술활동을 의미하는 것으로 근대적이고 아카데믹한 학문제도에 의해 배제되고 억압당한 지식의 생산과 유통을 가리킨다.[55]

식민지 조선에서 1920년대 후반과 1930년대 초반은 서양철학 연구와 수용, 그리고 학술운동이 본격화된 시기로 볼 수 있다. 왜냐하면 이 시기에 첫째, 경성제대에서 서양철학 연구가 시작되고 연구자가 나오

55 백영서, 「동양사학의 탄생과 쇠퇴–동아시아에서의 학술제도의 전파와 변형」, 『창작과 비평』, 2004, 겨울, 96쪽 참조. 손정수는 이를 '제도로서의 경성제대'와 '의식으로서 경성제대'로 나누어 고찰하면서 전자는 경성제대 철학과의 제도 자체의 경향으로 철학과의 교과과정, 학문적 경향 등이 참고될 수 있으며 후자는 이념적 학술단체 활동이 고려될 수 있다고 본다(손정수, 앞의 논문, 188쪽). 또한 일본의 경우에도 이 두 경향이 있었으며, 이를 '관학아카데미즘'과 '감성리얼리즘'(『일본근대철학사』, 362쪽 이하)으로 나누어 고찰하고 있다.

기 시작했으며, 둘째, 또한 이 시기에 서양 또는 일본에서 서양문헌을 통해 철학을 본격적으로 공부한 사람들이 귀국하기 시작했으며, 셋째, 이 시기부터 『신흥新興』이나 『철학』 등을 통한 체계적인 저술활동과 학술운동이 시작되었기 때문이다.[56] 특히 식민지 청년지식인들은 식민지 내의 다양한 사회운동과 사회사상에 대해서 접하면서 아카데미 내에서 배울 수 없었던 마르크스주의 등을 일본에서 들어오는 다양한 서적들을 통해 접할 수 있었고, 이것이 특히 '운동으로서 학문'을 할 수 있는 토대가 되었다고 할 수 있다.

일본에서는 1905년을 전후로 마르크시즘이 번역 소개되기 시작하고, 1920년대 후반에는 『經濟學全集경제학전집』, 『社會思想全集사회사상전집』, 『新興文學全集신흥문학전집』, 『마르크스주의강좌』, 『암파문고』, 『개조문고』 등의 출간으로 마르크스주의와 프롤레타리아 문학이 대중화하게 된다.[57] 그리고 1927년경에는 마르크스·엥겔스 전집이 번역되기 시작해서 1935년에는 완결된다. 또한 이러한 상황에서 일본 유학생과 식민지 지식인들의 마르크스주의 수용은 시대적 필연성을 갖는다고 하겠다.

특히 1920년대 중반과 후반은 조선에서 사회운동이 고조되고 마르크스주의의 수용이 활발한 시기였다. 이때 일본에서 마르크스주의가 아직 사회과학의 문제로서 철학의 울타리 밖에 놓여있었을 때, 그것을 하나의 세계관으로서 일본의 철학에 자리매김한 것이 미키 키요시(三木清)였다. 미키는 1927년 6월 「인간학의 마르크스적 형태」, 8월에 「마르

56 강영안, 『우리에게 철학은 무엇인가』, 궁리, 2002, 25~29쪽 참조.

57 藤原彰, 『日本民衆の歴史』, 東京, 三省堂, 1983: 太丸義一, 「日本におけるマルクス主義」, 『歴史評論』, 東京, 1983 참조.

크스주의와 유물론」, 12월에 「프래그머티즘과 마르크시즘의 철학」을 『思想』지에 발표하고 여러 논문들을 모아 『유물사관과 현대의 의식』(1928.5), 『사회과학의 예비개념』(1929)을 간행한다. 또한 그는 『신흥과학의 깃발 하에』라는 책을 1928년 10월에 창간했다. 그는 「위기에 있어서의 이론적 의의」(『改造』, 1929.1), 「헤겔의 역사철학」(『思想』 1929.3), 「변증법에 있어서 자유와 필연」(『思想』 1929.10), 「형식논리학과 변증법」(『理想』 1930.3) 등을 발표하고 『관념형태론』(1931), 『역사철학』(1932)을 간행하고, 「존재의 역사성」(『思想』 1931.12), 「위기의식의 철학적 해결」(『理想』 1932.11), 「위기에 있어서의 인간의 입장」(논문집, 1933.6), 「세계관구성의 이론」(『理想』 1933.7) 등을 발표했다. 미키가 일본 철학계에서 차지하는 위치와 문제의식으로 보아 한국의 철학 1세대들에게 미친 영향력을 쉽게 짐작해 볼 수 있는데, 박종홍은 특히 하이데거 철학에 빠진 사람이었고 일본인 철학자 가운데에서 미키를 높이 평가했다. 그는 미키가 당시 일본 사상계를 풍미하고 있던 마르크스주의를 하이데거의 존재론적 입장에서 해석하려는 시도에 큰 흥미를 갖고 있었고 이의 영향을 받았으며, 니시다(西田)는 대단치 않게 여기고 오히려 타나베(田邊元)에게서 영향을 받았다고 한다.[58] 박치우의 '위기의 철학' 등에 대한 논의에서도 미키의 영향을 살펴볼 수 있다. 그러나 신남철은 식민지 지식인의 입장에서 미키의 인간학적, 하이데거적인 변증법적 해석에 의한 마르크스주의에 대한 새로운 정초는 역사적 구체성을 무시하였다고 비판하고 있다.[59]

58 이재훈 「晩學·晩婚· 晩成의 大器」, 『스승의 길』, 천지, 1998, 37쪽.

59 신남철, 「불안의 사상의 유형화-三木清씨의 소론을 읽고」, 『역사철학』, 142쪽. 신남철에 대해서는 김재현, 「신남철의 마르크스주의철학 수용과 그 한국적 특징」, 『한국사회철학의 수용과 전개』, 동녘, 2002, 박치우에 대해서는 김재현, 「일제하부

어쨌든 '운동으로서 학문'의 사상적 기초로서 마르크스주의는 아카데미 밖에서 큰 영향을 주었으며 철학계에서는 특히 미키의 영향이 컸던 것으로 파악할 수 있다.

경성제대와 『신흥』

『신흥』은 경성제대에서 첫 졸업생이 배출된 1929년에 경성제국대학 법문학부 출신들이 중심이 되어 창간된 종합학술지로 1937년까지 모두 9권 간행되었다.[60] 편집인 겸 발행인은 배상하, 이강국, 유진오, 장후영, 서재원 등이었고 경제학, 철학, 해외문화동향, 조선학 등에 대한 논문이 주를 이루고 시와 소설도 간혹 실렸다.

『신흥』의 학문적 관심과 지향의 특징이 무엇인가를 간략히 살펴보면 다음과 같다. 첫째, 강한 실천지향성을 갖는다. 『신흥』은 "상아탑적 존재물"(2호, 편집후기, 114쪽)이기를 거부하며 "당면한 현실적 제 문제에 대한 과학적 연구"(7호, 편집후기, 95쪽)를 목표로 한다. 둘째, 내용의 질적 수준에 대한 자부심과 일본의 학술계에 대한 강한 경쟁의식을 갖고 있다. "『신흥』은 그 내용을 가지고 감연히 일본의 학술잡지와 경쟁하랴 한다. 적어도 『신흥』은 일본잡지의 '야끼나오시'(원작의 재탕: 필자 삽입)가 아님"

터 1950년대까지 마르크스주의 수용」, 『한국사회철학의 수용과 전개』, 동녘, 2002; 윤대석, 「아카데미즘과 현실 사이의 긴장-박치우의 삶과 사상」, 『우리말글』36호, 2006; 崔眞碩, 「朴致祐における暴力の豫感-'東亞協同體論の一省察'を中心に」, 『現代思想』2003年3月号 참조.

60 『신흥』에 대한 구체적이고 종합적인 연구로 박광현(2003), 「경성제대와 '신흥'」, 『한국문학연구』(제26집, 2003)가 있다. 이 부분은 『신흥』 영인본과 이 논문을 참고해서 쓰였다.

(2호, 편집후기, 114쪽)을 선포하면서 지知의 독립을 추구하고 있으며 이 잡지를 통해서 참여자들은 국어(=일본어)만으로 표상되었던 아카데미즘의 폐쇄성에 대항하고 그 아카데미즘의 세례를 받은 자신들이야말로 조선어로 표상되는 '학술'을 실현할 수 있다고 믿고 있었다.[61] 셋째, 주체적이고 민족적인 조선연구를 중시하고 있으며, 넷째, 세계관적 지향은 마르크스주의로 기울어져 간다. 특히 이 점은 이강국이 발행자가 되는 제3호(1930.7)부터 신칸트주의 등의 이론철학적 경향은 사라지고 헤겔, 포이어바흐, 마르크스 등에 대한 논문이 대다수를 차지하는 것을 볼 때 잘 알 수 있다.

그런데 『신흥』의 특징이 이렇다 하더라도 경성제대 졸업생들은 학술적으로 일본학계에 의존하면서도 동시에 일본의 주류학계에 대항하여 주체적, 비판적 학문을 하려고 한다는 점에서 학문의 양면성을 나타낸다고 볼 수 있다. 그리고 이러한 양면성은 조선현실의 식민지적 종속이라는 현실적 조건 속에 일본의 좌파진영의 논리를 수용하고 이와 연대의식을 갖는 점에서 잘 나타난다고 볼 수 있다.[62] 이러한 양면성은 당시로서는 불가피한 면이지만 적어도 학술적으로는 "제국주의에 대한 민족주의적 정치성을 드러내는 투쟁의 장"[63]이었음을 인정할 수 있을 것이다.

경성제대 출신의 철학전공자들도 『철학』(1933)이 발행되기 전까지는 『신흥』지에 글을 썼는데 필자들로는 창간호(1929.7)에 권세원(=권국석), 김

61 박광현(2003), 251쪽.
62 박광현(2003), 253쪽.
63 박광현(2003), 256쪽.

계숙, 배상하, 2호(1929.12)에 김계숙, 권국석 3호(1930.7)에 김계숙, 권국석, 고유섭 4호(1931.1)에 김계숙, 고유섭, 안용백 5호(1931.7)에 김계숙, 권직주, 신남철 6호(1931.12)에 신남철, 고유섭 7호(1932.12)에 신남철, 고유섭 8호(1935.5: 조선문제 특집호)에 이진숙(철학과 4회: 심리학전공), 고유섭, 9호(1937.1)에 신남철, 박치우 등이 있다. 또 철학과 출신이 아닌 유진오(필명: 陣伍), 소철인(또는 哲仁), 노영창 등이 유물론 철학의 관점에서 글을 썼다. 초기의 철학 논문들은 대체로 신칸트학파, 니체, 신헤겔주의에 대한 논의 등이었으나 후기로 가면서 신헤겔주의 비판, 마르크스주의와 유물론 등의 철학적 경향을 보이는 것이 특징이라 하겠다.

철학연구회와 『철학』

당시 일본 경찰은 국내의 모든 조직들을 감시하고 내사하여 보고서를 작성해 사상계 검사에게 보고했다. 1932년 6월 14일에 경성동대문경찰서장이 경무국장과 경성지방법원검사 등에게 보낸 보고서 '철학연구회 조직에 관한 건'에서는 회원의 동정, 조직의 동기 및 목적 등에 대해 기록하면서 회원 중에는 고등경찰에서 상당히 주의를 요하는 인물도 있음을 지적하고 있다.

그 개요는 다음과 같다. 소와 7년(1932) 3월 하순 경성대 내 '철학연구실' 관계자 중 신남철, 윤태동(동경제대 철학과 출신, 당시 경성제대 예과 조선어 강사), 이종우, 권세원 등의 젊은 철학자들이 철학연구회 조직에 관한 의견을 교환한 결과 오로지 학문적 연구의 입장에서 연구기관을 조직하는 것으로 의견을 나누고, 그 후 4월 22일 칸트 탄생일을 계기로 회를 조직할 것을 구체화하여, 4월 22일 경성부내 충신동에 있는 윤태동의 집에서 안호상, 윤태동, 신남철, 최현배, 이종우, 권세원, 김두헌 7명이 회합하여 동서의 철학에 관해 각자의 의견을 발표하여 이 학문의 연찬을 위해 노력한다는 목적 하에 '철학연구회'라고 명칭하고 회칙도 정했다. 회원으로는 앞의 7명 외에 김법린, 이관용이 포함되어 있었다.[64]

위 사실을 고려해 볼 때 경성제대 출신인 젊은 실천철학자인 신남철 등이 주동이 되어 당시의 여러 철학자들이 모여서 '철학연구회'를 만들었으며 나중에 박치우, 박종홍 등 여러 사람이 참여했다고 볼 수 있다. '철학연구회'는 회원의 집을 돌며 월례회를 하면서 발표와 토론을 하였는데, 이 모임에는 총독부의 형사가 입회했었다.[65] 그런데 이제까지의 문헌과 연구에서는 '철학연구회'가 1933년에 여러 사람들에 의해 창립된 것으로 알려졌었고 대부분의 연구자들이 1933년을 철학연구회 창립으로 서술하고 있다. 그러나 1932년에 창립되어 1933년에 최초의 철학전문지인 『철학』을 간행하게 된다.

'철학연구회' 이름으로 간행된 『철학』 창간호(1933)에는 박종홍, 권세원(=권국직), 이재훈, 이종우, 안호상, 김두헌, 신남철(번역)의 글이 실렸고, 『철학』 2호(1934)에는 박치우, 박종홍, 이재훈, 신남철, 이종우, 이인기, 안호상, 김두헌의 글이 실렸으며, 3호에는 이인기, 전원배, 이재훈, 갈홍기, 안호상의 글이 실렸다. 이 필자들을 볼 때, 당시의 철학연구자들이 사상적 경향이나 전공과 관계없이 『철학』지에 글을 실었음을 알 수 있다. 『철학』지의 특징을 형식과 내용적 측면에서 보면 형식상의 특징으로 서양철학 일색인 점, 그리고 서양철학을 소개하는 면도 있지만 자신

64 '京東警高秘' 第1007號, 昭和 7年 6月 14日.

65 이재훈, 앞의 글, 39쪽.

의 입장을 강하게 표명하고 있다는 것, 독일철학 관련 논문이 압도적으로 많다는 점이다. 내용상의 특징을 보자면 당시의 시대가 위기의 시대에 있다는 시대인식과 인간학적 태도가 두드러진다는 것, 그리고 실천을 매우 강조하고 있으며 변증법을 선호하고 있다는 점이다.[66]

그런데 3호까지 발행된 이 철학전문 학술지는 1936년 11월 발행인이었던 이재훈이 경찰조사를 받고 나온 후 더 이상 간행되지 않게 된다. 『철학』이 3호로 폐간되면서 '철학연구회'의 활동이 중단되고 경성제대 철학연구실에서 열리는 '철학담화회'로 논의의 장이 옮겨지면서 주제는 순수철학으로 바뀐다.[67] 신남철과 박치우는 여기에 참가하지 않은 것으로 보아 이때부터 순수 철학적인 논의로부터 멀어진 것으로 추측된다. 박치우는 「아카데믹 철학을 나오며」(조광』 1936.1)에서 다음과 같이 고백한다.

> … 사실 나에게 있어서는 철학이란 무엇이냐 라는 이 '스콜라틱'한 문제보다 '오늘 이 땅 우리에게 있어서 철학은 마땅히 어떠한 책임을 분담할 것인가'라는 문제가 백배나 긴급하고도 중요한 문제 … 너무나 '아카데믹'한 너무나 학적인 철학만을 위한 철학의 울타리를 겨우 빠져나온 나에게는 … '실천'의 구조를 밝히는 사이에 … '시간'과 '공간'이라는 새로운 난문 … 마침내 '역사'라는 크나큰 난관에 봉착 … 어느 것을 막론하고 다같이 '변증법적 방법'에 의해서만 해명될 수 있을 그러한 문제들이라고 확신하였습니다.

66 이병수, 『열암 박종홍의 철학사상』, 한국학술정보(주), 2005. 91쪽.

67 '철학담화회'에 대해서는 이병수, 「1930년대 서양철학 수용에 나타난 철학1세대의 철학함의 특징과 이론적 영향」, 한국철학사상연구회, 『시대와 철학』제17권2호, 2006, 여름, 89-91쪽 참조.

당시의 여러 가지 시대적 상황을 고려한다면 이 정도 표현도 상당한 용기와 실존적 결단을 요구하는 것이라 할 수 있을 것이다.

맺는말

이제까지 경성제국대학 철학과를 중심으로 근대적 학문으로서 철학이 어떻게 수용, 형성되었으며 그 특징이 무엇인가를 살펴보았다. 본문의 논의를 몇 가지만 정리하자면, 우선 경성제대연구는 근대성과 식민성의 관계를 구체적으로 해명하는 데에 중요하며 따라서 이제까지 식민지 연구의 이분법적인 논리, 가해자와 피해자(또는 친일과 반일)라는 논리로는 해명되기 어려운 점이 있다는 것을 전제로 하고, 일제강점기 사상사를 이해하기 위해서 감시와 검열의 문제를 고려해야 함을 밝혔다. 철학연구회의 모임이나 철학연구실의 토론도 늘 감시를 받았으며 『신흥』이나 『철학』을 발간할 경우도 자기검열을 함과 동시에 일제로부터 검열을 받을 수밖에 없었다. 그리고 경성제대 철학과의 학술경향을 이해하기 위해 일본의 식민정책과 철학사상계에 대한 이해가 매우 중요함을 다루었다.

일본에서 1920년대는 철학이 '교양'과 더불어 '철학연구'의 황금시대가 된 '교양주의'의 시대였는데 '교양주의'는 독일 이상주의에 뿌리내린 '문화주의', '인격주의'와 불가분의 것이었다. 또한 칸트연구를 기초로 후설의 현상학, 딜타이·짐멜 등의 생의 철학, 하이데거·셸러 등의 실존철학이 도입, 연구되었고, 또 1930년대는 헤겔 부흥과 함께 하이데거 연구가 큰 조류가 되었다. 동시에 1920년대 후반부터 마르크스주의가 일본의 아카데미를 뒤흔들게 된다. 미키 키요시(三木清)는 마르크스주의에 대한 인간학적 해석을 통해 이데올로기의 문제 등 여러 문제를 해명하고 또 현실 속에서 실천함으로써 당시 일본 철학계와 지성계에 큰 영향을 미쳤고 조선의 지식인들과 철학자들에게도 큰 영향을 미쳤다.

경성제대 철학과 교수들은 대체로 자유주의적 경향의 아카데믹한 학자들이었고 대학관도 정통적 대학관과 차이가 났다. 경성제대 철학과의 교수들, 교과과정, 학생들의 상황, 졸업논문 등을 밝힘으로써 당시 경성제대 철학과의 학문적 경향과 분위기를 파악할 수 있었다. 그리고 아카데미 내의 상황만이 아니라 경성제대 졸업생들의 학술운동, 학회 활동 등을 고찰함으로써 '제도로서의 학문'과 '운동으로서의 학문'의 관계를 어느 정도 파악할 수 있었다.

서구철학을 직접 이해하고 번역할 수 있는 능력이 없는 상태에서 일제강점기 경성제대의 철학과의 설립과 이 이후 늘어난 철학연구자들의 활동이 한국에서 근대적 학문으로서 철학이 형성되는 중요한 계기가 되었다. 하지만 이 과정에서 한편으로 일본의 식민지정책과 일본 내의 철학사상과 일본인들의 학문방식(학문분야, 글쓰기 방식, 학문제도, 교육제도 등)에서 크게 영향을 받았다는 것을 알 수 있고, 다른 한편으로 이러한 영향하에서도 식민지 지식인으로서 '주체적 철학함'의 모습을 다양한 측면에서 볼 수 있었다.

6장

철학의 제도화: 식민지 시대와 해방 직후의 연속성과 단절

시작하는 말

19세기 후반 이후 근대적 성격의 서구학문이 유입되기 시작한 지 이제 100년이 넘으면서 서구학문의 수용역사와 창조적 변형에 대한 연구가 최근 활발해지고 있는 것 같다. 이러한 관심의 하나로 각 학문들이 구체적 현실 속에서 어떻게 제도회되었는가에 대한 연구의 일환으로 한국에서 철학이 제도화되는 과정을 살피는 것이 이 장章의 목적이다.

그런데 근대학문의 수용과 제도화는 지식을 생산·관리·통제하는 제도로서 교육기관을 통해서 주로 이루어지므로 전문학교와 대학을 고찰해야 한다. 우리의 경우 20세기 초부터 전문학교가 생겨났지만 일제강점기에 들어가면서 자생적 대학 발전의 길은 막혔고 식민지 대학으로서 경성제국대학이 만들어지면서 서양학문이 본격적으로 수용되는 과정을 거쳤다고 볼 수 있다.

이 글에서는 일제 식민지시대에 철학이 어떻게 제도화됐으며, 해방 직후와 미군정을 거치고 또 분단된 형태의 국민국가가 만들어지는 과정에서 그리고 전쟁을 거치면서 근대적 학문으로서 철학이 어떻게 제도화되었는가를 살펴보고자 한다.

일제강점기 경성제국대학의 식민지적, 근대적 유산이 해방 후에도 제도적, 인적 측면이 부분적으로 온존·유지되면서 동시에 미국에 의해 재편되었다는 점은 우리나라의 철학의 제도화 과정에서 간과할 수 없는 중요한 문제이다. 식민성과 근대성이 맺고 있는 복합적이고 중층적인 관계 즉 식민지 학지學知의 연속성과 단절의 문제가 어떻게 제도 속에서 드러나는가를 학제와 인맥, 문헌 등을 중심으로 살펴보고자 한다. 먼저 일제강점기 전문대학과 해외에서 유학한 철학자들을 고찰하고, 다음으로 경성제국대학의 설립과 철학과의 특성을 살핀 후, 일제강점기의 철학 학술활동과 철학연구회, 또 해방 후, 분단과 전쟁을 거치면서 철학이 제도화되는 과정을 살핀 후, 마지막으로 식민지 시대와 해방 후의 한국 철학계의 연속과 단절의 문제를 정리하고자 한다.

일제강점기 전문대학과 해외에서 유학한 철학자들

평양지역의 숭실학당은 1905년에 대학부를 개설하고, 1908년에 연합숭실대학으로 바뀌면서 통감부의 학부學部로부터 대학인가를 받아 한국 최초의 대학이 되었다. 1910년까지 인가된 관립학교나 공립, 도립학교는 대부분 실업계 학교였다.[1] 배재학당은 1895년에 '대학부'를 설치했는데 이 학당은 컬리지(Pai Chai College) 내지 컬리지 과정(a regular college course)을 갖고 있었던 것으로 소개된다. 여기서는 영어과에서는 영어, 역사, 산수, 화학, 물리 등을 한문과에서는 중국고전이나 쉐필드의 『만국사(漢譯)』 등 일반 교양과목을 가르치고 있었고, 대학부에서는 미국서 공부한 서재필이 지리학, 유럽정치사, 교회사 등을 강의하였다.[2] 이화학당에서도 1910년 '대학과'를 설치하고 15명의 학생을 중심으로 한국 최초의 여자대학교육이 시작되었다.

기독교계 사학 설립자의 다수는 미국 중서부의 소규모 종파 컬리지(small denominational college)를 모델로 학교를 설립하는 경우가 많았으며 따라서 교육내용도 어느 정도 한정되어 있었다. 그러나 한국사회가 크게 변

1 馬越徹/한용진 옮김, 『한국근대대학의 성립과 전개』, 교육과학사, 2001, 25-26쪽.
2 같은 책, 73쪽.

하면서 일반교육과목이 컬리지 교육 속에 도입되자 기독교도가 아닌 일반 학생의 입학도 허가되었다. 뒤이어 기독교계 사학은 이른바 자유교양컬리지(liberal arts college)를 모델로 하여 그 조직과 형태를 정비했다.[3]

경성제국대학이 생기기 이전에 이미 일본이나 유럽, 미국으로 나가 철학을 공부한 사람들이 있었다. 이들은 귀국한 후 언론사 등에서 활동하거나 전문대학에서 교편을 잡으면서 철학, 심리학, 논리학, 영어, 윤리학 등의 교양과목을 가르쳤다.

철학 분야에서의 최초의 해외 유학생으로 알려진 김중세는 1908년 일본에 갔다가 일본 학자들이 독일철학자들의 말을 전달하거나 소개하는 것을 보고 다음 해에 독일 베를린 대학으로 갔다. 김중세는 1923년 라이프치히 대학에서 고전학으로 박사학위를 받고 귀국하여 경성제대에서 고전어 강의를 했다. 박종홍은 1931년 김중세에게 그리스어와 플라톤철학을 배웠다고 한다.

최두선(1894-1974)은 일본 와세다대학 철학과를 1917년 졸업했다. 그는 귀국하여 중앙학교에 교사로 재직하다 1922년 철학공부를 계속 하기 위해 독일로 가서 마르부르크대학과 베를린대학에서 공부했다. 그가 귀국길에 가져온 100여 권의 독일철학서는 보성전문학교에 기증되어 서양철학에 대한 관심을 불러일으키는데 큰 자극제가 되었다.[4] 이광수(1892-1951)도 1915년에 일본 와세다대학 예과에 들어가 그 후 약 2년간

---

3 같은 책, 76-77쪽. 기독교계 사학이 한국교육에 끼친 영향에 대해서는 같은 책, 77-78, 86-87쪽 참조. 한국기독교의 근대사학의 계보에 대해서는 같은 책, 79쪽 '그림 2-1' 참조.

4 조요한, 「한국에 있어서의 서양철학연구의 어제와 오늘」, 숭전대학교철학회, 『사색』 제1호, 1972. 18쪽.

철학공부를 했다. 이관용(1891-1933)은 1913년 영국, 프랑스에서 공부하고 1917년부터 스위스 취리히 대학에서 철학을 연구하여 1921년에 철학박사 학위를 취득한 후 1923년에 한국으로 돌아와 연희전문학교 교수가 되어 논리학, 심리학, 철학을 강의했다. 고려대학의 교수였던 박희성 박사가 이 강의를 들었다고 한다. 언론활동과 민족운동을 전개한 이관용은 신간회 멤버로 활동하다가 1933년 불의의 사고로 죽었다.[5]

또 1920년대에는 프랑스의 파리대학 철학과에 정석해, 김법린, 이정섭 등이 유학했으며 정석해는 유럽의 여러 대학에서 공부한 뒤 귀국했지만 해방이 되어서야 연희전문학교 교수가 된다. 최현배는 경도제대 철학과를 졸업하고 1926년에 귀국하여 연희전문학교 교수가 되었고 이화여전 겸임교수도 한다.

1926년에는 동경제대 철학과를 졸업한 채필근이 평양 숭실전문학교 교수로 취임했고, 역시 동경제대 철학과 출신인 윤태동은 경성제대 예과의 강사가 됐으며, 입교立敎대학 철학과를 졸업한 이재훈도 귀국하여 이화여전에서 윤리학 강의를 담당했다. 1929년에는 동경제대 철학과를 졸업한 김두헌이 이화여전의 심리학 강의를 담당했으며 다음 해에 혜화전문학교 교수로 옮겨갔다.[6] 1928년 미국의 남캘리포니아 대학에서 철학박사 학위를 받고 귀국한 한치진(1901-?)은 협성신학교에서 영어, 논리학, 철학, 심리학 등을 가르치다가 1932년 이화여전 교수로 옮겨 논리학, 철학, 사회학 등을 가르쳤다. 그는 귀국 후 부터 서울에서 철학연구사哲學研究社를 차려 정력적인 저술활동을 시작하여 당시 철학이

5 윤선자, 「이관용의 생애와 민족운동」, 한국근현대사학회, 『한국근현대사연구』, 2004, 가을 참조.

6 이광래, 『한국의 서양사상수용사』, 열린책들, 2003, 266쪽.

다루는 거의 모든 분야에 걸친 개설서를 집필, 간행했다. 특히, 당시 미국학계에서 성행하던 고전철학 및 실용주의철학의 신조류와 서구의 사회학과 심리학을 국내에 소개하는 데 노력을 기울였다. 1936년 이화여전 교수직을 사임한 다음 1939년 일본에 건너가 와세다(早稻田)대학에서 연구하면서 일본어로 『人格心理學原論』을 출판하였다. 일제 말에는 일본이 패전할 것이라는 말을 하다가 체포되어 1년간 징역을 살고 해방 직후 출감했다.[7] 갈홍기(1906~1989)는 1934년에 시카고 대학에서 철학박사 학위를 받고 귀국하여 연희전문 교수가 된다. 그는 1943년 11월 함경도에서 열린 종교보국회에서 기독교계 대표로 학병지원을 유세하기도 다. 박희성(1901~1988)은 1937년에 미시간대학에서 철학박사 학위를 받고 귀국했지만 1938년에 보성전문에서 강사로 심리학과 영어를 강의하게 된다.[8] 안호상(1902~1999)은 1929년 독일 예나대학에서 박사학위를 받고 귀국하여 1932년에 보성전문학교 교수가 되었고, 이종우(1903~1974)도 경도제대 철학과를 졸업하고 귀국하여 숙명여전의 교수가 되었다가 몇 해 뒤 보성전문학교으로 자리를 옮긴다. 1933년에 동경제대 철학과를 졸업한 이인기가 귀국하여 이화여전 교수가 되었고, 1933년에는 와세다 대학 사학과 출신의 현상윤이 귀국하여 보성전문에서 윤리학을 담당하면서 철학의 안호상, 콜롬비아대 출신 교육학 교수인 오천석 등과 함께 '보전학회'를 조직하였다. 경도제대 철학과 출신인 전원배는 1934년 귀국하여 협성신학교의 교수가 되었고, 1937년에는 와세다대학 철학과를 졸업한 손명현이 귀국하여 국내의 철학활동에 참여하게 된다.

7 한치진에 대한 상세한 연구는 홍정완, 「일제하-해방 후 한치진의 학문체계 정립과 민주주의론」, 『역사문제연구』 제4호, 2010. 참조.

8 박희성, 『회의와 진리』, 삼익문화사, 1989, 232쪽.

일제강점기 여러 전문대학에서 개설된 철학관계 교과목은 철학개론, 논리학, 윤리학, 심리학, 사회학, 교육학 등이었고 해외에서 연구하고 돌아온 사람들이 맡은 철학관련 강의도 대체로 이런 것들이었다.[9]

민간인계 사학을 대표하는 보성전문학교는 1921년에 재단법인 설립에 의해 1922년 정식으로 전문학교로 인가되었지만 경영난을 겪고 있다가 1931년에 김성수가 경영인수를 하고 1932년에 교장으로 취임함으로써 민족 최고학부의 형태를 갖추게 된다. 특히 1932년에 신진 학자인 김광진, 오천석, 유진오, 최용달, 안호상, 현상윤, 박극채를 교수로 기용한 것은 관학인 경성제대에 대항하기 위해 보전의 학술수준을 올릴 필요가 있다고 생각한 때문이다. 보성전문학교는 문과가 없고 법과와 상과만으로 구성되었지만 앞에서 언급한 철학전공 교수들이 있었다.

1934년에 『보전학회논집』이 창간되었는데 브라운대학에서 영문학을 전공하고 돌아와 보성전문학교에서 영어영문학과 경제학, 논리학을 강의해 온 백상규(1883~1955)가 편집인으로 활동했으며, 『보전학회논집』(1934. 1집, 1935. 2집, 1937. 3집)에 참여한 철학, 사상, 법학 분야 교수로는 최두선, 백상규, 안호상, 현상윤, 오천석, 박승빈(1880~1943), 최정우(1907~1968), 유진오 등 대부분 한국인이었고 김병로도 논문집에 투고했다. 보성전문학교는 민립대학 건설의 일환으로 만들어진 것으로 민족적 대학모델이라 할 수 있고, 민족적인 전통을 유지하기 위해 여러 가지 활동을 했지만 일제의 방해로 해방 후에 비로소 4년제 대학으로 발전할 수 있었다.

1915년에 경신학교 대학부라는 명칭으로 연희전문학교가 개교하였

9 일제세대 전문학교의 철학교육과 경성제국대학, 해방 후 서울대학교의 철학교육에 대해서는 이기상, 『서양철학의 수용과 한국철학의 모색』, 지식산업사, 2002, 41~54쪽 참조.

는데, 연희전문학교의 논리학 강의는 보성전문학교의 백상규 교수가 담당했다. 1918년 백상규 교수의 논리학 강의를 수강한 3명의 학생 가운데 한 사람이 정석해 박사이다.[10] 일제세대의 연희전문학교 교수로는 최현배, 갈홍기, 김두헌, 박상현, 정석해 등이 있었다. 연희전문학교, 숭실전문학교, 이화여자전문학교에 문과가 설치되어 있었으며 이화여전 교수로는 이인기, 박종홍, 한치진이 있었고 혜화전문학교(동국대 전신) 교수로는 김두헌(동경제대 철학과), 백성욱(독일 뷔르츠부르크대학에서 불교철학 공부) 등이 있었다.

경성제국대학의 설립과 철학과의 특성

조선에서는 19세기 후반부터 서양학문, 서양철학이 조금씩 수용되었지만 서양철학의 본격적인 수용과 제도화는 경성제국대학의 설립(1924년)을 통해 시작된다고 볼 수 있다. 경성제대는 한국 최초의 4년제 대학으로서 근대적 학문이 시작된 곳이지만 동시에 일제강점기 식민정책의 일환으로서 형성된 식민지형 모델의 대학이라는 점에서 독특한 위치를 갖는다. 삭제 경성제국대학의 설립으로 식민지 조선의 고등교육은 식민지 엘리트 양성을 위한 경성제국대학과 기술 인력 양성을 위한 전문대학 체제로 이원화된다.[11]

철학이 근대적 학문으로서 제도화되는 과정을 파악하기 위해서는

10 조요한, 앞의 글, 18쪽; 서산정석해간행위원회편, 『서산 정석해 그 인간과 사상』, 연세대학교출판부, 1989, 21·24쪽.

11 이길상, 『20세기 한국교육사』, 집문당, 2007, 74쪽.

경성제국대학에서 서양철학이 어떻게 수용되었는가를 제도적, 인적 차원과 학문적 차원에서 살펴볼 필요가 있으며 그 전제로서 경성제국대학의 설립과 그 기본 성격에 대한 이해가 필요하다.[12]

경성제국대학의 설립과정

경성제국대학의 성립요인으로는 첫째, 무엇보다도 조선총독부의 정책 전환이다. 1922년 개정 조선교육령에서 조선에도 대학성립의 길을 여는 법적 조치를 취한 것이다. 둘째, 이러한 총독부의 새로운 정책은 3·1 독립운동 후에 조선인의 교육열에 대한 대응책으로서 생겨난 것도 있지만 당시 일본에서 진행되고 있던 교육제도의 개혁, 특히 1918년의 '대학령'의 제정에 의한 고등교육의 재편성과 그것에 기초한 대학을 중심으로 하는 고등교육기관의 확장계획에 호응한 것이었다. 셋째, 사이또(齋藤實) 총독의 소위 '문화정책' 아래에서 조선인의 교육적 에너지가 폭발한 것이다. 고등교육분야에 관해서 말하면 사립전문학교의 대학승격운동이나 조선인 자신의 손으로 민족대학을 새롭게 설립하려고 하는 민립대학 설립운동 등을 들 수 있다. 또한 해외 유학생이 급격히 늘어난 것도 교육열이 높아졌음을 보여주는 것이었다. 넷째, 재조선 일본인의 고등교육기관 설립에의 요구를 들 수 있을 것이다.[13]

경성제국대학의 목적과 성격은 제국의 대학령 제1조의 이념인 "국

12 이하의 경성제국대학에 대한 논의는 필자의 글 「한국에서 근대적 학문으로서 철학의 형성과 그 특징. 경성제국대학 철학과를 중심으로」(『시대와 철학』, 2007.가을 제18권3호)의 내용 주 일부를 다시 게재하면서 요약한 것도 있고, 또 새로 추가한 부분도 있다.

13 馬越徹, 앞의 책, 103쪽.

가가 필요로 하는 학술의 이론 및 응용을 교수하며 동시에 그 온오蘊奧를 공구攻究한다."는 '국가를 위한 학문관'이 그대로 반영되며 특히 대학령 1조 뒷부분에 "인격의 도야 및 국가사상의 함양에 유의하여야 한다."는 이념은 일본보다 강한 형태로 조선에 강요된다. 핫도리 우노키치(服部宇之吉) 초대 총장은 1926년 5월 1일 학부개설의 시업식 훈시에서 "국가의 기초를 동요시키고 국가의 존립을 위태롭게 하는 연구는 허용할 수 없다."라고 선언했다.[14]

그리고 경성제대의 중요한 사명으로 '동양문화의 연구'를 제시하면서 "한편으로 지나(중국)와의 관계 또 한편으로는 내지內地와의 관계로 널리 여러 방면에 걸쳐 조선연구를 행하고 동양문화 연구의 권위가 된다고 하는 것이 본 대학의 사명이라고 믿고 있다. 능히 이 사명을 수행하려면 일본정신을 원동력으로 하여 일신日新의 학술을 이기利器로 하여 나아가지 않으면 안된다."[15]고 말하고 있다. "경성제국대학은 교육이나 연구뿐만이 아니라 학생생활 면에서도 일본식을 그대로 조선에 갖고 들어왔다. 예과는 구제舊制 고등학교 학생문화를, 또 학부의 각종 활동도 일본 내 제국대학을 모델로 한 것이었다."[16]

정규영에 따르면 경성제국대학의 공식적이고 정통적인 이념은 이미 살펴 본 '국가를 위한 학문'과 '동양문화의 연구'를 사명으로 하는 것이었지만 대학 내에는 다른 대학관을 가진 자유주의적 학자들도 제법 있었다. 이들은 식민지 대학의 정통적인 관점과 다르게 서양지향적인

14 馬越徹, 같은 책, 125~126쪽.

15 정선이, 『경성제국대학연구』, 문음사, 2002, 112쪽.

16 馬越徹, 앞의 책, 158쪽.

학술적 대학관, 또는 보편적인 학문연구기관으로서 대학관을 갖고 있었으므로 경성제대 내에서 성향이 다른 교수들 사이에 약간의 긴장이나 갈등이 있었다고 볼 수 있다.[17] 특히 학문의 성격상 직접적으로 국가사상이나 정책과 관계되든가 조선에 대한 식민지 지배를 위한 '조선연구' 또는 제국의 정책을 뒷받침하는 '동양문화연구'의 분야가 아닌 경우는 대체로 자유주의적이고 교양주의적인 분위기가 있었으며 더 나아가서는 식민지 지배에 비판적인 좌파 교수들도 있었다.

철학과의 특성과 교수진

1926년에 설치된 경성제대 법문학부는 법학, 문학, 사학, 철학과로 구성되었으며 철학과 안에는 철학·철학사, 윤리학, 심리학, 종교학·종교사, 미학·미술사, 교육학, 지나(중국)철학, 사회학으로 전공이 나뉘어져 있었다.

철학과의 경우는 경성제국대학의 역할에 대한 초대총장의 견해인 정통적 대학관과 약간 차이가 난다. 경성제대 철학과의 대표적 교수라 할 수 있는 아베 요시시게(安倍能成)는 자유주의적 학자로서 그는 경성제국대학이 학문의 연구를 목적으로 하는 본래의 성질상 이미 국제적이며 또한 동양문화의 자각을 위해서도 서양문화의 이해가 필요하다고 주장하면서 유럽연구의 중요성을 강조하고 있다.

17 정규영(1995), 『京城帝國大學に見る戰前日本の高等教育と國家』, 東京大學大學院 教育學研究科 博士學位請求論文, 제2장1절 대학이념 참조.

> 아베의 경성제국대학관은 정통적인 대학상像인 일본중심주의나 동양문화중심주의와는 명확히 구별된다. 그는 정통적인 대학인처럼 대학령 제1조에서 대학의 본질을 추론하지 않고 어디까지나 보편적인 학문연구의 기관으로서 대학의 정신을 주창했다. 이러한 보편주의적인 대학이념은 마침내 1930년대 후반 천황숭배주의운동 가운데에서 그의 비정통성이 추궁되는 운명을 맞는다.[18]

철학과의 교수들 중 서양철학을 전공한 교수들은 대체로 아베의 입장과 비슷한 입장이었다고 생각할 수 있는데 이는 당시 경성제대 철학과를 다닌 사람들의 회고나 다른 전공의 사람들의 회고(유진오의 회고 등)를 통해서도 확인된다. 당시 경성제대 철학과의 교수들은 다음과 같다. 우선 철학·철학사 제1강좌를 맡은 아베 요시시게는 서양철학사, 칸트, 스피노자에 관한 연구와 강의를 했으며 헤겔연구회를 만들어 법철학 등의 여러 문제들도 연구하고 토론했다. 철학·철학사 제2강좌를 맡은 미야모토 카즈요시(宮本和吉)는 주로 철학개론, 서양철학사, 인식론, 독일관념론 등을 강의했으며 칸트의 『순수이성비판』을 5년간 번역하면서 강독했으며 박종홍의 지도교수였다. 제2대 철학·철학사 제1강좌를 맡은 다나베 쥬우조우(田邊重三)는 서양근세철학사, 브렌타노, 훗설의 현상학, 하이데거의 『존재와 시간』 등을 강독했다. 심리학 전공에 하야미 히로시(速水滉) 등이, 윤리학 전공에 시라이 시게타다(白井成允), 미학전공에 우에

18 정규영, 앞의 책, 78쪽, 290~291쪽. 구체적인 내용은 京城帝國大學創立五十周年記念編輯委員會, 『紺碧遙かに』(이 제목은 경성제대 공식 교가 1절 처음의 '푸른 하늘 저멀리'의 일본어 표현이다. 그런데 조선인 학생들은 한글로 따로 교가를 만들어 불렀다고 한다. 이충우, 『경성제국대학』, 다락원, 1980, 168~169쪽), 京城帝國大學同窓會, 1974年, 114~115쪽.

노 나오아끼(上野直昭)와 타나까 토요조우(田中豊藏), 중국철학 전공에 후지쯔까(藤塚鱗) 등, 종교학 종교사 전공에 아카마츠 지죠(赤松智城), 교육학에 마츠즈기 히데오(松月秀雄) 등이 있었다.[19]

경성제대 철학과 교수들은 모두 동경제대 출신으로 대부분 경성제대에 부임 직전 또는 부임 후에 국가에서 지원하는 재외연구원 자격으로 2~3년 동안 서구에 유학한 경험을 갖고 있었으며 따라서 이들은 최첨단 서구 근대학문으로 무장한 동경제대 관학아카데미즘의 정통파 학자들이라고 볼 수 있다. 이들 중 특히 아베(安培能成), 우에노(上野直昭), 하야미(速水滉), 미야모토(宮本和吉)는 '암파철학총서' 그룹의 일원으로서 당시 일본에서도 이름 있는 중견 철학자들이었으며 경성제대에서도 관록 있는 교수로 인정받았다.[20] 또 이들은 경성제국 설립 당시부터 총독부 중심의 대학이념을 비판하고 자율성과 대학자치, 연구본위의 대학이념을 제기함으로써 제국대학 특유의 자치지향문화가 활성화되는데 크게 기여했다.[21]

경성제대 법문학부 예과에는 수신修身, 철학개설, 윤리교과가 철학 관련 교양교과목으로 개설되어 있었고, 본과에는 강좌제의 실시에 따라 철학전공 안에 철학·철학사, 윤리학, 심리학, 종교학·종교사, 미학·미술사, 교육학, 지나(중국)철학, 사회학으로 전공이 나뉘어져 있었다. 철학은 서양철학 강좌 위주였다. 이러한 강좌제 아래서는 전문적 연구를

19 이들의 구체적인 경력이나 연구경향에 대해서는 김재현, 「한국에서 근대적 학문으로서 철학의 형성과 그 특징: 경성제국대학 철학과를 중심으로」, 『시대와 철학』, 2007, 가을(제18권3호)와 정준영, 『경성제국대학과 식민지 헤게모니』, 서울대학교 대학원 사회학과, 박사논문, 2009.8. 부록 참조.

20 이충우, 앞의 책, 108쪽.

21 정준영, 앞의 논문, 150쪽.

중시하므로 대체로 강좌 수보다 교수 수가 많으며 철학과 학생 수가 교수 수보다 적은 경우가 많았다. 극단적으로 수강하는 학생이 전혀 없어도 강좌의 책임을 맡은 교수의 지위는 안정적으로 유지되었다.[22]

철학·철학사 전공의 경우 1935년 이전까지는 이수단위가 19단위였다. 이 때 한 단위는 1주에 2-4시간, 1년간 수업을 듣고 시험에 합격해야 인정되는 것이다. 이수과목으로는 철학개론(1), 서양철학사개설(2) 논리학·인식론(1), 철학연습(3), 철학특수강의(2), 철학과에 속하는 과목 중 특별히 정하는 것과 희랍어 또는 라틴어 과목 포함(8), 사학과, 문학과 또는 법학과에 속하는 과목(2)으로 모두 19단위였다.[23] 그러나 1935년 이후는 강좌제와 교과과정이 강화되면서 철학과 공통과목 9단위와 그 외 전공과목 13단위를 이수하게 되어 이수단위가 3단위 증가했고, 동일학과 내 타 전공과목 이수를 의무화하던 것이 바뀌었고 특히 이전에 없던 과목인 '일본도덕사'가 '윤리학보통강의' 안에 포함되게 된다.[24]

재학생, 졸업생

경성제대의 학생 중 조선인 학생의 비율은 대체로 3분의 1 정도였는데, 그 이유는 경성제대 예과에 입학하기 위한 수험자격 조건의 차이도 있었지만 "조선인 지원자에 대하여는 경찰에 의해 ①본인 및 가정의 사상경향, ②3·1 독립운동과의 관계 유무, ③재정 및 성향 등에 관한 신분조

22 이준식, 「일제강점기의 대학제도와 학문체계-경성제대 조선어문학과를 중심으로」, 『사회와 역사』 제61집, 2002, 193쪽.

23 경성제대 철학과에서 1930년도에 개설된 강의에 대해서는 이기상, 앞의 책, 45-47쪽 참조.

24 정규영, 앞의 책, 95-96쪽.

사가 실시되었다고 한다. 이를 '동아일보'에서는 조선인 지원자에 대한 당국의 압력이라 보고 '기괴한 교경敎警일치'라고 비난하였다"[25]

법문학부 1회 졸업식이 행해진 1929년 이후 1941년까지의 경성제대의 졸업생 총수는 1,588명(조선인 533명-33.6%, 일본인 1,055명-66.4%)이었다. 조선인 학생의 경우 법문학부 졸업자의 비율이 상대적으로 높았으며(823명 중 335명-40.7%) 다시 조선인의 전공별 졸업생 수를 보면 법학과가 479명(40.9%), 철학과가 81명(58.0%), 사학과가 77명(35.0%), 문학과가 186명(34.9%)이었다. 여기서 특히 철학과에 조선인 학생 수가 일본인 학생수보다 많은 것을 볼 수 있다.[26]

법학과 학생이 많은 이유는 1934년에 예과 3년제를 실시하면서 학부 진학에서 문과 갑류(법학계; 법학과)와 을류(문학계; 철학과, 사학과, 문학과)를 구분하던 제도를 철폐하자 조선인 학생들 대부분이 법학과로 몰렸기 때문이다. 예를 들어 1934년에 예과 11회로 조선인으로 입학한 문과 갑류 16명, 문과 을류 16명 중 11명이 문학계(문학, 사학, 철학)를 선택했고 21명이 법학과를 선택했는데 공교롭게도 문학계를 선택한 전원이 모두 북한으로 올라간 것으로 나타난다. 당시에 경성제대 출신은 사회주의자 아니면 출세주의자라는 극단적 인식이 널리 퍼져있었다는 것을 증명해 주는 것 같다.[27] 예과 14회(1937년 입학)의 경우 문과 갑류 12명, 을류 15명 중 김규

25 馬越徹, 앞의 책, 138쪽.

26 정규영, 앞의 책, 16쪽.

27 임영태 ,「혁명적 지식인 김태준」, 『사회와 사상』 창간호, 한길사, 1988. 물론 사회주의자도 아니고 출세주의자도 아닌 순수한 학문(철학)에로 나가는 경우도 있었다. 해방 후 한국 철학계에 주도적인 역할을 한 사람들은 대체로 소극적으로 저항하면서도 동화되는 중간적인 사람들이 많았다고 볼 수 있다. 윤명로, 「철학에 입문하기까지의 인생 역정의 자기 소묘」, 『한국철학회 50년-역대 회장의 회고와 전망』, 철학과 현실사, 2003.

영이 철학과를 택했고, 1명이 사학과, 다른 1명이 문학과를 택하고 나머지는 모두 법학과를 택했다. 예과 15회(1938년 입학)의 경우는 문과 갑류 15명과 을류 19명 총 34명 중 배종호(서양철학 전공)를 제외한 전원이 법학과를 택했다. 이때는 철학과의 경우 교수 수가 학생 수보다 많았다고 한다.

철학과의 졸업논문은 교수의 지도로 쓰였는데, 김계숙(철학과 1회)은 「헤르만 코헨의 순수논리학」, 권세원(1회, 필명 권국석)은 「볼차노의 현상학 원류」를 썼다. 신남철(3회)의 졸업논문은 「브렌타노에 있어서 표향적 대상과 의식과의 관계에 대하여」이며 박치우(5회)의 졸업논문은 「니콜라이 하르트만의 존재론에 대하여」이다.[28] 고형곤(5회)은 「쉘링은 어떻게 피히테를 넘어섰는가?」(1933)라는 졸업논문을 썼다.

당시 일본이나 조선을 막론하고 신칸트학파에 이어 후설의 현상학과 하이데거의 존재론이 학생들을 사로잡고 있었다. 박종홍의 학부 졸업논문은 「하이데거에 있어서 조르게Sorge에 대하여」(1933.1)이며 당시 일본의 저명한 학술지인 『이상理想』(1935 4월호)의 '하이데거 특집'에 「하이데거에 있어서 지평의 문제」를 싣는다. 최재희는 「소크라테스에 있어서의 선善의 규정」이라는 졸업논문을 썼다.

앞에서 살펴본 경성제대 교수들의 연구와 강의 내용과 신남철, 박치우, 박종홍 등 졸업생들의 논문을 보면 당시 경성제대 철학과의 교수내용과 철학적 지향을 대강 알 수 있다. 그것은 데카르트를 시작으로 하는 서양근세철학사, 칸트철학에 대한 지속적이고 깊은 연구, 신칸트학파에 대한 연구, 칸트 이후의 브렌타노, 후설 등의 현상학적 흐름, 하르트

28 신남철과 박치우의 졸업논문이 이들 철학사상에 미친 영향에 대해서는 손정수, 「신남철·박치우의 사상과 그 해석에 작용하는 경성제국대학이라는 장」, 『한국학연구』 제14집, 2005, 193~196쪽.

만, 하이데거에 이르는 존재론 등이 매우 중요한 경향임을 알 수 있다. 그리고 위 3인은 철학과의 이러한 아카데미적 경향을 한편으로 충실히 따라가면서 연구했으며 그 결과 경성제대 법문학부의 조수助手를 하기도 했다.[29] 그러나 이들 조선인 철학자들은 순전히 아카데믹한 것에만 빠져있었던 것은 아니다.

『철학논구』(1973)에 따르면 1929년부터 1945년 사이의 철학과 졸업생은 44명으로 이들 중 상당수가 해방 후 철학자 또는 철학교수로서 활동을 한다.[30] 경성제대 철학과 철학전공 졸업생으로 철학계에서 활동한 것으로 알려져 있는 사람들은 다음과 같다. 1회(1929년 3월 졸업)에 김계숙, 권세원, 배상하, 박동일, 조용욱 2회에 안용백, 김형철, 염정권, 고유섭 3회에 권직주, 정인택, 신남철 4회에 원흥균, 민태식 5회에 고형곤, 박종홍, 박치우, 이갑섭 6,7,회는 한국 학생이 없으며 8회(1936.3월 졸업)에 구본명, 박의현 9회에 서정서, 김영기 10회에 최재희, 이근우 11회에 김용배 15회에 김규영, 오홍석 16회에 배종호 17회에 이형우 등이 있다.

일제강점기 철학 학술활동과 철학연구회

식민지 지식인으로서 자각이 있었던 경성제대 철학과 출신들과 유학경험이 있는 철학자들은 한편으로 서양철학을 충실히 학습하고 수용하면서도 다른 한편으로는 식민지 현실에 무관할 수 없었다. 이들은 제도권

29 손정수, 앞의 논문, 196~197쪽.

30 서울대학교 철학과, 『철학논구』, 1973. 106쪽. 앞의 철학과 졸업생 81명과 큰 차이가 나는 것은 앞의 경우는 철학 이외의 전공자와 함께 월북한 사람들도 포함되어 있기 때문이라고 생각한다.

내에 있으면서도 식민지 현실을 변화시켜보려는 시도를 하기도 했다.

우리는 이러한 두 가지 경향의 상관관계를 '제도로서의 학문'과 '운동으로서의 학문'이라는 차원으로 구분하여 살펴보고자 한다. '제도로서의 학문'은 전문대학과 경성제국대학의 교수진과 교수내용 등의 제도를 통해 이미 살펴보았다. 그리고 '운동으로서 학문'은 '제도로서의 학문'이 대응하지 못한 사회적 수요를 어느 정도 충족시켜준 제도 밖의 학술활동을 의미하는 것으로 근대적이고 아카데믹한 학문제도에 의해 배제되고 억압당한 지식의 생산과 유통을 가리킨다.[31]

식민지 조선에서 1920년대 후반과 1930년대 초반은 서양철학 연구와 수용, 그리고 학술운동이 본격화된 시기로 볼 수 있다. 왜냐하면 이 시기에 첫째, 경성제대에서 서양철학 연구가 시작되고 연구자가 나오기 시작했으며, 둘째, 또한 이 시기에 서양 또는 일본에서 서양문헌을 통해 철학을 본격적으로 공부한 사람들이 귀국하기 시작했으며, 셋째, 이 시기부터 『신흥新興』이나 『철학』등을 통한 체계적인 저술활동과 학술운동이 시작되었기 때문이다.[32] 특히 식민지 청년지식인들은 식민지 내의 다양한 사회운동과 사회사상에 대해서 접하면서 아카데미 내에서 배울 수 없었던 마르크스주의 등을 일본에서 들어오는 다양한 서적들

31 백영서, 「동양사학의 탄생과 쇠퇴-동아시아에서의 학술제도의 전파와 변형」, 『창작과 비평』, 2004, 겨울, 96쪽 참조. 손정수는 이를 '제도로서의 경성제대'와 '의식으로서 경성제대'로 나누어 고찰하면서 전자는 경성제대 철학과의 제도 자체의 경향으로 철학과의 교과과정, 학문적 경향 등이 참고될 수 있으며, 후자는 이념적 학술단체 활동이 고려될 수 있다고 본다(손정수, 앞의 논문, 188쪽). 또한 일본의 경우에도 이 두 경향이 있었으며, 이를 '관학아카데미즘'과 '감성리얼리즘'(미야카와 토루·아라카와 이쿠오/이수정 옮김, 『일본근대철학사』, 생각의 나무, 2001, 362쪽 이하)으로 나누어 고찰하고 있다.

32 강영안, 『우리에게 철학은 무엇인가』, 궁리, 2002, 25-29쪽 참조.

을 통해 접할 수 있었고 이것이 특히 '운동으로서 학문'을 할 수 있는 토대가 되었다고 할 수 있다.

미키 키요시(三木淸)가 일본 철학계에서 차지하는 위치와 문제의식으로 보아 한국의 철학 1세대들에게 미친 영향력을 쉽게 짐작해 볼 수 있는데, 박종홍은 특히 하이데거 철학에 미친 사람이었고 일본인 철학자 가운데에서 미키를 높이 평가했다. 그는 미키가 당시 일본 사상계를 풍미하고 있던 마르크시즘을 하이데거의 존재론적 입장에서 해석하려는 시도에 큰 흥미를 갖고 있었고 이의 영향을 받았으며, 니시다(西田)는 대단치 않게 여기고 오히려 타나베(田邊元)에게서 영향을 받았다고 한다.[33] 박치우의 '위기의 철학' 등에 대한 논의에서도 미키의 영향을 살펴볼 수 있다. 그러나 신남철은 식민지 지식인의 입장에서 미키의 인간학적, 하이데거적인 변증법적 해석에 의한 마르크스주의에 대한 새로운 정초는 역사적 구체성을 무시하였다고 비판하고 있다.[34] '운동으로서 학문'의 사상적 기초로서 마르크스주의는 아카데미 밖에서 큰 영향을 주었으며 철학계에서는 특히 미키의 영향이 컸던 것으로 파악할 수 있다.

경성제대 출신의 철학전공자들은 『철학』이 발행(1933)되기 전까지는 『신흥』지에 글을 썼는데 필자들로는 창간호(1929.7)에 권세원(=권국석), 김계숙, 배상하, 2호(1929.12)에 김계숙, 권국석 3호(1930.7)에 김계숙, 권국석,

33 이재훈, 「晩學·晩婚· 晩成의 大器」, 『스승의 길』 천지, 1998, 37쪽.

34 신남철, 「불안의 사상의 유형화–三木清씨의 소론을 읽고」, 『역사철학』, 142쪽. 신남철에 대해서는 「신남철의 마르크스주의철학 수용과 그 한국적 특징」, 『한국사회철학의 수용과 전개』, 동녘, 2002. 박치우에 대해서는 김재현, 「일제하부터 1950년대까지 마르크스주의 수용」, 『한국사회철학의 수용과 전개』, 동녘, 2002; 윤대석, 「아카데미즘과 현실 사이의 긴장–박치우의 삶과 사상」, 『우리말글』 제36호, 2006; 崔眞碩, 「朴致祐における暴力の豫感–'東亞協同體論の一省察'を中心に」, 『現代思想』, 2003年 3月号 참조.

고유섭 4호(1931.1)에 김계숙, 고유섭, 안용백 5호(1931.7)에 김계숙, 권직주, 신남철 6호(1931.12)에 신남철, 고유섭 7호(1932.12)에 신남철, 고유섭 8호(1935.5: 조선문제 특집호)에 이진숙(철학과 4회: 심리학 전공), 고유섭 9호(1937.1)에 신남철, 박치우 등이 있다. 또 철학과 출신이 아닌 유진오(필명: 陣伍), 소철인(또는 哲仁), 노영창 등이 유물론 철학의 관점에서 글을 쓴다. 초기의 철학논문들은 대체로 신칸트학파, 니체, 신헤겔주의에 대한 논의 등이었으나 후기로 가면서 신헤겔주의 비판, 마르크스주의와 유물론 등의 철학적 경향을 보이는 것이 특징이라 하겠다.[35]

당시 일본 경찰은 국내의 모든 조직들을 감시하고 내사하여 보고서를 작성해 사상계 검사에게 보고했다. 철학의 경우에도, '철학연구회'의 모임이나 '철학연구실'의 토론은 늘 감시를 받았으며, 『신흥』이나 『철학』을 발간할 때에도 감시와 검열을 받는 가운데 자기검열을 할 수 밖에 없었다.[36]

1932년 6월 14일에 경성동대문경찰서장이 경무국장과 경성지방법원검사 등에게 보낸 보고서 '철학연구회조직에 관한 건'에서는 회원의 동정, 조직의 동기 및 목적 등에 대해 기록하면서 회원 중에는 고등경찰에서 상당히 주의를 요하는 인물도 있음을 지적하고 있는데 그 개요는 다음과 같다.

소와 7년(1932) 3월 하순 경성대 내 '철학연구실' 관계자 중 신남철, 윤태동(동경제대 철학과 출신, 당시 경성제대 예과 조선어 강사), 이종우, 권세원 등의 젊은 철학자들이 철학연구회 조직에 관한 의견을 교환한 결과 오로지 학문

35 『신흥』에 실린 철학논문의 구체적 내용에 대해서는 이광래, 앞의 책, 274~279쪽 참조.

36 박광현, 「경성제대와 '신흥'」, 『한국문학연구』 제26집, 2003, 265~267쪽.

적 연구의 입장에서 연구기관을 조직하는 것으로 의견을 나누고 그 후 4월 22일 칸트 탄생일을 계기로 회를 조직할 것을 구체화하여, 4월 22일 경성부내 충신동에 있는 윤태동의 집에서 안호상, 윤태동, 신남철, 최현배, 이종우, 권세원, 김두헌 7명이 회합하여 동서의 철학에 관해 각자의 의견을 발표하여 이 학문의 연찬을 위해 노력한다는 목적 하에 '철학연구회' 라고 명칭하고 회칙도 정했다. 회원으로는 앞의 7명 외에 김법린, 이관용이 포함되어 있었다.[37]

위 사실을 고려해 볼 때 경성제대 출신인 젊은 실천철학자인 신남철 등이 주동이 되어 당시의 여러 철학자들이 모여서 1932년에 '철학연구회'를 만들었으며 나중에 박치우, 박종홍 등 여러 사람이 참여했다고 볼 수 있다. '철학연구회'는 회원 집을 돌며 월례회를 하면서 발표와 토론을 하였는데 이 모임에는 총독부의 형사가 입회했었다.[38]

'철학연구회'의 이름으로 간행된 『철학』 창간호(1933)에는 박종홍, 권세원(=권국직), 이재훈, 이종우, 안호상, 김두헌, 신남철(번역)의 글이 실렸고, 『철학』 제2호(1934)에는 박치우, 박종홍, 이재훈, 신남철, 이종우, 이인기, 안호상, 김두헌 등의 글이 실렸으며, 제3호에는 이인기, 전원배, 이재훈, 갈홍기, 안호상 등의 글이 실렸다.[39] 이들 필자들을 볼 때, 당시의 철학연구자들이 사상적 경향이나 전공과 관계없이 『철학』 지에 글을 실었음을 알 수 있다. 『철학』 지의 특징을 형식과 내용적 측면에서 보면 형식상의 특징으로 서양철학 일색인 점, 그리고 서양철학을 소개하는 면

37 '京東警高秘' 第1007號, 昭和 7年 6月 14日.

38 이재훈, 앞의 글, 39쪽.

39 이들 글의 구체적 제목에 대해서는 윤사순·이광래, 『우리사상 100년』, 현암사, 2001, 341-344쪽 참조.

도 있지만 자신의 입장을 강하게 표명하고 있다는 것, 독일철학 관련 논문이 압도적으로 많다는 점이다. 내용상의 특징을 보자면 당시의 시대가 위기의 시대에 있다는 시대인식과 인간학적 태도가 두드러진다는 것 그리고 실천을 매우 강조하고 있으며 변증법을 선호하고 있다는 점이다.[40]

그런데 3호까지 발행된 이 철학전문 학술지는 1936년 11월 발행인이었던 이재훈이 경찰조사를 받고 나온 후 더 이상 나오지 않게 된다. 『철학』이 3호로 폐간되면서 '철학연구회'의 활동이 중단되고 경성제대 철학연구실에서 열리는 '철학담화회'로 논의의 장이 옮겨지면서 주제는 순수철학적인 것으로 바뀐다.[41] '철학담화회'에서 원래 활동하던 조선인은 김계숙, 권세원, 박종홍, 고형곤, 김용배, 박의현, 최재희, 김규영, 등 대부분이 경성제대 철학과 졸업생들이지만 나중에 안호상, 이종우, 손명현 등이 가담했고, 여기서의 연구내용은 주로 독일관념론과 실존철학이었다. 예를 들어 1941년의 '철학담화회' 연구발표의 제목은 김계숙의 「헤겔 청년시대의 종교관」, 이종우의 「운명」, 박종홍의 「Das Man의 자기부정적 발전」, 고형곤 「하이데거의 「휄더린과 시의 본질」과 그의 철학」 등인데 이 발표자들과 제목들의 관계는 그 후 적어도 20년은 따라 다닌 것이라고 한다.[42] 마르크스주의 철학자인 신남철과 박치우는 여기에 참가하지 않은 것으로 보아 이때부터 순수 철학적인 논의로부

40 이병수, 『열암 박종홍의 철학사상』, 한국학술정보(주), 2005, 91쪽.

41 '철학담화회'에 대해서는 이병수, 「1930년대 서양철학 수용에 나타난 철학 1세대의 철학함의 특징과 이론적 영향」, 한국철학사상연구회, 『시대와 철학』 제17권2호, 2006, 여름, 89-91쪽 참조.

42 조요한, 앞의 글, 23쪽.

터 멀어진 것으로 추측된다.

일제 후기에 이르러 1937년에 중일전쟁이 일어나자 1938년 황국신민화정책에 입각해 조선교육령을 전면 개편한 총독부는 경성제국대학에 대해서도 확실한 황민화 정책을 시행했다. 1939년을 기점으로 하여 그동안 암묵적으로 허용해 왔던 대학의 자율적 관행을 전면 부정하는 한편, 본격적으로 개입하여 대학을 총동원을 위한 문화정책의 도구로 적극 활용하고자 했다.[43]

경성제국대학 철학과의 일본인 교수들은 다른 전공의 경우와 달리 식민당국의 정책과는 무관하게 근대대학으로서 자유와 자치를 확보하기 위해 노력한 부분이 있고 이 노력이 보편성을 표방한 측면이 있지만, 사실은 이러한 아카데미즘이라는 보편성 속에 식민지 현실이 은폐된 것을 간과할 수는 없다.

일제강점기 경성제국대학에서는 서양철학 중심으로 강좌가 이루어졌고 이러한 전통은 해방 후에도 계속된다. 물론 일제시기에 '동양철학'을 배울 수 있는 공적인 기관으로 경성제대 철학과의 '지나철학강좌'와 명륜전문학교가 있었지만 그 내용은 초보적 수준이었다. 경성제대 철학과에서 중국철학을 전공한 한국인으로는 김용배(전 동국대 교수), 조용욱(전 동덕여대 총장), 민태식(전 충남대총장) 등이 있었다. 이들은 한편으로 동양철학을 전공하면서도 서양철학도 함께 연구했으며 그들의 중국철학연구는 개괄적이었다.

일제강점기 철학의 제도화 과정을 고찰하는데 있어 출간된 철학관련 저서들도 의미가 있을 것 같아 나열해 본다. 우선 한치진은 『신심리

43 정준영, 앞의 논문, 233쪽. 구체적 내용에 대해서는 같은 책 186~202쪽 참조.

학개론』(1930), 『논리학개론』(1931), 『아동의 심리와 교육』(1932), 『사회학개론』(1933), 『종교개혁사요』(1933), 『종교철학개론』(1934), 『증보윤리학개론』(1934), 『최신철학개론』(1936) 등 당시 철학이 다루는 거의 모든 분야에 걸친 개설서를 저술, 간행했으며 H.월든의 『창조적 인격론』(1933)을 번역했다. 또한 일본어로 『人格心理學原論』(1939)을 출판했다. 안호상은 『철학강론』(1942)을, 김두헌은 『윤리학개론』(1938, 일어)을 집필, 간행했다.

해방 후 미군정기, 건국과 전쟁, 전후 복구까지

1945년 8월 16일 서울에서는 경성제국대학의 조선인 직원, 강사, 동문, 재학생 및 졸업생들이 대학자치위원회를 조직하고 학교를 접수하여 대학 간판에서 '帝國'이란 두 글자를 제거했다. '경성제국대학'에서 '제국'이란 두 글자가 빠진 '경성대학'이란 명칭은 10월 16일 미군정에 의해 공식화되었다.[44] 경성대학 시기를 거쳐 미군정청(美軍政廳)은 1946년 8월 22일 군정법령 102호로 종합대학으로서 '국립서울대학교설립법'을 공포한다. 이 종합대학안은 대학의 학부 구성 즉 문리학부(a college of arts and science)를 중심으로 복수의 전문학부(법, 사범, 상, 공, 의, 치, 농, 예술)와 대학원으로 이루어지는 것으로 바로 미국의 대규모 주립대학을 모델로 한 것이다.[45] 이 국립대학안에 대한 반대운동인 국대안 반대운동이 1년여 지속

44 백영서, 「상상 속의 차이성, 구조 속의 동일성: 경성제대와 대북제대의 비교」, 『한국학연구』제4집, 2005, 180쪽. 경성대학에 대해서는 강명숙, 「1945~1946년의 경성대학에 관한 시론적 연구」, 『교육사학연구』제14집, 2004 참조.

45 馬越徹, 앞의 책, 178쪽.

되었지만 결국 약간의 수정을 거쳐 서울대학교가 설립된다.[46] 당시의 한반도의 정치적 상황과 이데올로기적 대립이 미국의 대학모델 선택에 크게 영향을 끼쳤다고 볼 수 있는데 한국이나 대만이 '미국모델'을 선택하고 중국과 북한이 '소련모델'을 적극적으로 도입한 것은 잘 알려진 사실이다.[47]

미군정은 세 가지 전략에 의해 한국교육의 재편에 착수했다. 첫째, 미군정은 저명한 한국인 교육가를 교육문제에 관한 군정부의 고문으로 임명했다. 또한 미군정은 한국교육위원회나 교육심의회 같은 자문기구를 조직하여 그 구성원들에게 한국인 교육가를 위촉했다.[48] 둘째, 미군정은 한국인 교사나 학생을 미국의 대학에 유학시키고 귀국 후 모국의 교육재건에 공헌하기를 기대했다. 예상대로 초기에 미국에 건너간 교사나 학생은 미국민주주의 이념에 기초한 교육이론, 실천을 익혀서 귀국 후 대학교수나 전문교육가가 되어 초등, 중등교육의 발전은 물론 한국대학교육의 발전에 커다란 영향을 미쳤다. 셋째, 미군정은 미국 교육자나 교육전문가를 미군정의 고문 내지 조언자로서 한국에 데려왔다. 그들은 한국교육의 장단기 계획입안을 위해 과학적 교육조사를 담

46 신남철을 포함한 좌파 지식인들은 국대안 반대운동에 앞장섰는데, 국대안 비판을 좌파이데올로기로 결부시켜서만 보는 것은 냉전체제 이후의 이데올로기의 대립을 해방기로 역투사하는 것이다(정종현, 「신남철과 대학제도의 안과 밖」, 『한국어문연구』 제54집, 2010, 414쪽 참조).

47 馬越徹, 앞의 책, 24쪽.

48 이때 "미군정은 사회주의 세력을 억압하기 위하여 친일 경력의 여부에 상관없이 반공 보수적인 사람들을 동원하였다. 이러한 미군정의 정책에서 한국교육위원회의 위원들 선임 역시 예외일 수 없었다. 아울러 교육계 인사들의 중요한 특징은 대부분 미국이나 기독교 계통의 학교에서 교육을 받았거나 교직에 종사하고 있었다는 사실이었다." 서울대학교50년사편찬위원회편, 『서울대학교 50년사(상)』, 서울대학교출판부, 1996, 7쪽.

당했다. 그리고 민주교육의 모델로서 미국적 프래그머티즘(pragmatism)의 교육철학이 도입되는데, 그 내용은 생활을 중시하고 어린이 중심의 교육, 개개인의 차이를 인정하는 개성존중의 교육, 나아가서 교육을 통한 사회재건 등이다.

6-3-3-4의 기본학제와 교육위원회제도(학구, 교육세)를 비롯하여 고등교육에 관해서도 ①미국의 주립대학을 모델로 하여 구 경성제국대학을 국립서울대학으로 개편, ②자율적 대학인가모델에 기초한 한국대학협의회의 설립, ③한국인 유학생의 미국파견과 미국인 교육전문가의 초빙 등 미국 일변도의 정책이 전개되었다. 이는 일본 제국주의의 잔재를 불식시키는 것이 해방정국의 조선과 미국의 쌍방에 의해 지상명제로 받아들여졌기 때문이다.[49]

그러나 미국의 대학 모델과 정책이 미군정기와 국가건립 초기에 큰 영향을 줬지만 일제강점기의 제도나 인물, 교재 등이 갑자기 바뀌는 것은 아니었다. 따라서 미군정기 한국교육은 일제강점기 교육제도의 지속 속에서 미국식 교육의 새로운 제도가 시행되는 이중적인 성격을 내포하고 있다. 즉 일제의 중앙집권적인 교육체제를 유지하면서 미국식 시민교육을 전개했는데 이는 식민지 교육체제 위에 타율적이고 모방적인 민주교육을 실시한 것이다. 다시 말해 전체주의와 식민주의를 기초로 하는 일제의 교육체제와 미국식 개인주의와 민주주의를 기초로 하는 교육관의 결합이 현실적으로 일관된 이념과 제도의 형성을 불가능하게 했다.[50]

49 馬越徹, 앞의 책, 27쪽.

50 홍웅선, 『광복 후의 신교육운동: 1946~1949-조선교육연구회를 중심으로』, 대한교과서주식회사, 1991, 35~38쪽.

서울대학교의 경우에 경성제대 시절의 문학부가 국어국문, 영어영문, 독어독문, 불어불문, 중어중문, 언어학, 사학, 사회학, 종교학, 철학과로 나누어지고, 인문학 내에서 지적 체계의 재편과정은 국민국가의 문화적 동일성을 위한 거대 서사의 구축, 제한된 타자로서 중국에 대한 제한적 서사, 사라져 버린 제국의 중심으로서 일본에 대한 망각, 그리고 새로운 중심으로 부각된 서구라는 타자에 대한 인식이 지배적이 되고, 영어영문학은 미국과의 직접적인 관련 속에서 미국의 지식-담론을 번역 수용하는 통로로서 작용하게 되면서 더욱 중요한 역할을 하게 된다.[51]

서울대학교 철학과에는 보성전문의 안호상(서울대재직기간: 1946.10~1947.7), 혜화전문의 김두헌(1946.10~1950.6) 그리고 이화여전에 있다 폐교가 된 후에 조선총독부 학무국에서 촉탁 일을 하던 박종홍(1946.10~1968.8)이 새로 부임하게 되었고, 1941년 일본 와세다 대학 철학과에 입학했던 박홍규도 귀국하여 철학과에 합류한다(1946.10~1984.8). 서울대 철학과는 처음부터 서양철학 위주였으므로 유학儒學 전공의 민태식 교수(1946.11~.1950.6)가 1946년에 부임하여 3년 후에 떠났고 그 이후로 동양철학 전공교수가 없었다.[52] 곧 이어 고형곤(1947.10~1959.3)과 이인기(1950.1~1968.9)가 교수로 부임한다.

안호상은 국대안 실시를 강력히 찬성하고 사회주의 세력을 강력히

51 윤영도,「탈식민, 냉전 그리고 고등교육」,『냉전 아시아의 문화풍경 1: 1940~1950년대』,현실문학, 2008, 172쪽.

52 1972년에 유학전공의 이남영이 전임으로 부임할 때까지 20여 년 동안 동양철학은 오로지 한 두 사람의 시간강사에 의존하게 되어 이 부문의 후진을 제대로 양성하지 못했다.

비판하면서 『유물론비판』(1947), 『민족이론의 전망』(1948) 등을 저술했고 대한민국 초대 문교부 장관이 되어 『일민주의의 본바탕-일민주의의 본질』(1950) 등의 책을 통해 우익 민족주의의 대표적 이론가, 실천가로 활동했다. 박종홍은 경성대학교 교수, 서울대학교 문리과대학 교수로 취임하여 '현대철학의 과제', '서양고대철학사'를 속강하고 1947년 1학기에는 '주역강의'도 하고 '칸트연습'으로 『순수이성비판』 원전 강독을 수년 간 했다고 한다. 여기서 특징적인 것은 '주역강의'를 한 것인데, 해방 후 교과과정이 아직 체계화되기 이전이라 교수 개인의 관심에 따라 강의를 한 것으로 보인다. 김두헌은 윤리학개론, 윤리학연습 등을 강의했고 1950년에는 문교부 고등교육국장으로 취임하여 고등교육정책에 중요한 역할을 하게 된다.

앞에서 일제강점기 경성제대에서의 연구와 강의가 서양고중세철학사, 서양근세철학사, 칸트철학에 대한 강독, 신칸트학파에 대한 연구, 브렌타노, 후설 등의 현상학적 흐름, 하르트만, 하이데거에 이르는 존재론 등이 중심이었음을 볼 수 있었는데, 해방 후에도 이러한 경향은 크게 바뀌지 않은 것으로 보인다. 다만 일제강점기에는 없었던 듀이연구, 프래그머티즘 연구가 새롭게 들어오고 강의 개설과목의 양과 다양함이 크게 변화를 보이는 것은 주목할 만하다.[53] 서울대 철학과 초기의 교육과정은 대체로 철학개론, 철학연습, 철학특강, 논리학, 인식론, 형이상학, 현대철학의 과제, 서양철학사, 서양철학사특강, 서양철학사 연습, 윤리학특강, 윤리학연습 식의 강의가 이루어 진 것으로 보인다.[54]

53 이기상, 앞의 책, 50-51쪽 참조.

54 1945-1949년 사이의 서울대학교 철학과에서 개설된 강의목록에 대해서는 이기상, 앞의 책, 48쪽 참조.

1949년 7월에 서울대학교 문리대 철학과에서 나온 석사논문으로 김보겸의 '플라톤의 이데아와 수數', 김용민의 '진리의 삶', 방승환의 '칸트에 있어서의 순수오성개념의 실험적 연역론 일고一考', 서동익의 '칸트의 오성에 관한 고찰', 김태길의 '니체의 가치관 소고' 등이 있는데 이를 통해서도 초기 서울대학교 철학과의 수업과 연구경향, 분위기 등을 알 수 있다.

경성대학 졸업생(1946.7.3.)으로는 서명원, 장하귀가 있고 서울대학교 문리과대학 1회 졸업생(1947.7.11.)으로 김용민, 김보겸, 김태길, 방승환, 곽상수, 서동익, 이정훈, 2회 졸업생으로 김종호, 이석희, 이종후, 윤명로, 최명관, 한철하 등이 있다. 3회 졸업생으로 이영춘, 천옥환, 한전숙, 한종석 등이 있고, 4회는 민동근, 이인옥, 5회는 김영삼, 박태흔, 6회(1952.3.31.)는 조가경, 조희영, 전두하, 이정호, 김병우가 있다.

해방 후 기독교계 사학들이 일제히 대학으로 발전한 사실은 이미 그 잠재력이 있음에도 불구하고 일제에 의해 억압되어 왔음을 의미한다.[55] 1946년 8월 16일에 민족의 학교로서 한국 근대교육을 지켜왔던 보성전문, 연희전문, 이화여자전문학교가 고려대학교, 연희대학교 그리고 이화여자대학교로 승격·인가된다. 이렇게 해서 일제시기에 경성제국대학과 기타 전문학교로 이원화된 고등교육체제는 해체되고 4년제 대학 중심의 일원화된 체제로 정비되었다.[56] 이 승격을 결정한 미군정청 문교부장(락카드 대위) 산하에는 당시 조선인 지식인들로 구성된 '교육심의회'가 설치되어 있었고 심의회 내에 9개의 전문분과위원회의 하나였던 고

55 馬越徹, 앞의 책, 87쪽.

56 이길상, 앞의 책, 307쪽.

등교육분과위원회의 책임자가 바로 김성수였다. 위원으로는 유진오, 윤일선, 백남운, 조병옥, 박종홍 등이 있었다.

이때부터 고려대학교 문과대학과 연희대학교 문학원에 각각 철학과가 개설되어 경성제국대학에서 교명을 바꾼 서울대학교 철학과와 함께 본격적인 대학(강단) 철학의 시대를 맞이하게 된다. 특히 경성제대 철학과의 일본인 교수들이 모두 일본으로 돌아가고 새롭게 4년제 대학이 개교함에 따라 신설학과의 충원을 위해 국내 철학전문가들의 대이동 현상이 생겨났다.

고려대학교 철학과에는 보성전문 시절에 강사로 있었던 박희성(1901-1988), 이종우(1903-1974), 중국 북경대 출신의 이상은(1905-1975), 일본과 중국에서 공부한 김경탁(1906-1970), 경성여의전의 최재희(1914-1984, 고대재직기간; 1947-1952)가 모였다. 이종우와 이상은은 학교의 주요 직책을 맡으면서 많은 일을 했다.[57]

연희대학교 철학과에는 연희전문 때부터 있던 고형곤(초대 과장, 47년에 서울대로 옮김.), 최현배, 박상현을 비롯하여, 유럽에서 오래 공부하고 돌아온 정석해(1899-1996)와 일본서 공부하고 협성신학교에 있던 전원배(1903-1984)가 가담했다. 정석해는 보성전문학교에도 강사로 나갔다.

서울대학교와 비교해서 볼 때 민족대학의 전통을 가진 고려대학교는 이상은, 김경탁 교수가 동양철학, 한국철학을 맡음으로써 전통철학사상에 대한 선구적 연구를 해 나갔고,[58] 연희대학교에서는 미국철학, 과학철학의 소개가 본격적으로 이루어진 것으로 보인다.[59] 또 한국대학

57 『고려대학교90년지』, 고려대학교출판부, 1995. 296-322쪽 참조.

58 이당시 고려대학교 철학과의 교과과정에 대해서는 이기상, 앞의 책, 53쪽 참조.

에 과학철학 강의가 처음 등장한 것은 1940년대 말이었는데, 정석해가 과학철학을 강의했다.[60] 그리고 한치진과 함께 영미철학을 전파한 선구자로 정석해를 꼽을 수 있다.

한치진은 1945년 광복을 맞이하자 9월에 남조선과도정부 공보부 여론국 교육과의 고문으로 있으면서 '민주주의원론'을 방송으로 연속 강의하였다. 1947년 5월 광복 전의 '철학연구사'를 부활 개편하여 조선문화연구사朝鮮文化研究社를 재창립하였으며, 1947년 7월 서울대학교 교수로 취임하였다. 이해 11월 공보부 여론국 정치교육과의 고문을 겸하면서 이 부서의 기관지인 『민주조선民主朝鮮』의 주간을 맡았다. 1948년 8월 대한민국정부의 수립으로 『민주조선』의 발행이 중지되자, 그해 10월부터 『자주생활自主生活』이라고 개제하여 개인잡지로 발행하였다. 철학·종교학·사회학·심리학·정치학 등의 여러 분야에 걸친 29권의 저서를 남겼으며, 각종 신문·잡지에 쓴 논문 99편이 밝혀지고 있다. 그는 6·25 때 납북되었다.

해방 후 새로운 국가건설을 둘러싼 좌우대결을 거치며 남북이 분단되는 과정에서 신남철, 박치우, 정진석 등의 좌파 철학자들은 모두 월북하게 되고 한국전쟁은 남북 양 쪽에서의 제도와 함께, 철학적, 이데올로기적 지형을 더욱 왜곡, 축소, 고착시키는 계기가 되었다. 1949년 12월 31일에 공포된 '교육법'(법률 제86호)에 의해 남한에서의 고등교육은 제도적으로 체계를 갖추기 시작했지만 곧 이어 발생한 한국전쟁은 한국사

59 연희대학교 문학원 안에 철학과의 교과과정에 대해서는 이기상, 같은 책, 52쪽 참조.

60 송상용, 「한국과학철학회」, 한국철학회편집위원회편, 『한국철학의 회고와 전망』, 214쪽.

회 전체를 혼란에 빠뜨리면서, 해방 후 아직 정착하지 못한 학계를 마비 상태에 빠지게 한다. 고려대학교는 대구에 그리고 서울대학교와 연희대학교는 부산에 임시학교를 설치하고 재학생은 물론 신입생까지 모집하여 학교의 기능을 정상화하려고 했다. 1953년 6월에는 대부분의 대학교 기능이 회복되게 된다.[61]

1953년부터 시작된 전후부흥에 있어서 미국의 영향은 더욱 결정적이었다. 한국교육의 재건과정에서 가장 큰 어려움은 교원 양성 분야였는데 이는 미국 교육사절단의 활동과 피바디 계획 등을 통해 서서히 해결되게 된다. 특히 1954~61년에 걸쳐 실시된 미국정부 주도의 대한고등교육원조는 총액의 78%를 서울대에, 나머지는 거의 연세대학교, 고려대학교, 이화여자대학교 등에 집중 투자하는 소위 거점대학에 대한 집중 원조 방식으로 전후 대학복구와 발전이 이루어졌다.[62]

미국은 또한 1954년부터 교육원조의 일환으로 당시 학계의 지도적인 인사들을 미국이 미네소타대학에 초청, 재교육하였는데, 철학계에서는 박종홍, 김태길, 이종우 등이 유학하여 귀국 후 도구주의적 과학철학과 듀이의 실용주의 윤리설 등을 도입, 소개했다. 이에 따라 듀이의 철학책이 여러 권 번역되고 실용주의·경험주의·과학주의 등의 철학이 본격적으로 수용되어 미국철학의 영향력도 증대하기 시작한다.[63] 1969년 조사에 의하면 당시 서울대학교 전체 교수진 652명 중, 미국유학 경험자가 약 50%(328명) 정도였다고 한다.[64] 이는 해방 후 미국학문에로의

61 전후 고등교육의 재건에 대해서는 馬越徹, 앞의 책, 191~195쪽 참조.

62 馬越徹, 같은 책, 199~200쪽.

63 정종, 「한국 철학계에 있어서의 미국철학의 수용과 영향」, 고려대아세아문제연구소, 『아세아연구』, 1967년, 37~60쪽 참조.

학문적 종속화를 보여주는 현상이라 할 수 있을 것이다.

1953년 휴전 후 10월 1일에 서울대학교 문리대 철학연구실에서 '한국철학회' 창립 총회가 열렸는데, 그 배경은 세계철학자대회 참가요청이 왔기 때문이라고 한다. 초대 회장은 고형곤이고 부회장은 박종홍, 이종우이며 평의원은 이재훈, 권세원, 김두헌, 김계숙, 김용배, 이상은, 김경탁, 민태식, 정석해, 최재희, 하기락이고 편집위원은 손명현, 상임간사는 김기석이었다. 한국철학회의 회지인 『철학』 창간호는 1955년에 출간되었는데, 필자는 김계숙, 이상은, 손명현, 김기석, 김석목, 김용배, 김준섭 등이다. 2호는 1957년에 나왔다가 계속 발행하지 못하고 1969년이 되어서야 3호가 나온다.[65] 해방 후 1950년까지 나온 철학서적 전체 중에 마르크스주의, 사회주의 철학을 제외한 번역서와 저술을 보면 다음과 같다.[66]

64 馬越徹, 앞의 책, 200쪽.

65 한국철학회 학회지인 『철학』의 총목차에 대해서는 한국철학회, 『철학』제100호(2009. 가을) 참조.

66 오영석 편저, 『해방기 간행도서 총목록: 1945~1950』, 소명출판, 2009, 494~498 참조. 해방 후 번역 출간됐거나 저술형태로 나온 마르크스주의 책들도 상당히 많다. 이들 마르크스주의 관련 책에 대해서는 『한국사회철학의 수용과 전개』, 85쪽; 오영석 편저, 같은 책, 520~526쪽 참조. 또한 조희영 편 『서양철학관계 국내간행물 총목록(1931~1968)』, 비간행자료; 주상희, 「한국철학서적출판에 대한 실태분석-해방 이후부터 1990년까지」, 중앙대학교 신문방송대학원 석사논문(1991.12) 참조.

번역서

도서명	지은이/옮긴이	출판사	출판연도
서양철학사요(상)	파다야정일/김재범	고려선봉사	1947.7
쏘크라테스의 辨明	플라톤/김은우	을유문화사	1947
철학입문	셈조우크/김은우	정음사	1949.4
철학개론	예루잘렘/김종흡	수선사	1948.2.
방법서설	데카르트/박홍규	대성출판사	1948
철학사화(상)	듀란트/유형기	신생사	1946.4
철학사화(하)		신생사	1947.1
자유론	밀/성인기	대성출판사	1946.6
사랑의 철학	플라톤/이강열	을유문화사	1948.7
변화철학-베륵손 철학의 원리	윌슨 카아/한치진	조선문화연구사	1948
철학입문	바우흐/방승환	문화당	1949.8
철학의 제문제	러셀/이희재	경위사	1949
상호부조론	크로포트킨/성인기	대성출판사	1948.9
철학 및 철학사입문	웹브/이재훈	종로서원	1948.11

저서

도서명	지은이	출판사	출판연도
철학신강	김용배	금용도서주식회사	1947
인생과 우주	한치진	조선문화연구사	1948
미국실용주의			1948
동서문화철학			1949
현대구미철학			1950
논리학	이재훈	대성출판사	1947
철학개론		동방문화사	1948
서양철학사		을유문화사	1948.12
철학개론	이종우	을유문화사	1948
윤리학개론	김두헌	대성출판사	1946.11
철학개론	김준섭	세계서림	1946.11
철학요론		웅변구락출판부	1946.6.
논리학		태백서적공사	1947.10
윤리학개론	최재희		1948
일반논리학	박종홍	백영사	1948
인식논리학		백영사	1953.5
논리학	안호상		1948
철학논총		을유문화사	1948.9
哲學講論		박문출판사	1942-1948.11
서양철학사	김준섭		1949.1

맺는말

이제까지 일제강점기 전문학교와 해외유학 철학자들, 그리고 경성제국대학 철학과와 해방 이후의 경성대학, 국립서울대학과 고려대, 연희대 등 주요 사립대학을 중심으로 철학이 어떻게 제도적으로 수용, 형성되었으며 그 특징이 무엇인가를 주로 대학정책, 대학제도와 인맥, 출간도서 등을 통해 살펴보았다.

서구철학을 직접 이해하고 번역할 수 있는 능력이 없는 상태에서 일제강점기 경성제대 철학과의 설립과 이 이후 늘어난 철학연구자들의 활동이 한국에서 근대적 학문으로서 철학이 형성되는 중요한 계기가 되었다. 이 과정에서 한편으로 일본의 식민지정책과 일본 내의 철학사상과 일본인들의 학문방식(학문분야, 글쓰기 방식, 학문제도, 교육제도 등)에서 크게 영향받았음을 알 수 있었고 해방 후에도 이러한 영향이 특히 인맥을 통해 지속되고 있음을 볼 수 있었다. 물론 이러한 영향 하에서도 식민지 지식인으로서 '주체적 철학함'의 모습을 보여준 철학자들도 있었다. 그러나 이들 중 일부는 월북했으며 특히 남북분단 후의 철학적, 이데올로기적 지형은 극히 제한적이게 되었다.

해방 직후 남한에 주둔한 미군정부가 새로운 세계전략을 위한 통치를 위해 식민지 체제를 이용했고, 또 남북분단을 통해 정권을 잡은 이승만정부가 명목상으로는 반일을 내세웠지만 실제로는 반공을 위해 친일세력을 옹호했기 때문에 식민지 체제의 유산이 상당히 지속되게 된다. 경성제대 졸업생의 상당수가 해방 이후 남한에서 대학교수와 행정관료를 차례로 역임한 사례가 많으며, 특히 경성제대 출신과 유학생 출신들이 대학 내의 학장과 총장 등의 주요 보직을 역임함으로써 신생독립국

가에서 대학계의 핵심 엘리트로 자리를 잡았다.[67]

이 결과 해방 후에도 일제강점기 일본에서 생산된 지적 체계와 담론 구조들은 서울대학교 교원들의 상당수를 차지하고 있던 경성제국대학 출신자들이나 일본 제국의 각급 대학 출신자들을 통해서, 그리고 서울대학교의 재편 과정에 남겨진 학적 체계의 흔적들을 통해서 여전히 많은 부분에서 영향을 미치고 있었다. 즉 해방 후 대학의 틀은 미국식을 도입했지만 그 세부적인 운영에서는 일본식 잔재가 강하게 작동하였다고 볼 수 있다. 이와 동시에 미군정과 이에 공모한 친일세력의 주도하에 이루어진 좌우 대립의 과정 속에서 선별된 교수진의 구성, 그리고 좌파 지식인들의 배제와 월북이 이루어지게 되면서 자연스럽게 냉전적 지식-담론 체계가 조금씩 배태胚胎되기 시작했다.[68]

그리고 한국전쟁 후로 인문학 분야에는 전반적인 세대교체와 함께 미국의 교육원조 및 교류 프로그램을 통해 새로운 영미계열의 이론과 방법론들이 적극 수용되면서 해방 직후의 지식-담론과는 다른 새로운 층을 형성해 나가고 이 과정에서 미국의 지적 영향력은 급격히 확대되어 나간다.[69] 그러나 한국 철학계에서는 다른 학문분야와 비교해서 독일과 유럽철학의 영향력이 상당히 강했는데 이는 전후의 황폐한 정신적 상태에서의 실존철학의 도입, 그리고 일제강점기부터의 독일철학의 영향이 교육과 인맥을 통해 여전히 힘을 발휘했기 때문으로 볼 수 있다.

67 정선이, 앞의 책, 164~167쪽.

68 윤영도, 앞의 글, 173쪽.

69 윤영도, 앞의 글, 172쪽.

7장

해방 이후 한국 사회철학의 전개 과정

시작하는 말

식민지 시대와 해방 후 3년간의 사회철학의 전개

1960, 60년대의 사회철학의 동향

1970년대의 사회철학의 발전

1980년대 사회철학과 마르크스주의의 수용

1990년대 전반기의 사회철학 – 사회주의권의 붕괴와 마르크스주의의 변화

1990년대 후반 – 사회철학적 주제의 다양화

맺는 말

시작하는 말

한국사회에 서양철학이 수용된 지 100여 년이 넘었지만 본격적인 서양철학수용은 일제강점기 경성제대의 설립 이후의 일이다. 그동안 서양철학 수용에 대한 연구가 부분적으로 상당히 진행되었지만 역사적, 체계적 연구는 아직 미흡한 편이다. 이 장에서는 해방 이후 한국 철학계에서 '사회철학'이 어떻게 수용, 변화, 발전되었는가를 살펴보고자 한다. 여기서 우리는 잠정적으로 사회적, 정치적 현실과 역사에 대한 철학적 고찰(정치철학과 역사철학을 포함)을 모두 포괄하여 사회철학으로 간주하고 한국사회철학의 역사에 대한 기존의 연구를 바탕으로 해방 후 1990년대까지의 사회철학을 개괄하고자 한다.[1]

1 한국의 사회철학 수용과 발전에 대한 연구로 다음과 같은 글들이 있다.
김석수, 「맑시즘과 실존주의 수용에서 본 한국현대(1920~60년대) 정신의 갈등구조」, 서강대학교 동아연구소, 『동아연구』 제37집, 1999.6.
______, 「네오마르크스주의, 마르크스-레닌주의, 주체사상을 통해서 본 한국의 사회철학」, 『동아연구』 제41집, 2001.6.
______, 『현실 속의 철학 철학 속의 현실』, 책세상, 2001.
김재기, 「80년대의 사회변혁운동과 주체사상」, 『철학연구』, 1989. 여름, 철학연구회 엮음.
김재현, 『한국사회철학의 수용과 전개』, 동녘, 2002.
______, 「월북 철학자들 – 생애와 저작」, 한국철학사상연구회, 『시대와 철학』 제1호.
______, 「소련철학에서 '인간론'의 지평」, 『시대와 철학』 제2호, 1991.
김창호 엮음, 『한국사회변혁과 철학논쟁』, 사계절, 1989.
______, 「80년대 이후 진보적 철학연구사」, 『현대 한국인문사회과학 연구사』, 한국산업사회연구회 편, 1994.
김창호·서유석 「페레스트로이카와 철학논쟁-사회주의 모순 논쟁과 인간론을 중심으로」, 『사회주의 개혁과 한반도』, 학술단체협의회 편, 한울, 1990.
백종현, 「독일철학의 유입과 수용전개」, 『철학사상』 제5호, 서울대 철학사상연구소, 1995.
______, 「서양철학의 수용과 서우(曙宇)의 철학」, 철학연구회 편, 『해방 50년의 한국철학』, 철학과 현실사, 1996.

구체적으로는 우선 해방 이후 한국사회에서의 사회철학의 역사적 발전을 이해하기 위해 일제강점기부터 해방 후 3년간의 한국 철학계의 흐름을 살펴보고, 다음으로 한국전쟁 이후 오늘날까지의 사회철학의 전개과정을 1950, 60년대는 하나로 묶어 파악하고 나머지는 약 10년 단위로 구분하여 파악하고자 한다. 이렇게 하는 이유는 1950, 60년대는 뚜렷하게 구분할 기준이 없고 또 사회철학적 성과가 적기 때문이고, 1970년대는 군부독재체제 하에서 '근대화'와 '산업화'의 부작용과 '민주주의'와 '정의'에 대한 철학적 논의가 나오며, 1980년에는 '광주민중항쟁'이 발생하고 이어서 신군부의 등장에 대한 저항으로 사회철학적 논의가 매우 활발했고, 그 후 10년이 지나 동구권이 무너지고 소련이 해체되는 역사적 사건이 일어남으로써 한국에서의 사회철학의 흐름이 10년간 단위로 상당히 변했기 때문이다. 그러므로 이러한 시대적 변화와 함께 1990년대 말까지의 사회철학의 변화를 살펴보고자 한다.

식민지 시대와 해방 후 3년간의 사회철학의 전개

분단 이후 사회철학의 수용과정을 제대로 이해하려면 일제강점기에서 사회철학 수용과정과 해방 후 3년간의 철학계의 동향을 우선 파악해야 한다. 일본제국주의는 식민지 지배의 강화를 위해 문화·교육·종교정책 등을 통해 지배이데올로기를 확산시켰다. 일제강점기에 유일한 4년

_____(1998.가), 『독일철학과 20세기 한국의 철학』, 철학과 현실사.

_____(1998.나), 「20세기 한국사회와 사회철학 그리고 그 과제」, 『사회철학대계 5』, 민음사.

_____, 「20세기 한국의 철학계」, 『철학과 현실』, 1999. 봄호.

엄정식, 「안호상의 종교적 민족주의」, 『철학과 현실』, 1998. 봄호.

제 대학이었던 경성제대의 설립 자체가 당시 민족운동의 일환으로 등장한 민립대학 설립운동에 대한 대응으로 이루어졌으므로 아카데미 내에서는 식민지 현실과 무관한 강의들이 주로 행해졌고 철학의 경우 독일관념론 철학에 대한 편식이 심했다. 그러나 철학을 배우고 수용하는 입장에서는 식민지 현실을 무시할 수 없었고 더구나 청년학도들은 식민지 지식인으로서의 고통과 울분을 감수하면서 아카데미 바깥에서의 사회운동·민족해방운동 등에 관심을 가지지 않을 수 없었다. 그러므로 민족해방운동의 이론적 뒷받침을 했던 사회주의 사상의 영향이 상당히 컸으며 사회주의를 수용하지 않더라도 민족의식은 강했다.

우리는 이 당시의 철학자들의 철학사상적 경향을 단순화시켜 크게 두 가지로 구분할 수 있다. 우선 관념론적 경향[2]의 철학자들로 박종홍, 한치진, 이종우, 안호상, 고형곤, 김두헌, 김계숙, 최재희, 갈홍기 등을 들 수 있는데 이들은 일정한 민족주의적 성향을 갖지만 식민지 현실의

_____, 「식민지 시대의 한국철학과 민족주의」, 『동아연구』 제37집, 서강대동아연구소, 1999.

_____, 「남북한 철학체계의 비교와 통합 전망」, 『동아연구』 제39집, 서강대동아연구소, 2000.

_____, 「분단시대의 한국철학과 민족주의」, 『동아연구』 제41집, 서강대동아연구소, 2001,

윤형식, 「맑스-레닌주의, 정통주의의 시대」, 『1980년대 이후 맑스주의 연구』, 과학과 사상, 1995.

이　훈, 「연구를 위한 자료의 통계적 분석」, 서울대학교 철학사상연구소 엮음, 『철학사상』 제4호, 1994.

_____, 「북한 철학의 흐름」, 『시대와 철학』 9호, 1994.

_____, 「맑스주의 수용 50년사」, 『예속과 해방』(한국철학회 해방50주년 기념 정기 학술발표회 논문집), 1995(한국철학회편, 『해방의 철학』(1996)에 재수록).

2 여기서 관념론적 경향이란 것은 식민지 현실의 사회경제적, 정치적 조건을 자신의 철학함에 중요한 토대로 고려하지 않는 철학적 경향을 개괄해서 총칭하므로 개인적인 차가 있다 하더라도 비마르크스주의적 경향의 철학자들 대부분이 이 경향에 포괄된다.

민족모순과 계급모순에 대한 자각이 거의 없었으며 있었다 하더라도 추상적 수준에 머물러 소박한 현실파악에 머무는 경향이 강했다. 이들의 서양철학 학습과 수용은 다양하다. 이들은 헤겔에 대한 관념론적 이해와 현상학, 하이데거, 야스퍼스 등의 실존철학, 막스 쉘러의 가치론, 관념론적 윤리학 등을 수용하기도 하고 민족문화와 교육문제 등 다양한 차원에서 글을 쓰기도 한다. 한편 한치진, 갈홍기에 의해 미국의 실용주의나 실증주의, 종교철학, 회의주의 등도 수용되었으며 일제 말에는 실용주의, 회의주의, 실존주의를 수용했던 일부 철학자들이 소위 '황도철학'에 참여하기도 했다.

다른 하나는 유물론적 경향의 철학자로서 신남철, 박치우, 전원배 등을 들 수 있는데 이들은 아카데미 철학을 하면서도 교우관계와 다른 조직활동을 통해 현실운동과 일정한 연관을 가지면서 마르크스-레닌주의 철학을 수용 소개한다.

이들은 헤겔에 대한 유물론적 독해, 마르크스, 엥겔스, 레닌, 스탈린의 이론들을 부분적으로 수용하면서 식민지 현실의 요구 때문에 '실천'을 강조하면서 실천적 전투적 유물론적 입장에서 다양한 글을 쓴다. 파시즘 비판, 마르크스주의에 기초한 철학사 해석과 민족문제 해명, 일본제국주의의 지배적인 철학에 대한 비판, 당시의 부르주아 관념론적 철학들 즉 신칸트학파, 신헤겔주의, 현상학, 실존주의, 존재론 등에 대한 비판, 사회학의 논리적 구조, 역사철학의 연구와 문예비평 또는 시평 등의 글, 그리고 식민지 시대 사회구성체, 조선연구 방법론 등에 대한 글들도 썼다. 이들은 당시의 백남운, 이청원 등의 사회경제사 연구성과 및 김태준의 문학사연구 등을 수용하는 등 학제적interdisciplinary 연구태도를 보여주기도 했다. 일제강점기 식민지 시대에는 민족문제와 계급문제의 해결이 완전히 분리된 것은 아니었고 따라서 관념론적 경향과 유물론적 경향의 철학자들이 배타적이지도 않았으며 공통적으로 민족주의적 입장이 근저에 있었다고 볼 수 있다.

해방 후 3년간의 철학계의 동향은 분단국가성립 이후의 남북한 철학계와 철학사상의 흐름을 이해할 수 있는 토대가 된다. 일제강점기 민족해방운동의 사상적 토대가 민족주의와 결합된 사회주의 사상이었고 또 이에 대한 탄압도 심했으므로 해방 직후 마르크스-레닌주의 종류의 책이 상당수 번역 소개되면서 사상·학문·정치활동의 자유가 구가되었다. 그러나 남북분단의 과정은 통일된 민족국가의 수립이라는 민족적·민중적 염원이 일부 친일파와 지배계급 및 이들을 뒷받침한 제국주의의 폭력적 탄압에 의해 좌절되면서 이데올로기의 폭넓은 지형이 축소·왜곡·재편되는 과정이었다. 관념론적 경향의 철학과 유물론적 경향의 철학이 공존·갈등·대립하다가 미군정의 지배력이 강화되고 문화, 교육, 이데올로기적 정책에 의해 관념론과 미국의 이데올로기가 선택적으로 수용되고 유물론적 철학과 사상이 폭력적으로 배제되면서 남한에서의 서양철학의 판도는 상당히 달라진다.

유물론적·실천적 입장에서 철학사상을 전개했던 신남철은 해방이 되자 일제강점기에서의 이론적·실천적 활동과 인맥을 기초로 매우 적극적인 활동을 한다.[3] 그는 해방 직후의 당면한 문제였던 반제 반봉건의 과제를 해결하고 자주적 통일국가의 수립을 위해 이론적·조직적 활동을 한다. 그는 '조선학술원'의 서기국 위원으로서 기획과 조직을 담당하고 '민족문화연구소'의 연구원으로서 민족문화·민족교육의 올바른 건

3 신남철에 대해서는 졸저, 『한국사회철학의 수용과 전개』, 동녘, 2002, 3장 참조.

설을 위해 활동하면서 '과학운동', '문화운동'을 이론적·실천적으로 전개한다. 특히 「역사의 발전과 개인의 실천」, 「현하의 과학 정세와 과학자의 임무」는 이러한 활동의 이론적 근거를 잘 밝히고 있다. 그는 서울대 사범대 교수이면서 조선학술원 대표로 '조선민주주의 민족전선'의 중앙위원으로 활동하다가 1948년 4월 '남북회담지지 108인 성명'에 서명을 한 후 월북한 것으로 추측된다. 월북 후 그는 김일성대학 철학과 교수와 최고인민회의 제1,2기 대의원을 지낸 것으로 알려진다. 그의 저작으로는 『역사철학』(1948), 『전환기의 이론』(1948)이 있는데 이 책들은 남한에서 지하로 돌아다니면서 50년대에 지식인과 학생들, 철학도들에게 일정한 영향을 미쳤다고 한다.

박치우는 마르크스주의적 입장에서 식민지현실의 문제와 부딪치면서 당파적 입장에서 이론과 실천의 통일을 위해 노력하다가 해방이 되자 『현대일보』를 창간하여 주필로 활동하면서 박헌영과 일정한 관계를 가진 것으로 추측된다.[4] 그는 조선문화협회의 대표로 '조선민주주의 민족전선'의 중앙집행위원으로 활약하다가 1946년 박헌영이 해주로 피신할 즈음에 월북하여 해주의 남로당 임시 당본부에서 박헌영을 돕다가 1949년 9월 인민유격대 정치위원으로 남한에 내려와 빨치산으로 전사한 것으로 알려졌다. 저작물로는 『사상과 현실』(1946)이 있다.

이들 외에 유물론적 경향의 철학자들은 해방 직후 마르크스-레닌주의 관련서적을 번역·소개하면서 일정한 활동을 하다가 남한에 남은 경우는 전향을 하거나 그렇지 않은 경우는 월북 또는 사망한 것으로 추측된다. 전원배는 1948년에 엥겔스의 『반듀링론-철학편』, 레닌의 『유물

4 박치우에 대해서는 같은 책, 2장 참조.

론과 경험비판론』을 번역했다가 나중에 전향서를 쓰고 대학에서 쫓겨났다가 한참 후에 다시 대학에 자리를 잡는다.[5]

한편 독일과 일본 동경에서 주로 독일관념론을 공부한 안호상은 1942년에 한글로 된 『철학강론』을 써서 철학계에 영향을 줬으며 해방 후 이 책은 베스트셀러가 됐다고 한다.[6] 그의 관념적 민족주의 성향은 유물론적 경향에 반대하는 복고적·전체주의적 민족주의의 색채를 띠면서 민족지상·국가지상주의인 일민주의(一民主義, 족청계의 공식이론)를 주창하게 된다. 그런데 이 당시의 민족주의는 제국주의로부터 해방된 제3세계에서 일반적으로 그렇듯이 민족해방운동에 적극적이었던 사회주의세력을 배제하는 우익적·파시즘적 요소가 강했는데, 안호상은 국대안 실시를 강력히 찬성하고 『유물론 비판』(1947), 『민족이론의 전망』(1948)을 통해 보수적 우익의 이데올로그 즉 이승만 정치사상의 대변자로 활동하면서 좌익계 교수들과 이념적 싸움을 하는 데에 앞장서고 마침내 이승만 정권의 초대 문교부장관이 되어 학원의 사상통일을 위한 교사의 대숙청을 실시하고 학도호국단을 만들어 학원을 병영화 한다. 그는 당시의 자유주의자들에게 전체주의자라는 비판을 받았으며, 이러한 성향 때문에 철학계에서는 환영받지 못했고 영향을 주지 못했다.

박종홍은 해방 후 민족적 양심을 가지고 '민족문화연구소' 주최의 강연회 강사로도 참여한다. 1946년에 박치우의 『사상과 현실』이 출간되자 이 책의 전체 내용은 우리 민족이 나가야 할 정도(正道)를 제시한다는

5 전원배의 철학에 대해서는 조희영, 「현대한국의 중기철학 연구-박종홍과 전원배의 철학을 중심으로」, 대한철학회, 『철학연구』제44호, 1988(1988) 참조.

6 안호상에 대해서는 엄정식, 「안호상의 종교적 민족주의」(『철학과 현실』, 1988, 봄, 132~146쪽); 「한국철학과 민족주의」(『동아연구』제37집, 1999.6, 서강대학교 동아연구소, 58~69쪽).

내용의 긍정적이고 호의적인 서평을 쓴다. 또한 박종홍은 국립 서울대 철학과 교수로서 당시 군정의 지원으로 이루어진 '조선교육심의회'에서도 활동한 것으로 알려진다. 그러나 박종홍은 해방 후 현실의 급격한 정치적 변화에 따라 소극적인 현실참여에서 더욱 순수한 연구와 강의에 스스로를 한정시켜 1948년에 『일반논리학』을 간행한다. 그는 한국전쟁 후에 실존철학적 분위기의 등장과 지식인의 빈곤 등으로 한국 철학계의 주도인물로 등장했다.

최재희는 『우리 민족의 갈 길』(1946)에서 '발전적 자유주의' 혹은 '발전적 사회주의'를 내세웠지만 당시의 좌파 지식인에게 '관념적 진로', '공상적 사회주의'로 평가되었다. 최재희의 이러한 경향은 나중에 자유와 휴머니즘론에 대한 연구와 헤겔 연구 등에서 다시 나타난다고 볼 수 있다.[7]

1950, 60년대의 사회철학의 동향

해방 직후, '이데올로기의 지형'이 폭넓게 형성되었다가 제국주의의 강력한 힘을 매개로 내부적인 계급투쟁을 거쳐 남한에서 '억압적 국가기구'가 유혈적으로 확립된다. 그러나 지배헤게모니는 아직 형성되지 않은 상태에서 일종의 내전적 특성을 갖는 전쟁이 국제전화되어 휴전 후 남한에서 극우·반공·친미적 이데올로기가 지배적으로 되면서 '이데올로기적 지형'이 매우 좁아지고 마르크스주의는 공개적으로 철저한 불

7 최재희에 대해서는 백종현, 「서양철학의 수용과 서우(曙宇)의 철학」, 철학연구회 편, 『해방 50년의 한국철학』, 철학과 현실사, 1996 참조.

온사상으로 금기시된다. 그러나 일제강점기부터 전해오던 일본어판 마르크스주의 문헌들과 해방 직후 번역된 마르크스주의 관련 서적들 그리고 신남철, 박치우 등 월북한 마르크스주의자들의 저작물들이 지하에서 읽히면서 비판적 지식인이나 대학생들에게 영향을 미쳤다고 한다.

이처럼 마르크스주의가 철저히 배제되고 비판되면서 그 외의 관념론적 유럽철학과 미국철학이 점차 확산되기 시작한다. 일제강점기 때 이미 수용되었던 실용주의는 해방 후 형식적 자유민주주의와 함께 남한의 가장 지배적인 이념과 철학으로 자리 잡는데 특히 교육의 기본이념으로 모든 교육기구에 침투하여 관료적 자본주의의 발전과 함께 우리의 사고와 생활을 상당히 지배한다.

1950년대에 등장한 마르크스주의에 관한 글은 대부분 『사상계』[8]에 실렸다. 『사상계』는 '민주'와 '인권'이라는 이념에 기초한 자유민주주의에 입각하여 당시 이승만 독재정권에 대해 비판적인 글을 싣는 동시에 공산주의, 마르크스주의에 대해서도 비판적이었다.

미국은 1950년대부터 교육원조의 일환으로 당시 지도적인 인사들을 미국으로 초청, 재교육하였는데 철학계에서는 박종홍·김태길 등이 유학하여 귀국 후 도구주의적 과학철학과 듀이의 실용주의 윤리설 등을 도입, 소개했다. 또한, 박종홍은 『철학개설』(1954), 『지성의 방향』(1956), 『철학적 모색』(1959)을 발간하고 변증법에 관한 연구인 "부정否定에 관한 연구"(1959)를 발표함으로써 남한사회에서 주도적인 철학자로 활동한다.

8 『사상계』에 대해서는 김건우, 「1960년대 후반 문학과 「사상계」 지식인 담론의 관련 양상 연구」(2001년 서울대 문학박사 논문); 한상구, 「1950년대 지배이데올로기의 내용-사상계를 통해 본 1950년대 지식인들의 지적 구조와 그 내용」, 미발표 논문(1991). 『사상계』는 서양철학의 소개에 상당히 많은 지면을 할애했다.

민주주의의 발전을 억압해 왔던 이승만 독재를 무너뜨린 4·19는 남한 사회 전반에 민주주의에 대한 새로운 희망과 활기를 불어 넣었다. 그러나 5·16군사 쿠데타가 일어남으로써 민주사회로의 꿈은 좌절되었다. 군사정권에 의해 소위 '근대화'가 본격적으로 추진되면서 경제성장 과정에서 필연적으로 생겨나는 인간의 소외, 도덕성의 타락, 전통적 생활양식의 파괴에 대한 철학적 대응이 있었다. 문학자와 철학자들은 실존철학적 입장에서 인간의 문제를 파악하고, 인간소외라는 위기의 근원을 서구적 안목을 빌어 과학기술의 지배에 의한 인간성 상실로 파악하여 이의 회복을 도덕적 차원에서 주장했으나 사회정치적 현실에 대한 비판적 고찰은 부족했다.

실존철학적 경향과는 달리 1960년대에는 듀이의 철학책이 여러 권 번역되고 실용주의·경험주의·과학주의 등이 철학 교과과정에 들어온다. 이와 함께 마르크스주의 비판, 자유주의에 대한 소개와 수용이 눈에 띈다. 60년대 중반에 주목할 만한 것은 실용주의 철학자로 알려진 『듀이』(1967)의 출간이다. 이 책에서 김태길은 듀이 철학의 '실험적 방법'과 '사회이론'에 비중을 두면서 한국이 바람직한 '근대화'와 '민주화'를 이룩하기 위해 존 듀이의 철학에서 권위주의와 절대주의를 배격하는 가치론, 과학을 존중하는 합리주의적 신념, 의사소통에 대한 개방적 태도, 교육에서 개인의 성장과 사회의 진보를 동시에 성취하려는 교육이념 등을 잘 배울 필요가 있음을 지적한다.[9] 이러한 지적은 당시 사회에 대한 적절한 비판이라고 할 수 있다. 그러나 이러한 비판은 제대로 영향력

9 김태길, 『존 듀이의 사회철학』, 1989, 명문당(초판, 1967), 234~242쪽.
엄정식, 「프래그머티즘과 미국문화의 수용」, 『해방의 철학』; 소흥렬, 「과학기술문명과 프래그머티즘」, 『변화하는 시대와 철학의 과제』, 프래그머티즘 비판(엄정식 글, 338쪽).

을 발휘하지 못했다.

앞에서 잠시 언급한 박종홍은 전후 한국철학의 대표자로서 일제강점기에 이미 실존철학과 하이데거철학을 수용했고 50년대 중반에 서구와 미국을 방문하여 도구주의적 과학철학 등을 수용함으로써 근대화이론과 군사정권을 뒷받침하는 데에 큰 역할을 한다. 박종홍은 5·16을 4·19 이후의 방종에 대립하는 '국가에의 자유'로 찬양하면서 대외 의존적인 군사정권의 등장을 환영했으며, 한일회담이 벌어지자 "이제 대등한 입장이 되었다"고 기뻐하였고, 강화되는 박정희 군사독재체제의 이데올로그로서 '국민교육헌장'을 기초하면서 유신체제의 등장을 이론적으로 뒷받침했다. 한국철학과 서양철학에 대한 박종홍의 연구가 현실연관 속에서 집대성된 것이 '민족중흥'과 '반공민주주의'를 핵심내용으로 하는 '국민교육헌장'이라 볼 수 있다. 박종홍의 현실참여는 당시 지식사회와 철학계에 큰 화제가 되었지만 대체로 부정적인 평가를 받았다.[10]

다른 한편, 현실에 대한 철학적 관심의 표현으로 헤겔철학에 대한 소개와 프롬 류의 소외론과 휴머니즘론이 부분적으로 수용된다. 프롬 류의 소외론과 휴머니즘에 대한 관심은 이전부터 강하게 내려오던 실존철학적, 관념론적 영향 탓이기도 하지만 정치경제학이나 마르크시즘이 제대로 수용되지 않은 상태에서 한국의 현실을 선진자본주의의 철학적 관점 그대로 현실을 파악한 결과이기도 하다. 그러므로 이러한 위기의 극복도 개인 차원의 도덕적, 실존적, 존재론적 결단이나 인간 사랑

10 박종홍에 대한 비판적 연구로 김석수, 『현실 속의 철학, 철학 속의 현실』, 책세상, 2001; 홍윤기, 백종현 등이 있다. 김석수의 책의 문제점에 대해서는 필자의 '서평' 『아카필로』, 2001, 89-100쪽 참조.

이라는 피상적인 수준에 머무는 정도였다.

1960년대에 나온 사회철학 주요 저술들로는 박종홍의 『새날의 지성』(1961), 『현실과 구상』(1963), 『지성과 모색』(1967), 최재희의 『사회철학』(1963), 『헤겔의 철학사상』(1966), 김계숙의 『헤겔 연구』(1969), 이규호의 『현대철학의 이해』(1964), 『사람됨의 뜻』(1967) 등이 있다.

한편 전후에 거의 완전히 단절되었던 실천철학적 흐름인 마르크스주의는 60년대와 70년대의 헤겔연구와 비판이론을 통해 우회적·비판적으로 수용·소개되다가 80년대 이후 본격적으로 수용된다.

1970년대의 사회철학의 발전

1970년대에는 국가주도의 급속한 '근대화'와 '산업화' 정책에 따라 노동자, 농민, 일반 시민의 기본권이 상당히 제약되었다. 개인의 자유와 인권이 무시되고 사회적 불평등이 증대하고 인간소외 현상이 심화되어 갔으며 이러한 사회상황을 반영하는 사회철학적 논의가 나타나기 시작했다. 그리고 이러한 논의가 가능하게 된 것은 철학계에서 연구인력이 증가하고 또 외국유학을 한 철학자들이 각 분야에 등장하기 시작했기 때문이다.

1970년대부터 헤겔철학의 소개와 수용이 활발해지고 이와 함께 현실에 대한 철학적 대응으로 비판이론도 수용된다. 에릭 프롬을 통해 비판이론이 처음으로 소개되다가 마르쿠제의 『이성과 혁명』의 번역(김종호 역, 1965)을 통해 부분적으로 수용되기 시작했다. 그러다가 1970년대 들어 이규호, 차인석, 김종호, 김형효, 신일철, 유준수, 황문수, 박순영, 장일조, 정문길 등에 의해 수용되는데 이를 계기로 한국에서 사회철학이

본격적으로 전개되었다고 해도 과언이 아닐 것이다.[11]

70년대에 비판이론가들의 여러 서적들과 논문들이 번역되었는데 그 중에서도 프롬과 마르쿠제의 책과 논문이 가장 많이 번역, 소개되었다. 그리고 호르크하이머와 아도르노, 하버마스의 책과 글들도 일부 소개되고 또 대학에서 강의되기도 했으며, 1979년에 나온 신일철 편 『프랑크푸르트학파』와 마르틴 제이의 『변증법적 상상력』을 통해 비판이론에 대한 전반적 소개가 이루어졌다. 당시 비판이론이 다루는 영역이 매우 넓었으므로 연구자의 관심에 따라 수용하는 내용과 차원이 달랐지만 비판이론은 학생운동의 사상적 기초가 되는 부정적 비판적 사유를 가능하게 한 이론적 토대가 되었다고 할 수 있다.

또한 자본주의 사회에 대한 직접적인 현실비판 외에도 특히 사회철학과 사회과학 방법론의 문제를 중심으로 영미철학(분석철학, 과학철학)과 서구철학(현상학, 해석학, 비판이론) 사이의 논쟁이 활발히 수용되고 이들 이론들의 한국현실에 대한 적합성에 대한 여러가지 논의가 있었고 인간소외, 사회정의에 관한 담론들도 있었다.

특히 인간소외의 문제는 실존주의의 논의를 이어받은 것으로 70년대 초 새로 도입되기 시작한 비판이론에 의해 더욱 활성화되었는데, 비판이론은 인간의 위기를 과학기술문명의 위기로 파악하는 데서 한 걸음 더 나아가 '초기 마르크스'를 수용하면서 자본주의 문명비판을 시도했다. 인간해방을 위한 부정적·비판적 이성(변증법)의 역할을 강조하면서 '위대한 거부'를 주장한 마르쿠제의 사상이 억압적인 군사독재 아래서 민주화운동의 사상적 뒷받침이 된 것이다.

11 비판이론의 수용과정과 문헌들에 대해서는 문현병, 「쁘띠 부르조아 이데올로기로서의 비판이론의 한국적 수용」, 『철학연구』 제24집, 천지, 1988 겨울 참조.

다른 한편, 서구사회로부터의 비판이론의 수용과 비슷한 시기에 또는 앞서서 이미 한국사회의 억압적 현실과 이 속에서 형성·발전되어 온 '한국의 비판이론'이라고 할 수 있는 여러 이론들이 등장한다. 즉 민족경제론, 분단시대의 역사학, 민중사학, 민중신학, 분단시대의 사회학과 민중사회학, 민중문학 등이 등장하여 한국사회에 대한 비판의 역할을 담당했다고 볼 수 있다. 물론 비판이론이 종래 미국 일변도의 학문수입에서 탈피하여 유럽의 현대이론을 접하도록 기여하고, 기능주의적·행태주의적 사회과학에서 비판적·메타이론적 시각을 수용하게 했으며, 철학계에서는 실증주의 비판을 야기했고 또 마르크스주의가 수용되는 데에 일정한 기여를 한 것은 인정할 수 있다. 그러나 비판이론은 기본적으로 선진자본주의의 현실을 토대로 한 문명비판에 머무는 것이었으므로 우리의 구체적 현실과는 거리가 있었다.

비판이론을 수용한 대표적 철학자인 차인석, 이규호, 백승균의 경우 이들의 이론적 견해 차이와 정치현실에 대한 태도는 비판이론 자체에 원인이 있다기보다는 이들의 현실인식과 연관 학문에의 관심, 삶의 태도의 차이에서 기인한다고 할 수 있겠다.[12]

차인석은 70, 80년대를 통해 비판이론을 수용, 소개한 대표적인 철학자로 사회과학방법론과 사회철학, 이데올로기 문제 등에 대한 여러 가지 편저와 저술로 한국사회철학의 발전에 크게 기여했다.[13] 이규호는 비판이론의 수용에 일찍이 기여를 했지만 비판이론의 과제를 교육혁명

12 문현병, 앞의 글 참조.

13 차인석에 대해서는 백종현(1998. 나), 57~63쪽, (1998. 가) 199~206쪽 참조(둘 다 같은 내용임). 또한 차인석의 철학적 회고라 할 수 있는 「종교에서 실존 그리고 사회사상」, 『철학과 현실』(2001. 가을, 173~197쪽) 참조.

으로 해석하여 비판적 자기성찰을 위한 교육이론으로 발전시켜 정치교육에 적용시키고, 1980년대 들어서는 전두환 정권에 참여하여 이데올로기 비판교육에 앞장섬으로써 비판이론이 가졌던 비판의 기능을 완전히 무시하게 된다. 이러한 정치참여는 논리적으로 일관된 철학자로서 실천으로 보기 어렵다. 백승균은 비판이론을 정리한 『변증법적 비판이론』(1982)과 블로흐의 희망의 철학 등을 소개함으로써 사회철학의 발전에 기여했다.[14] 김형효는 프랑스철학에 대한 연구를 토대로 한국전통사상을 사회현실에 연관시켜 해석하면서 박종홍과 마찬가지로 '개발민족주의'의 이데올로그로 활동했다.[15]

서구에서 도입된 비판이론이 다루는 영역이 매우 넓었고 연구자의 관심에 따라 수용하는 내용과 차원이 달랐기 때문에 당시 비판이론은 한편으로는 정치 이데올로기로 이용되기도 했고 다른 한편으로는 학생운동의 사상적 기초로서의 부정적 비판적 사유를 가능하게 한 이론적 토대가 되었다고 할 수 있다.

1970년대에는 비판이론 외에도 급격하게 사회적 문제로 부상한 사회적 분배의 문제와 연관하여 존 롤스의 정의론이 도입되고 포퍼, 노직, 니버 등의 사상도 수용된다. 그러나 롤스의 정의론은 계약론적 전통에 기초한 것으로 사회적 합의의 과정만 공정하면 분배의 정의가 가능하다는 비역사적인 이론으로서 현실의 구체적인 경제정의의 문제와 거리가 있는 것이며, 따라서 롤스의 정의론은 결국, 분단되고 종속된 우리

14 백승균에 대해서는 문현병, 앞의 글과 백승균의 철학적 인생론인 「실존철학과 사회이론 그리고 인간생명」, 『철학과 현실』, 2001, 겨울 참조.

15 엄정식은 박정희 정권과 전두환 정권에 참여한 철학자들을 '개발민족주의'의 입장에서 파악한다. 엄정식 「분단시대 한국철학과 민족주의」, 『동아연구』 제14집, 서강대 동아연구소, 2001. 8.

현실에 대한 비판의식을 무디게 한 것이라는 비판도 있었다.[16]

앞에서도 언급했듯이 프랑크푸르트학파의 비판이론에 기초한 여러 논의들이나 종속이론 등은 한국사회현실에 대한 역사적, 사회과학적 성과에 토대를 둔 것이 아니고 외국이론을 그대로 수용하는 차원에 머무는 경우가 많았지만 이론적으로 빈곤했던 한국사회에서 나름대로 비판적 역할을 한 것도 사실이다.

1970년대의 사회철학 저술들로는 최재희 『역사철학』(1971), 소광희 편 『정의의 철학』(1977), 김태길 『소설문학에 나타난 가치관』(1977), 박종홍 『변증법적 논리』(1977), 임석진 『시대와 변증법』(1979), 이규호 『현대철학의 이해』(증보판,1979), 김형효 『현실에의 철학적 접근』 등이 있다.

70년대 후반에 종속적 자본주의화의 문제점과 분단구조에 대한 문제인식이 젊은 연구자 집단으로 확산되었고, 특히 유신시대의 정치적 억압을 겪은 젊은 철학도들은 사회비판의식이 매우 강했으며 이들은 80년대에 사회철학자로서 활발한 역할을 하게 된다.

1980년대 사회철학과 마르크스주의의 수용
_ 헤겔철학에서 비판이론, 정통마르크스주의 그리고 주체사상에로

1970년대 후반부터 민주화 운동의 진전과 함께 종속적 자본주의화의 문제점과 분단구조에 대한 문제인식이 젊은 세대에서 구체화되기 시작하면서 마르크스주의에 대한 관심이 급증하고 유신체제의 붕괴와 80년 '서울의 봄', '광주민중항쟁'을 거치면서 마르크스주의가 실천철학적 담론에서 가장 중요한 위치를 차지하게 된다. 따라서 70년대의 비판이론

16 이병창, 「철학에 대한 반성과 전망」, 서울대 인문대 대학원 자치회 학술토론회, 1987.

에 대한 관심도 약화되거나 '쁘띠부르조아 이데올로기' 또는 불철저한 반민중적 이론으로 비판되어 그 의미가 축소되었다.[17] 그러므로 "80년대 한국철학은 가히 '사회철학의 시대'라 할 만 했는데, 그 '사회철학'이라는 것은 마르크스주의 내지 좌파적 사회철학을 뜻했다."[18]는 지적은 타당하다.

1980년에서 1987년까지의 기간에 현실의 정치적, 사회적 요구 때문에 그리고 사상과 출판의 자유가 조금씩 확장되면서 그동안 금기시 되어왔던 마르크스-레닌주의, 주체사상이 이론적 논의의 중심으로 등장한다.[19]

80년대 초반은 비판이론의 비판적 수용과 더불어 실천적 관심에 의한 헤겔연구가 이전의 연구성과와 번역작업(임석진 등)을 토대로 새로이 나타나면서 변증법에 대한 관심이 증가되었다. 80년 이후 변증법 관계 서적이 대량으로 쏟아져 나왔으며 헤겔 변증법으로부터 네오마르크시즘에 이르기까지 다양한 경향의 변증법이 거의 동시적으로 수입 소개된다.[20] 이는 변증법적 유물론에 대한 간접적 이해를 위한 것이지만 동시에 현실에 대한 총체적 인식을 위한 방법론을 제공해주는 이론으로서 수용되기도 했다. 헤겔철학에서 '총체성'과 '변증법' 개념은 한국사회를 총체적이고 역동적으로 보는 시각을 제공했고, 루카치, 코직, 비판

17 박정하, 「『프랑크푸르트학파의 사회비판이론』에 대한 서평」, 『시대와 철학』 제6호, 1993, 259쪽.

18 백종현(1998. 가), 140쪽; (1998. 나), 48쪽.

19 1953년에 창립된 한국철학회의 기관지인 『철학』의 창간호(1955)부터 1981년까지 마르크스나 좌파적 사회철학 관련 논문이 한 편도 없다가 1982년 이후에야 비로소 등장한다; 백종현, 「20세기 한국사회와 사회철학 그리고 그 과제」, 『사회철학대계』 제5권, 민음사, 1998.

20 80년대의 변증법 수용에 대해서는 이병창, 「1980년대 변증법의 수용과정」, 『시대와 철학』 제1호, 까치, 1987 참조.

이론 등이 수용되면서 마르크스주의 수용의 토대를 제공한다. 특히 루카치를 통해 자본주의 사회의 총체성에 대한 인식은 노동계급의 당파성에 의해서 가능하다는 변증법적, 총체적 문제의식을 받아들이게 되었다.

특히 1980년대 전반기에는 헤겔적 마르크스주의[21]의 영향이 컸다. 헤겔에 대한 유물론적, 실천적 독해, 연구와 마르크스의 토대·상부구조론에 입각해서 현실에 대한 총체적 인식을 획득하는 것을 마르크스주의 철학의 핵심으로 파악한 '총체성'의 변증법, 그리고 계급적 당파성이 과학성의 기초라는 루카치의 해석은 마르크스주의의 수용에 큰 영향을 미쳤다.[22]

1980년대 초부터 사회철학적 연구를 공동으로 해온 젊은 철학도들이 중심이 되어 87년 6월에 『시대와 철학』을 창간하여 철학의 실천적 자세를 강조하며, 주체적 철학 형성을 위한 근원적 실천과 생산자적 철학, 비판적 철학을 표방하면서 '분단'과 '민중해방'의 문제를 철학적 과제로 제기한다. 이러한 문제제기는 기존철학계의 아카데미즘에 대한 비판의 의미도 있다. 1988년 3월에는 사회철학연구실과 헤겔학회 소장파가 '한국철학사상연구회'(한철연)로 통합된다. 한철연은 "과학적 세계관을 확립하고 이를 확산·심화시킴으로써 한국사회발전에 이바지할 것"을 목적으로 삼고 대중과의 결합을 강조한다. 한철연의 출현은 기존

21 캘리니코스는 마르크스주의를 헤겔적 마르크스주의, 알뛰세적 또는 구조주의적 마르크스주의, 분석적 마르크스주의로 나누는데 이러한 구분은 마르크스주의 담론을 이해하는 데 적절한 구분으로 생각된다. 한국에서의 마르크스주의 수용은 80년대 초부터 헤겔적 마르크스주의의 수용에서 알뛰세적 마르크스주의, 다음으로 분석적 마르크스주의 순으로 수용된다고 볼 수 있다.

22 한국에서의 루카치 수용에 대해서는 설헌영, 「현실변혁과 변증법」, 『철학연구』, 천지, 1988 겨울 참조.

철학계(한국철학회·철학연구회 등)에 신선한 자극이자 도전이기도 하지만 완전한 단절은 아니었다. 창립대회에 조요한 한국철학회장, 학술단체협의회 공동대표, 전민련 편집실장 등이 참여한 것은 이 철학회의 성격을 잘 보여준다. 1980년대에 들어 기존 철학계에서도 자유·정의·국가 등 현실문제를 철학적으로 다루는 철학발표회가 어느 정도 활성화된다. 그리고 김태길 교수를 중심으로 한국 철학계의 중진들이 참여하여 『철학과 현실』을 창간(88년 봄)함으로써 현실과 거리가 먼 한국철학을 반성하고 철학의 사회적 역할을 강조하면서 철학의 대중화 작업을 시도하기 시작했다.

이처럼 한국 철학계에서 사회철학에 대한 관심이 증대되면서 철학연구회에서는 1988년에 '한국에서의 마르크스주의 수용'이라는 주제로 「일제강점기와 해방 직후의 마르크스주의 수용–신남철을 중심으로」(김재현), 「쁘띠부르조아 이데올로기로서의 비판이론의 한국적 수용」(문현병), 「현실변혁과 변증법–루카치 수용의 의미에 대한 검토」(설헌영)가 발표되었다. 또한 1989년에는 '주체사상의 철학적 조명'을 주제로 「북한의 사회주의 건설과 주체사상의 이해(1)」(최종욱), 「원리 체계에서 본 주체사상의 철학적 정치적 문제」(유초하), 「80년대 사회변혁운동과 주체사상」(김재기) 등의 글이 발표되었다. 특히 후자의 글에서는 1980년대 사회변혁운동 과정에서 주체사상이 상당 부분 수용되고 영향을 미쳤음을 밝히고 있다. 또한 한국철학회에서도 분배의 정의를 주제로 자유주의 입장과 정통 마르크스주의 입장이 같이 발표되어 활발한 논의를 하기도 했다. 기성 철학회의 정기 학술대회에서 이러한 발표가 이루어졌다는 것은 1980년대 후반의 사회적 분위기를 반영할 뿐만 아니라 기존 철학계의 사상적 수용폭도 상당히 넓어졌다는 것을 의미한다고 할 수 있다.

한철연이 주도한『철학대사전』(1989)의 출간은 마르크스주의 수용에서 특기할 만한 업적이라 할 수 있으며, 이외에도 소련철학계의 동향(서유석), 페레스트로이카와 마르크스주의의 새로운 해석, 마르크스주의에서 인간과 실천문제 등에 대한 연구(송두율·홍윤기), 동독에서의 마르크스주의 논쟁사(안규남), 그리고 이들 연구와 주체사상에 대한 연구를 통해 마르크스주의의 발전과정에서의 논쟁을 정리하여 주체사상을 마르크스주의의 발전으로 파악한 이정길의『철학의 새로운 단계』,「월북 철학자들에 대한 연구」(김재현) 등 진보적인 입장의 연구들이 나왔다.

80년대 후반부터 마르크스주의에 대한 관심이 본격적으로 대두하기 시작했으며 이러한 관심은 마르크스 원전에 대한 연구로 구체화되기 시작했다. 이에 따라 마르크스 저작물에 대한 번역 작업들이 집중적으로 진행되어 마르크스주의에서 가장 핵심적인 저작들이라고 할 수 있는『자본론』,『독일이데올로기』,『정치경제학 비판』등이 번역되었고, 그 외에도 마르크스-레닌주의 관련 서적이 상당수 출간된다. 이와 함께 마르크스의 유물론적 세계관, 역사적 유물론, 그리고 정치경제학의 방법론들이 연구, 학습되기 시작했다. 이는 주로 소련, 동구에서 출간된 기존의 마르크스주의 '교과서'를 통해서 이루어졌다.[23] 87년 6월 항쟁 이후 마르크스주의를 본격적으로 다루는 글들이 대량으로 나오고 주체사상에 대한 논쟁도 활발했으며 '민족적·민중적 학문'에 대한 논의가 활발해졌다.[24]

23 김창호,「80년대 이후 진보적 철학 연구사」,『현대한국 인문사회과학 연구사』, 한울, 1994, 142~143쪽.

24 1988년 6월 3,4일 양일에 걸쳐 처음으로 학술단체 연합심포지움이 열렸다. 이때의 주요 개념이 '학술운동'과 '민족적·민중적 학문'이었다. 학술단체 협의회편,『80년

1987년 말부터 본격적으로 시작된 변혁사상과 이론을 둘러싼 대중노선, 철학의 근본문제에 관한 논의가 주체사상의 수용과 함께 철학적 논의의 핵심문제로 제기되어 마르크스-레닌주의와 주체사상의 관련 등이 논의되었다.[25] 그리고 사회구성체 논쟁, 사회과학 방법론 논쟁, 역사법칙 논쟁, 과학의 '과학성' 논쟁, 진리를 둘러싼 논의, 모순론 논쟁, 인간론 논쟁, 포스트모더니즘 논쟁, 해체론 논쟁, 근대성 논쟁, 생태학적 세계관 논쟁 등에서 철학적 담론들이 나타났다. 그러나 한국의 사회철학계에서는 이들 문제를 주체적으로 다루지는 않았으며 주로 사회과학이나 문학 쪽에서 이러한 논쟁을 주도한 경우가 많았다.[26]

이처럼 마르크스주의는 한국사회의 변혁에 대한 요구와 함께 한국사회에 적용될 수 있는 이론으로 발전되어 갔다. 특히 1985년 CNP 논쟁을 시작으로 해서 몇 년간 사회성격 논쟁, 사구체 논쟁, 모순론, 방법론, 과학성과 당파성, 이론과 실천, 주체사상 논쟁 등 다양한 논쟁들 속에서 여러 가지 철학적인 문제들이 제기되었고 논쟁들도 활발했다.[27]

특히 주체사상 논쟁은 사회구성체논쟁과 사회성격 논쟁에서 제기된 제국주의의 규정력 문제를 둘러싸고 민족해방의 전략적 차원에서

대 한국인문사회과학의 현단계와 전망』, 역사비평사, 1988.

25 이병창, 「80년대의 한국사회와 사상운동」, 『사회와 사상』1989년 1월호; 김재기, 「80년대의 사회변혁운동과 주체사상」, 『철학연구』제25집; 1980년대의 사회변혁과 관련된 철학적 논쟁에 대해서는 김창호 편, 『한국사회변혁과 철학논쟁』 참조.

26 『창작과 비평』은 30년간 한국사회에서의 주요 쟁점들을 부각시키고 논의를 심화시키는데 중요한 역할을 했지만 특히 최근 10여 년간 문학, 철학, 사회과학의 차원에서 중요한 논쟁들을 주도해왔다고 할 수 있겠다. 김동춘, 「한국사회과학과 창비 30년」, 『창작과 비평』, 1996 봄 참조.

27 이 논쟁들의 구체적 내용에 대해서는 김창호, 앞의 글. 윤형식, 「마르크스-레닌주의 정통주의의 시대」, 『1980년대 이후 마르크스주의 연구』, 과학과 사상, 1995. 그리고 졸저, 6장 참조.

수용되었다. 특히 정서적으로 민족주의에 호소하면서 일제강점기부터 민족해방의 '정통성'을 주장하는 주체사상이 학생운동권에 강력한 영향력을 행사하면서 비공개적인 논쟁의 핵심으로 떠오르게 된다.[28] 민족해방의 문제의식은 86년경에 주체사상의 창조적 계승과 적용이라는 문제가 제기되면서 소위 '주체사상논쟁'이 불붙었다. '정통노선'과 '주체사상' 간의 소위 '철학' 논쟁과 '인간론' 논쟁'이 지속되다가 89년 전후로 『주체사상 총서』 제10권이 모두 출간된 후, 주체사상에 대한 비판이 지배적이 되고 정치노선상의 문제로 흡수됨으로써 생산적인 논의로 발전하지 못했다고 할 수 있다.[29]

한편으로 송두율 교수의 『계몽과 해방』(1988)을 비롯한 저작과 글들도 한국사회에 큰 영향을 주었으며, 언어철학 쪽에서도 영미·서구철학의 제국주의적 성격을 밝히면서 언어철학의 올바른 방향을 위해서는 언어적 실천의 의미를 물질적 구조와 관련시켜야 한다는 반성적이면서 주체적인 주장도 나왔다.[30] 이처럼 1980년대는 사회운동의 발전에 영향을 받으면서 구체적 현실에로 접근하려는 노력들이 뚜렷이 전개되면서 마르크스주의를 올바로 수용하여 우리 현실에 적합한 사회철학을 생산하고자 하는 움직임이 본격적으로 전개되었다고 할 수 있다.

그런데 우리는 모든 저작들에 일반화시켜 적용하기는 어렵지만 1980년대 한국에서 마르크스주의 수용의 몇 가지 특징적인 현상을 발견할 수 있다.

28 윤형식, 앞의 글, 14쪽 참조.

29 김창호 엮음, 『한국사회변혁과 철학논쟁』, 사계절, 1989. 이정길, 『철학의 새로운 단계』, 녹두, 1989; 이진경 엮음, 『주체사상비판 1·2』, 벼리, 1989 등 참조.

30 이훈, 「현대철학과 제국주의」, 월간 『사회와 사상』 1989년 1월호, 한길사.

첫째는, 남북분단이라는 특수한 상황 때문에 서구 마르크스주의의 경우와 반대로 우리의 경우는 비판이론의 수용이 어느 정도 이루어진 후 마르크스-레닌주의가 관념적이면서도 실천적 힘을 가지고 단기간에 전폭적으로 수용된다는 점. 둘째로, 마르크스주의는 정치적 억압 약화와 현실적 실천의 요청 때문에 비교직 단순한 차원에서 수용된 반면, 비판이론은 충분한 이해와 논쟁과정을 거치지 않고 수용됨으로써 비판이론이 갖는 실천적 의미가 제대로 인식되지 못했다는 점. 셋째, 마르크스주의에 대한 충분한 이론적 축적 없이 논쟁이 격화되고 마르크스주의적 '실천'이 관념화되었던 경향이 있었다는 점이다. 이렇게 된 이유는 시대적 배경 때문에 '이론의 실천화'에 대한 요구가 너무 강했기 때문이 아닌가 생각된다.

또한 1980년대에는 앞에서 언급한 주류 마르크스주의적 경향들 외에도 다양한 사회철학적 성과들이 단행본으로 출간된다. 김태길 외, 『현대사회와 철학』(1980), 차인석 교수가 주도하여 한국사회과학연구소에서 『현대사회과학 방법론』, 『현대의 사회사상가』, 『사회과학의 철학』, 『사회와 인식』 등이 간행되었다. 그리고 임석진의 『헤겔 변증법의 모색과 전망』(1985), 이한구의 『역사주의와 역사철학』(1986), 이상철의 『역사철학연구』(1987), 정문길의 『에피고넨의 시대』(1987), 차인석의 『사회인식론』(1987). 차인석편 『19세기 독일사회철학』(1986), 이삼열의 『평화의 철학과 통일의 실천』(1990), 김형효의 『구조주의의 사유체계와 사상』(1989) 등이 간행되었다.

특히 차인석의 『사회인식론』은 현상학과 마르크스주의의 결합, 마르크스에서의 과학적 인식, 인간과 실천문제를 다룸으로써 정통 마르크스주의와는 다른 해석 즉 현상학적이며 인간한적인 마르크스 해석을 하고 있다. 김태길의 『변혁시대의 사회철학』(1990)은 한국사회에 대한 사회윤리적 해명에 머물러 내용이 책명과 잘 맞지 않으나 직접 한국현실을 논의대상으로 했다는 점에서 상당한 의의가 있다. 그리고 이삼열은 평화의 철학을 통한 통일의 실현을 위해 이론적 실천적 작업을 활발하게 해 왔다.[31] 이들 다양한 저술들은 서구와 영미의 사회철학과 윤리학, 역사철학 등을 충실히 수용한 연구업적이라 할 수 있지만, 한국현실에 대한 철학적 해명에는 미흡했다고 평가할 수 있다.

1990년대 전반기의 사회철학–사회주의권의 붕괴와 마르크스주의의 변화

1989년부터 시작된 동독의 붕괴, 동구권의 변화, 91년 소련의 해체와 함께 마르크스주의 운동과 이념은 현실적 기반을 상실하면서 한국의 진보적 지식인들에게도 엄청난 영향을 준다. 또한 1993년 '문민정부'의 등장으로 '운동권'이 가졌던 활력과 정당성도 약화되면서 마르크스주의는 급속히 영향력을 상실하게 된다. 그러므로 이전 시기의 마르크스-레닌주의와 주체사상에 기초한 혁명적 실천적 담론은 이러한 사회주의권의 붕괴현상이 나타나면서 변하기 시작하여 마르크스주의의 위기가 나타나고 마르크스주의에 대한 논의의 방향도 달라진다. 물론 사회주의권의 붕괴 이전에 이미 서구에서 나타났던 마르크스주의 위기론과 새로운 이론들이 국내에도 부분적으로 소개되긴 했지만, 한국에서는 현존 사회주의권의 몰락으로 마르크스주의의 새로운 활로를 찾는 과정에

31 이삼열에 대해서는 백종현(1998.가), 206~207쪽; (1998.나), 64~65쪽. 그리고 그의 철학적 인생론이라 할 수 있는 「철학과 현실참여의 사이에서」(1)(2), 『철학과 현실』 2000년 겨울, 2001년 봄호 참조.

서 보다 뚜렷한 몇 가지 이론적 모색이 나타난다.

우선 1980년 중반 소련의 페레스트로이카 과정에서 제기되었던 문제들에 대한 한국에서의 담론들은 사회주의 위기 또는 페레스트로이카에 대한 논쟁으로 특히 페레스트로이카의 철학에 대한 검토로 나타났다.[32] 여기서 쟁점이 됐던 주제는 '프롤레타리아 독재와 민주주의 문제', '소유 및 생산력-생산관계의 변증법' '사회주의 모순론', '사회주의 인간론' 등이었으며 사회주의 개혁에 대한 논쟁의 쟁점은 페레스트로이카가 사회주의의 강화·발전이냐 아니면 붕괴냐 하는 것이었으나 소련의 붕괴 후, 이 논의는 사라지고 '마르크스주의 위기'에 대한 담론들이 등장한다.

현실사회주의의 몰락 이후 그리고 사회주의 논쟁과 연관하여 1991년 초 리영희 교수는 사회주의, 공산주의의 역사적 패배를 인정하면서 초기 마르크스 인간학의 사상적 설득력만 인정하고 후기 마르크스주의를 초기 마르크스주의와 구분해야 하며, 더 나아가 인간의 이기주의적 생물학적 동물성을 인정하여 동물적 인간의 한계를 인정해야 한다고 말한다. 그는 인간을 도덕적으로 완전히 개조하는 것이 가능하다고 본 사회주의의 인간관이 사회주의 실패의 원인이라 말하면서 "인간성의 회복을 지탱해주는 이론적 근거로 '초기 마르크스주의'의 존재론적 인간학은 이후에도 철학·윤리학 지침으로 남을 것"으로 내다보고 또 환경·공해·평화·발전·인간가치·평등·소외·시민운동·저항 등은 제도와 체제 내의 이의제기 요소로서 사상적인 효용성을 유지할 것으로 보는 반면, 계급혁명이론 전략과 결합된 마르크스-레닌주의의 효용성은 20

32 김창호 엮음, 『한국사회변혁과 철학논쟁』, 한국철학사상연구회, 『시대와 철학』 제1호·제2호; 한국철학사상연구회 편역, 『페레스트로이카와 철학논쟁』, 녹진, 1990.

세기를 끝으로 사라질 것으로 전망했다.[33] 리영희 교수의 고백을 둘러싸고 약간의 논쟁이 있었지만 인간론의 문제는 페레스트로이카 과정에서도 중요하게 문제되었던 것으로서 여전히 논쟁이 되는 문제이다.[34]

또한 이미 80년대부터 인간과 생명에 대한 사랑에서 전 지구적인 전망을 가지고 인간과 자연의 구체적인 삶을 바탕으로 살림운동을 전개하던 김지하가 1991년 5월 학생들의 분신사건이 연속되자 자신의 '생명론'을 바탕으로, 민주화 세력들의 저항을 "고전적인 마르크스-레닌주의나 주사파의 스트레오 타입"이며 하나의 이탈적 의식화儀式化로 신랄하게 비판하여 당시의 운동권이나 비판적 지식인들에게 상당한 충격을 주었다.[35] 이 두 사건이 암시하듯이 마르크스주의의 위기와 해체의 경향은 다양하게 확산된다.

마르크스주의의 위기는 이론적, 현실적 차원에서 제기되었고 이를 둘러싸고 많은 논쟁들이 있었다. 마르크스주의의 위기는 이론적으로는 마르크스주의가 헤겔적 총체성 개념에 입각한 목적론적 역사관과 경제주의적 관점을 갖고 있었기 때문에 현실사회의 다양한 지배 권력관계를 해명할 수 있는 이론체계가 결여되어 있다는 것, 그리고 실천적으로는 마르크스 시대 이후 현실적인 사회구성체의 변화 때문에 고전적인 정치경제학적 이론들의 타당성이 의문시되고, 노동운동과 마르크스주의의 결합관계가 약화되면서 제기되었다.

33 리영희, 「사회주의의 실패, 지식인의 사명」, 『신동아』 1991.3월호, 314-324쪽; 『말』, 1991.3월호 참조.

34 리영희에 대한 전체적인 논의로는 박병기, 「리영희-휴머니즘으로서 이데올로기 비판」, 『시대와 철학』 제13호 참조. 페레스트이카 과정에서 인간론에 대한 논의는 졸고 「소련철학에서 '인간론'의 지평」, 『시대와 철학』 제2호, 1991 참조.

35 김지하, "젊은 벗들: 역사에서 무엇을 배우는가", 「조선일보」 1991년 5월 5일자.

한편으로 마르크스주의의 위기 극복을 위해 헤겔주의적 마르크스주의가 가진 한계들을 비판하면서 나온 알뛰세의 '구조주의적 마르크스주의'에 대한 논의가 사회과학, 특히 정치경제학 쪽에서 활발해지고 동시에 알뛰세의 이데올로기론을 토대로 하는 이데올로기의 물질성에 대한 논의, 유물론적 문화이론이 등장하면서 마르크스주의의 새로운 방향에 대한 모색이 이루어진다.

다른 한편으로 마르크스주의의 위기에 대한 또 다른 대응으로서 포스트 마르크스주의 담론의 출현을 들 수 있다. 포스트마르크스주의에 포함되는 사상조류들이 어떤 것들인가에 대해서 다양한 견해가 있다. 그러나 사회를 분석하는 데서 사회경제적 토대와 계급의 결정력을 부정하며 사회의식이나 생활에서 담화나 의미를 중시하는 점에 공통점이 있다. 포스트마르크스주의를 둘러싼 논쟁의 핵심은 포스트마르크스주의가 방법과 내용에서 마르크스주의의 한 형태인가 아니면 마르크스주의의 포기인가였다.[36]

이병천은 현실사회주의 붕괴 이후 추구되어야 할 새로운 민중운동의 이론체계는 마르크스의 객관주의적 합리주의, 경제주의적 사회관과 계급관, 결정론적 역사철학이 아닌 "비본질주의적-비객관주의, 비경제주의, 비환원주의, 비목적론적, 비진화론, 비결정론적"[37]인 이론체계이어야 한다고 주장한다. 그는 노동계급의 헤게모니를 부정하고 시민사회, 신사회 운동을 강조하는 경향을 대표하는 라클라우, 무페의 이

36 이수훈, 「한국사회 맑스주의 논의의 회고와 전망-1980년대를 중심으로」, 『경제와 사회』1992 여름, 32-41쪽; 김동춘, 「80년대 이후 한국 맑스주의이론의 성격변화」, 『창작과 비평』, 1993 겨울호.

37 이병천, 「맑스 역사관의 재검토」, 『사회경제평론』제4집, 한울, 1991. 163쪽.

론과 비판이론을 수용하여 한국에서의 정통마르크스주의를 본격적으로 비판했다. 이병천은 포스트마르크스주의가 라클라우와 무페의 이론뿐만 아니라 "마르크스의 죽은 것과 산 것을 분별하여, 마르크스의 산 것을 계승·보존하고 이것과 비마르크스주의적 진보이론의 풍부한 유산들을 올바르게 흡수·통합한 이론의 총체"[38]를 가리킨다는 점을 강조했는데, 이에 대해 다양한 비판과 논쟁들이 있었다.[39]

또한 포스트마르크스주의의 한 경향으로 코엔과 엘스터로 대표되는 '분석적 마르크스주의'에 대한 연구도 나왔다.[40] 그런데 분석적 마르크스주의는 탈헤겔적 마르크스주의 시각, 탈알뛰세적 마르크스주의 시각을 갖는 것으로 마르크스주의의 근본 패러다임인 총체성과 계급투쟁 등의 문제의식을 희석시킨다는 비판들이 제기되었다.

사회과학계의 이러한 전반적인 변화는 사회철학계에도 큰 영향을 미쳤다. 1980년대 후반까지 정통마르크스주의와 주체사상들에 대한 관심들이 지배적이었지만 사회주의권의 붕괴는 마르크스주의의 수용에도 커다란 변화를 가져왔다. 한철연 중심의 사회철학자들의 공동저술인 『현대사회와 마르크스주의의 철학』(1992)에서는 정통마르크스주의의 틀을 넘어 현대마르크스주의의 다양한 경향들을 폭넓게 소개하고 있다.

다른 한편 해외유학파인 윤평중과 이진우의 저술이 1990년대 초반

38 이병천, 같은 글, 114쪽.

39 보다 자세한 논의는 이수훈, 앞의 글; 김동춘, 앞의 글; 윤형식·김창호의 글과 참고문헌 참조.

40 분석적 맑스주의에 대한 논의는 에릭 올린 라이트, 「분석적 맑스주의란 무엇인가?」 경남대 극동문제연구소, 『전환기의 맑스주의』, 공동체, 1991; 서유석, 「개체론적 마르크스주의의 방법적 한계에 대하여」, 『시대와 철학』 제7호, 동녘, 1993.

에 활발하게 나온다. 윤평중은 『푸꼬와 하버마스를 넘어서』(1990), 『포스트모더니즘의 철학과 포스트마르크스주의』(1992)를 통해 푸꼬 등 다양한 포스트모던적 사회철학들을 소개하고, 이진우는 『탈이데올로기 시대의 정치철학』(1993), 『탈현대의 사회철학』(1993)에서 마르크스를 탈현대적으로 재구성함으로써 '약한 마르크스주의'로서 포스트마르크스주의를 수용하여 소개한다. 또한 1990년대 중반에 해외유학파들을 중심으로 한국철학회 산하에 '사회와철학연구회'가 창립되어 사회철학 세미나를 지속적으로 해왔으며 최근에는 단행본도 출간하고 있다.

1990년대 한국사회철학의 수용과 전개과정에서 주목할 만한 것은 1990년대 초반까지 한국에서 사회철학의 이론적 수용과 전개를 집대성한 『사회철학대계』의 출간을 꼽을 수 있다. 1993년 말에 『사회철학대계 1: 고전적 사회철학사상』, 『사회철학대계2: 사회주의와 자유주의』, 『사회철학대계3: 사회원리에 관한 새로운 모색들』이 출간되었는데, 이 작업에는 한국의 사회철학자 대부분과 사회윤리학자 등 사회현실과 관련된 학자들 외에도 여러 분야의 철학자들이 다수 참여하였다.

1990년대 후반 – 사회철학적 주제의 다양화

사회주의 체제의 몰락과 마르크스주의 위기에 대한 논의에서 '주체'에 대한 논의가 새롭게 등장한다. 마르크스주의적 입장에서 변혁주체는 생산관계에 의해 형성되는 계급적 주체임에 반해 다양한 개인들, 집단들의 주체형성과정에 대해서는 주목되지 않았었다. 그러나 구조주의에서 인간주체의 죽음을 언급한 이후 주체형성, 주체소멸 문제가 심각하게 제기되고 주체의 생산양식에 대한 담론이 활발해 진다. 특히 근대성의 문제와 관련해서 데카르트에서 시작하여 헤겔을 거쳐 마르크스에 이르는 '근대적 주체'에 대한 비판이 나온다. 이러한 경향 속에서 라캉, 푸꼬, 데리다, 들뢰즈, 료따르 등의 이론이 수용되고 니체와 프로이트에 대한 관심이 증대되면서 후기구조주의, 포스트모더니즘에 대한 논의가 심화된다.

이때부터 서구의 모더니티가 옹호했던 이성과 합리성, 합리적 주체에 대한 비판으로서 해체론적 담론, 포스트모더니즘 담론이 지배적이 되기 시작한다. 포스트모더니즘을 마르크스적 입장에서 비판했던 캘리니코스도 "포스트모더니즘은 이제 자신을 정상과학으로 확립했음"[41]을 인정했다. 1990년대 후반이 되면서 한국에서도 인문학과 사회과학의 주요영역에서 포스트모더니즘이 '정상과학'의 지위를 획득한 것처럼 보인다.

료따르는『포스트모던적 조건』(1979)에서 정보사회에서 지식의 위상을 검토하면서 고전적 모던적 사회에서 정립된 지식개념이 포스트모던적 사회에서 어떻게 변화되고 이해되어야 하는가를 밝힌다. 그는 소쉬르와 비트겐슈타인 이후의 언어학 및 언어철학을 수용하여 사회적 화용론 입장에서 전통이론을 비판한다. 특히 "정신의 변증법, 의미의 해석학, 사유 혹은 노동하는 주체의 해방, 부의 발전"[42] 등을 인간의 삶을 지배하고 통제하는 '큰 이야기'의 대표적 예로 규정하면서 포스트모던 사회는 '큰 이야기' 또는 '메타이야기'가 효력을 상실한 사회라고 단정

41 정성진,「포스트모던 마르크스경제학 비판」,『이론』제16호(1996겨울·1997봄 합본호) 71쪽에서 재인용.

42 장-프랑수아 료따르/이현복 옮김,『포스트모던적 조건』, 서광사, 1992. 13쪽.

한다. 료따르는 "하버마스가 생각하듯이 토론을 통해 획득된 합의는 어떠한가? 그것은 언어게임의 이질성을 침해한다. 그리고 창조는 항상 이의 속에서 일어난다. 포스트모던적 지식은 단순히 권력의 도구가 아니다. 그것은 차이에 대한 우리의 감수성을 세련시키고 불가공약적인 것에 대한 우리의 인내력을 강화시킨나. 그것은 전문가들의 일치에서가 아니라 창안가들의 불일치 속에 근거를 두고 있다."[43]고 주장한다.

1990년대 들어 마르크스주의 이외의 다양한 경향들 특히 상대주의적, 다원주의적 더 나아가 해체적 경향을 갖는 포스트모던적 사상의 특징을 몇 가지 면 다음과 같다. 첫째, 목적론적이고 진화론적인 역사발전관을 거부하며 둘째, 역사의 연속성보다는 불연속성, 필연성보다는 우연성을 강조하고 셋째, 근대적 이성적 주체의 죽음과 반인간주의를 표방하고 넷째, 노동해방이나 역사발전 등과 같은 '큰이야기'를 폐기하고 '조그만 이야기'를 강조하면서 다원주의와 차이를 옹호한다.

모더니티에 대한 논쟁 속에서 하버마스는 의사소통행위이론에 기초해서 사회적 합리성, 합의, 해방, 연대 등과 같은 근대적 가치를 보존·확대하고자 하는 확고한 이성주의자로서 포스트모더니즘에 대항하여 합리성에 기초한 사회비판이론을 옹호한다.[44] 그러므로 하버마스 이론

43 료따르, 같은 책, 15쪽.

44 여기서 우리는 포스트 모더니즘에 대한 하버마스의 철학적 개입이 띠고 있는 정치적 성격을 강조하는 것이 중요하다고 생각한다. 1970년대 후반부터 그의 연구는 근(현)대성의 일부 또는 전체를 거부하는 다양한 갈래의 보수주의적 사고가 서구 자본주의 전체에 걸쳐서 되살아나고 있는 것에 주목하고 있다. 하버마스가 2차 대전 이전의 유럽 우파가 가졌던 비합리주의라고 여겼던, 이러한 사고의 재등장은 분명하게, 특히 독일 연방 공화국 내에서 아주 위협적인 의미를 가지고 있었다. 특히 자유 민주주의에 대한 반동적인 도전에 대한 공포는 하버마스로 하여금 포스트모더니즘 논쟁에 적극 참여하도록 만들었다. (캘리니코스/임상훈·이동연 옮김, 『포스

은 포스트모더니즘을 비판하면서 '합리성'과 '근대적 기획'을 옹호하려는 많은 사회철학자들이 관심을 갖고 수용하게 된다.

1996년 봄, 하버마스의 한국 방문을 전후해 하버마스에 대한 여러 연구들이 나왔는데, 이 중 『하버마스의 사상: 주요 주제와 쟁점들』(1996)의 책머리에서 장춘익은 사회주의권 붕괴 이후, 하버마스의 사상이 수용되는 과정에 대한 언급을 통해 한국사회철학계의 변화를 잘 설명하고 있다.

1970년대 중반부터 소개되기 시작한 하버마스의 사상은 처음에는 마르크스사상에 대한 우회로로서 수용되었다. 합법적으로 마르크스의 저작을 접할 수 없었던 사람들은 마르크스에게 영향을 준 사상이나, 영향을 받은 사상이라도 공부하고자 하였다. 그래서 한편으로 헤겔을, 다른 한편으로는 서구마르크스주의를 공부하였다. 그 후 1980년대 중반경부터 마르크스주의 계열의 서적에 대한 접근이 비교적 자유로워지면서 그런 우회로들은 불필요한 것이 되었다. 마치 마르크스주의의 전통을 단숨에 만회하려는 듯이, 마르크스뿐만 아니라 레닌과 모택동의 글, 그리고 동구권에서 출판된 책들이 다투어 번역되었다. 이에 병행하여 마르크스주의적인 소장학자들은 엄청난 열정과 에너지를 투여하면서 이론논쟁을 진행시켰다. 그러나 이런 노력들이 미처 스스로의 성과를 정리하고 새로운 이론을 수용할 필요를 자각하기 전에, 1980년대 말부터 동구권의 체제변동이 닥쳤다. 사회주의권의 변동을 더 나은 사회주의를 위한 자체 개혁으로 이해하려 했던 시각마저 더 이상 유지될 수 없게 되자 비판적 지식인들의 이론적 지향점은 극도로 불투명해 졌다. 뒤

트모더니즘 비판』, 성림, 1994. 92~93쪽)

이어 수용된 포스트모더니즘은 마르크스주의뿐만 아니라 모든 진보적 사고를 의심의 대상으로 만드는 것이었다.

이런 상황에서 자기수정의 태세를 갖추고 다양한 이론적 조류들과의 접점을 잃지 않으려는 비판적 지식인들이 하버마스의 사상에 다시 주목하게 된다. 마르크스의 정치경제학처럼 학문성과 실천적 함의를 동시에 갖는 비판적 사회이론을 새롭게 세우려는 하버마스의 작업이 이제 비로소 진지한 고려의 대상이 된 것이다.[45]

1990년대 들어 본격화된 하버마스의 수용은 한국사회철학의 전개 과정을 역설적으로 보여준다고 할 수 있을 것이다. 사회철학계에서 하버마스의 이론을 토대로 포스트모더니즘을 비판하는 것에 대해 비판적인 입장도 있다. 이들은 하버마스의 비판과는 달리 포스트모더니즘에서 주장하는 욕망의 해방이나, '나'라는 중심을 해체하는 작업은 이성적 주체라는 획일적 가치체계를 거부하는 비판적 측면이 있다. 즉 차이와 비동일성을 강조하고, 작은 이야기를 중시함으로써 전체주의적 이성의 횡포를 비판한다는 점에서 '해방'에 대한 요구를 갖고 있다고 볼 수 있다.

포스트모더니즘에는 유물변증법 같은 거대이론, 총체성, 일사분란한 단일 전망, 프롤레타리아트 같은 통합주체는 없지만 그럼에도 자본, 권력 등 사회 안의 특권구조와 관료제의 침투에 대항하여 생활세계의 자율성, 차이의 놀이, 시민사회의 다양성, 평등, 참여, 분산, 연대 등을 관철해 나가는 나름의 변혁 에너지가 있는 것이다.[46]

---

45 장춘익 외, 『하버마스의 사상-주요 주제와 쟁점들』, 나남, 1996,10~11쪽.

46 한상진·김성기, 「포스트 모더니즘 이렇게 보아야 한다」, 정정호·강내희 편, 『포스트 모더니즘의 쟁점』, 터, 1991, 298쪽.

즉 포스트모더니즘 문화가 미국 등에서 소수인종, 여성, 흑인운동 등의 '소규모 정치'에 활용되는 측면과 서구 중심적 근대화에 제동을 걸면서 비서구문화에 대해 공정한 취급을 요구하는 등의 저항적 해방적 요소가 있다고 보는 입장이 상당히 많다. 이러한 입장 차이 때문에 포스트모더니즘 논쟁이 활발하게 전개되었다.[47]

이처럼 한국에서의 포스트모더니즘 논의는 지배적인 패러다임으로서의 마르크스주의가 비판되면서 다원주의와 상대주의의 분위기와 함께 급속하게 수용되고 확산되었으나, 사실상 이 논쟁은 서구에서의 논쟁을 소개하고 되풀이하는 수준을 크게 넘어서지 않았다고 볼 수 있다. 최근에 와서 한국역사와 사회에서 '근대성'에 관한 관심이 심화되고 다양한 연구들이 늘어난 것은 이러한 문제의식이 구체화되었기 때문이라 볼 수 있다.[48]

그리고 1990년대 초에 이루어졌던 『사회철학대계』 1·2·3권의 후속 작업으로 1998년 말에 『사회철학대계4: 기술시대의 사회철학』, 『사회철학대계5: 현대문화와 사회철학』이 간행되었다. 여기서는 다양한 주제가 폭넓게 다루어졌으며 이는 세계화와 한국사회의 변화에 따른 한국사회철학계의 새로운 연구 분야와 관심의 폭, 연구역량을 보여주는 것이라 하겠다.

47 피들러·료따르·핫산·후이센 등이 그들이다. 정정호·강내희 편, 『포스트모더니즘론』, 터, 1989; 김욱동 편, 『포스트모더니즘의 이해』, 문학과 지성사, 1992 참조. 포스트모더니즘적 경향을 옹호하는 철학자들은 대체로 이러한 입장에 동의한다.

48 역사문제연구소 편, 『한국의 '근대'와 '근대성'』(1996); 한국공간환경학회, 『공간의 근대성과 근대성의 공간』(1996); 백영서·손호철·유재건·김호기 좌담, 「근대성의 재조명과 분단체제 극복의길」, 『창작과 비평』1995년 봄호; 백낙청, 「민족문학론, 분단체제론, 근대극복론」, 『창작과 비평』1995년 가을호 등 참조.

『사회철학대계4』에서는 컴퓨터의 발달에 따른 기술혁명이 일으킨 사회적, 철학적 문제들을 다룬다. 특히 '정보화 시대'의 바람직한 사회문화 형태의 모색과 현대기술문명의 발달이 가져온 자연과 환경의 파괴와 변이에 대한 대응방안을 검토한다. 이러한 논의는 현대 사회비판 이론의 주요 과제로서 이미 여러 철학자들에 의해 다양한 방식으로 검토되어 왔다. 대표적으로는 기술문명과 정보통신기술, 정보사회, 전자미디어, 새로운 매체 등에 대한 철학적 논의로서 임홍빈의 『기술문명의 철학』(1995), 한국철학회편 『문화의 진보와 정보통신기술』(1997), 한국철학회편 『기술문명에 대한 철학적 반성』(1998), 김상환 외 『매체의 철학』(1998), 철학연구회편 『정보사회의 철학적 진단』(1999) 등이 나왔다.

'현대문화와 사회철학'이라는 부제로 나온 『사회철학대계5』는 '탈주체' 속의 사회철학, 대중문화와 사회철학, 성의 정치학을 각 장으로 하여 다양한 글을 싣는다. 특히 4장에서는 여성해방운동과 관련하여 페미니즘에 대한 논의, 육체와 욕구, 성, 포르노그래피에 대한 관심들이 철학적으로 표현된다. 페미니즘 철학은 이미 서구 사회철학에서도 주류를 차지하고 있는 것으로서 1990년대 들어 한국사회에서도 활발하게 전개되어 왔는데, 특히 여성철학회를 중심으로 지속적인 세미나가 이루어지면서 『여성과 철학』(1999), 『철학의 눈으로 읽는 여성』(2001), 『여성의 몸에 관한 철학적 성찰』 등의 다양한 연구결과들이 나오고 있다

다음으로 1990년대 들어 근대적 이성, 과학적 이성의 산물인 기술에 대한 반성으로서 기술철학, 생태학에 대한 철학적 관심이 증가되면서 하이데거, 요나스 등의 기술과 인간존재, 환경과 생태에 대한 철학적 성찰 등도 나온다.[49] 생명과 생태주의에 대한 다양한 철학적 논의들이 활성화되었는데. 그 대표적인 예로 이진우는 『녹색사유와 에코토피아』

(1998)에서 인간과 자연의 자유로운 관계의 가능성을 탐색하면서 생명과 생태에 대한 철학적 작업을 보여준다.

1990년대 후반에 특히 주목되는 것은 한국철학의 자기정체성 확인 노력이 특수성과 보편성의 문제와 함께 철학계의 현실적, 역사적 자기 성찰과 자기반성에 대한 문제제기와 성찰로 다양하게 나타났다는 것이다. 이러한 문제제기는 개인과 조직, 또는 학회 수준에서 제기되고 연구되면서 민족문화, 민족문제, 통일문제 등에 대한 철학적 고찰로 나타나고 또 한국사회의 정치이념, 사회상황과의 직접적 대결의식을 갖고 현실상황을 철학적으로 분석하는 작업들도 나타난다. 또한 한국철학자들의 서구철학 수용에서 서구철학의 방법론에 대한 검토도 이루어졌으며[50], 다른 한편으로 해방 50주년을 기념하여 여러 철학회에서 '한국철학 50년'에 대한 반성적 고찰로서 한국철학회에서 『해방의 철학』(1996), 그리고 철학연구회에서 『해방 50년의 한국철학』(1996) 등을 간행한다.

또한 서양철학 수입의 재생산 구조에 대한 반성과 한국철학의 새로운 모색과정에서 한국지성사에 대한 철학적 고찰이 나타나고[51], 한국전통철학과 현대 서양철학과의 대화와 접맥도 나타난다.[52] 특히 서양철학 수용사에 대한 포괄적인 연구논문들이 『철학사상』(4호-8호)에 발표되었

49 1980년대부터 1993년까지의 실천철학적 경향을 갖는 서양철학 연구동향에 대해서는 임홍빈, 「21세기의 길목에서 한국철학을 반성한다」, 『사회비평』제10호, 1993 겨울 참조

50 철학연구회 '특집: 철학의 방법과 성과', 『철학연구』제32집(1993.봄); '특집: 현대철학에 있어서 방법론 논쟁과 그 성과 분석', 『철학연구』제33집(1993.가을) 참조.

51 『시대와 철학』제13호 특집 '변혁시대의 지성사' 참조.

52 여러 가지 학회활동이나 저술이 있지만, 『현상학과 한국사상』(1996)이 대표적인 것이라 할 수 있겠다.

다. 이와 함께 한국사회와 역사에 대한 철학적 성찰과 포스트모더니즘 문제와 연관하여 철학계에서도 '근대성', '탈근대성'에 대한 논의를 심화시켜 『근대성과 한국문화의 정체성』(1998), 『전통·근대·탈근대의 철학적 조명』(1999) 등이 나왔다.

앞에서 살펴보았듯이 1990년대에는 철학저서들이 폭발적으로 증가하며, 이러한 국내 저서와 논문들에 대해 『철학』과 『철학연구』, 『철학과 현실』, 『시대와 철학』 등에서 서평을 통한 소개 및 본격 비평을 하기 시작했다는 것은 매우 바람직한 일이다. 특히 『아카필로』는 본격적인 철학비평과 서평문화 조성을 위한 작업을 주도했지만 여러 가지 사정으로 현재 나오지 않고 있다. 그러나 아직도 본격적인 서평 및 비평 작업을 통한 주체적인 논쟁이나 철학함은 미흡한 편이라 할 수 있다. 1990년대의 사회철학적 관심과 세부적인 동향, 구체적인 성과 등은 『시대와 철학』, 『철학과 현실』에 나타난 특집과 좌담, 논문, 서평 등을 통해 잘 알 수 있으므로 이 글에서는 생략한다.

앞에서 언급한 저서들 외에 1990년대에 나온 사회철학 저작들로 다음을 들 수 있다.[53] 김태길 『변혁시대의 사회철학』(1990), 송두율 『현대와 사상』(1990), 『전환기의 세계와 민족지성』(1991), 『역사는 끝났는가』(1995), 한정선·안드레아스 호이니 『현대와 후기 현대의 철학적 논쟁』(1991), 김창호 『마르크스의 역사적 유물론과 인간론』(1991), 신일철 편 『현대철학과 사회』(1991), 차인석 『사회의 철학』(1992), 임석진 『변증법적 통일의 원리』(1992), 크리스챤 아카데미 편 『대화의 철학』(1992), 이광래 『프랑스 철

53 이하에서 제외된 사회철학 저술들은 필자가 어떤 이론적 입장에서 뺀 것이 아니라 연구와 조사가 부족해서 빠진 것이므로 양해바란다. 다음 연구에서 보완해야 할 것이다.

학사』(1992), 문현병 『프랑크푸르트학파의 사회비판이론』(1993), 김진석 『니체에서 세르까지』(1994), 김동식 『로티의 신실용주의』(1994), 김형효 『현대사상의 경향』(1992), 김형효외 『데리다의 해체철학』(1993) 『메를로-뽕띠와 애매성의 철학』(1996), 김상환 『해체론 시대의 철학』(1996), 이정우 『담론의 공간』, 손봉호 『고통받는 인간』, 김형석 『역사철학』, 박정호외 『현대철학의 흐름』(1996), 표재명 외 『헤겔에서 리오타르까지』(1994), 정문길 『마르크스의 사상형성과 초기저작』(1994), 남경희 『주체, 외세, 이념: 현대국가 건설기의 사상적 인식』(1995), 『이성과 정치존재론』, 『말의 질서와 국가』(1997), 이구슬 『해석학과 비판적 사회과학』(1996), 김영민 『컨텍스트로, 패턴으로』(1997), 강영안 『주체는 죽었는가』(1996), 윤평중 『담론이론의 사회철학』(1998), 이진우 『이성은 죽었는가』(1998), 『한국 인문학의 서양콤플렉스』(1999), 권용혁 『이성과 사회-실천철학1』(1998), 문성원 『철학의 시추』(1999), 『배제의 배제와 환대』(2000), 홍기수 『하버마스와 현대철학』(1999), 선우현 『사회비판이론과 정치적 실천: 하버마스의 비판적 사회이론』(1999) 등이 있다.

앞에서 살펴본 1990년대의 한국 사회철학의 특징을 우리는 전체적으로 다음과 같이 정리할 수 있을 것이다.

첫째, 1990년대 사회철학의 전개과정에서 가장 특징적인 것으로 1980년대 활발했던 마르크스주의적 담론의 약화와 퇴조 경향이 뚜렷하고, 마르크스주의 위기가 본격화되면서 마르크스주의에 대한 비판적 검토가 다양하게 이루어진다.

둘째, 마르크스주의 담론의 퇴조는 곧 포스트모던 담론의 등장과 담론의 다양화로 나타난다. 마르크스주의가 가졌던 한국사회에 대한 설명력과 실천적인 힘이 약화되면서 그리고 세계적으로 1970년대부터 나타난 새로운 니체주의, 반근본주의, 상대주의적 경향들이 1980년대 말부터 서서히 수용되다가, 사회주의권의 몰락에 따라 마르크스주의를 대체하는 새로운 사상으로 1990년대에 한국사회에 급속히 수용된다.

셋째, 이러한 상대주의의 확산에 따라 비판철학 또는 사회철학적 전망의 해체현상이 나타나면서 새로운 실천철학의 정립을 위한 다양한 시도들이 나타난다. 알뛰세적 마르크스주의 포스트마르크스주의, 하버마스와 푸꼬, 들뢰즈 등 다양한 사회비판 이론가들에 대한 모색들은 노동해방이라는 문제의식과 근대적 사고체계를 넘어 성·지식·인종·환경 등 탈근대적 문제의식을 접합시키려는 새로운 시도들로 볼 수 있을 것이다.

넷째, 한국사회에 대한 철학적 담론들이 증가한다. 탈식민지적, 주체적인 철학적 담론의 요구가 확대되면서 서구철학 수용 일변도에 대한 비판과 반성 그리고 철학적 글쓰기에 대한 문제제기도 활발하다.[54]

맺는말

이제까지 해방 후 1990년대까지의 사회철학의 전개과정을 개괄적으로 살펴보았다. 일제강점기와 해방 3년 그리고 남북분단이 가져온 억압적인 현실은 1970년대 후반가지 큰 변화가 없었으므로 사회철학적 논의가 충분하고도 활발하게 전개되기 어려운 상황이었다. 1970년대에 비판이론의 수용 등을 통해 부분적으로 사회철학적 논의가 생겨나고,

54 김영민, 『탈식민지성과 우리 인문학의 글쓰기』, 민음사, 1996 참조.

1980년대에 신군부의 억압적 정치현실 때문에 마르크스주의적 혁명적 사회철학이 등장했다가 1990년대 초 사회주의권의 몰락에 따른 사회철학의 다양한 변화와 변모는 나름대로 한국사회의 현실에 대한 철학적 해명을 하려했던 노력의 표현이었다. 이제까지 한국에서 사회철학의 전개과정을 돌이켜 볼 때 우리 스스로 자기반성을 하면서 몇 가지 문제를 제기할 수 있을 것 같다.

첫째, 서양철학 특히 사회철학의 수용과정에서 서양사회철학이 갖는 사회역사적 맥락과 정치적 현실이 충분히 고려되지 않고 이론적 형태만, 그것도 상당히 추상화된 형태로 수용되는 경우가 많았으므로 이를 한국현실에 직접 적용할 경우에 여러 가지 문제가 있다. 그러므로 국문학계에서 이미 논의되고 논쟁되었던 '이식移植문학론'의 경우처럼 철학계에서도 '이식철학'이라 할 수 있는 문제가 남아있다. 이 경우 서양사회철학의 방법론과 내용을 우리사회에 적용할 때 발생하는 문제점에 대한 충분한 검토가 이루어져야 할 것이며, 이를 위해서 서구사회와 우리현실 사이의 유사성과 차이에 대한 비교 분석이 선행되어야 할 것이다.

둘째, 해방 이후 한국사회철학의 전개과정을 살펴보면 남북분단이라는 정치사회적 현실이 매우 뿌리 깊게 작용했음을 알 수 있다. 남북분단과 정치적 억압에 따른 연구와 표현의 자유가 제한된 상태에서 1970년대까지 온전한 사회철학의 발전이 불가능했고 또한 1980년대 들어 활성화된 마르크스주의와 주체사상에 대한 연구와 수용은 이전의 억압적인 조건과 당시의 정치적 현실의 영향으로 충분하게 성숙한 형태의 발전을 가져오지 못했다.

셋째, 이제까지 우리의 사회철학계가 나름대로 사회과학과 역사학 등에서 연구성과를 참조하려 했지만 아직도 이 부분에 대한 노력은 미흡하다. 사회철학이 사회에 대한 다른 연구분야와 폭넓게 교류하고 대화하면서 스스로의 문제의식과 역할을 분명히 해 나가야 함에도 불구하고 사회철학계가 너무 자폐적이지 않았는지 반성할 필요가 있다.

넷째, 앞의 세 가지 문제점은 우리 사회철학계가 세계사의 전개와 한국사회의 변화에 대한 충분한 조망을 갖지 못했기 때문이라고 볼 수 있다. 주체적 입장에서 세계사의 흐름을 읽어내고 우리 사회의 현실을 철학적으로 해명해야 할 과제는 사회철학에 주어진 과제임에 틀림없다.

다섯째, 철학계만이 아니라 한국의 인문학과 사회과학계의 지적 기만과 비주체성을 극복할 필요가 있다. 이를 위해 우선 국내의 담론 주도자들의 담론이 외국이론의 단순 소개인 경우 어떤 문헌에 근거해 있는지를 정확히 밝힐 필요가 있으며, 나름의 독자적 해석인 경우 도움 받은 자료와 이론들에 대한 성실한 기술이 필요하다. 그리고 국내에서 담론들의 변화, 발전, 문제점, 현실과의 관계 등에 대한 보다 정확한 정리와 평가, 활발한 논쟁이 필요하다.

2000년대에 들어선 오늘날 그동안 몇 십 년의 서양철학 연구의 축적과 사회과학, 역사학의 성과가 있고 또 현실에 대한 문제의식이 살아 있으므로 이제 자생적·주체적 철학함의 학문적 토대나 분위기가 형성되어 있다고 판단된다. 앞으로 보다 창조적이고 비판적인 작업들이 나올 수 있을 것으로 기대 되는데 이러한 작업들이 올바른 성과를 거두기 위해서는 우리의 역사적 상황과 사회철학의 변화·발전과정에 대한 비판적 이해가 필요하다.

8장

한국철학사상연구회와 『시대와 철학』에 대한 비판적 고찰

시작하는 말

1970, 80년대의 한국 사회철학계

한국철학사상연구회의 창립과 이념

『시대와 철학』 두 권의 창간호와 제2호

사회주의권의 몰락과 『시대와 철학』(3호; 91. 가을-14회 97.봄)의 모색

사단법인화와 『시대와 철학』의 비매품으로의 전환

평가와 전망

시작하는 말

일제강점기와 해방 직후 활발했던 마르크스주의 철학은 남북분단 이후 남한에서 철저한 불온사상으로 비판되고 금기시되었다. 마르크스주의 철학이 부활한 것은 유신독재가 심화되던 1970년대 후반부터라고 할 수 있다. 그리고 1980년대의 격변기를 거친 후 한국철학사상연구회(이하 한철연)가 진보 철학적 입장을 표명하면서 학술운동단체로 등장한 것이 1989년이다. 한철연은 한국에서 처음으로 마르크스주의를 이론적, 이념적 토대로 표방하고 출발한 최초의 철학학술운동단체이다.

이 장에서는 한국사회의 역사적 흐름 속에서 나타난 시대적 산물이자 1970~80년대를 대학생으로 경험한 철학도들이 주체적으로 시대에 응답하고자 한 노력의 결과라 할 수 있는 한철연의 창립과정에 대해 살펴보고, 그 기관지인 『시대와 철학』을 지성사[1] 또는 사상사적 맥락에서[2] 그리고 한국 철학계와 연관시켜 서술하고 비판적으로 평가하고자 한다.

먼저 1970, 80년대의 한국의 사회철학계에 대해 간단히 고찰하고, 다음으로 한철연의 창립 배경과 과정, 이념 등과 『시대와 철학』의 두 권의 창간호와 제2호(1991.봄)에 대해 상세히 분석한다. 다음으로 『시대와 철학

---

1 염무웅은 「민족문학론의 우렁찬 발걸음-백낙청 비평역정의 초창기 풍경」(『백낙청 회화록 1(1968~1980)』 창비, 2007)에서 백낙청회화록을 "집단적인 참여로 이루어진 한국현대지성사" (562쪽)로 서술하고 있으며 백낙청도 '후기'에서 "한 시대의 지성사를 담았다는 생각"(『백낙청회화록 5』, 592쪽)을 한다.

2 "나의 삶이 얽혀서 진행된 국내상황과 시대정신, 20세기의 인류사적 격동의 의미와 가치를 나의 세계관의 모색과 더불어 음미하고 비판적으로 평가하는 '사상사'적 담론이 전체 내용의 절반을 이룬다"는 리영희선생의 『대화』(한길사, 2005)의 전체 내용을 이 발표의 전제로 놓고 싶다.

』 3호(1991.가을)부터 14호(1997.봄)까지 소련의 몰락 이후 한철연의 사상적 고민과 모색을 살펴보고, 『시대와 철학』이 비매품이 되는 15호(1997.가을) 이후의 내용과 『시대와 철학』의 간행 과정에서 제기되었던 쟁점들을 몇 가지 살펴보면서 『시대와 철학』에 대한 평가와 전망을 해 본다.[3]

1970, 80년대의 한국 사회철학계

남북분단 후 거의 완전히 단절되었던 실천철학인 마르크스주의는 이데올로기 비판의 대상으로만 연구, 소개되다가 60년대에 헤겔과 비판이론이라는 우회로를 거쳐 조금씩 소개, 수용된다.[4] 헤겔에 대한 연구는 관념론적 차원에서 부분적으로 있었지만 비판이론의 소개는 마르쿠제의 『이성과 혁명』의 번역(1963)에서 시작된다고 할 수 있다. 『창작과 비평』

3 2009년 가을호 『시대와 철학』(20권 3호, 통권 48호)에는 '진보철학 20년-한국철학사상연구회를 말한다'라는 주제로 『시대와 철학』에 실린 논문들에 대한 분석과 평가 그리고 한철연의 역사와 조직, 다양한 활동과 고민에 대한 분석과 평가를 한 네 편의 논문이 실려 있다. 이정은 「사회변혁을 위한 철학적 논의들-서양철학을 중심으로」, 이철승 「임중(任重)의 시대정신 발현과 도원(道遠)의 우리철학 정립문제-동양철학 논문을 중심으로」, 박영균 「철학 없는 시대 또는 시대 없는 철학」, 문성원 「철학의 기능과 이념-1980년대 이후 한국사회철학에 대한 반성」, 이 중에서 박영균의 글은 약 70쪽에 이르는 방대한 내용으로, 초창기부터 2009년에 이르기까지 한철연의 이념과 활동 등의 변화를 총체적인 관점에서 잘 분석하면서 시기구분도 적절히 하고 있다.

4 일제강점기부터 시작하여 한국에서의 서양철학수용 전반에 대해서는 김재현, 『한국 사회철학의 수용과 전개』(동녘, 2003) 참조. 1970~1980년대의 사회철학 상황에 대해서는 김재현, 「해방 이후 한국 사회철학의 전개과정」, 이화여자대학교 한국문화연구원, 『철학연구 50년』2003 참조. 또 이 시기 한국에서의 진보주의 수용에 대해서는 정문길, 「진보주의의 수용과 전개 -1970년대 이후 한국에서 마르크스주의 운동과 연구동향」; 김병익·정문길·정과리 엮음, 『오늘의 한국지성, 그 흐름을 읽는다. 1975~1995』, 문학과 지성사, 1995 참조.

창간호(1966.1)에 사르트르의 『현대』지 창간사인 '현대의 상황과 지성'이, 2호에는 마르쿠제의 '부정적 사유로서의 변증법'이 게재되고 월간 『중앙』에는 유럽과 미국의 학생운동이 소개되기도 한다.[5] '성장주의'에 대한 저항이념으로 민족·민주·민중주의의 싹이 조금씩 나타나는 등[6] 사회비판적 이론들과 비평들이 나오기 시작한다.[7] 70년대부터 헤겔철학의 소개와 수용이 더욱 활발해지고 이와 함께 현실에 대한 철학적 대응으로 프롬, 마르쿠제, 호르크하이머, 아도르노, 하버마스 등의 비판이론들도 수용되기 시작한다.[8] 인간해방을 위한 부정적·비판적 이성(변증법)의 역할을 강조하면서 '일차원적 사회'에서의 '위대한 거부'를 주장한 마르쿠제의 사상이 억압적인 군사독재 아래서 민주화운동의 사상적 뒷받침이 되었다. 또한 사회철학과 사회과학 방법론의 문제를 중심으로 영미철학(분석철학·과학철학)과 유럽철학(현상학·해석학·비판이론) 사이의 논쟁이 수용되고 이들 이론들의 한국현실에 대한 적합성에 대한 여러 가지 담론이 있었고 인간소외, 사회정의에 관한 담론들도 있었다.[9] 비판이론이 마르

5 조가경, 「스튜던트 파워의 정신적 지주-마르쿠제의 이상과 환멸」, 월간 『중앙』, 1968. 12.

6 임대식, 「1960년대 지식인과 이념의 분화」, 『지식변동의 사회사』, 문학과 지성사, 2003.

7 『창작과 비평』창간(1966.1), 전후부터 1980년까지의 시대적 배경이나 지성사, 사상사적 상황에 대해서 『백낙청회화록 1(1968~1980)』 참조.

8 비판이론의 수용과정에 대해서는 문현병, 「쁘띠 부르조아 이데올로기로서의 비판이론의 한국적 수용」, 『철학연구』 천지, 1988 겨울 참조

9 1983년에 백낙청은 김여수의 글에 대한 비판을 통해 민족주의적 '실천'과 '학문'의 과학성, 진리에 대한 문제제기를 했고 한상진이 해석학적 입장에서 백낙청을 비판하는 논의를 했으나 더 이상은 제대로 발전되지 못했다. 백낙청, 「학문의 과학성과 민족주의적 실천」, 송건호·강만길 엮음, 『한국민족주의론 2』, 창작과 비평사, 1983; 한상진, 「해석학과 비판이론-민족주의적 실천론에 덧붙여」, 진리에 관한 논의는 앞으로 철학계에서 반드시 다루어야 할 문제라고 생각한다. 『백낙청회화록 4』, 414

크스주의 수용의 우회로로서 일정한 기여를 했지만 비판이론은 기본적으로 선진자본주의의 현실을 토대로 한 문명비판에 머무는 것이었으므로 우리의 구체적 현실과는 거리가 있었다.

한편 서구적 근대화의 추진과 함께 전통에 대한 관심과 자각이 생겨나고 동양철학, 한국철학 연구자들도 나타나기 시작했다. 이들은 전통과 근대의 관계를 고민하면서도 마르크스주의적 총체적 사고훈련이 되지 않은 관계로 서구 근대화에 대한 안티테제 또는 보완으로 전통사상의 의의를 강조하는 경향이 지배적이었다.[10] 1970년대에는 또한 서구사회철학의 수용과 관계없이 분단된 한국의 역사와 억압적 현실 속에서 형성·발전된 '한국의 자생이론'[11]이라 할 수 있는 여러 이론들이 등장한다. 민족경제론, 한국민족주의론, 분단시대의 역사인식, 민중사학, 민중신학(『씨올의소리』, 1970 창간), 분단시대의 사회학과 민중사회학, 민족문학, 민중문학, 국제정치에 대한 비판적 연구[12]등의 대두가 한국현실에 대한 비판으로서 매우 중요한 역할을 했다. 이러한 비판적 학문의 출현에는

-417쪽 참조.

10 동양철학, 한국철학에서의 이러한 경향이 극복되는 것은 1980년대 중반 경이다. 한철연의 동양철학 연구에서 주도적인 역할을 했던 김교빈은 "동양철학계에서 발전으로서의 획을 그은 것은 1980년대 중반"(『한국철학의 회고와 전망』, 철학과 현실사, 2010, 120쪽)이라고 평가한다.

11 교수신문 엮음, 『오늘의 우리 이론 어디로 가는가; 현대 한국의 자생이론 20』, 생각의 나무, 2003 참조.

12 현실에 대한 예리한 비판, 베트남 전쟁과 중국문제에 대한 리영희의 글은 당시 학생이나 지식인들에게 '세계관의 전환'이라고 할 정도로 큰 영향을 주었다. 『전환시대의 논리』(1974)는 이들 글을 묶은 대표적인 저술로 "허위의식을 타파하는 현실인식, 편협하고 왜곡된 반공주의를 거부하는 넓은 세계관적 관점, 냉철한 과학적 정신을 계몽하고 민주적 시민운동에 앞장서는 이론적 역할"(리영희, 『전환시대의 논리』 '개정판에 부쳐' 2006, 5쪽)을 했다. 이 책은 2005년까지 30쇄가 나왔으며, 개정판도 2010년 5월까지 6쇄 발행되었다.

『창작과 비평』의 역할 그리고 이를 중심으로 한 비판적 지식인들의 역할이 상당히 중요하다.[13] 또한 한국현실에 대한 비판적 관점과 새로운 이상을 제공하는 중국혁명에 대한 연구, 제3세계 이론, 종속이론 등의 수용도 70년대의 사회인식에 중요한 기여를 했다.

1979년 10월 유신체제의 붕괴와 1980년 '서울의 봄'을 경험하면서, '광주민중항쟁'을 군사적 폭력적 힘으로 진압한 후 들어선 전두환 정권은 초기에는 매우 억압적이었지만[14] 지속적인 저항으로 사상과 출판의 자유가 조금씩 확장되어 간다. 1982년에는 냉전체제의 완화, 복사기의 출현 등으로 마르크스주의 관련 도서에 대한 금서해제 조치가 이루어진다. 이 이후로 마르크스 또는 사회주의 관련 책들이 다량으로 번역되어 소개된다. 이러한 소개와 번역은 당시 민족민주운동세력과 민중들의 실천철학에 대한 요구와 맞아떨어졌다. 70년대에 사회철학적 문제의식을 가졌던 사람들과 초기 '한철연' 구성원들은 80년대 들어 대체로 헤겔에 대해 석사논문을 쓰고, 또 헤겔을 비롯한 사회철학과 변증법에 관한 여러 책들을 번역한다. 헤겔철학에서 '총체성'과 '변증법' 개념은 한국사회를 총체적이고 역동적으로 보는 시각을 제공했고 루카치, 코직, 비판이론 등이 수용되면서 마르크스주의 수용의 토대를 제공한다. 특히 루카치를 통해 자본주의 사회의 총체성에 대한 인식은 노동계급의 당파성에 의해서 가능하다는 변증법적, 총체적 문제의식을 받아들이게 되었다.[15]

---

13 리영희, 『대화』 395~401쪽; 강만길, 『역사가의 시간』, 창비, 2010, 193~201쪽 등 참조.

14 1980년 7월에 문공부는 소위 사회정화의 이름으로 『창작과 비평』, 『문학과 지성』, 『씨올의 소리』, 『뿌리깊은 나무』 등 172개 정기간행물의 등록을 취소시켰다.

1980년대 중반 이후 사회구성체 논쟁, 사회과학 방법론 논쟁, 주체사상논쟁, 역사법칙 논쟁, 과학의 '과학성' 논쟁, 진리를 둘러싼 논의, 모순론 논쟁, 인간론 논쟁 등이 나타났고 80년대 후반에는 포스트모더니즘, 해체론, 근대성에 대한 논의, 생태학적 세계관 논쟁 등 다양한 담론들이 나타난다. 그러나 한국의 철학계(철학연구자들)는 이들 문제에 대해 제대로 대응하지 못했으며 주로 사회과학이나 문학, 역사 쪽에서 이 논쟁들을 주도한 경우가 많았다.[16]

1987년 6월 항쟁 이후 노동자들의 합법적 조직화 운동, 그리고 북방정책의 변화 등과 함께 마르크스주의가 본격적으로 수용된다. 또한 여러 학술운동단체들이 등장하고 이들이 하나의 세력으로 집결하여 '민족적 민중적 학문'에 대한 논의를 본격적으로 하기 시작한다.[17] 한국에서의 이러한 마르크스주의 수용은 서구와는 역방향의 것으로서 분단 이후의 한국사회에서 금지되고 억압되었던 사상적 현실을 잘 보여주는 것이다. 곧 이어 1989년 11월 9일 베를린 장벽이 붕괴되고 동구사회주의권이 몰락하는 세계사적 변화가 일어난다.

---

15 『시대와 철학』(1987) 편집위원회의 서평, 「1980년대의 변증법의 수용과정」 참조. 1970년대의 학생운동 출신들이 출판계로 들어가 마르크스주의 철학, 비판적 사회과학, 사회운동 등에 대한 책들을 발간한다.

16 『창작과 비평』은 그 동안 한국사회에서의 주요 쟁점들을 부각시키고 논의를 심화시키는데 중요한 역할을 했다. 특히 문학, 사회과학의 차원에서 중요한 논쟁들을 주도해왔다고 할 수 있겠다. 김동춘, 「한국사회과학과 창비 30년」, 『창작과 비평』, 1996 봄; 『백낙청회화록 1~5』, 창비, 2007. 철학 쪽에서는 김창호가 엮은 『한국사회변혁과 철학논쟁』(사계절, 1989)이 있다.

17 1988년 6월 3,4일 양일에 걸쳐 10개의 연구회 또는 연구실이 참여하여 처음으로 학술단체 연합심포지움을 했다. 이때의 주요 개념이 '학술운동'과 '민족적·민중적 학문'이었다. 학술단체 협의회편, 『80년대 한국인문사회과학의 현단계와 전망』, 역사비평사, 1988.

한국철학사상연구회의 창립과 이념

1989년 3월 25일 서울대를 중심으로 한 사회철학연구실과 임석진 교수와 함께 헤겔연구를 하던 연대, 고대, 성균관대, 건대, 숭실대 등 서울의 여러 대학 멤버의 헤겔학회 소장파들이 통합하여 약 130여명의 회원이 한철연을 창립한다. 한철연은 당시의 진보적 철학연구자들이 총집결한 학술운동단체라 할 수 있다. 한철연이 창립되기까지의 과정은 크게 두 단계로 나누어 볼 수 있다.[18]

첫째 단계는 학생들이 대학 내부의 학습 소모임을 중심으로 하여 기존 철학계의 연구풍토와 학문적 성격을 비판하면서 공통의 문제의식과 초보적 공동연구를 수행하던 시기로 70년대 후반부터 80년대 중반 정도까지다. 특히 1980년의 광주민중항쟁은 변혁의 세계관적 지향, 주체, 조직 문제를 전면에 부각시키면서 민중민주운동을 질적, 양적으로 고양시켰다. 대학원생들은 마르쿠제의 『이성과 혁명』이나 사회비판적 내용의 번역서나 일본어로 된 사회과학 서적을 읽으면서 한국사회의 개혁 또는 변혁에 관심을 가지게 된다. 기존의 대학원 교육과정은 민중민주운동이 고양되는 분위기 속에 자라난 세대들의 이론적, 실천적 욕구를 채워줄 수 없었다. 이들은 공통의 관심사와 문제의식을 가진 사람들끼리 소모임을 구성하고 진보적 철학을 학습하였다. 이러한 학습이 기존학계의 재생산구조에 따른 학교별, 전공별, 학번별 분리를 바로 극복시켜주지는 못했지만 젊은 연구자들의 문제의식은 단순한 아카데미즘의 수준을 넘어서서 학문과 운동의 결합이라 할 수 있는 학술운동에

18 박정하 '1992년 한철연 소개글' 한철연 홈페이지 한국철학사상연구회 소개란 참조.

대한 논의로 발전되어 갔다.

서울대 철학과 대학원생들이 중심이 되어 1985년 8월에 '사회철학연구실'(이하 사철연)을 만들어 헤겔, 그람시, 알뛰세, 마르크스 등을 같이 읽으면서 실천운동의 과학화와 대중화에 대한 요구에 응답하고자 노력하기 시작한다. 86년 7월에는 본격적인 학술운동과 마르크스주의의 대중화를 위해 사전을 편찬, 번역하는 작업을 시작한다.[19] 87년 6월에 70년대 초반 학번 연구자들이 중심이 되어 부정기 간행물『시대와 철학』(1호, 까치)을 발간한다. 그리고 1987, 9월에 사철연을 학술운동단체로 공개했다. 사철연의 회칙에는 "철학자들은 여러 가지로 세계를 단지 해석해왔다. 그러나 중요한 것은 세계를 변화시키는 것이다"라는 마르크스의 포이어바흐에 대한 11번째 테제가 자리 잡고 있다. 사철연은 제1회 발표회에서 '현단계 철학운동의 위상과 과제'[20]라는 주제로 장시간 토론하면서 앞으로의 방향을 모색하기 시작했다. 사철연은 인식론, 방법론, 역사철학, 사상사 등의 분과활동을 통한 공동연구를 통해 연구역량을 강

19 1986년 10월에 동녘출판사에 '철학사전편집위원회'를 구성한다. 당시 사전작업의 책임자였던 박정호는 작업이 끝난 후 "끝도 없이 새로운 일이 생겨나 영원히 나오지 못할 것 만 같았던『철학대사전』이 마침내 출판되었다. 두툼하고 듬직한 사전을 안아도 보고 어루만져도 보고 한 장 한 장 넘겨도 보면서 지난날의 고통을 되새기는 동시에 새삼 우리가 이 엄청난 일을 했다는 데 놀라게 되는 것이 나만의 감회는 아닐 것이다"고 회고하면서 당시 사전작업에 부여했던 의미는 "첫째, 과학적 세계관을 보급, 심화한다. 둘째, 공동작업을 통해 상호연대를 강화한다. 셋째,연구실의 장기적 기금을 마련"하는 것이었고 이 작업을 통해 깊이 배운 것은 "사람이 중요하다는 것"이었다고 쓰고 있다. 박정호,「『철학대사전』작업을 마치고」,『한국철학사상연구회 회보』 창간호, 1989.6, 28-32쪽.

20 이재현,「철학·연구·운동」, 김창호,「사회이론의 철학적 기초」, 장은주,「올바른 철학실천을 위한 모색;『시대와 철학』(1987)에 대한 서평, 사회철학연구실,『社哲研會報』, 1987.12(창간호) 4쪽과 특집 1 참조.

화하면서 동시에 대중화를 위한 여러 활동을 시작한다.

둘째 단계는 여러 대학원 내부의 소모임들이 학교별, 연령별, 전공별로 통합되고 사회철학연구실, 헤겔학회, 『시대와 철학』팀, 동양철학 연구팀 등이 생겨난 이후 이러한 조직들이 다시 한철연으로 통합되는 시기로서 대략 1987년에서 1989년까지이다. 이 시기는 1987년 6월 항쟁 이후 계급, 계층, 지역에서의 변혁적 흐름이 확산되고, 기층 민중운동이 대중 운동화 되는 시대적 분위기를 배경으로, 개별 분과학문 별로 흩어져 있던 연구단체들이 '학술단체협의회'로 결집되는 시기다. 철학의 경우도 산재해 있던 진보적 철학 연구자들이 역량을 한데모아 한철연을 결성하기에 이른다. 물론 통합과정에서 여러 가지 의견 차이나 입장 차이도 있었지만 사회변혁에 대한 철학의 기여라는 측면에서 모두 합의했고 또 조직의 명칭을 정하는 과정에서 '철학'과 '사상'의 관계에 대한 논란이 있었는데 조직의 이념과 연구의 폭을 위해 '사상'을 반드시 집어넣을 필요가 있다고 생각하여 '한국철학사상연구회'라고 결정하였다.[21]

이런 과정을 거치면서 창립된 한철연은 '과학적 세계관'의 확립과 '철학에서의 혁명'을 활동 목표로 제시하면서 사회운동권과도 연결되어 있었고 아카데미 철학을 비판하는 실천적 입장을 강조한 점에서 기

21 한국철학회, 철학연구회 등 기존의 철학회는 물론 이후에 생긴 여러 철학회에서도 '사상'이라는 개념을 쓰지 않는다. '사상'을 집어넣은 이유는 철학도 사회역사적 사상사적 흐름의 하나임을 강조함과 동시에 현실과 시대와의 대결을 염두에 두었기 때문이다. 이러한 입장은 월북한 마르크스주의 철학자인 신남철과 박치우의 입장으로부터 영향받은 측면도 있다. 신남철에 대해서는 김재현, 「신남철의 마르크스주의 철학 수용과 그 한국적 특징」, 『한국 사회철학의 수용과 전개』 동녘, 2003. 박치우에 대해서는 윤대석·윤미란 편, 『박치우전집 –사상과 현실』, 인하대학교출판부, 2010; 위상복 저, 『불화 그리고 불온한 시대의 철학 –박치우의 삶과 철학사상』, 길, 2012. 참조.

존 철학계에 대한 강력한 도전이었다.[22] 즉 한철연은 '제도로서의 학문'에 대한 비판을 하면서 '운동으로서 학문'을 추구하고자 한 것이다. '운동으로서의 학문'은 사회변혁과 실천적 문제의식이 없는 아카데미 내의 '제도로서의 학문'과 비교하여, 사회변혁과 실천에 대한 사회적 요구에 대응해 아카데미 제도 밖에서 학술운동 차원에서 하는 학문을 의미하는 것으로 근대적이고 아카데믹한 학문제도에 의해 배제되고 억압당한 지식의 생산과 유통을 가리키기도 한다.[23]

『시대와 철학』 두 권의 창간호와 제2호

한철연이 출범하기 전 이미 윤구병과 '사회철학연구실'과 관계있는 70년대 학번 연구자들이 중심이 되어 부정기 간행물 『시대와 철학』을 발

22 그러나 기존 철학계의 중진들 중에도 한철연의 창립을 정신적, 물질적으로 지원하는 사람들도 있었다. 창립대회에 조요한 한국철학회 회장, 소흥렬 공동대표, 안병욱 학술단체협의회 공동대표이태복 전민련 편집실장 등이 참여하여 축사와 격려사를 해 준 것은 한철연의 성격을 잘 보여준다. 또한 차인석, 소흥렬, 김남두, 우명섭, 이종국 등이 기부금을 냈다. 한철연 창립당시 공동대표는 소흥렬, 김홍명, 윤구병, 송영배, 이태수, 최종욱이다.

23 백영서, 「동양사학의 탄생과 쇠퇴 –동아시아에서의 학술제도의 전파와 변형」, 『창작과 비평』, 2004 겨울, 96쪽 참조. 백영서의 이 구분과 동일한 것은 아니지만 손정수는 경성제대를 연구하면서 '제도로서의 경성제대'와 '의식으로서 경성제대'로 나누어 고찰하는데 전자는 경성제대 철학과의 제도 자체의 경향으로 철학과의 교과과정, 학문적 경향 등이 참고될 수 있으며, 후자는 이념적 학술단체 활동이 고려될 수 있다고 본다(손정수, 「신남철, 박치우의 사상과 그 해석에 작용하는 경성제국대학이라는 장」, 인하대 한국학연구소, 『한국학연구』 제14집, 2005, 188쪽). 또한 일본의 경우에도 이 두 경향이 있었으며, 이를 '관학아카데미즘'과 '감성리얼리즘'으로 나누어 고찰하고 있다(미야가와 토루·아라카와 이쿠오/이수정 옮김, 『일본근대철학사』, 생각의 나무, 2001, 362쪽 이하).

간한다.[24] 이들은 "철학은 그 시대를 사상 속에서 파악한 것"이라는 문제의식 속에서 "시대의 아픔과 고민을 같이 하면서도 개념적인 긴장을 놓치지 않으려는 의도에서 이 책의 표제를 『시대와 철학』"으로 했으며, 서양실천철학과 함께 동양철학도 "사회-경제적인 면과 연결되어 해석될 수 있음을 제시"하면서 '철학의 실천적 자세'를 강조한다. 이들은 철학도들의 자기반성, 주체적 철학의 형성을 위한 근원적 실천으로서의 철학과 생산자적 철학, 비판적 철학을 표방하면서 '분단'과 '민중해방'의 문제를 철학적 과제로 제기하고 철학의 대중화를 의도한다. 이러한 문제제기는 현실변혁의 무기로서의 철학을 강조함과 동시에 기존철학계의 아카데미즘에 대한 비판의 의미도 있었다.[25]

한철연이 출범한 지 1년 후에 기관지인 『시대와 철학』창간호(1990. 6.30, 천지)가 나온다. 1987년에 나온 『시대와 철학』 편집위원이 모두 한철연의 구성원으로 활동하기 때문에 새 창간호와 연속성이 있으므로 연

24 편집위원은 김수중, 김재현, 이규성, 이병창, 이정호, 이훈이며 이들이 곧 필자이기도 했다. 창간사로 「철학의 실천적 자세를 위하여」와 '노동과 정치의식'을 주제로 서양철학 논문 4편, '동양철학의 실천적 재해석'이라는 주제로 동양철학 논문 2편, 그리고 「서평: 1980년대 변증법의 수용과정」(이병창)이 실린다.

25 80년대에 들어서 사회변화와 함께 기존 철학계에서도 자유·정의·국가 등 현실 문제를 철학적으로 다루는 철학발표회가 활성화되기 시작한다. 우연의 일치인지 모르지만 『시대와 철학』(1987.6)이 발간되자 기존 철학계에서도 김태길, 이명현 교수를 중심으로 1988년 봄에 『철학과 현실』을 창간하여 현실과 거리가 먼 한국철학을 반성하고 철학의 사회적 역할을 강조하면서 철학의 대중화 작업을 시도하기 시작한다. 그러나 이들은 대체로 미국 유학의 경험을 갖고 있는 자유주의자이자 기존 한국 철학계의 주류들로서 한철연의 마르크스주의적 경향이 강한 소장파 연구자들의 입장과는 상당히 다르다. 『철학과 현실』의 편집인이나 필자들은 대체로 자유주의 철학에 기초를 두고 있는 학자들로서 『철학과 현실』은 1990년에 계간지로 발전한 후 지금까지 계속 나오고 있는데 필자가 보기에 책의 내용이 최근에 가까워질수록 더 보수화되는 것 같다.

속지로서 2호를 내는 것도 고려되었으나, 한철연이라는 새로운 조직이 내는 것이므로 '시대와 철학'이라는 이름을 그대로 가져오면서 새로운 창간호로 한 것이다.[26]

이 새 창간호는 이념적으로는 앞서 나온 창간호의 정신을 이어받고, 시대에 따라 변전하는 삶의 양식을 이해하고, 그것을 여러 차원에서 철학적으로 해명하면서 현 시대가 보여주는 미래의 가능성을 모색하고자 하며, 철학은 시대의 혼이자 시대의 모순에 대한 반역임을 천명한다.[27] 이러한 노력의 하나로 당시 소련에서 한창 진행 중이던 '페레스트로이카에 대한 철학적 반성'이라는 좌담[28]을 하고 한철연 제1회 학술발표회 주제였던 '한국현실과 철학운동의 과제'를 특집논문으로 묶어내고 '동구개혁과 철학'에 대한 소련 철학자들의 논문을 번역 소개한다.[29] 그런데 이 창간호의 발행을 위해 이미 『철학대사전』의 작업을 통해 어느 정도 수익을 얻은 동녘출판사에서 출판비를 지원했는데 이는 물론 창간호의 필자들에게 원고비를 지불하지 않기로 되어 있었기 때문에 가능했으리라고 생각한다.

『시대와 철학』 제2호(1991.2, 동녘)의 '책머리'에서는 '시대와 함께 호흡하고 있는가'를 계속 물으면서도 진보적 철학연구의 역사가 너무 짧고

26 이 부분에 대해서는 『시대와 철학』 제2호 (1991, 동녘) '책머리에' 참조.

27 『시대와 철학』, 천지, 1990, 편집자 권두언 '철학은 시대의 혼이다'.

28 좌담자는 윤구병, 이병창, 이훈, 최종욱이다.

29 이 외에도 창간호에는 「월북철학자들」, 「북한의 주체철학에 대하여」, 「자연사적 과정으로서의 역사와 인간의 주체성」, 「관념론과 유물론의 종합」, 「유기의 세계관과 대중성」이라는 글이 실려 있다. 이 글들은 모두 그 당시 시대와 현실에서 중요하게 다루어지던 문제들을 철학적으로 접근하고자 한 노력의 표출로 볼 수 있을 것이다.

그 폭과 깊이에도 한계가 있었으므로 철학연구자들의 호흡이 시대의 추세를 따라잡기에 숨 가쁘다는 고백을 한다. 그리고 당시 국제적으로 동구 사회주의권의 몰락, 중국의 천안문 사태, 소련에서의 페레스트로이카 등의 변화를 다루기 위해 '사회주의권 변혁의 철학적 문제들'을 특집으로 다루고[30] 동양철학 특별기획으로 '신과학주의 비판'을 다룸으로써 당시 과학과 동양적 신비주의의 결합이 가져올 수 있는 위험성을 비판한다. 2호는 이 외에도 '시철 논단'에서 시대와 관련 있는 개별 논문을 게재하고 '시론'에서는 사회주의권 몰락과 관련한 문제들을 다루고[31] '해외철학동향'난도 새롭게 선보인다. 『시대와 철학』의 두 창간호와 제2호는 세계사적 변화와 국내 사회의 변화 속에서 진보적 철학의 모색과 실천을 위해 새로운 실험과 실천을 하는 모습을 나타낸다. 즉 철학연구자의 자기 한계를 자각하면서도 현실과 철학, 시대와 철학의 호흡과 소통을 강조하고 현실을 변화시키려는 '운동으로서의 학문'의 자세를 잘 드러낸다고 할 수 있다.[32]

사회주의권의 몰락과 『시대와 철학』(3호; 91.가을~14호; 97.봄)의 모색

소련의 해체와 함께 마르크스주의 이념과 운동이 현실 사회주의적 기

30 「사회발전의 변증법-생산력과 생산관계를 중심으로」, 「레닌의 민주주의론에 대한 재검토', 「소련철학에서 인간론의 지평」.

31 「부시, 우리의 리영희 선생」(윤구병), 「사람은 무엇으로 사는가」(이재현).

32 박영균은 두 개의 창간호와 제2호 사이에 한철연의 정체성이 있으며 그런 의미에서 "한철연은 1987년과 1991년이라는 시대의 '사이-존재'였다"고 말한다. 박영균, 앞의 논문, 154쪽.

반을 상실하면서 마르크스주의, 사회주의에 대한 본격적 회의와 문제가 제기된다. 한철연은 『시대와 철학』이나 단행본의 출간을 통해 이러한 변화상황에 대한 철학적 대응을 다양하게 한다.[33] 『시대와 철학』 제3호(1991.가을)에서는 특집으로 '전환기의 역사유물론'에 대한 논문을 5편, 기획으로 '사회민주주의의 재검토'에 대한 글 2편을 싣는다. 그리고 '시철제언', '시론'에서 역시 마르크스를 둘러싼 한국에서의 논쟁을 다루고 '해외철학동향'에서 '마르크스, 엥겔스연구의 난관'을 번역, 소개하고 당시의 중요한 철학서적에 대한 서평도 싣는다. 제3호의 특집과 시철논단 중에는 동양철학 논문으로 「사회주의 중국에서의 역사유물론에 대한 철학적 검토」와 「현대 신유가사상에 대한 비판적 검토」라는 글이 포함되어 있다. 제4호(1992.봄)는 동양철학 분야에서 공동 연구를 토대로 '중국전통철학과 사회주의-문화열: 신5·4운동'을 특집으로 5편의 글을 싣는다. 이 특집은 동양철학을 통해 시대문제를 다루는 적절한 시도로서 고전을 중심으로 다루는 동양철학계나 중국철학계 뿐만 아니라 현대 중국연구자들에게도 신선한 자극을 주었다. 제5호(1992.가을)에서는 특집으로 '생태학적 위기와 철학'을 다루고 기획으로 '서구마르크스주의의 어제와 오늘', '변증법과 과학'을 검토한다. 또한 '한국사상가평전'을 게재하기 시작한다.[34] 제6호(1993.봄)에서는 '변증법의 올바른 이해'를 특집

33 『시대와 철학』에 게재된 글 중 서양철학 연구동향에 대해서는 이정은의 앞의 논문, 동양철학, 한국철학의 연구동향에 대해서는 이철승의 앞의 논문 참조.

34 '한국사상가평전'은 제9호(1994.가을)에서 '박은식'을 끝으로 사라진다. 이 기획의 시도는 좋았으나, 필진을 한철연 회원으로 한정하는 바람에 더 이상 계속될 수 없었다. 학술운동지 간행에서 전문적 필진의 확보는 매우 중요한 문제인데 이 부분에 대해서 한철연의 고민이 있었지만 학제간 연구의 부족과 원고비 문제 등 여러 문제가 있었다.

으로 다룬다.

한편으로 현실에서는 93년 2월 '문민정부'의 등장으로 '운동권'이 가졌던 활력과 정당성도 상당히 약화되고 시민운동이 활성화되고 사회가 다원화되면서 마르크스주의와 변증법에 대한 비판이 거세지면서 포스트모더니즘, 포스트-마르크스주의가 이론적 헤게모니(주도권)를 장악해 나가게 된다. 이러한 상황 속에서 1993년 3월에 한국철학회 산하 독립 분과학회로 '사회와 철학연구회'가 창립되는데 초대 회장이 차인석 교수, 부회장이 이삼열 교수이고 일반 회원들은 대부분 독일과 미국에서 사회철학을 공부하고 돌아온 사람들이다. 이들은 하버마스의 철학사상을 대체적으로 공유하는 입장에서 사회주의권 몰락 이후의 새로운 사회철학을 소개하고 모색하기 위해 연구회를 조직한 것이므로, 주로 국내파 젊은 연구자들이 모여 학술운동단체로서 출발한 한철연과는 여러 가지 면에서 대조된다.[35] 이러한 포스트주의의 유행 속에서도 한철연은 『시대와 철학』 제7호(1993.가을)에서 '전통의 위기, 유학의 모색'을 다루고 '역사유물론에 대한 이해'와 '분석마르크스주의'에 대한 기획논문을 싣는다. 제8호(1994.봄)에서는 특집으로 '마르크스의 눈으로 현실을 볼 수 있는가'를 다루면서 마르크스와 하버마스를 비교하는 등 마르크스주의의 새로운 해석에 대한 다양한 모색을 한다. 1994년 8월에는 백낙청 선생을 모시고 이병창이 『분단체제변혁의 공부길』에 대한 서평 형

35 '사회와 철학연구회'에 대해서는 나종석의 논문 「학회를 통해 본 공공성과 학문성의 결합 가능성 -한국 사회와철학연구회를 중심으로」(연세대 국학연구원 『동방학지』 제149집, 2010.3)가 있다. 여기서 나종석은 '한철연과 사철연의 관계'를 다루는데 그 내용에 대해 대체적으로 동의하지만 한철연에 대한 서술 부분에서 사실과 틀린 부분도 있고 평가에 있어 필자가 동의하지 않는 부분도 있다.

식의 발표와 질문을 하고 백선생이 직접 답변하는 토론회가 있었고 그 결과로서 서평도 싣는다.[36] 또한 제9호(1994.가을)에서는 한국에서 최초로 '북한의 철학'에 대해 특집논문 6편을 싣는다. 제10호(1995.봄)에서는 '근대공간에서의 한국철학-구국과 계몽의 이중주'를 특집으로 다루고『자본주의의 종말과 새 세기』에 대한 서평도 싣는다. 제11호(1995.가을)에서는 '기술과 인간'을 제12호(1996.봄)에서는 '역사의 진보, 진보의 철학'을 특집으로 다루면서 현대 서구 마르크스주의에 대한 이해를 토대로 마르크스주의적 문제의식과 관점을 살려내고자 나름대로 노력한다. 그러나 이런 노력들이 한국현실에 대한 충분한 연구의 토대 위에서 나왔다고는 말하기는 어렵고 또 다른 학문과 현실에 얼마나 영향을 주었는지에 대해서도 자신할 수 없으며 얼마만큼 대중성을 발휘하여 운동성을 가졌는지에 대해서도 역시 평가하기가 어렵다. 다만 사회적으로 또는 학문적으로 쟁점이 되는 철학적 문제를 찾아서 내부에서의 논쟁과 토론을 통해 시대와 대결하고자 한 노력의 표현이었음은 틀림없을 것이다. 제13호(1996.가을)에서는 '변혁시대의 지성'이라는 특집으로 리영희, 박현채, 백낙청, 김지하의 사상을 다루었는데 이 발표회에 리영희선생이 직접 참석하여 회원들을 격려하기도 했다. 이 특집은 한철연의 특징을 가장 잘 드러내는 연구 중의 하나로 생각하는데 이러한 시도를 더 이상 계속하지 못한 것은 상당히 아쉽다. 그리고 해마다 나오는 주요 책에 대한 '서평'을 통해 연구자 간, 학제 간 대화를 시도하던 노력도 제13호 이후는 점차 사라지게 된다.

36 이병창, 「『분단체제 변혁의 공부길』에 대한 서평」, 『시대와 철학』 제9호(1994.가을).

사단법인화와 『시대와 철학』의 비매품으로의 전환

한철연은 1994년부터 시작한 논술사업의 확장과 함께 내외의 여러 가지 변화에 대응하고 한철연의 발전과 지속적인 연구 활동을 위한 재정적인 기초를 확고하게 할 수 있는 사단법인화를 1995년부터 추진하여 다음 해 3월에 사단법인 한철연 창립총회를 한다.[37] 그리고 1997년에는 『시대와 철학』이 새로운 단계로 발전해야 한다는 것에 대체로 합의하고 1998년부터는 독자적인 출판사를 만들어 두 가지 정기간행물, 즉 전문연구지와 대중적 철학 잡지를 분리해서 출간하기로 한다.[38] 즉 기존의 『시대와 철학』은 연구논문집의 성격을 강화하여 비매품으로 발간하고, 실질적이고 실천적인 철학대중지를 발간하려고 시도한 것이다.

이 과정에서 『시대와 철학』 제13호(1996.봄)는 발행처가 '동녘'에서 '시철출판사'로 바뀌면서도 제14호까지는 판매지로서 가격이 매겨져 나왔지만, 제15호(1997.가을)부터는 전문지로 전환되면서 비매품으로 간행된다.[39] 이 체제가 제18호(1999.봄)까지 유지되다가 제19호(1999.가을)부터 다시

37 사단법인화를 추구한 것은 주로 논술사업에 따른 재정적 문제의 해결과 학술진흥재단으로부터의 지원금, 그리고 기타 단체로부터 후원금을 받기 위한 것이었다. 박영균은 한철연의 이 시기를 "생존과 변화의 모색"시기(1994~1996)로 파악한다. 박영균, 앞의 논문 참조. 그러나 "1996년 가을에는 『시대와 철학』이 발행되지 못하는 초유의 사태까지 일어났다"(같은 논문, 166쪽)는 서술은 사실이 아니다.

38 그 이유로 하나는 "전문 철학연구자의 연구 성과물이 그 양과 질에 있어서 확대되었고 아울러 한철연의 연륜과 규모가 더해 가는 것을 기존의 편집 방식으로는 다 소화해 내기 어렵다"는 것이고, 다른 하나는 대중적 철학잡지의 간행은 "『시대와 철학』이 나름대로 지녀 온 고집스런 정신을 더욱 강화해 보려는 시도"라고 말한다. (『시대와 철학』 제14호 97.봄, 책머리에)

39 '시철출판사'를 만든 이유는 '논술사업'을 통해 생긴 문제점들을 해결하고 한철연에서 내는 서적과 논술사업의 교재를 자체 출판함으로써 재정문제를 해결하고자 한 것이었다. 그러나 여러 가지 현실적 조건 때문에 결국 실패로 돌아갔다.

‘한철연’이 발행처가 되지만 제15호 이후 계속해서 비매품으로 발간된다. 철학대중지를 발간하려던 계획은 새로운 출판사 설립 및 운영비용, 원고료 문제 등 주로 재정적인 문제 때문에 실현되지 못한다. 이렇게 된 이유는 논술사업이 벽에 부딪히게 된 것과 동시에 『시대와 철학』의 학술적 성격이 조금씩 강화됨으로써 이제는 대중성과 시장성이 없어진 것을 한철연 스스로 인정한 측면도 있다고 생각된다. 그리고 새로운 계획의 실패는 한철연의 정체성을 위협하는 결과로 나타난다.

『시대와 철학』은 제14호까지는 학술운동이라는 문제의식을 갖고서 독자 또는 대중을 의식하면서 시대와 현실 문제를 철학적으로 다루기 위해 ‘특집’, ‘기획’, ‘서평’ 등 다양한 편집을 통해 노력했지만 제15호부터는 비매품이 됨으로써 이러한 노력을 점차 하지 않게 된다.[40] 그리고 이때부터 한철연이 가졌던 현실 개입적, 마르크스주의적 지향도 『시대와 철학』에서는 사라지게 된다. 제15호에는 특집, 기획, 서평이 사라지고 순수하게 개별 연구논문들이 실리면서 사회철학 전문학술지 형태가 됨으로써, 다른 철학회의 학술지와 별 차이가 없게 된다. 그리고 제16호(1998.봄)부터 편집부에서 쓰는 ‘책머리에’가 없어지고 투고 논문에 대한 심사기준과 심사절차 및 게재 원칙이 세부적으로 규정되고 강화되었다.[41] 이는 이제 실천적으로 긴장을 유지하면서 시대와 철학적으로 대

40 이에 반해 주로 해외유학파 연구자들이 모인 ‘사회와 철학연구회’는 2001년 4월에 “보편성을 띠면서도 주체성 있는 사회철학적 작업”을 활성화하는데 기여하기 위한 기획특집을 마련하여 학회지를 판매지로서 창간한다. 그러나 제9호(2005)부터는 기획특집도 사라지고 비매품이 된다. 비매품이 되면서 학회의 정체성이 약화되는 것은 학회지가 학진 등재지가 되어 제도권으로 편입되는 과정과 깊은 연관이 있다. 나종석, 앞의 글, 208-209쪽.

41 이는 학술진흥재단(현 한국연구재단)의 학술지에 대한 평가와 지원정책에 의해 영향 받은 것이다.

결하려던 노력이 사라지고 학술진흥재단(이하 학진)에 의해 평가받는 전문학술지로 변화되었음을 즉 '운동으로서 학문'의 성격이 사라지고 '제도로서의 학문'으로 편입되었음을 의미한다. 물론 16호 부터 21호(2000.가을)까지는 특집을 계속 유지하려고 노력하지만 초창기의 문제의식이나 열정이 많이 약화된 형태로 나타나고 다양하게 추구하던 편집도 특집과 일반 논문으로 단순화된다.[42]

2003년 가을호에서는 학진의 지원을 받은 프로젝트인 '철학원전 번역을 통해 본 우리의 근현대'라는 주제로 11편의 논문과 번역된 자료들이 실린다. 이 프로젝트는 한철연이 추구하고자 했던 '주체적 철학함'의 성격에 어느 정도 맞는 작업이었지만 일본어로 번역된 원전 자료에 대한 접근과 해독이 어려워 기대하는 바의 성과를 올리지 못했다. 2004년 봄호에는 1997년 이후로 간헐적으로 빠지던 '특집'난이 사라지고 2005년에는 연 4회 발행하는 전문적 계간 학술지로 바뀌게 되면서 『시대와 철학』은 창간될 때 가졌던 한철연 기관지로서의 실천적 문제의식이나 긴장감을 거의 상실하게 된다. 그러다가 2008년에 새롭게 구성된 임원진들은 초발심을 잊지 말자고 강조하면서 전문성과 대중성을 갖춘 『시대와 철학』을 만들어 보려고 노력한다. 그 결과 2008년 여름호(19권 2호, 통권 43호)부터 '편집인의 말'을 다시 집어넣고 '시대평론'과 '서평'란도 새로 만들면서 약간의 변화를 시도했지만 2010년 후에는 이러한 노력도 약화되었다. 그러나 다른 한편으로 그 동안 『시대와 철학』에서 하지 못했

42 특집 주제는 '중국전통주의자의 서양에 대한 창조적 오해와 모색'(16호), '동아시아 사상사에서 근대성의 문제'(17호), '역사 속의 유토피아-2000년대를 향한 반성'(18호), '유토피아인가 디스토피아인가'(19호), '페미니즘과 21세기 철학'(20호), '문화 시대를 위한 철학'(21호, 2000, 가을)이다.

던 현실비판적·실천철학적 글쓰기를 인터넷 매체인 '미디어스'와 '프레시안'을 통해 어느 정도 해 오기도 했다. 그리고 최근에는 인터넷 매체에서의 철학적 글쓰기를 통해서 한철연이 가지고 있는 실천적·사회변혁적 정체성을 살리고 이를 통해 철학의 대중화를 시도하고자 웹진 'e-시대와 철학'을 창간(2010.6.13, 발기인 68명)하여 활동을 전개하고 있다. 이는 1998년에 『시대와 철학』을 비판적 사회철학의 전문 학술지로 규정하고, 그 대신에 대중적 철학매체를 만들려고 했던 생각을 인터넷 매체의 창간을 통해 실현하게 된 것이다. 그러나 이 웹진이 『시대와 철학』을 대체할 수는 없을 것이고 또 앞으로 이 철학 웹진이 어느 정도 대중적 영향력을 발휘할 지 또 어느 정도 운동성을 가질지는 아직은 평가하기 어렵다.

평가와 전망

이제가지의 논의를 바탕으로 한철연의 활동에 대한 몇 가지 긍정적 평가를 하면 다음과 같다.

첫째, 한철연이 한국에서 최초의 진보적 철학학술운동조직으로 출범한 후 여러 변화를 거쳤지만 20년 이상의 역사를 갖고 지속적으로 활동하면서 『시대와 철학』을 계속 간행해 왔다는 것에 대해 일단 긍정적 평가를 할 수 있을 것 같다.

둘째, 서양철학의 측면에서 보자면 마르크스주의 철학사상의 연구와 확산 그리고 사회주의권의 몰락에 따른 마르크스주의의 전화에 대한 다양한 모색을 통해 한국사회철학을 풍부화하는데 일정한 기여를 했다는 점에 대해서도 긍정적 평가를 할 만 하다. 또한 『철학대사전』의 출간[43], 기타 간행물과 대학교재로 간행했던 『삶, 사회, 과학』 등은 상당한 부수가 판매됨으로써 비판적·마르크스주의적 사고방식의 확장에 크게 기여한 것으로 생각한다.

셋째, 『시대와 철학』의 동양철학, 한국철학분야의 여러 특집이나 논문들은 기존의 연구방법이나 내용과 달리 마르크스주의적 연구방법론과 집단적 연구를 통해 나온 것으로 기존의 동양철학, 한국 철학계에 상당한 자극을 주었고 새로운 연구관점과 방향을 제시한 중요한 시도였다.[44]

넷째, 『시대와 철학』이 '주체적 철학함'을 제시하고 그 일환으로 분단과 통일의 문제를 본격적으로 제기하면서 월북철학자, 북한의 철학, 주체사상 등에 대한 논의를 주도한 것도 중요한 성과라 할 수 있다. 이 연장선상에서 건국대 철학팀이 주도하는 '통일인문학'의 기획이 나왔다고 할 수 있을 것이다.

다음으로 그 동안 한철연에서 논의했던 쟁점들과 『시대와 철학』의 문제점 등을 간단히 정리해 본다.

첫째, 한철연의 이념 또는 방향의 문제이다. 창립 초기에는 '마르크

43 1986년에 사회철학연구실 회원들은 "사회과학적 인식에 기초한 변혁이론"을 제공하고 "이데올로기적 장막을 거두고 과거의 진보적 철학 유산을 내놓는 작업"을 하기 위해 마르크스주의 사전을 만들기 시작하여 2년 6개월에 걸친 집단적 노력 끝에 『철학대사전』(발행일, 1989.5.30)을 간행한다. 그 동안 사철연이 한철연으로 흡수·통합되면서 사전의 편자명을 한국철학사상연구회로 했다. 『철학대사전』의 출간은 마르크스주의 수용사에서 특기할 만한 업적이라 할 수 있을 것이다.

44 구체적인 내용에 대해서는 이철승의 논문 참조. 한철연에서 동양철학 연구의 주도적인 역할을 했던 김교빈은 "동양철학계에서 발전으로서의 획을 그은 것은 1980년대 중반"(『한국철학의 회고와 전망』, 철학과 현실사, 2010, 120쪽)이라고 평가한다.

스주의'라는 큰 틀을 토대로 과학적 세계관의 창출이라는 목표를 갖고 출발했지만 곧이어 사회주의권의 붕괴와 한국사회의 민주화 등을 거치면서 이념적 정체성 문제가 계속 논의되어왔다. 회원에 따라 생각이나 입장의 차이가 있지만 조직 활동의 기본적 방향설정에서는 공통적인 근거가 필요했는데 이에 대해서 계속 고민해 왔지만 충분하게 토론하고 점검하는 과정이 부족했다고 생각된다. '마르크스주의란 무엇인가'를 우리의 현실 속에서 철학적으로 다시 물어볼 필요가 있다.

둘째, '운동으로서 학문'이 성공하기 위해서는 대중성과 전문성이 잘 통합되어야 한다. 즉 학술운동은 기존 학계에 대한 비판과 현실 적합한 새로운 이론의 창출이라는 '전문성'의 실현과 이에 기초한 '대중화'라는 이중의 과제를 갖는데 『시대와 철학』은 창간 때부터 끊임없이 논쟁하면서 이 과제를 실현하려고 노력했지만 시간이 지날수록 대중화로부터 멀어지고 결국은 전문적인 철학학술잡지로 귀착되게 되었다.[45]

셋째, 학술운동단체가 갖는 조직의 특성과 관계되는 문제로 초기 회원들의 다수가 지방대학의 전임이 되면서 서울에서의 활동이 어려워지고, 회원의 연령이 점차 많아지면서 연구자의 재생산 메커니즘 확보가 어려워지는 문제가 있다. 그리고 연구자 개인들의 현실적, 재정적 조건의 어려움, 또 집단적, 개인적 연구 활동이 한국연구재단(구. 학술진흥재단)으로 대표되는 국가권력에 종속되면서 제도적 관행에 빠져드는 측면도

45 『창작과 비평』의 경우는 전문성과 민중성의 만남, 예술성과 민중성의 관계, 민중성 회로의 확보 등에 대해 늘 고민하고 토론하면서 발전되어 왔으며 『역사비평』도 전문성과 대중성을 잘 살려온 성공적인 예라 할 수 있겠다. 이에 반해 『시대와 철학』은 이 문제에 대해 고민하고 토론도 많이 했지만, 현실의 요구에 따라 절충적인 방식으로 진행하다가 결국 대중성을 포기하는 결과가 되었다.

생겨났다. 연구회의 재정적 문제도 계속되는 어려움 중의 하나이다.

넷째, 한철연이 인적, 물적 기초가 충분하지 못한 상황에서 여러 가지 노력을 통해 학술운동 단체로서의 정체성을 유지하려 했지만 현실적으로는 쉽지 않았다. 더구나 대중성을 갖고 독자를 통해 재생산되는 구조를 갖추기는 재정적인 문제뿐만 아니라 철학 자체의 폐쇄적인 틀을 벗어나 다른 학문, 문화 영역 그리고 현실과 끊임없이 소통해야 하는데 한철연이 이러한 실력을 제대로 못 갖춘 측면도 있다. "학문내적으로는 인문학 내 분과학문·전공사이의 단절 및 사회과학과의 단절이 존재하며, 학문외적으로는 사회 및 세계와의 단절이 존재한다. 인문학 위기의 본질은 기실 사회적, 제도적, 권력적, 학문적 문제가 고루 착종되어 있다"[46]는 지적은 한철연과 『시대와 철학』에도 역시 타당하다고 하겠다.

최근에 인문학의 위기 극복을 위한 시도로 제기되고 있는 실천인문학이나 사회인문학은 한국에서 기존의 인문학이 비장소화, 비역사화되어 사회, 역사적 현실과 맞부딪히려는 치열한 노력이 부족했음을 비판하면서 "파편적 지식을 종합하고 삶(또는 인간의 다양한 가능성)에 대한 총체적 이해와 감각을 길러주며 현재의 '삶에 대한 비평'의 역할을 제대로 하는 총체성 인문학"[47]으로 그리고 '운동으로서 학문'으로 새롭게 태어나야 함을 강조한다.

앞으로 『시대와 철학』이 초창기의 정신과 자세로 돌아가 한국연구

46 박명림, 「사회인문학의 창안-사회의 인문성 제고, 인문학의 사회성 발양을 위한 융합학문의 모색」, 『東方學志』, 연세대학교 국학연구원, 2010.3, 57쪽.

47 백영서, 「사회인문학의 지평을 열며-그 출발점인 공공성의 역사학」, 『東方學志』, 연세대학교 국학연구원, 2010.3, 11쪽.

재단의 평가와 관계없는 잡지로 다시 태어나기에는 현실적인 어려움이 있지만 '특집'이나 '서평' 기타 기획 등을 통해 『역사비평』같은 전문 잡지로 전환해야 한다는 주장도 있다. 그러나 이미 『시대와 철학』을 사회철학 전문학술지로 유지하기로 하면서 웹진 'e-시대와 철학'을 만들었고, 후자를 통해 보다 실천적이고 비판적인 글쓰기를 효과적으로 할 수 있다는 주장도 존재한다.

학술운동단체로서 정체성을 유지하기 위해서는 앞에서 언급한 여러 문제 외에 재정적 문제의 해결도 중요하고, 현실에 이론적·실천적으로 개입하기 위한 새로운 통합적 이론의 창출과 '삶에 대한 비평'을 위한 '사상자원'[48]의 확보 등도 반드시 필요하다. 이를 위해서는 한철연 스스로가 『시대와 철학』을 포함해 이제까지의 자신의 활동에 대한 철저한 반성과 평가를 통해 새롭게 거듭날 필요가 있을 것이다.

48 '사상자원'이라는 말은 쑨거(孫歌)가 『아시아라는 사유공간』(창비, 2003, 120, 159쪽)에서 사용한 것으로 그는 복잡한 현실에서부터 '사상과제'를 추려내어 사상과제에 맞는 '사상자원'을 통해 현실을 해석하면서 역사에 진입할 수 있다고 본다. 그는 "나는 다케우치 요시미를 따라 일본의 근대로 들어갈 수 있었으며, 그로부터 루쉰에 들어갈 수 있는 새로운 시각이 계발되어 다시 중국의 근대로 들어갈 수 있었다"(같은 책, 51쪽)고 고백하고 더 나아가 "다케우치 요시미는 중국과 루쉰을 가장 풍성한 사상의 자원으로 바꿔 놓았다. 나는 역의 방향에서 다케우치 요시미를 아시아의 사상자원으로 삼고 싶다"(쑨거/윤여일 옮김, 『다케우치요시미라는 물음』, 그린비, 2007. 22쪽)고 말한다. 우리의 경우 우리 자신의 '사상자원'을 어디서 어떻게 확보하여 역사와 현실에 개입할 것인가가 매우 중요한 문제이다.

제2부

민족공동체와 주체사상

1장

민족공동체의 의미와 내용

시작하는 말

'민족'의 의미 규정

- 족군
- 종족
- 민족, 국민, 국민국가

공동체 개념

민족공동체에 대한 하버마스의 논의

백낙청의 '분단체제론'과 '다국적 민족 공동체론'

이만우의 '한민족공동체'Korean Community론

맺는 말

시작하는 말

오늘날 한국사회에서는 통일문제와 관련하여 '민족공동체' 수립에 대한 논의들이 활발한 데 이 장에서는 '민족공동체'의 의미와 내용에 대해 본격적인 검토를 하고자 한다. 이 상은 민족공동체 문제를 접근함에 있어 기본적으로 '국가중심주의적 패러다임'이 아니라 '민족중심적 패러다임'을 따르고자 한다. '민족중심적 패러다임'은 종족적·역사적·문화적 단일성과 정체성을 유지해 온 한민족의 존속과 번영을 국가체제보다 우위의 가치로 삼는 입장으로서 이 패러다임에 기초할 때, 분단 그 자체가 남북국가의 체제모순에 의한 것이므로 분단해소를 통해 진정한 민족발전이 가능하며 민족국가의 성립과 발전은 민족통일을 위해서만 의의를 갖는다는 것이다.[1]

이러한 입장을 토대로 '민족공동체' 개념의 의미와 내용을 규정하는 것이 이 장의 과제이다. 이를 위해 '민족'개념에 대한 상세한 고찰을 하고 이와 연관하여 '공동체' 개념에 대한 검토를 하고자 한다. 그리고 민

1 최완규, 「Icarus의 비운–김영삼 정부의 대북정책 실패 요인 분석」, 『한국과 국제정치』, 1998.가을·겨울호, 195쪽 "통일논의에 있어서 '국가중심주의적 패러다임'은 하나의 민족국가의 틀을 통해서만이 민족집단이 '민족'으로서의 존재가치를 유지 실현할 수 있다는 전제를 기초로 하고 따라서 통일은 국가안보와 근대화의 실현 즉 근대국가의 달성이라는 맥락에서 의미를 갖는 것으로 보려는 입장이다. 이 패러다임에서 통일의 염원은 체제경쟁에서 승리한 어느 한 쪽이 다른 한쪽을 흡수하는 것으로 간주한다. 그런 과정에서 통일정책은 내부 발전과 국민통합을 위한 민족주의적 동원기제로 사용된다. 통일이 체제선택의 문제가 되는 이상 통일정책은 어쩔 수 없이 북한과의 제로 섬 게임의 틀 속에서 수립될 수밖에 없다는 입장을 취한다. '민족중심적 패러다임'은 종족적·역사적·문화적 단일성과 정체성을 유지해 온 한민족의 존속과 번영을 국가체제보다 우위의 가치로 삼는 입장이다. 이 패러다임에 기초할 때, 분단 그 자체가 남북국가의 체제모순에 의한 것이므로 분단해소를 통해 진정한 민족발전이 가능하며 민족국가의 성립과 발전은 민족통일을 위해서만 의의를 갖는다."

족과 국가, 민족공동체에 대한 하버마스의 논의를 통해 '시민공동체'와 '민족공동체'의 관계를 살펴보고 이에 대한 백낙청의 비판적 논의를 검토한다. 다음으로 기존의 민족공동체에 대한 논의들을 비판적으로 고찰하여 변화되고 있는 신국제질서 속에서의 민족공동체 개념을 통일과정 전체를 통해 사용하고 또한 통일 이후에도 사용할 수 있는 과정적·지향적·규범적 개념으로서 정립하고자 한다.

'민족'의 의미 규정

세계화와 지역주의가 보편화되어 가는 새로운 시대에 기존의 민족국가 차원에서 협소하게 다루어진 민족공동체 개념이 새롭게 규정되어야 한다. 이를 위해 우선 '민족' 개념에 대한 기존의 논의를 검토함으로써 통일을 위한 '민족공동체' 개념에 적합한 민족개념을 모색하고자 한다.

왓슨은 "민족에 대한 '과학적인 정의'를 할 방도가 없다는 결론에 몰린다. 그러나 민족이라는 현상은 존재했고 또한 존재한다."[2]고 말했다. 이처럼 '민족'이란 개념은 다양한 의미를 가지며 또 역사적으로 그 함의가 변해오고 분화되기도 했고 또 언어권이나 한 나라의 역사적 전통에 따라서도 다르게 쓰이므로 우리는 여기서 가능하면 개념적 차이를 분명히 할 필요가 있다.

그러므로 그동안 혼용되어 왔던 민족nation과 족군(族群, ethnic group), 종족種族이라는 개념을 분리할 필요가 있으며 이들과 연관되는 개념들인 민

2 Hugh Seton-Watson, *Nations and States*, p.5. 앤더슨/윤형숙 옮김, 『민족주의의 기원과 전파』, 나남, 1991, 17쪽에서 재인용.

족국가, 국민 등의 개념들을 가능한 한 구별할 필요가 있다.[3]

족군

우선, 영어로 ethnic group 또는 ethnie로 표현되는 족군은 민족과 연관이 있으면서도 또한 다르다. 스미스는 ethnic community 또는 ethnie를 사용해서 nation과 구분하고 있다. ethnie는 "선조 중에 하나의 공통조상과 전설, 공통의 기억과 문화요소를 지닌 사람들의 집단: 하나의 역사적 영토와 혹은 기타 단결의 매개체로 연결된 사람들의 집단"[4]으로 설명한다. ethnic group(또는 ethnie)[5]은 비록 인종적인 의미(생리나 생물학적 특성상의 차이)를 가지고 있지만 그러나 이것이 나타내는 것은 주로 인간이 종교·언어·습관 등 문화적인 차이로 인해 형성된 인류집단을 의미하는 것으로 이런 집단을 민족nation이라 할 수 없다. 이는 아직 민족으로 형성되지 않았거나 현재 민족으로 형성되는 과정에 있을 수도 있다.

이런 집단을 '족군'이라 칭하며 이는 다음 두 가지 함의를 갖는다. 첫

3 이러한 구별은 임의적일 수 있지만 가능한 한 개념적으로 구분할 필요가 있다. 이 구별에 대해서는 방중영·허종국의 논문인 「族群, 種族, 民族 그리고 中華民族」(경남대 극동문제연구소, 『한국과 국제정치』28, 1998)을 많이 참조했다. 그러나 이 논문은 중화민족적 입장에서 쓰인 글이므로 또한 문제가 있다. 그러므로 다른 논의들도 참조하여 우리 현실에 맞는 '민족공동체' 개념에 적합한 '민족' 개념을 모색하고자 한다.

4 Anthony D. Smith "The Etnic Sources of Nationalism", *Ethnic Conflict and International Security,* Princeton University, 1993, p.28 (방중영·허종국, 앞의 글, 342쪽에서 재인용)

5 또는 ethnicity 라고 하기도 한다. 이들 개념에 대해서는 강상중, 『오리엔탈리즘을 넘어서』 이산, 1997, 246쪽 참조. 강상중은 「세계체제 속의 민족과 에스니시티」에서 세계체제론의 기획이 근대적 체제의 전지구적 네트워크에서 민족과 종교를 포괄적으로 이해하는 유효한 지적 개념장치임을 인정하면서 인종이나 민족, 에스닉 그룹 등이 자본주의 세계경제인 세계체제 내에서 어떻게 형성, 구조화되는가를 밝힌다.

째, 한 국가 내부에서 국가영역과 일치된 민족nation에게 아직 융합되지 않았거나 통일되지 않은, 국가의 변경과 대체로 일치하는 민족 내의 '민족의 소수' 내지 '소수 민족national minority'을 말한다. 이런 인류 집단은 문화적으로 많은 공통된 특징을 가지고 있으며 오늘날 전형적인 것으로 알려진 서구의 민족국가에서도 이런 족군은 존재한다. 둘째, 하나의 '다족군 국가'('다민족 국가'가 아니라)에서 그 민족을 구성하는 기초단위로서의 모든 족군을 총칭하는 것을 말한다. 그러므로 사실상 오늘날 세계정치의 기본단위로서 민족국가의 대다수는 족군상으로 순수하지 못하다.

네이션 이전의 집단을 그냥 '에스닉 그룹ethnic group' 또는 '에스니ethnie'라고 표현하기도 한다. 또한 네이션 이전 시기에 한국, 중국, 베트남 등과 같이 오랜 기간 정치체를 형성해 왔던 경우를 '히스토릭 네이션historic nation'이라 한 표현도 보인다.

종족

다음으로, 영어의 race로 표현되는 종족(또는 인종)이란 개념이 지칭하는 범위는 매우 넓고 다른 장소에서 다르게 사용되고 있다. 우선 흔히 종족은 인류를 주로 생물학적으로 분류한 것으로 피부색, 모발, 신체구조 등의 차이로 구분한 인류 집단이다. 인류는 크게 3종류의 종족으로 구분할 수 있는데 흑인종, 백인종, 황인종이 그것이며 이 인종은 더 세분되기도 한다. 그러나 이러한 설명은 비과학적인 것으로 드러났고, 오늘날은 유전인자gene에 의해서 분류되는 서로 다른 인류를 지칭하는 것으로 사용되기도 하고 넓은 의미에서는 혈통breed, 종족宗族, family, 인간집단people, 부락tribe, 민족nation 등과 혼용되기도 한다. 그러나 용어의 의미를 보다 분명히 하기 위해서 우리는 종족이란 단어를 최대한의 범위에서 생물학적 현상으로 정의하고자 한다. 즉 "종족은 전체적으로 공통의 혈통기원과 공통 유전특징을 가진 사람들을 말하며 공통의 언어, 공통의 습관과 공통의 국적 등은 고려하지 않는다."[6]

민족, 국민, 국민국가

우리는 종족, 족군 개념과 함께 민족, 국민 등의 개념을 가능한 한 분명히 할 필요가 있다. 본래 '민족'이란 단어는 19세기 후반 일본에서 '네이션nation'을 번역한 것이다. 이 말이 중국과 한국에 수용되어 널리 사용되게 되었다. 이때 네이션은 '국가', '국민'으로도 번역되어 사용되었음은 당시 일본에서 간행된 사전을 통해 확인된다.[7] 그 이후 지금까지 이 단어는 세 가지로 번역되어 사용되고 있으며 '에스닉 그룹'도 민족으로 번역되는 경우도 있다.[8] 그러나 앞의 논의에서 보았듯이 에스닉 그룹은 민

6 방중영·허종국, 앞의 글, 348쪽.

7 노태돈, 「한국민족형성시기론」, 『한국사시민강좌』 제20집, 1997, 일조각, 172쪽.

8 ethnos와 nation을 구분하면서도 번역은 똑같이 '민족'으로 하는 경우도 있다. "'민족(ethnos)'은 생물학적 개념에 속하는 '종족(race)'과 국가의 성원으로서의 정치적 개념인 '민족(nation)'과는 구별되는 문화적 공동체로서 규정될 수 있다. 그런데 이 개념은 중층적이며 다원적 의미를 지니고 있으므로 종족적 측면과 국민적 측면과 중복되며 양자의 속성을 또한 지니고 있다. '민족(ethnos)'의 종족적 특징은 생물적 차원인 신체적 특징에서 우선 드러난다, 왜냐하면 역사적으로 볼 때 단일민족으로 이루어진 민족국가(nation state)란 오히려 예외적이며 다민족 국민국가(multi-ethnic nation) 혹은 동일한 민족이 국가의 경계에 의해 나누어져 있었다는 사실은 '민족'을 단지 '네이션'만으로 이해할 수 없음을 일깨워 주기 때문이다. 그리하여 '네이션'을 대신하여 '에트노스'라는 용어가 시민권을 얻게 된 것은 1960년대 말경으로 미국에서 흑인 '민족운동'+공민권 획득운동이 격화된 시기이다. 이 '에트노스' 개념이 민족대이동의 시대이자 세계화 시대인 오늘날 민족문제를 인식하는 키워드이다. 우리말로는 ethnos, nation의 구분이 안된다."(이광주, 「'민족'과 '민족문화'의 새로운 인

족으로 번역하지 않고 족군, 족속, 또는 족으로 번역하는 것이 의미상 혼동이 없으리라 생각한다.

대부분의 민족은 족군적 기원을 가진다. 앤소니 스미스는 『민족의 족군적 기원』(*The Etnic Origins of Nations*, 1986)에서 족군적 정체성이 민족적 정체성으로 이행되는 과정을 중시한다. 물론 그도 기본적으로는 보편적 종교의 쇠퇴, 중앙집권체제의 확립, 관료주의 국가의 대두, 산업경제의 압력 등이 족군을 민족으로 동원하고 정치화하는데 필수적인 조건이라고 강조하고 커뮤니케이션에 동원된 주민의 사회적 관련을 무시하지 않는다. 그러나 그는 근대민족과 민족주의가 옛 족군개념의 범위를 확대, 심화시켰고 족군의 구조와 그 이상을 보편화시켰다고 본다.[9] 그러므로 우리는 전근대적인 족군과 근대적 민족의 연속성과 단절의 측면을 잘 구별해야 할 것이다.

여기서 우선 '민족' 또는 '민족주의'에 대한 기존의 논의들을 살펴보자. 도이치는 민족을 공통된 문화에 기초한 사회적 커뮤니케이션의 공동체로 규정했다. 산업화과정에서 시장의 확대, 산업도시의 성장, 식자율의 증가 등을 사회적 배경으로 하여 대중매체의 작용으로 사회적 통합이 진행된다. 도이치는 민족주의란 사회적 커뮤니케이션의 힘으로 전달될 민족적 메시지, 기억, 이미지 등 특수한 상징을 공유하는 문화공동체라고 단정한다.[10]

식」, 『서양에서의 민족과 민족주의』, 까치, 1999, 33쪽) 그러나 이 두 개념을 모두 '민족'으로 번역하면 많은 혼란이 생기므로 본 고에서는 전자를 족군, 후자를 민족으로 구분하여 번역한다.

9 이민호, 「우리에게 민족주의란 무엇인가」, 『서양에서의 민족과 민족주의』, 330쪽.

10 이민호, 앞의 글, 327쪽

한편 도이치의 커뮤니케이션 이론에 영향을 받은 앤더슨은 민족공동체 내지 민족국가란 근대 내셔널리즘이 만들어낸 '상상의 공동체' imagined communities로 규정한다. 고유한 민족문화라는 '공동 환상' 위에 구축된 '민족'에는 상상력이 낳은 그만큼 갖가지의 픽션과 허위가 뒤따른다.

앤더슨은 인류학적 관점에서 다음과 같은 민족nation의 정의를 제안한다. "민족은 본래 제한되고 주권을 가진 것으로 상상되는 정치공동체이다."[11] 민족이 상상된 것이라고 보는 이유는 가장 소규모의 민족 공동체일지라도 그 구성원이 결코 그 민족의 대부분과 면식이 있다거나 얼굴을 마주 대하거나 그들에 관해서 듣던가 하는 일이 없으면서도 구성원 모두가 마음속에서 일체가 된 듯한 이미지the image of their communion가 살아있기 때문이다.

우선 민족은 '제한된 것'으로 상상되는데 그 이유는 10억의 인구를 가진 큰 민족도 융통성 있는 한정된 경계를 가지고 있어 그 너머에는 다른 민족이 함께 살고 있기 때문이다. 다음으로 민족은 '주권을 가진 것'으로 상상되는데 그 이유는 이 개념은 신이 정한 계층적 왕국의 합법성을 계몽사상과 혁명이 무너뜨리던 시대에 생겨났기 때문이다. 마지막으로 민족은 '공동체'로 상상되는데 그 이유는 각 민족에 보편화되어 있을지 모르는 실질적인 불평등과 수탈에도 불구하고 민족은 언제나 심

11 B. Anderson, *Imagined Communities:Reflections on the Origin and Speed of Nationalism, Verso*, 1983,(1991) p.15; 윤형숙 옮김, 『민족주의의 기원과 전파』, 나남, 1991, 21쪽. 이 책은 초판에 대한 번역이고 개정판에 대한 번역이 최석영역 『민족의식의 역사인류학』(서경문화사, 1995)으로 나왔다. 개정판에서는 10장, 11장이 추가되었다. 후자의 번역은 일본어판 중역이다.

오한 수평적 동료의식a deep, horizental comradeship으로 상상되기 때문이다. 여기서 상상된다는 것이 매우 중요한 데, 이는 결국 민족의 가치와 상징이 조직화되고 확산되는 역사적 과정이 중요한 요소로 등장함을 의미한다.

또한 최근의 후기 구조주의에 입각한 민족주의의 연구에 의하면 국민 혹은 민족은 하나의 '텍스트'이다. 이 말은 민족 혹은 국민이 실체로서 존재하기 보다는 '이야기 과정narrative process'을 통해서 그 의미가 만들어질 뿐이라는 뜻이다. 그리하여 근대적 국민 혹은 민족은 '글쓰기 writings'의 과정에서 창조된 것이라고 보면 된다는 것이다.[12] 이러한 논의는 인쇄자본주의의 발전에 따라 민족이 형성된다는 앤더슨의 논의를 더욱 발전시킨 것이라 볼 수 있다. 이제까지의 논의는 민족주의의 발전에 따른 근대적 민족국가 형성을 뒷받침하는 것으로 볼 수 있다.

> 근대에서 세계사를 움직여 나가는 기본단위가 되었던 것은 국민국가였다. 대외적인 주권을 가진 영토국가인 국민국가는 적어도 규범상으로는 그 구성원이 동일한 법률의 평등한 적용을 받고 또 그 법률을 만드는 주권자인 '정치공동체'이며, 시장경제 또는 계획경제에 의한 '경제공동체'이며, 공공교육(국민교육)과 문화매체를 통해 '문화적 공동체'를 이루었다. 민족은 바로 그런 국민국가의 구성원을 가리킨다. 무엇보다 국가구성원으로서 권리와 의무를 행하며 정치적, 사회적 제문제에 대해 능동적인 참여를 하고 같은 국가 구성원에 대해 동포애를 지니는 그러한 이들로 구성된 공동체가 민족이라는 것이다. 이러한 성격의

12 Lloyd Kramer, "Historical Narratives and the Meaning of Nationalism", *Journal of History of Ideas*, vol, 58, no. 3, 1997, p.536.

인간공동체는 근대국민국가의 소산이 된다. 이런 민족 개념은 서구의 네이션nation 개념을 따른 것이다.[13]

서구에서의 네이션의 형성은 국민국가nation-state의 산물로 보고 있다. 즉 국민이 먼저 형성되어 있고, 국민국가가 정립한 것이 아니라 그 역의 순서로 형성되었던 것이다. 이러한 논의는 중국의 경우에도 예외는 아니다.

역사적으로 볼 때 민족은 두 가지의 다른 경로를 통해서 형성된다고 볼 수 있다. 하나는 혈연·문화와 상관있는 인류집단으로 즉 혈통과 문화적으로 하나의 동일한 단체감(이들은 혹은 같이 거주하고 있지 않을 수도 있다)을 향유하며, 하나의 민족으로 형성된 경우이며 다른 하나는 혈연과 무관하지만 정치와 정치적인 아이덴티티와 관련을 가진 다른 족군과 언어집단으로 구성된 사람들이 동일한 단체감을 향유하며 하나의 민족으로 형성된 경우, 즉 스위스 같은 민족을 말한다.[14]

정치적으로 이 두 종류의 민족형성 경로의 차이는 다른 결과를 낳는다. 유럽에서 동서방의 민족개념의 차이는 이런 민족형성의 차이에 따른 필연적 결과라 볼 수 있다. 앞에서 언급한 바와 같이 족군은 민족과 다르며 만약 한 족군이 국가지위를 획득하여 자신의 정치조직 형식을 가진다면 이때 족군은 민족으로, 즉 족군민족ethnic nation으로 전환되어 족군민족주의 형태를 띠게 된다. 이러한 의미에서 민족 개념은 민족구성에서

13 노태돈, 「한국민족형성시기론」, 『한국사시민강좌』 제20집, 1997, 일조각, 168쪽.
14 방중영·허종국, 앞의 글, 353쪽.

객관적인 공통성, 특히 공통의 언어와 문화적 특징 및 혈통을 강조하게 된다.[15]

이와는 다른 입헌적 의미의 민족은 한 영토country상의 모든 사람들(인민들)이 하나의 민족이며 헌법을 기초로 하는 입헌민주제 및 이에 상응하는 정치문화는 민족을 민족 되게 하는 중요한 요인임을 강조한다. 대서양 전통의 민족은 이런 자유민주주의 요구에 의해 정의된 것이며, 민족은 하나의 공통의 헌법의 관할 하에서 개인의 연맹이 된다. 따라서 민족의 결합과 아이덴티티는 정치조직에서 나온다. 이처럼 각기 서로 다른 민족형성의 경로 차이로 민족개념에 대한 구분과 혼란이 생겨나는 것이다.[16]

이제까지의 논의를 총괄해 보면, 민족은 국가와 관련 있는 정치적·경제적·문화적 개념이다. 그러나 민족과 국가의 관계는 민족형성의 방

15 독일민족은 하나의 전형적인 족군민족이라 할 수 있으며 이것이 독일 파시즘의 이데올로기적 토대가 되었다.

16 마이네케는 세계의 민족을 크게 '문화민족'과 '국가민족'으로 나누었다. 문화민족은 동일한 언어를 사용하며 공통의 조상을 가진 사람들을 말하며 국가민족은 한 정부의 통치하에 생활하면서 공통의 법률과 관용 언어 및 종교를 가진 사람들을 말하는데 이들 사이에는 많은 차이가 있겠지만 시간이 경과함에 따라 사람들은 점점 더 균질화된다. 도이치도 민족을 '문화민족'과 '정치민족'으로 구분하여 전자는 역사적으로 형성된 문화공동체를 말하며 후자는 국가를 소유하고 있는 인간공동체, 혹은 이미 준정부(準政府) 기능을 가지게 됨으로써 공통으로 희망하는 사항들을 제정, 지지, 실행할 능력이 있는 공동체를 말한다. 도이치의 견해에 따르면 문화민족은 본문에서 말하는 '족군'이며 정치민족은 '중화민족' '미국민족' 등 새로운 민족을 지칭하는데 모든 주권국가는 민족이 될 수 있다. 스나이더는 마이네케의 관점에서 서구에 국가민족(state-nation)과 민족국가(nation-state)의 두 종류의 공동체가 존재함을 밝힌다. 전자는 미국·영국·프랑스 등의 민족이 국가를 형성하는 과정 중에 형성된 것으로 족군의 차이(ethnic differences)를 초월한 민족을 말하며, 후자는 중부, 동부 유럽국가 즉 족군과 정치적 경계가 상호일치되는 민족을 말한다. (방중영·허종국, 앞의 글, 358~361쪽)

식의 차이에 따라 다르다. 먼저 족군을 초월해서 정치조직과 경제관계로 결합된 개체 간의 연맹으로 말하자면 국가는 논리상 민족에 우선하며, 민족은 국가를 통해 표현된다. 족군민족으로 말하자면 민족은 반드시 국가보다 선행하며, 국가는 민족의 정치적 형식에 지나지 않는다. 다음으로 족군민족을 포함한 민족의 다양성의 존재현상을 인정해야 한다. 민족은 족군보다 더욱 큰 인류공동체이다. 그래서 역사적으로 우리는 두 종류의 다른 민족을 즉 각 족군들과 융합되어 만들어진 '민족 1'과 순수하게 단일 족군으로 구성된 '민족 2'로 규정할 수 있다. 전자를 '복합민족' 후자를 '단순 민족'이라고 할 수 있다. 또한 민족은 하나의 동태적動態的 과정에 있으며 경제, 정치, 문화 등 각종 요인들은 족군의 생과 사, 그리고 각 민족과 족군 간의 융합과 분리 등의 변화를 불러일으킨다.[17]

그러므로 민족은 하나의 불변적인 요인이 아니라 동태적인 발전과정 중에 있으며, 민족은 단지 인류가 가지는 제한된 공동체의 한 형식에 불과하며 이는 일체화로 나아가는 과정 중에 있는 인류공동체의 한 형식임을 강조한다.[18] 그러나 이러한 입장은 중국인이 현재 하나의 '국민nation', 56개의 족군ethnicity으로 구성되어 있지만, 미래에 하나의 중화민족을 형성케 될 것이라는 중국당국의 공식적인 입장이 반영된 것으로 볼 수 있다.[19]

17 방중영·허종국, 앞의 글, 365~367쪽.

18 같은 글, 341쪽.

19 같은 글, 제5장 '중화민족과 중국내부의 각 족군 간의 모순과 통일' 참조. "중국인이 현재 하나의 국민(nation), 56개의 민족(ethnicity)으로 구성되어 있지만, 미래에 하나의 중화민족을 형성케 될 것이라는 중국당국의 공식적인 입장도 그러한 것이다. 실제 그런 방향에서 진행된 주민통합과 국민형성으로 하나의 족속이 되어가는 경우도 있을 수 있다. 그런데 그러한 국민형성은 현실적으로는 국민을 구성하는 주민 중 중심 족속의 주도권 하에서 그 문화와 아이덴티티에 의한 타 집단의 통합과 동

실제 그런 방향에서 진행된 주민통합과 국민형성으로 하나의 족속이 되어가는 경우도 있을 수 있다. 그런데 그러한 국민형성은 현실적으로는 국민을 구성하는 주민 중 중심 족속의 주도권 하에서 그 문화와 아이덴티티에 의한 타 집단의 통합과 동화의 강요라는 형태로 흔히 진전되었다. 그러므로 중국 내의 소수민족들의 독립운동도 있는 것이다.

또한 우리는 민족과 국민을 구별해서 사용해야 하는데 그 이유는 민족과 국민은 같이 쓰이기도 하지만 엄밀한 의미에서 일치하는 개념이 아니기 때문이다.[20] 예를 들어 중국에 사는 조선족은 자기들의 정체성을 '중국 국민(공민), 조선민족'이라고 하며 한국에서도 그들을 우리 민족, 우리 동포라고 하지 한국국민이라고 하지 않는다. '다민족 국가'라는 개념이 성립된다면 그런 면은 여타의 나라들에서도 적용될 수 있다.

서구의 경우 국민국가를 매개로 한 사회의 여러 부면部面에 걸친 작용에 따라 영토국가인 국민국가 내의 구성원은 조만간 하나의 문화와 귀속의식을 지닌 족속단위가 될 수밖에 없으니 국민을 민족이라고 하여도 무방하다고 주장할 수도 있다. 서구의 네이션 형성과정이 그런 면을 말해준다.

그러나 국민국가 형성에 의한 족속 간의 융합이 그렇게 이념적, 정치적으로 상정하였던 것처럼 용이하게 진전되었던 것은 아니었다. 그러므로 현대사회에서 국민과 민족이 범주를 달리하는 측면을 지니고 있는 것이다.[21] 비단 한 국민국가 내에 복수의 민족이 존재할 뿐 아니라 한

화의 강요라는 형태로 흔히 진전되었다." 노태돈, 앞의 글, 174쪽. 노태돈은 ethnicity를 '민족'으로 번역했지만, 우리는 논의의 일관성을 위해 '족군'으로 번역한다.

20 노태돈, 「한국민족형성시기론」, 『한국사시민강좌』 제20집, 1997, 일조각, 172~178쪽 참조.

민족이 여러 국민국가에 거주하는 경우도 많다. 한국인만 해도 재외 동포가 500여만 명에 달한다. 이들은 거주하는 나라의 국민으로서의 의식과 자신들이 속한 족속의 일원이라는 의식을, 즉 이중적 귀속의식을 갖고 있다. 교통, 정보, 통신의 혁명적 발달은 국가단위를 넘어서 이들의 문화적 정체성을 유지하는데 일정한 도움을 주고 있다.

한국에서의 '민족'

한국의 경우 '민족'은 한국민족의 절대다수가 이른 바 한 핏줄을 나눈 한 겨레로 살아온 역사가 길기 때문에 대부분의 서구 민족이론가들이 말하는 nation이나 nationality–특히 전자–를 번역하기에 처음부터 부적합한 면이 있다. '민족'이라고 하면 우리는 습관적으로 '종족'과 대동소이한 것을 생각하기 때문이다.[22]

우리의 경우 비록 근대적 국민국가의 역사는 짧지만 문화로 형성된 민족의 역사는 매우 오래됐으며 오랜 통일국가의 전통을 갖고 있다. 그러므로 민족의 형성과정과 시기에 대해서도 다르게 규정될 수 있다. 노태돈에 의하면 '민족' 개념을 규정할 때, 통시적인 측면에서 족속 구성원 간의 관계의 질적 변화의 측면을 중시하느냐 아니면 공시적인 측면에서 타 족속과 구분되는 측면을 중시하느냐에 따라 다르게 규정될 수 있다. 전자를 중시하면 민족은 근대의 집단에만 사용해야 하고 후자를

21 김동춘은 한국사회에서 민족과 국민 개념을 구분하지 않고 사용하면서, 한국 '국민'이 '시민'적 내용을 갖지 못하고 여전히 '신민'적 내용을 갖고 있음을 해명한다. 김동춘, 「20세기 한국에서의 '국민'」, 『창작과 비평』 제106호, 1999.겨울.

22 백낙청 엮음, 『민족주의란 무엇인가』, 창작과 비평사, 1981, 7-9쪽.

중시한다면 민족은 전근대 시기의 족속에도 사용할 수 있는 것이 된다. 그는 후자의 측면이 한국 민족에서 본질적이라고 본다.

> 모든 개념은 그것이 제기하고 포괄하고자 하는 주된 부면部面이 있다. 국민과 민족의 개념을 분리해서 생각하면 민족개념이 지니는 주된 의미는 후자에 있다. 그런 측면에서 볼 때, 한국민족은 전근대에 형성되었다고 본다. 단 민족 역시 역사적 산물로서 형성되었고 역사의 진전과 함께 그 성격에서 질적인 변화가 있었으므로, 다시 민족을 '전근대 민족', '근대 민족'으로 나누어 단계를 지어본다. 근대민족은 그 구성원 간의 관계의 측면에서 네이션, 즉 국민과 같은 성격의, 비록 국민과 근대민족의 범주가 일치하는 것은 아니지만, 같은 인간집단이라 할 수 있겠다. 이런 실정은 에스니시티ethnicity론에서 결여된, 민족의 형성과 그것의 근대 민족으로의 질적 변화를 해나가는 역동적 과정의 파악을 가능케 해 줄 수 있으리라고 여겨진다.[23]

노태돈은 이러한 관점을 토대로 "한국인의 생활영역의 기본 틀이 고려 초에 거의 확정되었고 언어적인 면에서도 중부 지역 방언이 오늘날의 한국어에 직결되는 중세어의 기본이 되었다. 이러한 면에서 고대국가 성립과 함께 그 형성의 단초를 연 이후 통일신라기를 거쳐 고려 초에 이르러 한국 민족이 형성되었으며, 그 성격상으로 본다면 전근대 민족이 된다."[24]고 결론짓는다.

이후의 한국사는 이 전근대 민족이 근대 민족으로의 전환을 향해 나

23 노태돈, 앞의 글, 177쪽.

24 노태돈, 같은 글, 180쪽.

간 과정으로 볼 수 있다. 근대 민족으로서의 전환과정은 개항 후 진행된 근대화를 향한 일련의 진통과 국권상실 후 일제에 저항하면서 진행된 사회 여러 면에서의 변혁운동의 과정이었으며, 이 과정에서의 민족주의 운동이 '근대 민족'으로의 결집을 가능하게 했다고 할 수 있다. 겔너의 말처럼 "민족주의는 민족들이 자의식에 눈뜬 것이 아니다. 민족주의는 민족이 없는 곳에 민족을 발명해 낸다."[25] 즉 민족을 각성시키는 것이 민족주의이지 민족이 민족주의를 각성시키는 것이 아니기 때문이다.

이와 함께 우리의 경우는 일제강점기에서 국권을 상실하면서 국민은 정치적 주권을 박탈당하고 '국민'이란 용어 자체의 사용이 금지되었으며 이러한 금지상태에서 '민족' 범주는 단지 문화적 또는 혈통적인 것으로서 고착되었다.[26] 그리고 독립운동 세력은 이제 정치적 국민보다는 역사 문화적 동질성을 가진 운명공동체로서의 '민족'의 개념을 강조하고 이를 '민족국가' 건설을 위한 투쟁적 개념으로 사용하였다.[27] 그러므로 우리에게 전근대적 민족 개념이 상당히 뿌리 깊게 남아있는 것이다.[28] 즉 한민족에게 '민족'이란 용어는 인종적 공동성에 근거한 혈연적 의미가 짙은 '겨레'라는 의미로 받아들여졌으며 해방 직후 김구가 "민족의 혈통은 영원하다"고 주장하면서 혈통주의적, 심정주의적 관점에

25 Ernest Gellner, *Thoughts and Change*, p.169; 윤형숙 옮김, 『민족주의의 기원과 전파』 21쪽에서 재인용.

26 일본에서의 민족과 국민 개념의 형성에 대해서는 윤건차 『일본-그 국가·민족·국민』, 일월서각, 1997. 중국에서의 민족과 국민에 대한 논의는 백영서, 「중국의 국민국가와 민족문제-형성과 변용」(한국사연구회편, 『근대국민국가와 민족의식』, 지식산업사, 1995) 참조.

27 김동춘, 앞의 글, 34쪽.

28 양현아, 「가부장적 공동체로서의 민족」, 『창작과 비평』 제106호, 1999.겨울.

서 민족주의를 표방한 것은 이러한 측면을 잘 반영하고 있다.[29]

그러나 세계화되어 가는 오늘날 이러한 전근대적, 종족적 또는 족군적 민족개념에 머물러서는 안 된다. 오늘날 한국 사회 내에서도 소수민족 문제가 등장하면서 '민족성'과 '국적성' 간의 심각한 대립이 문제되고 있으며 또한 해외 동포들과 관련되어 '다국적 민족공동체'에 대한 논의도 나오고 있기 때문이다.

공동체 개념

이제 공동체의 의미와 내용에 대한 고찰을 할 차례다. 그런데 공동체에 대한 수많은 정의가 있고 또 매우 다양한 공동체들이 존재한다. 가장 기본적으로 가족공동체를 비롯하여 혈연공동체, 종족공동체, 족군공동체, 민족공동체, 국가공동체, 시민공동체, 평화공동체, 의사소통공동체, 가상공동체 등 매우 다양한 종류의 공동체 개념들이 존재한다. 그러므로 '공동체'의 의미와 내용이 역사적으로 어떻게 변해 왔는가를 파악기 위해서 기존의 공동체 이론들에 대한 검토가 필요하다.[30]

힐러리Hillery에 의하면 공동체는 세 가지 요소를 포함한다. 첫째, 지리적 영역-공간적 개념으로서 공동체, 즉 "공동체란 사람들이 가정을 꾸려나가고 생계를 유지하며 아이들을 키우고 생활의 대부분의 활동을

29 김명섭, 「남북한 관계의 문명론적 조망」, 『열린 지성』4호(1998, 가을·겨울) 교수신문사, 175쪽.

30 데니스 포플린, 「공동체의 개념」, 신용하 편, 『공동체 이론』, 문학과 지성사, 1985, 18-49참조. 그리고 같은 책의 김경일, 「공동체론의 기본문제」 참조.

해나가는 장소"[31]를 포함하며 둘째, 사회적 상호작용의 연결망으로서의 공동체 셋째, 문화 심리적 단위로서의 공동체 즉 공동의 유대 혹은 연대로서의 공동체이다.

헤겔은 플라톤과 아리스토텔레스의 전통을 따라 인간을 우선적으로 개인이 아닌 공동체적 존재로 파악한다. 그의 이러한 인간관은 근대 시민사회가 갖는 개별성과 분열상태를 극복하기 위한 것이다. 그는 인류사회의 발전을 직접적이고 자연적인 혈연공동체인 '가족'에서, 가족공동체의 해체를 통한 사적 개인의 발달, 즉 '시민사회'의 전개 그리고 다시 이익사회로서의 시민사회의 개별성을 지양하는 고차적인 공동체로서의 '국가'의 단계로 나누었다.[32] 그리고 이 단계에 따라 다양한 인정認定 관계와 인격 개념이 성립한다. 즉 인간개인은 사랑을 매개로 가족이라는 정서적 인정 관계 속에서 구체적 욕구의 존재로, 그리고 시민사회의 인지적·형식적 권리 인정 관계 속에서는 추상적 권리 인격체로, 끝으로 국가를 통해 정서적으로 계발된 인정관계에서는 구체적 보편자, 즉 유일성을 갖고 있는 사회화된 주체로 인정된다.[33] 이러한 대응관계를 앞에서 살펴본 공동체가 갖는 세 가지 요소와 관련시켜 고찰한다면 공동체의 성격 해명에 많은 도움이 되리라 생각한다.

헤겔의 고찰에서도 나타나듯이, 전근대와 근대 사이에는 인간공동체의 질적인 면에서 현격한 변화가 있었으며 이러한 면은 민족이나 그에 준하는 의미를 지닌 단어의 사용용례를 통해서도 살펴볼 수 있다.[34]

31 신용하 편, 『공동체 이론』, 26쪽.

32 헤겔/임석진 옮김, 『법철학』, 지식산업사, §142~360.

33 호네트, *Kampf um Anerkennung*, Shurkamp,1992, s.45~46; 문성훈·이현재 옮김, 『인정투쟁』, 동녘, 1996, 63쪽.

그리고 오늘날은 전근대적, 근대적 공통체 개념과 유사한 점이 있으면서도 상당히 다르게 규정된다.

> 여러 가지 제도의 기능을 통해서 끊임없이 창출되는 모든 공동체는 상상의 소산이라고 말할 수 있다. 이것은 공통의 이름에 대한 인식이나 측량할 수 없는 과거의 흔적으로서 전통이 살아있다는 조건 아래서 개인을 '집합적인 이야기'a collective narrative의 그물망 속에 편입시켜 가는 것을 의미한다. 극단적으로 '상상에 의한 공동체만이 현실적인 존재이다'라고 해도 그리 틀린 말은 아니다.[35]

역사적으로 볼 때, 산업사회에서 공동체는 그 공동체에 대한 귀속감·친밀감을 중심으로 이루어지는 게마인샤프트에서 계약과 이해관계를 중심으로 이루어지는 게젤샤프트의 방향으로 그 의미가 변해왔다. 사회의 복잡화가 진전됨으로써 공동체들은 다양한 이해관계에 따라 분화되며, 공동체를 묶고 있는 공유가치나 역사적 배경들은 더욱 더 희미해진다. 따라서 공동체라는 단어가 대면접촉으로 형성되는 끈끈한 친밀감에 의해 구성되는 어떤 것을 뜻하는 대신, 관심과 이해에 따라 다양한 층위로 묶이고, 이해의 변동에 따라 빠른 속도로 이합집산할 수 있는 느슨하고 희미한 연대감을 가진 집단을 뜻하는 것으로 변화되고 있다. 그리고 이것이 이른바 정보화시대에 걸맞은 공동체의 정의인지도 모른다.[36]

---

34 노태돈, 「한국민족형성시기론」, 『한국사시민강좌』 제20집, 1997, 일조각, 169쪽.

35 강상중, 『오리엔탈리즘을 넘어서』, 이산, 1997, 166쪽.

36 김도현, 「가상 '공동체'인가 '가상'공동체인가」, 『창작과 비평』 제107호(2000년 봄호), 73쪽.

1990년대 초 미국에서 고안된 '사이버 공동체' 또는 '가상 공동체', '네트워크 공동체' 개념은 명백히 산업사회에서 해체된 공동체를 정보사회에서 되살린다는 함의가 있다. 즉 컴퓨터 통신이 일차적 관계에서 연원淵源하는 친밀성이 지배하는 공동체를 가능하게 한다는 것이다. 가상공동체는 이처럼 새롭게 정의되는 공동체로 이해될 수도 있을 것이다.

사이버 공간은 커뮤니케이션에서 시공간의 제약을 제거함으로써 '우리'라든가 '공동체'를 구성하는 방식을 바꿔놓고 있다. 그것은 현실에 뿌리를 갖지 않는 사회관계, 소위 가상공동체를 만들어 낸다. 시민의 세력규합을 위한 가상공동체가 수없이 등장할 것이다. 그러나 가상공동체는 오직 자발적 참여 위에서만 존립하기 때문에 민주적이고 평등하며 따라서 가상공동체의 번성은 궁극적으로 참여 민주주의를 촉진할 것이라는 주장과 이와 반대의 주장이 공존하고 있다.[37]

21세기의 큰 과제는 국경을 초월한 평등한 인권이라는 시민사회의 입장에서 세계화한 시장경제를 어떻게 규제해나갈 것인가라는 문제이다. 결과적으로 국가는 이 두 가지 경향의 대립 사이에 서서 민족국가의 틀을 초월한 민주적 다민족·다국가로 구성된 '지역공동체(조직)' 또는 '지역연방'으로 재구축될 수밖에 없을 것이다.[38] 다시 말해서 인류가 살아남고 보다 인간답게 살기 위해서는 지금보다 물질적으로 훨씬 균등한 사회가 이루어져야 하므로, 경제적인 이해타산에만 좌우되지 않는 다양한 공동체들이 튼튼하게 자리 잡아야 할 것이다. 이런 공동체의 대

37 김도현, 앞의 글, 참조.

38 사카모토, 「한겨레신문」, 2000년 1월 7일자.

표적인 예들로서 '다민족 국가', 또는 '다국적 민족 공동체'가 될 수 있을 것이다.

우리는 앞의 논의와 연관하여 민족공동체와 시민공동체, 의사소통 공동체 등에 대한 논의가 필요하다. 특히 기존의 '인륜적 공동체'에서 새로운 '법치주의 공동체' 또는 한 민족국가 내에서, 세계적 차원에서 '공론의 형성의 장으로서의 의사소통네트워크 공동체' 등에로의 변화에 대한 상론이 필요하다. 이를 위해 하버마스의 논의를 살펴본다.

민족공동체에 대한 하버마스의 논의

하버마스에 따르면 근대국가는 근대적 의미에서 '민족'이 등장하기 오래 전부터 존재했으며 18세기에 와서 근대국가와 근대 민족이라는 두 요소가 결합하여 민족국가가 형성된다. 민족이라는 용어는 단순한 법적-정치적 의미 이외에 같은 혈통과 문화, 역사 그리고 종종 같은 언어를 공유하는 공동체라는 문화적 의미도 내포한다. 한 국가의 구성원들은 특유의 생활양식을 공유함으로써 하나의 민족국가를 형성하며, 서구 근대에서 문화적 정체성은 공화국의 정치적 정체성의 확립을 위한 사회적 통합의 기반을 마련했다. 그러므로 민족국가는 첫째, 민주적 정당화 기제를 만들어 낸 시민들이 자발적으로 구성한 국가이면서 동시에 사회적 통합을 보장하는 기반으로서 출생에 의해 상속되고 귀속되는 국가라는 이중성을 갖는다.

시민은 자유롭고 평등한 개인들의 선택에 의해 스스로를 하나의 결사체로 구성하는 것에 반해 같은 민족구성원들은 스스로가 상속되는 삶의 방식과 운명적으로 공유하는 역사적 경험에 의해 형성되어 있음을 발견한다. 이처럼 국민국가의 정체의식에는 평등주의적인 '법적 공동체'라는 보편주의와 출생과 운명에 의해 결정되는 '문화적 공동체'라는 특수주의 사이의 긴장이 뿌리 깊게 자리 잡고 있다. 이러한 긴장은 인권과 민주주의를 규정하는 헌법적 원리에 의해 시민의 국가라는 세계주의적 국가관이 자민족 중심주의적인 정치 이전의 국가관보다 우선시될 때 비로소 해소될 수 있다.[39] 그러므로 지구촌화되어가는 오늘날의 민족주의는 이른바 헌법애국주의(또는 입헌적 애국주의)에 의해 대체되는 것이 바람직하다. 왜냐하면 자유주의적 정치문화가 다문화적 사회를 통합, 유지하기 위해서는 민주적 시민권이 자유주의의 정치적 권리뿐만 아니라 사회적, 문화적 권리들도 보장하여야 하고 민주적 시민권이 단순한 법적 지위를 넘어 확대되려면 사회보장을 실현하고 기존의 다양한 생활양식들 간의 상호인정을 보장해야만 하기 때문이다. 그리고 민주적 시민권은 그것이 현실적으로 선호되는 생활양식을 법적, 물질적으로 보장하는 메커니즘으로 인정되고 존중될 때에만 이방인들 사이에 유대를 형성시키는 사회적 통합력을 발전시킬 수 있다.

이와 연관하여 하버마스는 독일사회의 경험과 최근의 여러 민족문제와 인권, 의사소통적 권력에 대한 성찰을 통해 민족공동체 개념이 갖는 위험성을 지적한다. 그리고 한국에 대해서도 '민족공동체'에서 '민주(시민)공동체'에로 패러다임을 바꿀 것을 주장했다. 여기서는 이러한 주장의 근거가 되는 몇 가지 논의들을 살펴보겠다.

39 하버마스, 「유럽국민국가에 대한 성찰」, 하버마스/한상진 편, 『현대성의 새로운 지평』, 나남, 1996, 83쪽.

우선 하버마스는 국민주권 또는 인민주권을 절차적 개념으로 정립한다.[40] 그는 전통적인 민족소속의 이념보다 더 개방적이면서 유연한 '시민으로서의 국민'이라는 이념으로 되돌아가는 것이 필요하다고 보고, "건설되어야 하는 시민사회의 유럽은 형제애와 상호협조와 연대성의 힘을 필요로 한다. 그럼으로써 약자의 도움이 필요한 자와 실업자도 현존하는 관계와 비교해 볼 때 유럽공동체를 하나의 진보로서 받아들일 수 있게 된다."[41]고 말한다. 이는 민주적 법치국가론으로 나타나며 공론은 이성과 의지 사이를, 모든 사람의 의사형성과 국민대표자들의 다수결에 바탕을 둔 의지형성 사이를 매개함으로써 민주적 법치국가를 가능하게 한다.

하버마스는 규범적-도구적 이중관점의 척도에 따라 정치개념 자체에 어떤 구별을 할 것을 제안한다. 그는 '의사소통에 의해 산출된 권력'과 '행정적으로 작용하는 권력'을 구별함으로써 정치적 공론영역에서 두 가지 상반되는 흐름의 충돌을 의사소통적 권력 즉 사회의 민주적인 자율조직의 경험적-규범적인 이해를 통해 해결하고자 한다. 즉 법치국가에서 민주적 절차는 이성적 의지형성에 필수적인 의사소통형태를 제도화한다는 의미를 갖는다. 그러므로 국가의 정당성 획득과정은 규범적 개념으로서의 공론영역을 통해 절차화되고, 의사소통적으로 유동화流動化된 인민(국민)주권에 의해 확립된다. 이를 위해서는 한 국가 내에서 자유로운 정치문화의 발전 즉 합리화된 생활세계가 전제되어야

40 Habermas, J "Volkssouveranität als Verfahren"(1988), 「절차로서의 국민주권」, 하버마스/홍기수 옮김, 『정치문화현실과 의사소통적 사회비판이론-하버마스 정치시사평론선집』, 문예마당, 1996.

41 하버마스, 같은 글, 105쪽.

한다.

하버마스에 의하면 역사적으로 볼 때, 서구에서 민족주의가 민주주의의 생성에 촉매구실을 한 것은 사실이지만 그러나 장기간에 걸쳐 본다면 민주주의는 오늘날 법을 통해 맺어진 구성원 사이의 새로운 유대를 매개로 '민족주의'에 의지하지 않고도 자신을 지탱할 수 있게 되었다.

하버마스는 통일과정에서 '의사소통적 절차'를 중시한다. 그는 독일의 경우 정치영역에서 보다 더 광범위한 토론과 의견개진 그리고 보다 더 많은 생각을 해 본 주민들의 폭넓은 참여를 허용하면서 통일이 진행됐더라면 서독의 주민들은 차후에 벌어지는 일들에 대해 좀 더 강한 책임의식을 지녔을 것이라 본다. 동독과 서독의 주민들이 서로 상대방에 대해 기대하는 것이 무엇이냐에 대한 공개적인 논의가 없었기 때문에 오늘날 서독에서는 의기소침한 분위기, 동독에서는 다소 원한이 번져 나가고 있다는 것이다. 즉 동서독 주민 모두가 통일문제에 대한 정치적 공론영역의 형성에서 소외되어 있었으며 특히 동독인들에 있어서는 더욱 심했는데 그 이유는 동독사회가 정치적 공론영역이 거의 활성화되지 않았고 심지어 집안에서도 공개적인 논의를 할 수 없었기 때문이었다고 본다. 이러한 결과는 통일 후에도 사회통합 과정의 심각한 장애가 되었다고 본다.

하버마스는 한국에서의 강연에서 한국의 통일문제에 대해 언급하면서 시민적 자유의 이념, 지속적인 민주화의 중요성을 강조한다.[42] 통일이라는 정치적 목표는 언제나 시민의 자유 실현이라는 이상과 결합

42 하버마스, 「민족통일과 국민주권」, 하버마스/한상진 편, 앞의 책.

되어야 한다. 이 두 가지가 결합될 때에만 경우에 따라서는 민족통일을 위해 정치적 자유를 버릴 각오마저 하는 민족주의의 위험을 극복할 수 있다. 즉 갈등상황에서는 국가의 구성원인 '국가시민'이 민족공동체의 구성원인 '종족'[43]보다 우선권을 지녀야만 한다. 왜냐하면 국민의 충성심이 언제나 꼭 다소 동질적인 민족의 자연적이며 운명적인 공속감에 뿌리내려야 한다는 전제에서 출발하는 정부는 복합적이며 더욱 다양해지는 현대적인 생활관계를 전혀 고려하지 않은 채, 주민들에게 우선 모종의 동질성을 강요할 수밖에 없기 때문이다. 이는 다원적인 문화적 생활양식과 세계관이 지배적인 현대사회의 현실과 모순된다. 그러므로 하버마스는 '민족공동체'에서 '민주(시민) 공동체'로의 패러다임 변화를 주장했다. 그는 민족통일보다는 민주주의의 가치를 높게 평가하면서 민주화의 중요성을 강조한다.

그는 민족통일이라는 목표와 관련하여 '지속적인 민주화'는 두 가지 장점을 가진다고 본다. 첫째, 남쪽의 생활상이 북쪽의 동포들에게 더 매력적으로 보이도록 해줄 수 있으며 둘째, 남쪽에서도 사회적 통합을 일단 견고하게 하여 자유주의적 사회모델이 통일과정에서 나타날 정신적이며 경제적인 부담을 모두 극복할 수 있는 장치가 될 수 있도록 해 준다. 즉 민주화과정은 사회복지국가가 더욱 더 확고한 위치를 잡아가면서 나름의 방식으로 주민의 사회통합을 최종적으로 보증해 줄 수 있다. 그는 이러한 민주화의 과정을 통해 바람직한 통일에 접근할 수 있을 것이라 생각한다.

43 우리의 논의 맥락에서는 '족군' 개념으로 이해하는 것이 나을 것이다.

백낙청의 '분단체제론'과 '다국적 민족 공동체론'

앞에서 살펴본 하버마스의 견해에 대해 백낙청은 한편으로는 상당 부분 수용하면서도 다른 한편 날카롭게 비판하고 있다.[44] 백낙청은 한반도 분단의 독자적 성격을 해명하고 "한반도 민족의식이 상대적으로 진보적"[45]임을 일본과 미국의 제국주의적 특성과 관련시켜 해명함으로써 하버마스의 주장 즉 "둘 사이에 갈등이 존재하는 경우 국가의 구성원인 '민주시민'이 민족공동체 구성원인 '종족'보다 우선권을 지녀야 한다."는 권고가 문제의 핵심에 미달한다고 평가한다.[46] 이러한 평가와 연관하여 그의 분단체제론, 다국적 민족 공동체론을 좀 더 구체적으로 살펴보자.

백낙청은 자본주의 세계체제, 민족국가의 세계체제로의 편입과정, 분단체제, 민족경제와의 관계 속에서 민족공동체에 대한 논의를 한다. 우선 그의 분단체제론적 입장에서는 분단체제를 극복해 나가는 과정이 남북한 내부의 모순을 해결해 나가는 과정이면서 동시에 세계체제에 편입되어 가는 과정이므로 민족공동체 문제가 주제화되지는 않는다. 그러나 여기서도 역시 규범적 차원에서 민족공동체 개념이 전제되고 있음을 짐작할 수 있다. 이 입장에서 보자면 바람직한 민족공동체 형성을 위해서는 "남북 양쪽 체제의 일정한 갱신을 전제로 한 남한의 자본주의보다 그리고 북한의 사회주의 보다 더 나은 제3의 진보적인 사회체

44 백낙청, 「독일과 한반도 통일에 대한 하버마스의 견해」, 『흔들리는 분단체제』, 창작과 비평사, 1998.

45 백낙청, 앞의 글, 181쪽.

46 백낙청, 같은 글, 182쪽.

제"[47]를 만들어야 하며 이를 위해 '별도의 주체'형성이 필요하다.[48]

즉 바람직한 통일과정은 점진적 단계적 통일과정으로서 북한이 개혁, 개방에 성공하면서도 독자적인 개혁적 사회주의 정권을 유지하고 남한도 보다 민주적이고 사회적으로 평등한 사회가 되면서 점진적인 동질화 단계를 거치는 것일 것이다. 그리고 이 과정에서 남북한 국가권력의 역할만이 아니라 남북한 민중의 연대-남북한 민중의 의식적인 결정과정이 중요한 역할을 하는 통일과정이 바람직할 것이다. 그리고 남북한 민중 연대의 구체적 내용을 확보하기 위해서 남북한 내부에서 '기존체제'의 부정적 측면과 논리를 약화시키면서 긍정적 측면은 가능한한 새로운 체제로 수용하는 '새로운 통합의 다면적 논리'를 개발할 필요가 있으며, 이를 민족공동체 차원에서 다양하게 수용할 필요가 있다.

> 통일은 그 진행과정에서 남북각기의 체제개혁운동이 자리 잡고 드디어는 양자 간의 분단체제 극복을 위한 연대가 형성됨을 뜻하며, 이 운동의 성공은 남북주민의 서로 다른 역사적 경험과 현실을 포용하면서 시민들에 대한 국가의 강제력을 획기적으로 제약하는 새로운 형태의 복합국가 건설을 요구할 것이다.[49]

그리고 통일 한반도의 새로운 복합국가는 동시에 다민족 국가로서의 기틀을 잡아야 할 것이다. 왜냐하면 지구화 시대에 다민족 국가로의 경

47 최원식, 「탈냉전시대와 동아시아적 시각의 모색」, 『창비』1993.봄, '세계 속의 동아시아, 새로운 연대의 모색' 논문들, 215쪽.

48 백낙청, 「지구시대의 민족문학」, 『창작과 비평』81(1993.가을), 120쪽.

49 백낙청, 『흔들리는 분단체제』, 창작과 비평사, 1998, 193쪽.

향은 필연적이기 때문이다.

백낙청은 이 과정에서 이미 해외동포들이 이루고 있는 '다국적 민족공동체'multi-national ethnic community의 역할이 중요하다고 본다.[50] 해외동포들을 포함하는 한민족이 구성하는 공동체가 있다면 이는 벌써 하나의 '다국적 민족공동체'이다. 또한 영어나 러시아어, 일본어 등이 모국어이고 심지어 우리말을 외국어로서도 모르는 동포가 꽤 많다는 점에서 이 다국적 공동체는 '한글민족공동체'[51]가 아니라 다언어多言語 공동체이기도 하다. 한반도 자체만 놓고 보더라도 한민족은 비록 절대 다수의 주민과 쌍방 정부당국이 모두 잠정적인 상태라고 규정하고는 있지만 실질적으로 두 개의 국적을 가진 민족으로 살고 있는 실정이다.[52]

해외동포는 이미 다국적 민족공동체를 형성하고 있거니와, 통일 뒤에도 비록 그 구성과 분포, 자기인식 등은 일정한 변화를 겪을 테지만 계속 다국적 공동체로 남을 것이다. 그런데 이러한 민족공동체들이야말로 좀 더 평화적이고 민주적인 세계에서 다인종 국민국가multi-ethnic nation state 및 국가들의 연합 못지않게 소망되는 바이다.[53]

---

50 백낙청, 「독일과 한반도의 통일에 관한 하버마스의 견해」, 하버마스/한상진 편, 264쪽; 『흔들리는 분단체제』, 188쪽.

51 백영서, 「20세기형 동아시아 문명과 국민국가를 넘어서-한민족공동체의 선택」, 『창작과 비평』 제106호, 1999.겨울, 26쪽. 김명섭은 한반도 안팎을 넘나드는 고속정보통신망이 구축되면 '한글민족공동체'가 영토성에 기초한 국민국가를 지양하는 데 기여할 수 있다고 주장한다. 김명섭, 「통일방안으로서 고려(Corea) 문명권」, 한홍수 엮음, 『한국정치 동태론』, 오름, 1996. 김명섭은 또한 Korea는 일제가 합방하면서 Corea를 개칭한 것이므로 이를 원상회복해야 하고, 국가보다는 네트워크를 중심개념으로 '고려(Corea)문명권'을 건설하는 작업을 해야 한다고 주장한다. 김명섭, 「남북한 관계의 문명론적 조망」, 『열린 지성』 제4호(1998.가을·겨울), 교수신문사, 200~203쪽.

52 백낙청, 「21세기 한민족공동체의 가능성과 의의」, 『흔들리는 분단체제』, 188쪽.

그는 하버마스의 '시민공동체'에 대한 강조는 독일의 경우는 타당하지만 우리의 경우는 다르다고 지적하고, "종족적 내지 민족공동체적 관점은 예외적으로 높은 인종적 동질성을 지니고 있으면서도 타율적으로 분단된 한국민족의 경우 여전히 강력한 역할을 할 수 있을 뿐더러 또한 '종족적 민족주의'의 함정에 대한 경고를 제공하는 차원을 넘어서 어쩌면 전 지구적 의의를 띨 수도 있는 이론적·실천적 문제들을 제기하는데 한몫을 할 수 있다."[54]고 말한다.

백영서는 한민족공동체 같은 새로운 공동체가 지속적으로 존속하려면 제도적 틀로서 통상적 국민국가가 아닌 '지향志向으로서의 복합국가모형'이 필요하다고 본다. 한반도 사람들이 구상해야 할 것은 기존의 국민국가 형태가 아니라 우리의 구체적 역사체험에 걸맞은 새로운 연방구조이며 그러한 구상 없이는 '국가연합'이라는 에움길마저도 실패하기 마련이다.[55]

이만우의 '한민족공동체'Korean Community론

정부쪽에서의 통일정책과 관련된 '민족공동체'의 기본구도는 1991년 '남북사이의 화해와 불가침 및 교류·협력에 관한 합의서'(기본합의서)의 틀 속에 반영되어 있다. 그리고 이를 토대로 '한민족 공동체 통일방안'이 마련되었다. 이 통일방안은 통일문제에 대한 정치적(정치행정 체계) 접

53 백낙청, 같은 책, 184쪽.
54 백낙청, 같은 책, 183쪽.
55 백영서, 앞의 글, 27쪽.

근이기보다는 사회·문화적 접근이다. 즉 분단으로 인해 파괴된 한민족 공동체를 회복시키는데 우선순위를 둔다. 그러므로 통일과정으로서 '남북연합'의 형성 그리고 이를 위해 우선 한민족 경제공동체(남북 경제교류·협력), 다음으로 사회공동체, 문화공동체를 회복하고 최종적으로 한민족 정치공동체를 수립한다는 전략을 갖는다. 여기서는 민족공동체 개념이 최종적인 통일단계인 새로운 정치공동체로 나아가는 과정에서 요구되는 상호이해와 상호교류라는 차원에서 의미를 갖는다. 즉 남북한 사회 간의 기능영역이 같은 접근 가능한 영역에서부터 교류와 협력, 즉 기능주의적 접근을 통해 통일을 완수한다는 입장이라 할 수 있다.[56]

여기서는 이와 관련된 논의들에 대한 검토는 생략하고 이만우가 21세기를 대비한 새로운 민족개념으로서 '한민족공동체'Korean Community 개념을 정립하려는 시도에 대해 간략히 검토함으로써 우리에게 적합한 '민족공동체' 개념을 모색하고자 한다.

그는 한반도 안에 머무는 배타적 민족의식이 아닌 세계도처의 우리 민족과 전 인류를 포괄하는 넓은 지평에서 민족문제를 조망하면서 해외 교포들을 아우르는 '한민족공동체' 개념을 통해 민족적 역량을 최대화시키고자 한다. 새로운 공동체 개념으로서 '한민족공동체'는 지리적, 정치적으로 형성되는 것이 아니라 "통신에 의해서, 교류에 의해서, 이동에 의해서 즉 7,000만 겨레가 사회적, 문화적, 경제적 교류"에 의해 형성되는 것으로 "한반도를 핵core으로 해서 중국, 만주, 일본, 미국, 구소련 등 해외에 문화적, 경제적 네트워크를 형성하고 연결시키는 것"이다.[57]

56 '민족공동체 통일방안'과 관련하여 논의된 (한)민족공동체론에 대해서는 국토통일원, 『한민족공동체 형성의 모색』, 1990; 민족통일연구원, 『민족공동체 통일방안'의 이론체계와 실천방향』, 1994. 11 참조.

따라서 한민족 공동체의 주체는 단일민족이나 3가지 구성주체로 나뉜다. 즉 한반도 남쪽의 국내 한민족과 둘째, 세계 각국에 걸쳐 생활권을 형성하고 있는 해외민족, 셋째, 북한 민족으로서 이들 간의 문화적 교류를 통한 문화적 동질성의 회복을 통해 민족동질성 확보를 하는 것이 중요하다.

그러므로 통일의 과정에서 사회문화적 접근을 중시하며 정치통합보다는 우선 경제교류를 통해 남북관계를 더욱 확대하고 문화적 교류를 통해 민족동질성을 확인하면서 사회통합을 이룬 다음에 정치통합으로 나가는 것이 필요하다고 본다. 그러나 한민족 또는 한겨레라는 혈연공동체적 요소와 문화적 요소를 합쳐 민족동질성을 강조하고 더 나아가 사회통합과 정치통합으로 나간다는 주장에서 볼 수 있는 것처럼 현실적 기반이 취약한 논의라고 생각된다.

맺는말

민족공동체의 내용적 구성요소를 확인하여 공유하고 이를 문화적으로 확산하기 위해서는 여러 가지 노력이 필요할 것이다. 남북이 공유할 수 있는 공통의 가치를 확대하기 위해서는 우선, 식민지가 되기 전, 그리고 분단 이전에 이룩한 문화발전을 재인식하고 계승의 방향을 찾아야 하며 다음으로, 식민 통치 및 외세의 간섭과 함께 들어온 외래문화의 정체를 해명하고 그 폐해를 시정하는 방향을 마련해야 한다. 동시에 남북분

57 이만우, 「남북한 민족사회공동체 수립방향」, 『분단 반세기 남북한의 정치와 경제』, 경남대 극동문제연구소 편, 398쪽.

단 이전의 전체적 관점과 안목을 다시 획득해야 한다. 그리고 체제와 이념의 대립을 해결하는 방안을 마련하면서 통일 과정에 대한 구체적 준비, 고찰과 함께 통일 후의 사회를 설계하고 이를 위해 각 분야에서 노력해야 할 것이다.[58]

이를 위해서는 남북한 사회통합적, 민족통합적 역사인식, 역사의식의 회복이 필요하다. 역사의식이란 역사적 변동을 경험하는 주체가-개인이든 집단이든- 자기 자신의 역사적 연속성에 대해 갖는 부단한 의식(인식, 관심, 의지)이며, 주체가 자기의 과거를 현재에 의미 있게 살리려는 의식이다. 이러한 역사의식을 바탕으로 체계통합과 사회적 문화적 통합을 추구해가는 과정에서 민족공동체 개념이 가질 수 있는 과정적·지향적·규범적 차원을 활용할 필요가 있다. 이제까지의 논의들을 전체적으로 정리하여 민족공동체의 의미와 내용규정을 하고자 한다.

이 장에서는 '민족중심적 패러다임'을 기초로 민족공동체 문제에 접근하고자 했으며, '실체'로서의 공동체가 아니라 절차적(과정적) 원리 또는 미래의 공동사회를 구축하기 위한 지향적, 규범적 매개 원리로서의 공동체 개념을 사용하고자 했다.

왜냐하면 "공동체론은 사적 계기 및 이와 연관된 외부적 힘이 자의적으로 행사하는 강압과 왜곡으로 말미암아 「실체」로서의 공동체를 대상으로 하는 것이 아니라 「원리」로서의 공동체를 대상으로 하는 것이며 장래의 공동사회를 이론적으로 구축하기 위한 「매개」로서의 공동체적 삶에 관한 논의"[59] 로서 의미 있다고 볼 수 있기 때문이다. 그리고 이

---

58 조동일, 『우리학문의 길』, 지식산업사, 1993, 264쪽 참조.

59 박현채, 「공동체론과 공동체 운동」, 『한국 경제구조론』, 일월서각, 1986, 239·253쪽.

런 절차적 맥락에서 하버마스가 강조하는 절차적 민주주의, 합의 공동체, 공론영역의 확대를 통한 민주주의의 실현이 매우 중요하다. 이 과정에서 남북한의 공통된 사회문화적 프로그램 개발이 다양하게 이루어져야 할 필요가 있다. 왜냐하면 "서로가 서로를 이해함으로써 통일과정에서 서로 연대하고 협력할 수 있는 문화적 하부기반을 넓혀가려는 프로그램에 대해서는 쌍방의 합의가 상대적으로 용이"[60]할 것이기 때문이다.

본문에서 살펴보았듯이 서구의 근대사에서 민족주의가 통합적 기능을 발휘할 수 있었던 것은 이 이념의 형성과정에서 적어도 인권, 자유, 평등의 이념을 내포했기 때문이었다. 오늘날은 "'민족'이기보다 '인류'가, '국가'이기보다 '사회'가 앞서는 세계 속의 자기 투기投企를 통한 새로운 우리들의 위상, 세계사상世界史像의 형성이야말로 오늘날 우리 모두가 당면한 과제"[61]이며 이러한 문제의식 속에서 우리에게 적합한 '민족공동체' 개념도 보편주의적 요구를 수용할 수 있는 차원에서 새롭게 규정되어야 한다.

그리고 미래의 새로운 '민족공동체'를 지향하려면 미래를 지향하는 '가치공유'가 반드시 필요하며 이를 위해 평등한 인권과 민주주의라는 가치의 실현을 공동목표로 하는 시민사회 일원으로서 정체성 공유와 함께 개방적 민족주의의 실현이 필요하다. 왜냐하면 민족은 문화적 정체성과 다양성의 담당자로서 계속 중요한 몫을 하고, 문화의 다양성을 통해서 인류의 정신생활을 풍부하게 할 것이므로 모든 민족문화의 대등성과 차이가 존중되어야 하기 때문이다.

60 한상진, 「한반도 통일의 네가지 핵심 쟁점」, 하버마스/한상진 편, 앞의 책, 248쪽.
61 이광주, 「'민족'과 '민족문화'의 새로운 인식」, 『서양에서의 민족과 민족주의』, 까치, 1999, 49쪽.

통일의 달성에만 치중하고 바람직한 '다국적 한민족 공동체'의 건설은 통일 후의 사업이라고 생각하는 것은 바람직하지 않다. 통일 자체가 단순한 분단극복이 아닌 분단체제의 극복이라면 이는 새로운 차원의 운동을 필요로 하는 것이기 때문이다.[62]

62 백낙청, 앞의 책, 199쪽.

2장

주체사상과 북한연구

시작하는 말

남한 사회를 이해하는 데에는 자본주의 메커니즘을 이해하는 것이 기본이다. 그러나 북한사회를 이해하기 위해서는 주체사상에 대한 이해가 반드시 필요하다. 왜냐하면 북한사회는 우리 사회와 상당히 다른 정치사회구조를 갖고 있는 사회이며 전근대 사회적인 즉 전통 사회적인 요소를 갖고 있으면서 동시에 사회주의적 요소도 갖고 있는 사회이고, 그리고 강력한 국가이데올로기라 할 수 있는 주체사상이 절대적인 영향력을 발휘하고 있는 사회이기 때문이다. 이 장에서는 주체사상과 연관하여 북한사회연구(또는 이해)를 위한 접근을 하고자 한다.

우선 주체사상에 대한 몇 가지 시각과 북한정치체제의 특수성에 대한 논의를 간단히 검토한다. 다음으로 주체사상의 형성과정을 간략히 살핀 후, 체계화된 주체사상의 몇 가지 내용을 검토하고, 마지막으로 북한을 이해하기 위한 방편으로 하버마스의 이론을 검토하여 이를 북한사회에 적용하여 북한사회를 전근대적(전통적) 요소와 사회주의적 요소가 복합적으로 결합되어 작용하는 사회로 분석해 본다. 특히 북한은 생활세계와 체계가 분리되기 이전의 전근대적 요소를 많이 갖고 있는 사회로서 국가가 집단 즉 사회전체의 행위능력을 '집중화'하는 조직으로 기능하면서[1] 동시에 사회주의적 요소도 갖고 있으므로 하버마스 이론을 적용하여 북한사회를 해명하고 주체사상의 역할과 위상을 검토하고자 한다. 그리고 결론에서 주체사상의 가장 중요한 특징과 이에 대한 평

1 하버마스, *Theorie des kommunikativen Handelns*, Bd 2. 1981, s.255, 장은주 옮김, 『의사소통의 행위이론』, 관악사, 1995, 229쪽.

가를 간단히 살피겠다.

주체사상과 북한정치체제의 특수성

주체사상을 어떻게 연구하고 이해할 것인가 하는 것이 이 글의 주요 주제이다. 우선 이제까지의 연구 성과를 간략히 검토하면서 몇 가지 관점을 고찰하겠다.

마르크스·레닌주의와 주체사상을 철학적인 측면에서 본격적으로 비교한 연구들이 80년대 후반에 많이 나왔지만 소련과 동구사회주의권의 해체 이후에는 주체사상에 대한 연구도 상당히 줄어들었다. 여기서는 우선 과거에 주체사상을 다룬 글들을 마르크스·레닌주의와 주체사상의 관계에서 간략하게 평가하여 이들 연구의 입장을 조금 도식적이지만 다음과 같이 구분하고자 한다.[2]

우선, 주체사상을 부정적, 비판적으로 보는 관점에서 마르크스·레닌주의는 잘못된 이론이며 따라서 이를 모방, 계승한 주체사상도 잘못된 것이라는 입장이 있다. 이는 주로 종래의 관변 해석들의 입장이다.[3] 다음으로 마르크스·레닌주의를 과학으로 인정하는 정통 입장에서 주

2 손호철, 「주체사상의 연구방향에 관한 제안」, 한국정치학회, 1989년 연례발표회 발표논문 3쪽; 한정철, 「무엇이 주체사상-맑시즘 논쟁의 쟁점인가?」, 김창호 엮음, 『한국사회변혁과 철학논쟁』, 사계절, 1989 참조. 전자의 구분은 필자의 구분과 비슷하지만 약간 차이가 있고 후자는 맑시즘-주체사상의 기본적인 쟁점들을 상세히 소개하고 있는 글로 가장 충실하다.

3 관변연구에 대해서는 박상섭, 「주체사상비판연구에 관한 비판적 내용분석」, 『북한통치 이데올로기 연구』, 한국정신문화원, 1984; 김남식, 「북한 연구현황과 주체사상」, 『한국 근현대연구 입문』, 역사비평사, 1988 참고.

체사상은 마르크스·레닌주의의 왜곡, 일탈이며 따라서 주관적 관념론, 실용주의 등으로 비판하는 입장으로 "주체사상은 계급적 입장에 선 것이 아니라 인간을 중심으로 하는 소위 추상적 인간의 입장, 비계급적, 초역사적 입장을 자기사상의 근본적 기초"[4]로 하는 주관주의이자 관념론이며 교조주의라는 평가가 대표적인 것이다.[5] "주체사상은 공산주의의 교의나 마르크스·레닌주의의 지적 심오성과 아무 관련이 없"는 "민족주의의 부적절한 표현"[6]이라는 입장도 이에 속할 수 있겠다.

다음으로, 주체사상을 긍정적으로 옹호하는 입장으로 주체사상은 현실 정치적 측면에서, 그리고 그 근본지향에서 마르크스·레닌주의를 계승한 것으로 주체사상이 마르크스·레닌주의와 차별성이 있으나 마르크스·레닌주의적 틀을 벗어나지 않았으며, 따라서 계승성이 강조되어야 한다는 입장이 있다.[7] 또한 주체사상은 마르크스·레닌주의의 계승과 창조적 발전의 두 측면을 다 갖는데 창조적, 발전적 측면 즉 독창성을 높이 평가하는 입장으로 여기에도 약간의 편차는 있다.[8]

---

4 하수도, 『유물론과 주체사상』, 시린새벽, 1988, 52쪽.

5 이러한 입장에서 주체사상을 가장 본격적으로 비판하는 것으로는 이진경 엮음, 『주체사상비판 1,2』, 벼리, 1989; 오진혁, 『주체철학비판 1』, 전진, 1989; 하수도의 앞의 책이 대표적이고 많은 비판들이 이러한 입장에 있다. 마르크스·레닌주의에 대한 주체사상의 평가에 대한 비판은 김창호, 「한국사회에서의 맑스주의의 구체화와 주체사상의 문제」, 『한국민중론과 주체사상과의 대화』, 풀빛, 1989. 김창호는 주체사상은 마르크스·레닌주의를 기계적으로 해석하기 위해 마르크스·레닌주의를 잘못 해석했으며 따라서 "주체사상이 새롭게 제기한 문제들은 마르크스에 의해 이미 제기되고 해명되었던 것이 대부분"이라고 지적한다. 위의 책, 103쪽.

6 서대숙, 『북한의 지도자 김일성』, 청계연구소, 1989, 261·264쪽.

7 박양삼, 「북한의 주체사상과 맑스·레닌주의」, 서울지역교지편집인 연합회, 『백두에서 한라까지』(돌베개, 1988)가 있고, 이정길, 『철학의 새로운 단계』(녹두, 1989)도 어느 정도 이런 측면을 갖고 있다.

8 조진경, 『민족자주화운동론1』(백산, 1988), 이정길의 앞의 책 참조. 주체사상의 입장

셋째로, '마르크스·레닌주의냐 주체사상이냐'라는 종래의 이분법적 입장을 지양하면서 주체사상의 '합리적 핵심'을 수용해야 한다는 입장[9]과 기타 위 입장들에 꼭 맞지 않는 여러 해석들도 있을 수 있다. 그리고 마르크스·레닌주의와 관계없이 북한의 역사적 체험과 발전과정에서 주체사상이 어떻게 형성 발전되어 왔는가를 고찰하는 입장이 있다. 특히 소련과 동구권의 해체 이후에는 마르크스·레닌주의와의 비교보다는 북한사회에서 주체사상의 역할과 기능 그리고 특수성에 대한 논의가 주를 이룬다고 할 수 있다.

이들 입장 중에서는 '김일성주의'로 표현되는 세계관 및 역사관으로서의 주체사상은 형성·확립기의 주체사상의 사족蛇足에 지나지 않는다는 평가도 있다. 이 입장은 주체사상을 형성, 확립과정의 초기와 후기의 체계화된 주체사상으로 나누어 '후기 주체사상'은 과도한 이데올로기 조작이며 사회주의 건설의 자주적·창조적 노선으로 기능하기보다는 주체사상의 정통성을 강조하는 체제유지 지향적 보수성을 보여주고 있으며 이는 상부구조인 국가(기구) 및 이데올로기의 구성의 자율성이 강화되는 현상으로 본다. 그러므로 추상적으로 후기주체사상을 논의하는 것은 비생산적인 관념의 유희에 빠질 수 있으며 북한의 사회주의의 올바른 이해를 위해서는 1960년대의 정책노선으로서의 주체사상을 연구하는 것이 바람직하다는 것이다.[10]

에서는 박승덕의 「맑스·레닌주의와 주체사상」(김창호 엮음, 위의 책)이란 글이 마르크스·레닌주의와의 차이점을 상세히 밝힌다.

9 김재기, 「80년대의 사회변혁운동과 주체사상」, 『철학연구』제25집, 1989.여름.

10 함택영, 「주체사상과 북한의 국방정책-자위노선의 업적 및 한계」, 『북한의 정치이념 주체사상』, 경남대학교 극동문제연구소, 1990, 155~159쪽. 주체사상과 김일성주의를 구별하는 입장들도 대체로 이러한 입장이라 할 수 있겠다.

이들 여러 입장은 각각 서로 다른 연구방법론에 기초를 두고 있으므로 연구방법론에 대한 검토가 요구되며 많은 논문들이 방법론에 대해 언급한다.[11] 그러나 북한연구의 전체적인 방법론에 대한 논의는 생략하고 주체사상과 관련된다고 생각되는 북한정치체제의 특수성에 대한 논의를 간단하게 살펴보겠다.

북한의 사회주의 정치체제는 다른 사회주의국가들과 비교했을 때 상당히 다른 특수성을 갖고 있는 것으로 평가하는 입장들이 있다.[12] 우선 커밍스는 북한사회가 지니고 있는 고유한 정치문화의 총체적 특징을 밝혀내면서 북한을 '조합주의 국가의 한 유형'으로 분류하고 있다.[13] 그에 의하면 코포라티즘적 사회주의의 특징은 다음과 같다. 유기체적인 유대, 비유와 모델로서의 가족, 과거-현재-미래를 연결 짓는 커다란 사슬, 지도자의 아버지와 같은 역할, 가족-공동체-국가 속으로의 개인의 흡수, 정치에서의 자유주의에 대한 적대, 위계질서의 원리 등이 뚜렷

11 손호철, 위의 글; 송두율, 「북한사회를 어떻게 볼 것인가」, 김범찬, 「주체사상의 역사적 형성과정」, 『사회와 사상』, 1988. 12; 김창호 엮음, 『한국사회변혁과 철학논쟁』; 박상섭, 위의 글; 김남식, 위의 글; 강동일, 위의 책. 최완규, 『북한은 어디로』, 1996, 경남대학교출판부, 제1장. 김연각, 「북한연구방법론 검토」, 『한국과 국제정치』, 1996, 가을·겨울, 통권 제24호. 김연각, 「북한 변화 연구-과학성과 통찰력 사이에서(서평논문)」, 『현대북한연구』제2권1호, 1999, 경남대학교 북한대학원, 367~389쪽.

12 최완규, 「북한국가성격의 이론과 쟁점-비교 사회주의적 관점」, 『현대북한연구』 제4권1호, 2001, 경남대학교 북한대학원, 25~32쪽 참조. 최완규는 이 글에서 북한국가체제의 특수성이 너무 강조되어서는 안 되며 기존 사회주의국가가 갖는 보편성과 연관지어 파악할 필요가 있음을 지적한다.

13 부르스 커밍스, 「북한의 조합주의」, 김동춘 엮음, 『한국현대사 연구 1』, 이성과현실사, 1988, 324~355쪽. 커밍스는 이 글에서 북한사회의 특징을 매우 심층적으로 분석하고 있다. 그리고 월러스타인이 식민지체제 붕괴 이후 자본주의 세계체제로부터 의식적으로 단절해 나간 최고의 본보기로 북한을 지적하고 있음을 언급하면서 이것이 가능했던 배경은 고유의 유교사상과 가족적 전통 그리고 민족주의적 요소 등이라고 언급한다(353~354쪽).

이 나타난다. 그리고 북한이 집단주의적 사회주의 건설에서 독특한 특징을 지니게 되는 결정적인 원인은 '은둔 왕국'을 건설하고 유지하고 있기 때문이기도 하며, 또한 과거 유교의 영향이 있기 때문이다.[14]

또한 와다 하루키和田春樹는 북한을 김일성의 항일유격대 경험을 모델로 하고 가족국가관과 사회정치적 생명체론을 이념적 기반으로 하여 모든 국민들이 수령의 명령에 복종하고 일심 단결하는 '유격대 국가'로 보며 유격대 국가체제는 영도예술領導藝術과 가족국가론, 전통적 국가론에 의해 보강되었다고 설명한다.

다음으로 스즈키의 수령체제론을 들 수 있다. 스즈키의 수령제 국가체제의 핵심은 수령의 유일적 영도, 즉 수령의 영도 아래 '한 사람같이 움직이는' 정연한 조직체계와 규율을 제도와 사상적으로 보장하는 시스템에서 찾을 수 있다. 스즈키는 이러한 수령제를 직접 설명하고 정당화시키는 이론이 주체사상 중에서도 '혁명적 수령관'과 '사회정치적 생명체론'이라고 지적하고 있다. 혁명적 수령관에서는 주로 수령이 모든 것을 결정하는 논리 구성, 노선의 제시와 조직 동원이라는 수령과 대중 사이의 기본적 관계문제를 다루고 있다. 사회정치적 생명체론은 수령과 당, 대중이 하나의 생명으로 결합되어 운명을 함께 하면서 영원히 살아가는 생명체를 강조하기 위한 것이다. 스즈키는 '사회정치적 생명체론'은 '뇌수'로서의 수령, 수령과 인민을 결합시키는 '신경' 및 '혈관'으로서의 당, 그리고 '생명체'로서의 인민 대중을 삼위일체로 하는 사회유기체론으로 규정하고 있다. 그에 의하면 이 생명체의 중심은 수령이다. 유기체의 생명인 사회정치적 생명은 혁명의 지도자인 수령에 의해 각

---

14 최완규, 『북한은 어디로』, 104~105쪽.

개인에게 부여되고 각 개인은 수령에 의해 통일체인 사회정치적 생명체를 형성하고 진정한 존재, 즉 영원한 생명을 지닌 존재가 된다. 북한은 이러한 수령제를 강화하고 지속시키기 위해서 수령 계승론을 내세워 김일성의 유일적 지배와 수령의 유일적 영도를 일치시켰다. 또한 수령과 대중을 혈연적으로 연결시켜 수령을 혈연 집단의 아버지로, 당을 어머니로 하는 일종의 가족국가를 만들었다. 그리고 엄격한 계층 질서, 즉 수령을 중심으로 그 친족, 주위에 항일투사 및 한국전쟁 영웅과 혁명, 유가족과 당, 장, 군 간부, 그리고 인민이라는 동심원 모양의 계층질서를 형성한다. 스즈키는 이러한 형태의 모델은 항일빨치산 집단이라고 지적함으로써 수령제가 부분적으로는 유격대 국가체제와 유사한 점을 인정하고 있다.[15]

이종석은 북한사회를 유일체계로 규정하고 그 특징적 현상을 다음 네 가지로 설명한다. 첫째, 수령의 사상을 지도적 지침으로 하여 혁명과 건설을 하며 수령의 사상과 명령, 지시에 따라 전당, 전국, 전민이 하나와 같이 움직이는 체계, 둘째, 동원화 되고 군사화된 사회체계를 자신의 강력한 재생산 기반으로 삼고 있는 체제, 셋째, 자신을 합리화하는 담론과 행위 양식들을 재생산하는 광범한 사회적 체계, 즉 유일사상체계를 갖고 있는 체제, 넷째, 문화적으로 광범한 개인숭배 현상을 동반하는 체제이다. 그는 유일체제는 지배의 강제적 기제뿐만 아니라 자발적 동의 기제를 구비한 체제임을 강조한다.[16] 이종석도 스즈키와 마찬가지로 이 체제의 이론적 기초로서 혁명적 수령관과 사회정치적 생명체론을 들고

15 스즈키 마사유키/유영기 옮김, 『김정일과 수령제 사회주의』, 중앙일보사, 1994; 최완규의 앞의 논문 28~29쪽에서 인용 참조.

16 이종석, 『새로 쓴 현대북한의 이해』, 역사비평사, 2000, 37쪽.

있다. 이종석은 자신이 제안한 유일체제는 1인의 절대권력자가 물리적 강제력을 바탕으로 해서 운용하는 지도체계일반을 가리키는 단일지도 체제와는 달리 힘뿐만 아니라 자신을 합리화시켜주는 이데올로기와 사회, 문화적 정서까지도 스스로 재생산하는 체제임을 강조한다.[17]

이제까지 살펴보았듯이 북한정치체제의 특수성을 설명하는 여러 이론들의 핵심에는 김일성과 주체사상이 자리 잡고 있음을 부정할 수 없다. 그러므로 다음 장에서 주체사상의 형성·발전과정을 살펴보기로 하겠다.

주체사상의 형성, 발전과정*

북한에서 1946년 8월에 제정된 노동당 규약은 "조선로동당은 마르크스·레닌주의의 학설을 자기활동의 지침으로 삼는다"고 규정하고 있고 해방 후부터 50년대 중반까지는 '소련으로부터 배운다'는 입장에서 마르크스·레닌주의를 거의 그대로 수용했다고 볼 수 있다. 그러나 전후 경제발전 정책에 대한 입장을 확립하는 과정에서 정책논쟁이 일어났는데 "이 논쟁은 기본적으로 사적유물론을 바라보는 시각과 관련된 것으로 사회주의 발전과정에서 제기되는 생산력과 생산관계의 관계에 대한 논쟁"[18]으로 이후의 주체사상 형성에 중요한 의미를 갖는다. 이 과정에서

17 이종석, 같은 책, 121쪽.

* 주체사상에 대한 논의는 졸저『한국사회철학의 수용과 전개』, 동녘, 2002. 194~200쪽의 내용을 부분적으로 수정하고 줄인 것임.

18 이종석, 「북한 사회주의 정권의 성립과정」,『역사비평』, 1988.가을, 33쪽. 생산력과 생산관계의 논쟁과 관련하여 '토대와 상부구조'의 관계에 대한 논쟁이 중요하게 등

55년 「사상사업에서 교조주의와 형식주의를 퇴치하고 주체를 확립할 데 대하여」에서 '주체'라는 개념이 최초로 등장하면서 "마르크스·레닌주의는 교조가 아니라 행동의 지침이며 창조적 학설"로 규정되고 1956년 3차 당대회에서도 "조선로동당은 마르크스·레닌주의의 학설을 자기활동의 지도적 지침으로 삼는다."라고 규정된다. 여기서도 마르크스·레닌주의의 원칙을 통치이데올로기로 수용하면서 '창조적 적용'이 강조되며, 56년에는 경제에서의 자립노선이 등장하고 57년에 정치에서의 자주노선, 62년에 국방에서의 자위노선이 제출됨으로써 주체사상의 지도적 원칙이 확립된다.

중소분쟁과 국제공산주의 운동의 분열과정에서 북한의 입장이 정리되면서 소련에 대한 비판을 통해 자주노선이 구체화되고 1965년 4월 인도네시아에서 행한 김일성의 연설 「조선민주주의 인민공화국에서의 사회주의 건설과 남조선 혁명에 대하여」에서 주체사상에 대한 최초의 정식화가 나타난다. 이 연설에서 자주적 입장, 창조적 입장이라는 개념과 더불어 정치사상의식을 드높이는 방법이 제출된다. 여기서 '주체'라는 개념이 발전하여 '주체사상'이라는 개념으로 등장한다. 66년 「자주성을 옹호하자」라는 노동신문의 사설은 주체사상의 전일적 체계화에서 결정적인 역할을 수행한 글로 평가되는데 그 이유는 주체사상의 핵심이 '자주성'에 있기 때문일 것이다.[19] 여기서 주체사상은 "조선노동

장한다. 이에 대해서는 신일철, 『북한 '주체철학'의 비판적 분석』, 사회발전연구소, 1987 참조. 50~60년대의 소련에서의 토대/상부구조 논쟁에 대해서는 콘스탄티노프 외, 『토대/상부구조론 입문』, 학민사, 1986 참조.

19 A. Krajzek, 「자립과 통일에의 열망」, 『서구 맑스주의자들이 본 북한사회』, 중원문화, 1990, 13쪽. 주체사상에서 가장 중요한 것은 중국 및 소련으로부터의 정치적 자주이다. 서대숙, 앞의 책, 267쪽.

당의 노선과 정책을 표현하는 지도이론으로서 마르크스·레닌주의를 조선혁명의 현실에 창조적으로 적용한 것이며 조선의 현실에 구현한 산 마르크스·레닌주의"로 선언된다. 이어 67년에 주체사상은 10대 강령 제시에 의해 논리적 체계화가 본격화되면서 당의 유일사상으로 자리 잡기 시작한다.[20]

1968년 3월 김정일은 당의 선전일꾼들, 특히 김일성 혁명투사 교양에 관련된 일꾼들에게 다음과 같이 강조했다. "수령님의 혁명 활동 연구와 선전에서 기본은 혁명사상입니다. 그런데 지난날에는 수령님의 혁명 활동에 대한 교양 선전에서 가장 중요한 자리를 차지하는 수령님의 혁명사상은 빼놓고 기껏해야 덕성에 대해서만 좀 하노라고 하였습니다. 수령님에 대해 따라 배운다 할 때 기본은 수령님의 사상을 따라 배운다는 것입니다."[21]

이 무렵부터 주체사상에 대한 책자들이 쏟아져 나오기 시작했고 김정일은 사상, 선전, 문학예술 부분을 틀어쥐고 해당분야의 사업을 직접 지도하게 된다. 또 이때부터 마르크스·레닌주의는 뒷전에 밀려나고 주체사상이 전면에 부각되게 된다.

70년대에 들어서면서 주체사상에 대한 철학적이고 이론적인 작업들이 본격화된다. 그러나 70년대 초반까지만 하더라도 북한은 주체사상이 여전히 "마르크스·레닌주의를 우리나라의 현실에 창조적으로 적용한" 사상이라고 주장해 왔다. 1970년 조선로동당 제5차 대회는 당규

20 스칼라피노/이정식, 『한국공산주의 운동사 3』, 763-764쪽에 10대 강령이 실려 있다.

21 한홍구, 「북한 주요문헌 해제」, 『오늘의 북한』, 월간중앙, 1989년 신년호 별책 부록 207쪽에서 재인용.

약을 개정하여 "마르크스·레닌주의를 창조적으로 적용한 김일성의 주체사상을 자기활동의 지도적 지침"으로 선포하였다.

주체사상의 전면화는 72년에 채택된 사회주의헌법에서 "조선민주주의 인민공화국은 마르크스·레닌주의를 우리나라 현실에 창조적으로 적용한 조선로동당의 주체사상을 자기활동의 지도적 지침으로 삼는다"로 명문화됨으로써 주체사상은 조선로동당의 지도이념에서 조선민주주의 인민공화국의 지도이념으로 전면화 되었다.[22] 72년 4월에는 양형섭에 의해 마르크스·주체사상에 대한 이론적 체계화가 본격적으로 시도되었는데 여기서 "주체의 사상체계"의 기본적 요소들이 전반적으로 나타난다. 72년 9월에는 김일성이 「우리 당의 주체사상과 공화국 정부의 대내외 정책의 몇 가지 문제에 대하여」라는 문건에서 주체사상의 철학적 원리를 정식으로 제출한다.

74년 4월 김정일은 「주체철학 이해에서 제기되는 몇 가지 문제에 대하여」에서 주체사상과 마르크스·레닌주의의 유물변증법 철학과의 상호관계, 주체사상과 반동적 부르주아 인간철학과의 차이점 등을 논증하고 76년 10월에는 「김일성주의의 독창성을 옳게 인식할 데 대하여」에서 주체사상은 공식적으로 마르크스·레닌주의를 전제, 시인하면서 그와는 다른 새로운 특성을 갖는다고 선언한다. 이러한 과정은 김정일에 의한 주체사상의 이론적 체계화과정이면서 동시에 김일성을 중심으로 한 북한에서의 주체사상에 대한 이론적 체계화 과정이었다.

1982년 김일성 탄생 70돌을 기념하여 개최된 주체사상토론회에서 발표된 김정일의 「주체사상에 대하여」는 주체사상의 기본 내용을 담으

22 스칼라피노, 이정식, 위의 책, 868쪽.

면서 철학의 근본문제의 전환을 제기하여 "주체사상을 완성시킨 불후의 저작"으로 높은 평가를 받고 있다. 1985년에 나온 『주체사상총서』에서는 김일성의 교시 인용과 함께 김정일의 교시도 반드시 인용되고 있다.[23] 김정일은 또한 「주체사상교양에서 제기되는 몇 가지 문제에 대하여」(1986)에서 '조선민족제일주의'를 처음으로 제기하면서 '우리식 사회주의'를 강조해 왔다.[24]

김정일은 김일성 주체사상을 체계화했고 김일성 생존 시, 온 사회를 김일성주의화하기 위하여 철저한 수령중심의 유일사상 체계를 확립하였다. 특히 김정일은 주체사상에 대한 이론적, 사상적 지도력을 확보함으로써 미래의 수령으로서의 위치를 구축해 왔다. 김정일이 후계자로서의 권력 승계를 공고히 하면서 그의 각종 논문, 담화, 연설문 등이 선집選集의 형태로 출판되기 시작하였다. 김정일은 이러한 일련의 이론적, 사상적 지도를 통해 자신의 권력 기반에 대한 정당성을 확보해 나갔으며 아울러 「주체사상에 대하여」에서도 나타나듯이 김일성과 함께 주체사상을 해석할 수 있는 유일한 사상적 지도자로서의 위상을 꾸준히 확보해 왔다.[25]

김정일은 김일성 사망 이후 체제통합과 사상 교양을 강조하면서 어

23 신일철은 김일성부자(父子) 어록의 2중인용이 곧 주체철학의 부자세습작업의 단적인 표현이며, 이 같은 현상이 마르크스·레닌주의와 가장 다른 가부장적 통치이데올로기라고 비판한다. 위의 책, "북한 주체철학의 개인숭배 교조적 성격-통치이데올로기의 부자세습작업과 관련하여".

24 김영수, 「북한의 통치이데올로기 변화」, 『현대북한연구』 제4권1호, 2001, 경남대학교 북한대학원, 107쪽.

25 유호열, 「김정일 지도자와 북한 체제-우상과 실제」(서평 논문), 『현대북한연구』 제3권2호, 2000, 경남대학교 북한대학원, 318쪽.

려운 과도기를 헤쳐 나갔다. 김정일은 「사회주의는 과학이다」(1994)에서 김일성 수령의 주체사상을 그대로 계승함으로써 북한식 사회주의는 기존의 사회주의와 전혀 다른 형태의 우리식 사회주의임을 주장하고 북한은 붕괴하지 않는다는 사실을 강조하였다. 그는 "사상개조사업, 정치사업을 모든 사업에 앞세우는 것은 사회주의사회의 본성적 요구"이며 "인민대중이 국가와 사회의 주인으로 되어있는 사회주의사회에서 사회발전의 기본추동력은 자주적인 사상의식으로 무장하고 당과 수령의 두리(둘레)에 굳게 뭉친 인민대중의 높은 혁명적 열의와 창조적 적극성"[26]임을 주장하면서 우리식 사회주의의 필승불패를 강조하고 있다.

이제까지 살펴보았듯이 주체사상 형성의 초기에는 마르크스·레닌주의와의 계승적 측면이 강조되다가 북한이 자주적 노선을 확립하면서 마르크스주의와의 단절, 주체사상의 독창성이 강조되는 방향으로 변화된다. 대략적으로 살피면 1950, 60년대에는 마르크스주의를 계승하는 측면이 강조되다가 1970년대 들어 계승과 단절의 측면이 병존하면서 강조점이 단절의 쪽으로 옮겨갔으며, 80년대 들어서는 주체사상이 독창적 사상으로 체계화되는 것을 볼 수 있다. 즉 체계화된 주체사상은 "마르크스·레닌주의를 계승한 사상이면서도 그의 내용에서나 구성에서나 질적으로 독창적인 사상"이며 따라서 "주체사상은 마르크스주의와 깊은 관계를 가지고 있지만 이 관계는 계승성과 독창성 가운데서 독창성이 주가 되는 것으로 기본이 되는 관계"[27]로 규정하고 있다.

26 김정일, 「사회주의는 과학이다」, 최완규, 『북한은 어디로』, 492쪽.

27 북한사회과학출판사, 『위대한 주체사상 총서 1, 주체사상의 철학적 원리』, 백산, 1989, 48쪽.

주체사상의 주요 내용

주체사상은 "그 구성체계에서도 선행노동계급의 혁명사상과 질적으로 구별된다. 선행노동계급의 혁명사상은 철학, 정치경제학, 과학적 사회주의를 3대 구성으로 하고 있다. … 선행노동계급의 혁명사상과는 달리 김일성동지의 혁명사상은 주체사상과 혁명이론과 영도방법을 3대 구성으로 하고 있다."[28] 즉 주체사상의 통일적 체계는 철학적 원리, 사회역사적 원리, 주체의 정치경제학, 그리고 실천적 방법론으로 나누어진다. 특히 "영도방법문제는 노동계급의 혁명투쟁에서 이론 실천적으로 독자적인 의의를 가지는 분야"[29]이다.

즉 주체사상은 '인간 중심의 세계관'을 새롭게 정비하여 마르크스주의를 대체함으로써 '마르크스주의에서 발달해 나간 독자적인 철학사상', 즉 '김일성주의'가 된다. 1985년에 위대한 주체사상총서 전10권이 발간되어 주체사상의 골격이 완성되고 사회의 전 영역으로 확대되어 지배적인 유일사상이 된다.

특히 주체사상은 새로운 시대인 '주체시대'가 도래했으므로 철학의 근본문제가 세계와 사람 간의 상호관계문제로 변했으며 '사람이 모든 것의 주인이며 모든 것을 결정한다'는 철학적 원리를 새롭게 제시한다. 즉 주체사상은 세계의 지배자·개조자로서 사람의 본질적 속성을 자주성, 창조성, 의식성에 두고 특히 인간의 자주성을 강조한다. 인간에 대한 논의는 마르크스주의의 변증법적 유물론을 대체하면서 주체사상은

28 같은 책, 44쪽

29 같은 책, 45쪽.

단순한 인간론이 아니라 인간 중심의 세계관임이 강조된다.

인간중심의 세계관

주체사상은 철학의 근본 문제를 새롭게 제기하고 이에 대한 해답으로 "사람이 모든 것의 주인이며 모든 것을 결정한다"는 철학적 원리를 제시했다. 그러므로 주체사상에서 인간론은 철학적 세계관인 철학적 원리의 한 구성부분이자 '철학의 근본원리'를 정당화하는 이론적 근거가 되고 있다. 철학의 근본 원리는 마르크스·레닌주의와 마찬가지로 철학적 세계관의 기초로서 다른 모든 철학적 문제해결의 초석이 되는 원리이다. 주체사상체계 내에서의 인간론이 차지하는 위상은 다음과 같다.

첫째, 인간론은 주체사상의 출발점이자 기초가 되는 철학의 근본 원리의 이론적 근거이며, 둘째, 인간론은 주체사상체계 내에서 마치 기하학의 제1공리와 같은 것이다. 인간에 대한 이러한 강조는 북한이 한국전쟁 후 여러 가지 어려운 조건에서 주체노선, 자주노선의 기치아래 사회주의 통합경제를 반대하고 인민대중(주체)의 자각적 참여에 의한 자주적 민족경제건설을 추진하면서 그 위기를 극복한 북한의 사회주의 건설의 특수한 역사적 경험의 반영이고 "주체사상은 곧 조선혁명"[30]이라고 할 때 주체사상의 핵심은 바로 인간론에 있다고 할 수 있다.

김정일은 주체철학이 사람 중심의 철학이므로 마치 유물변증법과 무관한 듯이 주장하는 이론들을 비판하면서 "주체철학은 유물론과 변증법의 원리를 버린 것이 아니라 그것을 전제로 하여 물질세계에서 차

30 서대숙, 『북한의 지도자 김일성』 청계연구소, 1989, 262쪽.

지하는 인간의 특수한 지위와 역할을 과학적으로 밝힘으로써 유물변증법도 더욱 완성했다"[31]고 주장한다. 주체사상은 사상체계의 핵심 고리, 근본원리를 사람의 문제로 파악하여 이를 중심으로 독자적인 체계를 세우기 위해 마르크스·레닌주의와 뚜렷이 구분된다고 주장한다.

사람의 본질적 특성에 대한 해명은 사람에 대한 철학적 견해에 기초한 것이며 사람이 세계의 지배자 및 개조자라는 '철학적 원리'의 이론적 근거가 되며 동시에 세계를 대하는 관점과 입장의 이론적 전제가 된다. 그러므로 사람의 본질적 특성이 무엇인가를 살피는 것은 주체사상의 인간론 뿐만 아니라 그 철학체계 전체를 이해하는데 핵심이다. 인간은 사회적 관계에 제약되는 존재이면서도 자기를 제약하는 사회제관계를 부단히 개변해 나감으로써 사회제도를 교체시켰고 역사를 진전시켜 왔다. 이러한 사실은 인간과 사회적 관계에서 사람이 사회적 관계에 제약되는 면보다 인간이 사회적 관계를 자기의 요구에 맞게 지배, 개조하는 면이 더 본질적이란 면을 말해 준다. 그리고 사람의 본질적 특성은 자주성, 창조성, 의식성에 있는데 자주성은 환경에 대한 동물의 종속성, 예속성에 대립하는 사회적 인간의 속성이고 창조성은 외부환경에 대한 동물의 맹목성에 대립하는 인간의 속성이며 의식성은 본능에 의해서 행위가 규정되는 동물의 특성에 대립하는 인간의 속성이다. 그리고 이러한 인간의 본질적 속성은 역사과정을 통해 발전하며 자주성, 창조성, 의식성의 내용과 실현 정도는 사회발전의 매 단계, 매 시기마다 변화, 발전하는 것이다. 이러한 논의에 기초해서 나중에는 사람의 자연적 생

31 김정일, 「주체사상교양에서 제기되는 몇 가지 문제에 대하여」, 『주체사상의 형성과정』, 백두, 1988. 332쪽.

명보다는 '사회정치적 생명'의 중요성이 훨씬 더 강조되게 된다.

주체사상은 사람의 속성을 밝힌데 기초하여 사회역사적 운동의 주체와 그 본질, 성격, 추동력을 해명하는 데 그 내용은 다음과 같다.

첫째, 사회역사유동의 주체는 자주성, 창조성, 의식성을 참답게 체현하고 있는 인민대중이며 둘째, 자주성은 사람의 생명을 이루므로 인류역사의 본질적 자주성을 옹호하고 실현하기 위한 투쟁이고 셋째, 창조성이 사람의 역할을 표현하는 본질적 속성이므로 사회역사적 운동은 창조적 성격을 가지며 넷째, 의식성이 사람의 활동을 규제하는 속성이라는 이해에 기초하면 혁명투쟁에서 결정적 역할을 하는 것은 인민대중의 자주적 사상의식이다.[32]

이처럼 주체라는 개념은 주체사상을 집약적으로 표현하는 개념, 혹은 사회역사적 운동의 주동적이며 의식적인 담당자인 사람 또는 인민대중을 표현하는 개념으로 사용한다.[33] 그러므로 주체의 운동과정이라는 것은 곧 인민대중의 운동과정이며 "인민대중의 계급적 구성은 사회역사 발전행정에서 변화된다. 노예소유자사회에서는 노예와 평민이, 봉건사회에서는 농노, 농민과 수공업자들이, 자본주의사회에서는 노동계급과 농민이 기본이 되어 인민대중을 이룬다. 사회주의사회에서는 노동자, 농민, 근로인텔리 등 사회의 모든 계급, 계층이 인민대중을 이룬다."[34] 사람에 의한 세계의 지배 개조과정은 사회역사관으로서의 주체사관을 통해 구체화된다.

32 북한사회과학출판사, 『주체사상 총서 2: 주체사상의 사회역사적 원리』, 백산, 1989, 26·27쪽(이하 『총서 2』).

33 북한사회과학원 철학연구소, 『철학사전』, 힘, 656쪽.

34 『총서 2』, 109쪽.

인간중심의 이러한 세계관은 낮은 수준의 생산력 발전단계에서 사회주의를 건설해가는 과정에서 불가피하게 인민의 능동성과 자발성을 강조할 수밖에 없었던 북한의 특수한 역사적 현실과 경험의 반영으로 해석할 수 있다.

주체의 사회역사관

주체사상의 사회역사원리는 사적유물론을 전제로 하여 주체사관을 정립하였으며 서술체계는 '인민대중은 사회역사의 주체다'라는 규정에서 출발한다. 주체사상은 사회역사의 주체를 출발점이자 중심점으로 하고 그 후 주체의 본질적 속성인 자주성, 창조성, 의식성의 발현과정으로 체계적으로 서술하고 있다.

유물사관은 생산력의 발전수준과 사회경제제도의 성격을 사회적 진보의 표징表徵과 사회발전단계의 중요한 척도로 본다. 이에 따르면 인류사회는 원시공동체사회, 고대노예제사회, 중세봉건적사회, 자본주의, 선진적사회주의, 공산주의로 발전해 나간다. 이에 반해 주체사관은 인민대중의 '지위와 역할의 높이의 차이'와 '그 규제방식에서의 차이'에 의해 사회발전 단계를 구분한다. 여기서 기본은 인민대중의 지위와 역할을 규제하는 방식(사회제도)의 차이이다. 인류사회는 인민대중의 자주성과 창조성이 높아지고 그들의 지위와 역할을 규제하는 방식이 변함에 따라 원시적 평등이 보장되었던 원시공동체 사회로부터 인민대중이 사회적으로 예속되어 있었던 적대적 계급사회들을 거쳐 인민대중에게 주인으로서의 지위와 역할을 참되게 보장해 주는 사회주의, 공산주의 사회로 나가는 합법칙적 단계를 경과하게 된다.[35]

마르크스·레닌주의에서는 생산력과 생산관계의 모순이 기본모순이고 그 현상형태가 계급투쟁으로 나타난다. 그러므로 역사발전에서 모순의 역할이 중시되는데 비해 주체의 사회역사원리는 사적유물론을 전제한다고 하면서 역사적 주체는 인민대중이며 사회역사적 운동은 인민대중의 자주적 창조적 운동이고 혁명투쟁에서 인민대중의 자주적인 사상의식이 결정적 역할을 한다는 것을 강조하여 생산력의 문제, 즉 자연과학의 발달과 기술의 발달 등이 소홀히 다루어진다. 물론 역사적 유물론에서 생산력을 강조하는 종래의 기술결정론적 이해는 생산력에 대한 잘못된 해석에 기인하는 데, 이는 생산력에서 매우 중요한 요소가 바로 인간자신이며 혁명적 계급이라는 것을 무시했기 때문이다. 그리고 "경제적 저개발국에서 인간은 가장 중요한 생산수단을 구성한다."[36]는 것은 생산력의 발전은 자연에 대한 관계에서 인간의 창조력이 발전됨을 의미하므로 북한에서 사람과 사상의식, 교육이 왜 그처럼 강조되고 오늘날도 강조되고 있는가를 설명해 준다.

주체사상에서 사회역사원리의 기초이며 주체인 인민대중의 위치와 역할은 지도자인 수령의 문제와 분리될 수 없는 문제로 등장한다. 지도와 대중, 영도방법과 체계의 문제와 지도자의 계승, 수령의 계승문제는 사람의 '사회정치적 생명체론'과 함께 주체사상의 가장 뚜렷한 특징이다.

35 『총서 2』, 161~178쪽.

36 E. 블룬·J. 허쉬, 『사회주의 북한 –북한 경제발전 연구』, 지평, 1988, 9쪽. 저자들은 이 책에서 북한사회주의의 건설과정에서 교육제도의 혁명이 매우 중요했음을 지적하는데 이는 주체사상을 이해하는 데 매우 중요하다.

지도와 대중

주체사상은 인민대중이 역사의 주체로서의 지위와 역할을 다하기 위해서는 반드시 지도와 대중이 결합되어야 한다는 것을 강조하고 있다. 그리고 지도와 대중의 올바른 결합에서는 양자가 대립적으로 이해되거나 갈등적이지 않다. 지도와 대중의 결합은 인민대중의 지위와 역할이 높아지고 사회역사적 운동, 혁명운동이 심화 발전할수록 더욱 더 높은 형태로 실현된다.[37]

주체사상은 구체적으로 이 지도문제를 '당과 수령의 영도문제'라고 규정한다. 그리고 혁명운동, 공산주의운동에서 수령이 차지하는 지위와 역할 등은 수령론에서 체계적으로 정리되어 주체사상의 핵심부분이 된다.[38] "인민대중이 어떻게 혁명적으로 의식화, 조직화되는가, 어떻게 자기의 혁명임무와 역사적 사명을 수행하는가 하는 것은 당과 수령의 올바른 영도를 받는가 받지 못하는가에 달려 있습니다."[39] 즉 주체사상에서는 수령과 당 인민의 관계가 아무런 모순 없이 완벽하게 통합되어 있으며, 하나의 정치적 생명체로서의 유기적 부분을 구성한다고 말한다. 이는 주체사상은 인민대중의 자주성을 실현하기 위해서는 반드시 수령의 지도가 필요하며 수령과 당과 인민의 관계가 아무런 모순 없이 완벽하게 통합되어 있으며 하나의 사회정치적 생명체로서 유기적 부분을 구성한다고 해석된다. 또한 주체사상은 혁명계승론을 통해 수령의

37 『총서 2』, 184쪽.

38 수령론은 주체사상의 여러 부분에서 나타나지만, 가장 중요한 부분은 『총서 2』, 188~198에 요약되어 있다.

39 김정일, 「주체사상에 대하여」, 하수도, 『김일성사상의 비판』, 백두, 1988, 297쪽.

혁명을 김정일이 계승하여 후계체제를 강화하려한 의도도 갖고 있었으며 이를 관철시켰다. 김일성 사후에 나온 김정일의 「사회주의는 과학이다」는 주체사상을 충실히 계승하면서 수령을 중심으로 한 전통적, 유교적, 가족 국가적 측면을 더 강조하며 다음과 같이 말한다.

> 우리 당의 사랑과 믿음의 정치, 인덕人德정치는 우리나라 사회주의의 우월성과 불패성을 규정하는 근본요인으로 되고 있다. 당과 수령의 인덕정치에 의하여 우리 인민은 인민 대중 중심의 우리 식 사회주의 제도하에서 고귀한 사회정치적 생명을 빛 내이며 가장 값 높고 존엄 있는 삶을 누리고 있다. 사회의 모든 성원들이 서로 믿고 사랑하고 도우면서 화목한 가정을 이루고 다 같이 삶의 보람과 행복을 누리는 것이 우리 사회의 참모습이다. 우리나라에서는 전체 인민의 수령을 친어버이로 모시고 받들며 당의 품을 어머니 품으로 믿고 따르며 수령, 당, 대중이 생사운명을 같이하는 하나의 사회정치적 생명체를 이루고 있다.[40]

북한에서 주체사상의 위상과 역할

하버마스에 의하면 전통사회에서 근대사회로의 변화는 생활세계의 합리화의 증진을 의미하며 이는 체계의 점진적 분화과정이면서 동시에 사회체계가 더욱 복잡해지는 과정이다. 합리화된 생활세계에서 경제나 행정과 같은 형식적으로 조직된 행위영역이 분화 발전되어 나오면서 생활세계와 분리되고 마침내 생활세계가 체계의 요구에 종속된다.

40 김정일, 「사회주의는 과학이다」, 최완규, 앞의 책, 496쪽.

체계요구(강제)에 의한 생활세계의 병합으로 나타나는 이러한 종속은 '체계에 의한 생활세계의 식민지화' 현상을 낳게 된다. 그런데 체계에 의한 생활세계의 식민지화는 자본주의와 사회주의 모두에서 나타난다. 우선 자본주의적 근대화는 체계요구의 압력 속에서 자본주의적 경제와 근대적 관리국가의 확장을 가져왔다. 이 결과 자본주의 사회의 체제위기는 생활세계 내의 다양한 병리현상으로, 즉 다양한 차원의 소외현상과 집단적 정체감의 불확실성, 아노미 현상 등으로 대치된다. 이러한 현상들의 근원이 체계에 의한 생활세계의 식민지화에 있다고 볼 수 있고 이는 곧 의사소통의 일상적 실천이 물화物化되는 과정이라고 할 수 있다. 이러한 생활세계의 물화는 위기가 개인의 가정살림을 침입구侵入口로 하여 생활세계 즉 사적 가족생활과 공론영역public sphere으로 옮아가는 자본주의사회에서는 명백하게 '의사소통관계의 물화'라는 모습을 갖게 된다. 남한의 자본주의 사회는 이러한 일반적인 분석틀에서 해석될 수 있으며 따라서 체계로부터 생활세계를 방어하는 시민사회적 공론영역의 활성화가 중요한 과제가 된다.

그러나 사회주의 사회나 혹은 북한 같이 자본주의적 근대화 과정을 거치지 않고 국가의 중앙집중적 역할이 절대적인 역할을 하는 사회는 자본주의 사회와 매우 다르다.

> 관료적 사회주의 사회에로의 현대화가 다른 진로를 밟게 되는 것은 광범위하게 국유화된 생산수단을 기반으로 하여서, 그리고 일당 통치권을 기반으로 하여 행정정 행위체계가 경제체계가 갖는 정도의 엇비슷한 자율성을 경제체계에 대하여 가지게 될 때이다.[41]

그리고 관료적 사회주의 사회에서는 '사회통합'을 필요로 하는 행위영역들이 '체계통합'을 위한 기제機制로 뒤바뀌게 된다. 여기서는 의사소통관계의 물화현상 대신에 관료주의적으로 메마르고 강제적으로 인간화된 '사이비 정치적 교제관계'의 영역 속에 마치 의사소통관계가 존재하는 것 같은 기만적 현상이 나타난다. 이러한 '사이비 정치화'는 자본주의 사회에서 물화현상을 초래하는 사적 개인화와 대칭관계를 이룬다. 생활세계가 체계에, 즉 법률화되고 형식적으로 조직된 행위영역에 직접적으로 흡수되는 것이 아니라, 오히려 체계적으로 자립한 국가기구와 국가계획에 의한 경제조직들이 생활세계에 깊이 침투하여 생활세계를 메마르게 하는 것이다. 이러한 정치체계가 마치 생활세계인 것처럼 거짓 장식되면서 생활세계가 정치(행정)체계에 의해 흡수되어 버리는 것이다.[42] 그런데 하버마스에 의하면 "두 가지 지배적인 모델에서부터 벗어나 각각 파시스트적 이형異形이나 민주주의적 이형異形이 생기게 되는 것은 각 나라가 갖는 고유한 특수성들에, 특히 그 나라의 정치문화에 크게 좌우"[43]된다.

그러므로 북한은 사회주의사회의 보편적 특성이 나타나면서 동시에 독특한 이형으로서 독특한 역사와 정치문화 등에 의해 형성된 특수성이 있음을 알 수 있다. 북한은 경제체제의 논리(시장논리)를 극도로 축소하고 정치, 행정체제(공동체 논리와 국가, 민족논리)를 극대화시킨 사회체제로서 정치행정 체제에 의한 계획경제의 실패 때문에 생활세계에서의 사

41 하버마스, *Theorie des kommunikativen Handelns*, Bd 2. 1981, s.564, 최재현 엮음, 『현대 독일사회학의 흐름』, 형성사, 1991, 152쪽.

42 하버마스, 같은 책, s.566~567, 최재현 엮음, 같은 책, 156~157쪽.

43 하버마스, 같은 책, s.563, 최재현 엮음, 같은 책, 151쪽.

적 생활의 물질적 토대가 약하고 또한 정치적 공론(적)영역의 발달이 거의 없는 사회, 즉 시민사회의 발달이 거의 없는 사회라 할 수 있다.

좀 더 구체적으로 보자면 북한은 정치 문화적으로 유교적 가부장제의 전통을 갖고 있고, 권력장악 과정에서 스탈린적 국가 사회주의를 이식하였으며, 민족해방운동의 연장으로서 사회주의 국가를 건설하였기 때문에 민족 사회주의의 유형 중에서도 중국과 더불어 유교적 민족주의의 하위유형에 속한다고 볼 수 있다. 그리고 남한과의 분단 상태 아래에서 국가 존립의 정당성을 '민족해방'에서 찾고 있다는 점에서 스스로 지칭하는바 '주체형의 사회주의' 국가라 할 수 있다. 그런데 이러한 북한의 사회주의 질서는 바로 범세계적 차원에서의 냉전질서와 군사적 대결, 미국 주도의 자본주의 질서와 시장 지향적 공업화 및 그것에 대한 반정립으로서 극도로 폐쇄적이고 자립적인(주체적인) 공업화 노선의 귀결이었다.[44] 그리고 북한 사회주의 사회의 유교적, 전통적 요소가 가부장적 가족국가의 형태로 나타나면서 생활세계의 사적 영역과 공론(공적) 영역이 전제적 정치논리에 의해 희생되는 측면이 나타난다고 볼 수 있을 것이다. 주체사상의 내용과 특성은 북한사회의 이러한 측면을 잘 반영하고 있다.

주체사상은 통치의 정당성과 체제의 정통성을 담보하는 관제이데올로기로서의 역할을 수행해 오고 있다. 북한 사회구성원 전체를 규제하는 이른바 북한식 체제의 '정치문화'로서 역할을 수행하고 있다. 북한사회 전반에 '주체'가 관통하고 있고 내재화되어 있다는 점에서 북한사회에

44 김동춘, 「남북한 이질화의 사회학적 고찰」, 역사문제연구소 편, 『분단 50년과 통일시대의 과제』, 역사비평사, 1995 참조.

는 주체사상에 의한 '주체'가 하나의 강력한 문화체계를 이루고 있다.[45]

하버마스의 이론을 빌어 설명하면, 북한은 생활세계의 합리화가 제대로 진행되지 않은 전통사회적인 요소를 많이 갖고 있으며 정치체계(주체사상)의 논리가 생활세계에 깊숙이 침투하여 문화와 인성, 사회의 각 영역을 지배하고 있다고 볼 수 있다. 즉 북한의 주체사상에 의하면 수령과 당, 인민의 관계가 아무런 모순 없이 완벽하게 통합되어 있으며, 하나의 정치적 생명체로서의 유기적 부분을 구성하므로 수령 당 인민대중은 삼위일체로서 하나의 사회적 유기체를 형성하며 집단으로서의 대중은 '사회정치적 생명체'로서 개인보다는 집단이 중시되고 선행되며 전체 국가구성원이 하나의 가족처럼 간주되는 가족적, 사회주의적 관료체제이다. 북한에서는 이러한 논리가 철저한 사회통제, 체계통합의 논리로서 작동한다. 그리고 이러한 사회주의적 유교적 가족국가, 전제적 정치논리의 정점에 주체사상이 위치한다고 할 수 있다.

맺는말

북한에서 철학은 사회주의 체제의 국가철학, 관학으로서 발전되었으며 따라서 기본적으로 이데올로기적 통제의 강화 측면이 강하다.[46] 그

45 김영수, 「북한의 통치 이데올로기 변화」, 『현대북한연구』 제4권1호, 2001, 경남대학교 북한대학원, 113쪽. 김영수의 이 글은 '주체사상'에 대한 가장 최근의 연구로서 통치이데올로기로서 주체사상의 성립과 특성, 변화양상 등을 잘 다루고 있다.

46 북한에서 주체사상의 이데올로기적 역할을 살펴보면 첫째, 김일성 체제의 정통성 확보 둘째, 북한사회 구성원의 일체감조성 셋째, 독자노선(대외적) 추구의 기반구

리고 주체사상의 체계화 과정을 볼 때, 주체사상에는 '주체' 이전의 마르크스·레닌주의의 영향도 있고 '주체' 제기 이후의 대내외의 오랜 '역사'와 '전통'이 반영되어 있기 때문에 주체사상은 포괄적으로 마르크스·레닌주의적 특성과 전제적 권위주의 특성 그리고 강한 민족주의적 특성을 갖고 있다.[47]

그러나 이 중에서도 우리가 강조하고 싶은 것은 민족적, 전통적 요소이다. 초기에 마르크스·레닌주의를 직접적으로 수용한 단계에서 주체사상으로의 발전은 민족주의적, 전통적 요소가 가미된 것으로 혹자는 '동학사상과 마르크스·레닌주의의 결합'이라고도 하며 유교의 주체 사상적 해석으로 보는 것도 바로 이런 점을 중시한 것이다. 특히 최근에 북한은 '우리식 사회주의'라든가 '조선민족제일주의'를 내세워 주체사상의 민족주의적 특성을 더욱 적극적으로 활용한다.

그리고 이제까지 주체사상의 형성과정 및 이론 체계 그리고 최근의 변화를 볼 때, 주체사상의 핵심은 역시 '어버이 수령 김일성'임을 부인할 수 없다. 김일성은 단순한 권위주의 형태의 통치자가 아니라 북한 인민의 '어버이'로 각인되어 왔으며, 특히 이런 권위 관계가 수령 – 당 – 인민 중심의 체제 조직 원리에 반영되면서 권력이 사랑과 은혜로, 통제가 귀속감으로 그리고 권력자의 요구와 의지가 공권력으로 대체되는 양상을 보여 왔기 때문이다.[48]

특히 김일성 사후 '조선민족제일주의', '우리식 사회주의', '민족대단

축 넷째, 김정일 체제로의 권력세습의 합리화 다섯째, 대중동원 등이다. 최완규, 『북한은 어디로』, 169쪽.

47 김영수, 앞의 글, 102~106쪽.

48 김영수, 같은 글, 114~115쪽.

결론', '붉은기 사상', '붉은기 철학' 등 주체사상의 대체 이데올로기와 같은 용어가 나왔으며 남북정상회담 이후부터는 '통일강성대국'이란 용어가 자주 등장하여 언뜻 보면 주체사상에 어떤 변화가 있지 않은가 하는 의심을 낳았었다.

그러나 "주체사상의 역사는 조선민주주의인민공화국의 역사 그 자체"라는 김일성의 말과 "혁명의 지도사상은 어느 한 시점에서 단번에 완성되어 나올 수 없으며 시대적, 역사적 조건과 무관할 수 없다"는 김정일의 지적에 잘 나타나듯이 이것들은 모두 주체사상의 틀 속에서 시대 상황과 조건에 맞게 나오는 이데올로기적 '기치' 내지 '구호'로서 주체사상은 북한체제전반을 지도하는 원리로서 그 포괄성과 총체성을 유지하면서 자기수정적인 변용을 해왔다.[49] 그런데 바로 이러한 특징이 통치 또는 지배 이데올로기로서 주체사상이 갖는 강점이자 동시에 문제점일 수도 있다. 왜냐하면 부분적인 자기 수정적 변용은 가능하겠지만 체제유지를 위한 포괄적이고 총체적인 지도 원리로서 이데올로기적 측면은 결코 변화되지 않으면서 체제변화를 억압하는 작용을 할 수 있기 때문이다. 어쨌든 주체사상은 북한이해에서 매우 중요한 위치를 차지하고 있다.

49 김영수, 같은 글, 110~111쪽.

제3부

철학과 번역

1장

철학원전 번역을 통해 본 우리의 근현대

시작하는 말

이 글은 지난 2년간에 걸쳐 진행된 한국철학사상연구회의 '철학원전번역을 통해 본 우리의 근현대'에 대한 총괄적인 정리이다. 우리의 프로젝트와 관련된 전체적인 문제제기와 함께 그 성과를 개별 연구들에서 드러난 구체적 사실들에 기초해 종합적으로 제시하고, 인문학의 발전과 번역의 문제에 대한 방향제시와 함께 앞으로 더욱 구체적으로 해명해야 할 문제를 몇 가지 제기하고자 한다.

주상희는 그의 석사학위 논문 「한국철학서적 출판에 대한 실태분석」에서 한국 철학서적의 시대구분을 다음과 같이 하였다.

제1기 서양철학 수용기(구한말~해방 이전)

제2기 철학서적 출판 태동기(해방 이후~6·25전쟁)

제3기 계몽적 철학서적 출판기(6·25전쟁~5·16)

제4기 교양적 철학서적 출판기(5·16~1972)

제5기 대중적 철학서적 출판기(1972~1981)

제6기 의식적 철학서적 출판기(1982~1990)

제7기 전문적 철학서적 출판기(1991년 이후)

물론 철학 서적 혹은 철학 연구서의 출판과 번역서의 출판이 바로 일치하는 것은 아니지만 일단 위의 구분을 참조하기로 하자.

우선 1차연도 연구과제의 시기는 위의 제1기, 제2기에 해당되는 것으로 대체로 19세기 후반부터 1953년 전후로 정하였는데, 그 이유는 번역을 통한 한국 근대성의 해명을 위해서는 조선 후기, 일제강점기, 해방 후의 시기에 나타난 연구물과 출판물, 번역서를 집중적으로 발굴, 조사하고 해석할 필요가 있다고 판단했기 때문이다. 그리고 1953년까지는 일제강점기 영향의 연속성에서 번역의 문제를 볼 수 있으며 그 이후에는 한국에서 번역물이 서서히 증대해가는 것으로 판단했기 때문이다.

그런데 해방 이전까지는 철학원전 번역이 별로 없는 형편이라 연구사에 대한 검토를 통해 개별 논문이나 글에 나타난 번역의 문제도 함께 다루지 않으면 안 되었다. 왜냐하면 우리의 경우 당시 수용한 서구 근대 학문의 분야가 분명히 나누어지지 않았고 또 학문분류도 분명하지 않았으므로 우리의 과제에서도 철학의 분야를 따로 한정하여 다룰 수 없으며 번역과 관련된 자료들과 문제들을 가능한 한 포괄적으로 검토해야 했기 때문이다.

그러므로 각 분야 연구사와 번역에 대한 충실한 자료조사가 절실히 요구되었고 따라서 1차연도에는 우리의 주제에 대한 문제의식의 공유와 이를 토대로 한 새로운 자료의 발굴과 정리가 매우 중요한 과제였다. 이 과제를 중점적으로 수행하는 과정에서 철학 이외의 다양한 자료들에 대한 조사를 하게 되었고 새로운 자료의 발굴 등 많은 성과가 있었다. 또한 번역과 우리의 근현대와 관련되는 구체적인 문제들이 서양 철학, 동양철학, 한국철학 각 분야에서 다양하게 제기되었다. 개별연구들에서 제기되는 다양한 문제들과 이에 대한 해석을 통해 우리는 '철학원전 번역(연구 포함)을 통해 본 우리의 근현대'라는 문제를 보다 실증적이고 구체적으로 해명할 수 있게 되었다.

2차년도에는 1차년도의 자료조사와 연구를 토대로 앞의 제3기 이후에 해당되는 시기의 철학원전 번역을 자료로 했다. 개별 연구들을 종합하여 볼 때, 철학 원전의 번역과 출판 상황 등을 종합적으로 고려하여 60년대를 원전 번역의 여명기, 70년대를 양적 팽창의 시기, 80년대를 질적 변화가 일어나는 시기, 90년대 이후를 질적 성장의 시기, 2000년 이후를 원전 번역의 전문화시기로 볼 수 있을 것이며 이를 각 시기별로 "원전 번역의 여명기"(1960년대), "전집류와 문고본의 전성기"(1970년대), "기획출판에서 단행본 출판으로"(1980년대), "원전 번역서의 질적 성장: 대중성과 학술성"(1990년대), "학술 연구와 원전 번역"(2000-) 등으로 해당 시기의 특징을 드러낼 수도 있을 것이다. 물론 철학원전 번역과 관련한 시대구분은 서양철학과 동양철학의 차이가 있겠지만 대체적인 윤곽을 그려본다면 앞의 논의가 참고될 수 있을 것이다.

번역 문제를 보는 기본적 시각

번역은 한 특정한 문화권에서 태어나고 전승된 텍스트를 다른 문화권으로 옮기는 것, 즉 하나의 해석학적 기호체계를 다른 해석학적 기호체계 속으로 옮겨 그곳 특유의 의사소통과정에 편입시키는 것을 의미한다. 그러므로 이 과정에는 많은 어려운 문제들이 함축되어 있다. 특히 동일한 권력관계 내에 있는 그리고 크게 보아 동일한 문화권 내에 있는 타문화들 사이에서의 번역에서의 문제보다, 동일하지 않은 권력관계 내에서의 그리고 근본적으로 이질적인 문화권 사이에서의 번역의 문제는 그 출발점에서부터 상이한 접근방식을 요청한다.

그러므로 번역이 이루어지고 있는 장에서의 정치적 문화적 동력학에 대한 고려 없이 번역기술학적으로, 문헌학적으로 번역문제를 보는 것은 소박하다 할 수 있다. 즉 우리는 '번역'을 역사적, 사회철학적, 문화정치적 문제로 구성할 필요가 있으며 이 점에서 인문학과 번역의 문제,

특히 한국에서의 근대, 근대적 학문의 성립을 논의할 때 번역의 문제를 중요하게 다루지 않을 수 없다.

우리의 경우 근대의 형성은 서구문명과 문화를 번역을 통해 활발히 수용한 일본으로부터의 근대화 시도와 이의 좌절인 식민지화와 맞물려 있다. 그리고 일반적으로 식민지배와 탈식민지화라는 과정 속에서 번역이라는 계기는 근대적인 사상과 문화의 형성에 결정적인 영향을 미친다. 그러므로 번역이 비록 서구 제국이나 일본제국의 문화를 그대로 '이식'하는 결과를 낳는다 하더라도 식민지 또는 후진국에서 번역은 불가피한 문화수용의 과정이다.

서양문화(철학)수용, 즉 번역의 과정에서 주체성에 대한 물음은 번역에서 실질적으로 일어나고 있는 일이며 의식 있는 번역자라면 상이한 두 언어(또는 그 이상) 간의 교섭을 경험함으로써 타자를 인식하고 동시에 자기주체를 확인하는 과정을 거치며, 이는 번역행위 자체에 내재된 특성이라 할 수 있다.

우리는 이 번역의 과정을 무시하고서는 결코 우리 근대 또는 현대의 자화상을 그려 낼 수가 없다. 문제는 우리의 전통과 새로운 서구문화 또는 문명과의 만남이 '번역'을 통해서 어떻게 전개되었는가를 밝히는 것이다. 그런데 이 문제는 "하나의 텍스트를 다른 텍스트로 번역 혹은 번역해야만 하는 것은 두 개의 서로 다른 언어의 통일체가 미리 주어져 있기 때문이 아니라, 번역의 행위가 언어를 분절화하고, 그 결과 번역의 표상을 통해, 마치 번역하는 언어와 번역되는 언어 사이에 자립적이고 폐쇄된 통일체가 존재하는 것처럼, 그들의 언어를 조정할 수 있는 것 같은 제도가 성립하기 때문"[1]이라는 말처럼 단순히 언어 번역의 문제가 아니라 번역과 관련된 제도적 문제와도 밀접한 연관이 있다. 그러므로 우리는 번역의 문제를 번역자라는 개인적 차원에서만이 아니라 번역을 둘러싼 사회상황과 학술제도 등의 국가 정책적 차원 등 다양한 차원과 맥락에서 검토해 볼 필요가 있다. 이를 위해 우리는 다음과 같은 문제제기를 할 수 있을 것이다.

첫째, 한·중·일 삼국에서 서구문화의 수용을 위해 번역의 문제가 어떻게 제기되었고, 번역과 관련된 제도가 어떤 형태로 존재했고 기능했는가.

둘째, 조선 후기, 일제강점기, 해방 이후의 각 시대 마다, 또 일정한 시기에 서적 출판계의 상황이나 출판사업의 수준은 어떠한가. 또 왜 어느 특정 시기에 특정한 종류의 책들이 번역되어 출판되었는가.

셋째, 조선 후기, 일제강점기 그리고 현재까지의 사전, 외국어 사전 간행 상황 등은 어떠한가. 이에 대한 일본과 중국에서의 연구수준은 어떠한가.

넷째, 구체적인 번역서에 대한 발행부수와 당시의 수요, 그리고 번역될 당시의 사회운동, 사상운동의 내용과 수준은 어떠했는가.

다섯째, 당대에 번역을 할 수 있었던 지식인의 수준과 인원, 번역과정에서 사용되었던 텍스트, 당해 외국어의 이해 수준은 어떠한가.

여섯째, 일제강점기, 해방 후의 외국어 교육기관을 포함한 외국어 교육기관의 실질적 교과 과정과 국내에 있었던 외국인과 외국인 교수의 역할 등은 어떠했는가.

일곱째, 구체적인 번역과정에서 생기는 여러 가지 문제들은 어떤 것이 있으며, 어떻게 해석해야 할 것인가.

---

1 사카이 나오키(酒井直樹), 『日本思想という問題-翻譯と主体』, 岩波書店, 1998, 4쪽.

동아시아 국가의 근대화와 번역

> 한 국가의 근대화라는 관점에서 보면 서학(양학)을 국가적 차원에서 수용하는가, 개인적 차원에서 수용하는가에는 근본적인 차이가 있다. 예를 들면 도쿠가와 막부는 양학을 연구하기 위한 국가기관으로서 1811년에 천문방天文方에 '번서화해어용蕃書和解御用'을 두었고, 1856년에는 이를 독립시켜 '번서조소'蕃書調所라 하였으며 나아가 1862년에는 '양서조소'洋書調所로 1863년에는 '개성소'開成所로 발전시켰다. 이것이 양학 수용을 통한 일본 근대화의 핵심이 되었음은 두말할 필요도 없다. 개인적 수용은 아무리 뛰어나도 수공업적인 한계를 뛰어넘을 수 없다.[2]

위 인용문에 잘 나타나듯이 일본의 근대화는 국가 주도적 근대화였다. 이 과정에서 번역의 문제는 매우 중요한 문제였다. 왜냐하면 일본은 문명개화의 과정에서 번역을 통해 서양문화·사상의 섭취와 수용을 신속하게 했기 때문이다. 일본의 명치정부는 서양에 대한 철저한 정보를 얻을 필요에 따라 번역의 필요성을 자각하여 태정관에 번역국을 두어 국가적으로 번역사업을 해 나갔다. 번역국의 구성원들은 대개 개성소開成所 출신으로 번역, 조사와 교육에 종사했던 막부의 지식인 관료 출신이었다. 이때 이들은 막말幕末의 난학蘭學에서 영학英學이나 그 밖의 다른 양학을 소개하고 수용하는 데 성공하였다. 개성소는 개성학교가 되고 나중에 동경대학(1877-)이 되었다. 군사제도나 부국강병에 관한 책만이 아니라 역사서도 포함해서 직접적으로 도움이 되지 않는 책들, 예를 들어 나가에 초민의 『維氏美學』 같은 책도 태정관이나 원로원 등의 권력체

2 강재언, 『서양과 조선』, 학고재, 1998, 254쪽.

가 주도적으로 번역했다.[3] 그리고 근대화를 위해 외국인 교사를 제일 먼저 군대에 배치하고, 다음으로 제국대학에 초빙하는 등 활발하게 서양문화를 수용했다.[4]

이처럼 서구적 근대화를 주도했던 메이지 정부는 서구의 다양한 시적들을 번역하는 데에 매우 적극적이었다. "일본에서 진행된 국가형성의 중요한 특질은 그것이 학문의 존재양식, 그 학문을 추앙하는 사람들, 이들을 구성원으로 하는 집단의 동향과 매우 긴밀한 상관관계를 맺고 있었다. … 법과 제도의 수용을 포함한 국가의 제도화문제를 해명하는 것은 곧 그 담당자와 학술의 변화를 해명하는 것이라는 주장이 일본의 국가형성의 특징"[5]이라고 볼 수 있기 때문이다.

그리고 일본은 서양문화의 수용에서 화혼양재和魂洋才 문제를 나름대로 고민해서 해결하려는 시도를 했다. 예술교육은 결국 서양화와 일본화, 양악과 국악의 병행으로 즉 화혼양재和魂洋才가 아니라 화혼화재와 양혼양재의 병립으로 자연과학 쪽은 "의학은 하나다"라는 입장에서 적어도 국립대학에서는 완전히 서양모델을 따랐고 따라서 한의학은 민간에 자리 잡게 되었다. 그리고 화혼과 양재가 대립하거나 융합하거나 여러 가지 형태로 교섭한 것은 문제가 훨씬 복잡한 정치·경제·도덕의 영역이었다. 이 영역에서의 문제의 복잡성은 바로 번역의 문제 즉 무엇을 번역했나, 어떻게 번역했나, 사회가 번역된 개념과 사상을 어떻게 수용했나 등으로 나타난다고 할 수 있다.[6]

---

3 마루야마 마사오·가토 슈이치/임성모 옮김, 『번역과 일본의 근대』, 이산, 2000년, 166쪽.

4 같은 책, 25쪽.

5 야마무로 신이찌/임성모 옮김, 『여럿이며 하나인 아시아』, 창비, 2003, 77쪽.

중국의 경우도 역시 비교적 일찍부터 번역에 대해 자각하고 번역작업을 해왔다고 할 수 있다. 중국의 경우 경사대학당(북경대학의 전신)에 역서국譯書局을 설치하여 번역을 해왔으며 엄복(1853-1921)은 1903년경 이곳에서 총판을 하면서 밀(J.S.Mill)의 『자유론On Liberty』을 『군기권계론群己權界論』이라는 이름으로 번역하고 또 '번역범례'에 대해서도 썼다.[7]

> 개혁을 실행하고자 한다면 반드시 나라 안에서 건강한 신체와 원대한 이상을 지닌 사람으로 하여금 서양의 서적을 많이 읽게 하고, 서양 학문을 이해하게 한 뒤에야 가능하다. 그러므로 서적의 번역은 실로 개혁을 위한 가장 시급한 일이다.[8]

이 같은 양계초의 말에서도 우리는 19세기 후반 중국 지식인들이 서양문화 수용을 위해 번역작업의 중요성을 충분히 자각했음을 알 수 있다.

이처럼 19세기 후반 서구 근대의 수용 또는 서구 학문의 수용은 일본과 중국에서 기본적으로 번역과정을 통하여 이루어졌으나 우리의 경우 중국, 일본과 달리 번역이 중요한 문제로 제기되지 않았으며 번역에 대한 문제의식도 매우 약했던 것 같다.

6 같은 책, 175쪽.

7 양일모, 「J.S.Mill과 근대중국」, 대동철학회 논문집, 『大同哲學』제17집, 2002.6, 17-18쪽. 양일모는 중국근대사상사에서 번역과 서구사상의 수용 문제를 본격적으로 다루고 있다. 「번역의 사상사-강유위와 엄복」, 『중국학보』제40집, 1999.12; 「자유를 둘러싼 유교적 담론-엄복, 장지동, 하계의 논쟁을 중심으로」, 『철학연구』제52집, 2001.봄; 「청말 서구정치사상의수용과 유교적 仁政 담론의 전개-담사동, 강유위, 양계초, 엄복을 중심으로」, 『유교문화연구』, 성균관대 동아시아학술원, 2002.8.

8 양계초, 「무술정변기」, 『음빙실선집』제1-28집, 중화서국, 1989(양일모, 「중국의 근대와 번역」, 『1차년도 발표 논문집』에서 재인용).

조선후기 외국어교육과 번역의 문제

대체로 조선시대에는 주변국가와의 교섭의 필요상 '사역원司譯院'을 설치하여 한어漢語, 여진어女眞語, 일어 등의 역관을 양성하였는데 이들 역관은 의관醫官 등의 기술관과 더불어 중인계급의 가업으로 세습되어 왔다.

조선 후기에 이르러 조정에 진출한 개화파들이 개항 후의 정세변동에 대응하기 위해 1880년에 근대적 행정기구로서 '통리기무아문'을 설치했다. 이 기구는 처음에 12사司를 두어 업무를 분담했는데 이때 어학사語學司가 설치되어 각국의 언어와 문자 등을 번역하고 해설하는 사무를 관장하기로 했지만 당장에 별 실질적 업무가 없어 나중에 다른 부서로 통합되었다고 볼 수 있다.[9]

1883년 조선정부가 만든 최초의 근대학교로서 영어학교인 '동문학'同文學이 설립된다.[10] 이는 통상아문의 부속기관으로 어학교육은 서양문물의 도입수단으로서가 아니라 무엇보다 통역관의 양성이라는 실리적 관점에서 필요함을 느꼈고, 현실적으로 통역의 양성은 조선의 자주독립과 직결된 문제였다.[11] 따라서 정부의 외교고문 묄렌도르프에 의해 통역관을 양성하는 기관으로 역할을 했다고 할 수 있다. 이곳 출신의 사람 중 남궁 억(1863~1939)은 묄렌도르프 총세무사 밑에서 번역관으로 일했으며 독립협회부회장과 황성신문사 사장으로 민권의 확장과 언론의

9 이광린, 「통리기무아문의 조직과 기능」, 『개화파와 개화사상연구』, 일조각, 1991 참고.

10 이광린, 「구한말의 관립 외국어학교」, 『한국개화사연구』 개정판, 일조각, 1995.

11 윤건차, 『한국근대교육의 사상과 운동』, 청사, 1987, 67~68쪽.

창달을 위해 활약하였다. 대체로 동문학의 출신들은 당시 한국사회에서 많은 일들을 하였다.[12]

또한 조선정부는 1883년 8월 17일 신문과 각종 서적의 간행을 위하여 박문국博文局 설치를 결정하였는데 박문국은 동문학에 예속된 신문보사로 동문학 장교掌敎 김만식에 의해 그 설립이 추진되어 동년 10월 역사적인 <한성순보>창간호를 간행했다. 국내소식과 아울러 외국의 사건을 번역 소개하고 세계의 실정을 알림으로써 국민들을 개화시키고자 한 것이 간행의도였다.

영어교육을 위한 동문학은 3년 정도 후에 본격적인 서양근대교육기관으로서 정식학교인 '육영공원'의 설립에 의해 자연스럽게 문을 닫는다. 그러나 동문학에서 영어를 배운 학생이 육영공원의 교습(敎習: 조교)으로 참가했다. '육영공원'은 외국인에 의해 세워진 근대 기독교학교인 배재학당, 이화학당과 마찬가지로 1886년에 정부에 의해 설립되었다. 앞의 두 학교보다 늦게 9월에 각국과의 교제에 필요한 어학교육을 기본 목적으로 하여 개교한 이 학교에서는 각국의 언어, 역사, 정치 등을 가르쳤는데 영어교재와 함께 영어로 수업했다고 한다. 그러나 당시의 전통과 보수사상 때문에 봉건적 특권계급인 고관의 자제만 입학하였으므로 이들이 서양식 교육을 적극적으로 수용하고 새로운 생활철학을 받아들이는데 한계가 있었다. 이 외에도 여러 가지 사정으로 결국 1894년 육영공원은 폐지되고 단순한 영어학교로 변화되게 된다.[13] 이 당시에 1891년 이래 관립 일어학교가 이미 운영되었고 당시 외교관계의 필요

---

12 이광린, 「육영공원의 설치와 그 변천」, 『한국개화사연구』 개정판, 일조각, 1995, 107-110쪽.

13 이광린, 같은 글, 131-133쪽.

에 따라 다른 외국어 학교들도 생겨나게 된다.[14]

일본과 중국의 경우 근대학교로의 발전과정은 우선 봉건정부의 외국어교육기관이 어학교로서 독립하는 것에서 출발하여 그것이 각종의 근대학교, 더 나아가서는 대학교로 발전하여 갔다. 그러나 조선의 경우는 외국어 교육기관이 제대로 발전이 안 되고 단순히 영어학교로 전락함으로써 근대학교로의 발전이 안 되었다고 할 수 있다.[15]

이제까지 살펴본 바와 같이 조선 후기 구한국 정부에서는 외국어학교를 단지 역관 양성기관으로만 취급하고 이 학교를 전위前衛로 내세워 서양문화를 받아들이려 하지 않았음을 알 수 있다. 그러므로 이러한 외국어학교들은 국가의 정치적 변천에 의해 많은 제도적 변화를 겪다가 1905년 '을사보호조약' 체결 이후 초기의 학교와는 그 모습이 완전히 바뀌게 되고 마침내 합방 뒤 1911년 모두 폐지되고 말았다.[16]

외국어 학교의 제도적 고찰 외에 조선 후기의 번역문제를 알아보기 위해서는 당시 간행된 사전류에 대한 이해가 필요하다. 당시 일본어나 한어漢語는 일본에서 편찬된 책들이 많이 들어와 불편이 없었으나, 서양어 사전은 별로 이용할 수 없었다. 영어는 언더우드의 『한영자전韓英字典』·『영한자전英韓字典』, 스캇J.Scott의 『영한자전』, 게일J.S.Gale의 『한영자전』 등 개신교 선교사들에 의해 편찬되었다. 게일이 편찬한 『한영자전』은 1897년 일본 요코하마에서 출판한 자전으로 일본어 계통의 새로운 어휘가 많았으며 1911년에 『한영자전』 개정판이 나왔다.[17]

14 이광린, 「구한말의 관립 외국어학교」, 『한국개화사연구』 개정판, 134~158쪽.

15 윤건차, 『한국근대교육의 사상과 운동』, 청사, 1987, 82~83쪽.

16 이광린, 「구한말의 관립 외국어학교」, 앞의 책, 149~150쪽.

17 김형철, 『개화기 국어연구』, 경남대학교출판부, 1997, 25쪽.

프랑스어는 천주교 신부들의 『한불자전』, 꼬스트George Coste의 『韓法辭典』, 알레베크의 『法韓辭典』 등이 편찬되었으나 간행부수도 많지 않았고 학생들은 구입할 경제적 여유도 없었다. 리델 등 프랑스 신부들이 편찬한 『한불자전』은 1880년 요코하마에서 만들어낸 자전으로 대부분의 어휘가 중국어 계통의 한자어였다고 한다.

또한 서양어 중에 가장 먼저 편찬되었다는 1874년 간행 푸칠로의 『露韓辭書』는 사전이라기보다 간단한 문장의 대역서代譯書로서 따로 러시아 사전은 없었으며, 독일어 역시 아무 사전이 없었다. 사전도 없이 외국어를 배울 경우 회화 혹은 간단한 작문 정도는 가능하겠지만 고등어학을 습득하기 어려웠을 것이다. 또한 당시 "서양학문에 대한 일반의 수준이 낮아 앵무새처럼 외국어를 말하면 신학문을 체득한 것으로 자타가 공인할 정도"[18]였으므로 외국어를 배워 해당 국가의 학문이나 과학을 제대로 이해하고 받아들여 우리 사회에 적용하기는 상당히 어려웠다고 할 수 있다. 구한말에 서양의 사상과 과학에 관한 서적들 가운데 직접 원문에서 번역된 것이 거의 없는 것은 바로 이러한 까닭이라 할 수 있을 것이다.[19]

이러한 사정은 근대국가 형성의 실패, 근대 국민형성과 국어 만들기 형성에 실패하여 마침내 식민지로 전락하면서 더욱 악화된 것처럼 보인다.

18 이광린, 「구한말의 관립 외국어학교」, 앞의 책, 158쪽.
19 이광린, 같은 글, 앞의 책, 148쪽.

‘식민지 근대성’과 번역

> ‘근대’란 극히 애매한 개념이다. 일본인들 사이에서(아마 비서양권 사람들도 마찬가지일 터인데) ‘근대’는 항상 ‘서양’과 혼동되고 있다. 이 혼동에는 이유가 있다. 서양에도 근대와 전근대가 존재하는 이상, 근대란 당연히 서양과 별개 개념이지만 근대가 서양에 ‘기원’을 갖는 이상 양자를 간단히 분리할 수 없기 때문이다.[20]

가라타니 고진의 이러한 지적은 일본 식민지를 거친 한국의 경우에도 타당하다. 발리바르는 월러스틴이 근대적 민족형성을 자본주의 시장이라는 추상이 아니라 그 구체적 형태인 세계경제와 연결시키고 그 위계화와 식민화의 산물로 파악한 점을 중요한 공헌으로 본다. 그러므로 근대자본주의는 그 성립 자체가 전쟁과 식민지화와 결합되어 있었다.

어떤 의미에서 모든 근대민족은 식민지화의 산물이다. 일정 정도까지는 항상 식민지를 만들거나 식민지화되는 처지이며 때로는 둘 다이기도 했던 것이다.[21] 그러므로 지주–부르주아 노선이 근대성이라면 식민지화를 통한 수탈구조, 즉 민족·인종구분에 근거한 위계제 역시 근대성의 본질적 일부이다.[22]

따라서 근대가 내세우는 ‘합리성’과 ‘효율성’이 실제로는 억압의 고도화나 은폐된 폭력성과 표리관계를 이루고 있으며, 이것은 식민지에서 한층 전형적으로 나타날 수 있는 것이다. 이 점에서 근대가 지닌 복합

20 가라타니 고진/박유하 옮김, 『일본근대문학의 기원』, 민음사, 1999, 248쪽.

21 발리바르/서관모 옮김, 「민족형태–그 역사와 이데올로기」, 『이론』1993년 가을, 112쪽.

22 유재건, 「식민지·근대와 세계사적 시야의 모색」, 『창작과 비평』제98호, 1997년 겨울, 65쪽.

성 가운데 부정적 측면이 식민지 같은 약한 고리에서 한층 집중적으로 표현된다고 볼 수 있다.[23]

우리는 앞의 논의를 통해 한국에서 근대성의 문제는 제국주의·식민지문제와 불가분의 관계에 있음을 알 수 있다. 특히 우리 주제와 관련하여 지식과 언어, 문화, 번역의 측면에서 제국과 식민지의 관계를 밝힌 다음 글은 참고할만하다.

> 제국의 중심언어는 권력, 문화, 지식인의 언어로서 제국의 변방으로 산포되어서(퍼져서) 주변부의 토착 언어들보다 더 많은 사람들이 구사하고 있는 언어인 동시에, 이 언어는 또한 무의식적으로 부여된 권력, 즉 영어로 말하고 글 쓰는 사람들은 그렇지 않은 사람보다 더 많은 지식을 지니고 있고, 더 많이 지배력을 행사한다는 거의 보편화된 의미를 수반한다.[24]

> '권력관계' 연구에서 포스트식민주의는 지리적, 언어적 전치displacement와 지배와 복종으로 서로 얽혀있는 동력에 의해 야기된 심리·사회적 변형들인 통문화적 권력을 바라보는 방식이다. 그것은 세계의 모든 것을 설명하려고 시도하는 것이 아니라, 단 하나의 무시된 현상인 한 문화가 다른 문화에 의해 통제되는 방식을 설명하려는 것이다.[25]

여기서 주목할만한 것은 언어와 권력문제 그리고 한 문화가 다른 문화에 의해 '통제되는 방식'이다. 우리의 근대는 '서구의 충격'과 제국주의적 기획 때문에 서구에서처럼 과학적 합리성, 인간적 보편성 등 과학적

23 같은 글, 67쪽.
24 더글라스 로빈슨/정혜욱 옮김, 『번역과 제국』, 동문선, 2002, 58쪽.
25 같은 책, 29쪽.

지식 차원과 인권과 민권, 자유 등의 문제보다 민족적·국가적 과제로서 문명개화, 부국강병, 근대국가 건설 등이 중요하게 등장하여 이를 실현하기 위한 여러 노력을 했지만 결국 일본의 식민지로 전락하고 말았다. 그리고 식민지상태에서 일본이 서구에서 받아들이고 또 변형시킨 식민지 지배에 적합한 근대적 학문이 번역을 통해 들어오게 된다. 우리는 이 점에서 근대적 학문 성립에도 '식민지 근대성' 테제를 적용할 수 있으리라 생각한다.

식민지 근대성 테제는 근대성은 중층 결정되는 역사 과정이며, 식민지 없는 근대성은 없으므로 식민지 사회에서 일어나는 각종 근대화장치, 제도, 운동 등을 근대성의 실증적 형태positivity로, 즉 역사적 현실로 이해하자는 것이다.[26] 이 입장은 사카이 나오키의 "근대성은 지리적, 문화적, 사회적 거리들에도 불구하고 많은 지역들, 사람들, 산업들, 정치체들이 서로 접촉하는 경우가 없으면 상상할 수 없"으며, 또한 이 "접촉은 결코 어느 일방이 다른 쪽에 교조나 가치를 전파하는 일방통행 과정으로 이해될 수 없다"[27]는 주장을 수용한 것이기도 하다. 번역은 '접촉'의 한 중요한 현상으로서 번역의 문제도 이러한 사회역사적, 정치적 맥락 속에서 제대로 파악될 수 있을 것이다. 즉 한국의 근대성과 관련한 철학 연구와 번역의 문제에 대한 해명도 이러한 당대의 문제와 연관하여 살펴볼 필요가 있으며, 따라서 근대성과 식민성이 어떤 관계를 맺으면서

26 강내희, 「한국의 식민지 근대성과 충격의 번역」, 『문화과학』2002년 가을, 83쪽. 여기서 강내희는 '이념'으로서 근대성과 '실정성'으로서 근대성을 구분하는데, 이러한 구분은 하버마스가 『공론영역의 구조변화』에서 공론영역(또는 공론성, Öffentlichkeit)을 이념적 차원과 실정적 차원으로 구분한 데서 도움 받은 것 같다.

27 사카이 나오키, 「서문」, 『흔적』제1호, 2000, 9쪽.

나타나는가를 구체적으로 고찰할 필요가 있다.

우리는 식민지 근대성, 즉 근대성과 식민성이, 처음에는 일본을 통해, 해방 후는 주로 미국의 번역을 통한 근대수용의 양면성이라는 복합적, 역사적 관점에서 '철학원전 번역을 통해 본 우리의 근현대' 해명이라는 과제를 구체적 차원에서 수행할 수 있으리라 생각한다.

일본에서 식민정책학과 서구철학수용

일본의 탈아입구적 근대화는 "'열등한 아시아'劣亞라는 의식에 괴로워하면서 동시에 '아시아를 깔보는'蔑亞 우월감을 팽창시킴으로써 국가의 위세를 '완고하고 고루한' 인접 아시아 국가"[28]로 확장하고자 하는 형태로 나타났으며 이러한 일본적 오리엔탈리즘은 특히 조선과의 관계에서는 노골적인 힘을 발휘하게 되었다.

일본에서는 1910년 식민학회植民學會가 탄생하고 대학에서 식민정책 강좌의 설치, 교과서적인 저작물의 출판, 전문적인 식민정책학자의 배출 등 식민정책학이 하나의 학문으로서 사회적으로도 인정을 받아 학문적 전통의 축적과 이전, 전문화, 전달이 저널리스트·정치가·관료·실업가와의 교류 속에서 널리 확산된다. 이러한 과정을 통해 "다양성으로 가득 찬 아시아의 역사와 사회는 '동양적 전제주의론'과 '정체사회론'을 두 기둥으로 하는 19세기적인 아시아 인식에 의해 재단"[29]된다. 그러므로 "식민정책이라는 학문의 역사적 의의를 검토하는 것은 근대 일본과

28 강상중, 『오리엔탈리즘을 넘어서』, 이산, 1997, 90쪽.
29 같은 책, 83쪽.

아시아의 관계를 총체로서 재구성하는 데 반드시 필요한 작업"[30]이다.

이처럼 한국에서의 식민지적 근대는 일제가 한국지배를 정당화하려는 맥락 속에 위치하고 있으므로 한국에서의 근대적 학문체계, 번역과정에 내포된 권력관계를 파악할 수 있어야 한다.[31] 물론 이러한 시각만으로 일본에서의 서양철학 수용과 한국에서 근대적 철학의 형성을 설명하는 것은 큰 한계가 있을 것이다.

그러므로 일본 철학계 내부에서의 연구와 번역상황을 좀 더 구체적으로 파악할 필요가 있는데 이는 우리의 일차적 작업에서 나타난 자료들과의 비교를 통해서 앞으로 해 나가야 할 작업이다. 여기서는 일본에서의 서양철학 수용과 번역의 문제를 우리의 작업과 관련되는 부분에 대해서 간략히 살펴보겠다.[32]

명치유신 이후 백여 년에 걸친 일본근대철학사를 전체적으로 살펴볼 때 근대독일철학의 수용과 이식이 압도적인 비중을 차지하고 있고 그 중심적인 역할을 담당한 것이 도쿄와 교토의 양 '제국대학'의 강단이었다.[33] 즉 "'제국대학'의 강단을 중심으로 하는 관학철학의 주류가 학술적인 정밀함의 외견 하에 통속성과 이데올로기성을 칭송한 지능적 기술관료의 철학"[34]의 형태를 취했다. 일본 철학계의 이러한 전체적인 경

30 같은 책, 82쪽.

31 푸꼬에 의하면 모든 지식의 발전이 권력의 행사와 긴밀히 연관되어 있고, 사회가 과학적 관찰의 대상이 되거나 인간과 인간의 행동이 분석과 해결을 필요로 문제가 되는 것은 권력의 다양한 메카니즘과 밀접하게 얽혀있기 때문이다. 그러므로 사회과학이든 인문과학이든 근대적 지식의 분류도 이러한 틀을 벗어날 수 없다.

32 중국과 일본에서의 서양철학수용에 대한 간략한 소개에 대해서는 조경란, 「중국과 일본의 서양철학 수용」, 서울대학교 철학사상연구소, 『철학사상』 제4호, 1994 참조.

33 미야카와 토루·아라카와 이쿠오 엮음/이수정 옮김, 『일본근대철학사』, 생각의 나무, 2001, 365쪽(이하에서 『일본근대철학사』로 인용함).

향은 식민지 조선에도 전반적으로 영향을 주었다. 그러나 세부적으로는 대단히 다양한 철학사조들이 소개되고 번역된다.[35]

명치 30년대 즉 1900년대에 칸트, 피히테 등 독일관념론 철학의 소개, 연구와 함께 헤켈의 진화론적 철학에 대항해서 파울젠과 같은 정열적인 윤리적 이상주의를 주장하는 당대 독일의 신칸트학파적 철학사상 등이 소개되고 이 외에도 1910년 전후에는 당대 구미철학의 여러 조류가 '자아의 인격적 확립'이라는 요구에 응답하는 것으로서 다양하게 도입되었다.[36] 1915년(대정 4년) 이후 이와나미 서점(岩波書店)에서『철학총서』총12권이 간행되어 일반 지식층에 대한 철학의 광범위한 보급, 문화주의적 '교양' 관념의 형성에 커다란 영향을 주었다.[37]

또한 "1920, 30년대의 (일본)아카데미에 있어서는 대정 13년 칸트 탄생 200주년 때에 절정에 달한 칸트연구를 기초로 후설의 현상학, 딜타이, 짐멜 등의 생의 철학, 하이데거, 셸러 등의 실존철학이 도입·연구되었고, 또 1930년대는 헤겔 부흥이 큰 조류가 되었다"[38] 특히 "하이데거의 도입은 1930년대 들어 지배적인 경향"[39]이었다. 동시에 1920년대 후반부터 마르크스주의가 일본의 아카데미를 뒤흔들게 된다. 초기 마르크스의 철학적 저작들이 번역되었고 루카치나 코르쉬 등 독일 관념론의 영향이 강한 마르크스주의자들의 저작들이 1930년대 초기에 지식인

34 같은 책, 369쪽.

35 일본에서 명치 이래 1980년까지 서양철학의 문헌 번역에 대해서는 伊藤友信 외 편,『近代日本哲學思想家辭典』, 東京書籍株式, 1982 부록의 번역목록 참조.

36『일본근대철학사』, 147쪽.

37 같은 책, 158~159쪽.

38 같은 책, 334쪽.

39 같은 곳.

들 사이에 상당히 읽혀졌다. 당시 마르크스주의 이해에 관한 한 일본은 앵글로 색슨 세계에 비해 기묘하게 성숙되었었다.[40] 특히 마르크스주의를 일본의 철학에 자리매김한 사람이 미키 키요시(三木淸)였다. 그는 마르크스주의에 대한 인간학적 해석을 통해 이데올로기의 문제, 모순과 실천, 로고스와 파토스, 기초경험과 노동, 존재의 역사성 등을 해명하고 또 실천함으로써 당시 일본 철학계와 지성계에 큰 영향을 미쳤다.[41] 식민지 시대 조선 철학계는 일제의 영향을 절대적으로 받았고 해방 이후에도 상당 기간 이 영향은 지속되었다. 특히 서양철학의 번역용어는 지금도 거의 대부분 일본에서 번역된 용어를 사용하고 있다. 이것을 반드시 부정적인 현상으로 볼 필요는 없을 것이다. 그러나 이 과정에 대한 역사적 이해는 번역문제를 해명하는데 있어 필수적이라 하겠다.

번역의 주체로서 번역자와 이를 둘러싼 사회상황과 제도

우리는 번역의 주체로서 번역자에 대해 그리고 번역자의 사회, 역사적 상황과 번역제도 등에 대해 몇 가지 질문을 제기할 수 있을 것이다. 여기서 언급하는 내용 중에는 이미 개별연구들에서 다루어진 것을 요약하여 제시한 것도 있음을 미리 밝힌다.

---

40 마루야마 마사오/김석근 옮김, 『일본정치사상사연구』, 한국사상사연구소, 1995, 58~60쪽.
마루야마는 번역의 경우 일본에서 공산주의나 사회주의에 대한 소개가 빠른 것을 '후진국의 조숙성'으로 표현한다(『번역과 일본의 근대』, 164쪽).

41 『일본근대철학사』, 266~268쪽.

●
우리는 우선 '번역자는 누구이며 무엇을, 왜, 어떻게 번역하는가, 또 올바른 번역을 위해 어떤 능력이 필요한가?'라는 질문을 할 수 있다.

동·서양철학 원전을 번역한 사람들은 어떤 사람들이고 당시에 무엇을 번역했으며 왜 번역했는가, 어떻게 번역했는가, 그리고 제대로 번역했는가, 만약 제대로 번역이 안됐다면 왜 안 됐는가 등에 대해 개별 논문들에서 구체적으로 다루었다. 우리는 전체적으로 이 문제를 다시 제기함으로써 우리의 근대성과 관련한 나름의 결론을 도출할 필요가 있을 것이다.

●
서구 학문, 문화, 역사 전반에 대한 충분한 이해를 토대로 제대로 된 번역이 가능하다. 구체적인 번역 상황을 본다면 우리의 근대성은 아직도 매우 미흡한 편이라 할 수 있다.

번역을 제대로 하기 위해서는 번역되는 텍스트의 언어에 대한 이해와 동시에 원 텍스트의 코드(타학문, 문화전반)에 대한 이해가 필요한데, 특히 서양철학의 원전을 번역하는 경우에 고전에 대한 이해가 더욱 필수적이다. 설사 현대철학의 저작들을 번역하는 경우라 해도, 거기에는 늘 고전에 대한 이해가 전제되어 있기 때문이다. 푸코의 말년의 저작들을 번역할 때 그리스-로마적 맥락을 알아야 하고 서양의 타 학문 분야에 대한 충분한 이해도 필요하다. 특히 현대 프랑스 철학 텍스트는 매우 복합적인 내용을 갖고 있으므로 다양한 관련분야에 대한 지식이 없으면 번역하기가 매우 어렵다.

특히 외국어 텍스트를 자국의 언어로 번역할 때 자국 언어의 완벽한 이해는 필수적이다. 문제가 많은 번역서들은 대개 번역되는 언어에 대한 이해 부족과 함께 번역하는 언어(한글)에 대한 이해도 부족한 상태에서 번역된 것들이다. 이런 현상은 외국 유학자들의 경우에 특히 두드러진다. 외양은 한글이지만 글쓰기 방식은 외국어식인 글들이 많이 나온다. 국어에 대한 철저한 이해의 바탕 위에서 정확한 외국어 이해가 병행되어야 한다.

●

왜 철학원전의 번역이 충실하게 안 되었는가를 생각해 본다면 이는 우리의 역사적, 사회 정치적 차원과 이와 연관된 제도적 차원의 문제에 기인한다고 볼 수 있을 것이다. 앞에서 살펴 본 조선 후기의 상황, 그리고 식민지에로의 전락, 해방 후의 미군정에 의한 국가형성의 제도화 과정, 남북분단, 해방 후 친일파 또는 친일잔재 청산의 실패, 한국전쟁, 학술제도적 차원에서 정책의 미비, 번역에 대한 문제의식의 소홀, 학계에서의 비주체적 태도, 그리고 출판계 상황의 어려움 등 여러 가지를 꼽을 수 있다.

우리는 이 중에서도 우리의 현대사 속에서 정권담당 세력이 국가적, 학술제도적 차원에서 장기적으로 학술정책 또는 번역정책을 시행할 문제의식이 없었고, 학계도 이러한 정치적 상황에 이끌려 온 것이 그 중요 원인이 아닌가 생각해 볼 수 있다. 이렇게 생각하는 이유는 철학원전 번역을 자유 시장에 맡겨 놓을 때 과연 한국적 출판 상황에서 얼마나 충실한 원전 번역이 나올 수 있을 것인지 의문스럽기 때문이며, 또한 학계에서 오랫동안 번역을 연구업적으로 평가하지 않고 소홀히 했기 때문이다. 물론 개인적 차원에서는 번역 문제를 중요하게 다루고 또 실제로 크게 공헌한 분들이 많이 있다 하더라도 역시 개인적 차원에는 한계가 있다. 이 문제는 앞으로 일본이나 중국과 비교해서 보다 구체적으로 살펴볼 필요가 있으며 제도적으로 보완할 필요가 있을 것이다. 이 문제에 대한 충분한 토론이 필요하다.

●

중역重譯 번역 풍토에서 원전 중심의 번역 풍토로 이행해가는 과정을 희랍철학의 경우 대본을 중심으로 도식적으로 파악해 보면 다음과 같다.

첫째로, 일본어 번역본을 번역하는 시기로 이 흐름은 1930년 대 희랍 고전의 번역 초창기부터 1990년대까지도 이어진 큰 흐름으로 보인다. 일제강점기에 일본어는 국어였으며 또 한자교육의 바탕이 있었으므로 쉽게 수용할 수 있는 언어였다. 따라서 일제강점기에 연구를 한 번역 1세대의 경우 대부분 일본어 번역본을 대본으로 하여 번역을 했다.

둘째로, 영어 번역본을 번역한 시기로, 이 흐름이 대세가 된 것은 해방 이후 일본 중심에서 미국중심으로 서구 학문의 수용통로가 바뀌면서부터이다. 또한 서구에서 유학하고 돌아온 학자들이 학계에 자리 잡으면서 이루어진 듯하다. 전문 학문언어가 한문에서, 일문, 영문으로 바뀌는 흐름을 잘 보여주고 있고, 이는 우리나라의 사회정치적 상황과 긴밀히 연관되어 있다. 그러나 이 경우에도 일본어 해독이 가능한 세대들은 일역을 참조하는 경우가 많았으리라 생각한다.

셋째로, 원전과 기타 번역본을 같이 참조한 시기로, 이 시기에는 원전을 어느 정도 조회할 수 있는 능력을 갖춘 번역자가 희랍어를 초보적인 수준에서나마 조회하면서 다른 언어로 된 번역본을 주요 대본으로 삼아서 번역이 이루어졌다.

넷째, 원전 번역 시기는 1970년대부터로, 이때 차츰 나오기 시작하여 1990년 중반 플라톤의 『국가』를 박종현이 번역한 이후 중역 중심의 번역 흐름을 누르고, 현재까지 희랍 고전 번역의 대세를 이루고 있다.

우리는 위의 과정들을 통해서 번역 1, 2, 3세대의 구분(또는 학문 1, 2, 3세대의 구분)이 가능한지를 생각해 볼 필요가 있다. 그리고 이러한 구분을 할 때 보다 정확한 기준은 어떤 것들이 될 수 있는지 또 이러한 구분의 의미는 무엇인지 등을 따져볼 필요가 있을 것이다. 그리고 이 과정은 서양철학을 일본에 의해 수용하는 단계에서 직접적이고 주체적으로 수용하는 단계로 즉 식민지성에서 탈식민지성에로, 근대성의 실현단계에로 근접해가는 것으로 해석할 수 있을 것이다.

우리는 앞의 흐름을 통해 번역의 중심은 분명히 원전 번역 중심으로 넘어갔다고 볼 수 있다. 그러나 문제는 번역의 '가독성'과 '정확성'만을 놓고 볼 때 원전 번역이냐 중역이냐가 곧바로 번역의 가독성과 정확성을 높이는 결과와 직결되지는 않는다는 사실이다. 중역이라고 할지라도 중역의 대본이 정확하고, 중역 언어를 잘 이해한 번역자가 성실하게 번역한 경우에는 오히려 원전 번역보다 정확하고 오역이 적은 번역을 하는 경우가 많았다. 또한 가독성의 경우도 오히려 원전 번역 세대 이전의 번역어가 한결 우리말에 가깝고 읽기 좋은 경우가 많았다. 이는 번역의 과정에서 우리말에 대한 주체성 확립이 시급하다는 것을 제시하는 것이라 볼 수 있을 것이다.

전문적 번역과 대중적 번역의 문제

최근에 와서 대상 독자에 따른 번역의 형태가 다양화되어가고 있다. 이는 해당 관련 전문 연구자에 의한, 연구자를 위한 번역과 동시에 대중 독자들을 위한 번역도 늘어가고 있음을 의미한다. 그리고 번역과 연구가 보다 밀접한 연관을 맺게 된다. 즉 그동안 이룩한 국내의 학문적 축적은 물론 외국의 학문적 축적이 번역에 반영되기 시작하였고 학계의 연구

풍토도 반영되기 시작하였다.

직역과 의역의 문제

직역과 의역의 문제는 번역과정에서 늘 제기되는 문제이다. 우리는 이 문제를 순수하게 직역하는 1차 번역과정, 역사적, 문화적 맥락을 상당히 이해한 수준에서의 2차 번역과정, 번역의 맥락을 충분히 이해한 상황에서의 완전한 번역에 가까운 3차 번역으로 나누어 생각해 볼 수 있을 것이다.

번역과 관련된 여러 가지 문제제기와 주장

여기서는 이제까지의 연구 성과를 토대로 번역과 관련된 몇 가지 문제제기와 주장을 하고자 한다.

번역의 중요성과 우리말로 철학하기

주체적 철학함의 출발점은 우리말로 철학하는 데 있다. 그러나 우리말이라고 해서 굳이 영어나 한자어에서 온 것을 제외한 순수 고유어만을 뜻하는 것은 아니다. 우리말로 철학한다고 할 때의 우리말은 바로 오늘날 우리가 쓰고 있는 말을 뜻한다. 그러나 이 문제도 결코 간단한 문제가 아니다. 예를 들어 근대 일본인들은 서구문명과 문화를 수용하면서 파격적인 한자 조어를 구사했다. 사실 접두어와 접미어를 포함하는 접사接辭의 모색은 근대 일본어 창출에 크게 기여하였는데, 대표적인 경우가 바로 '化', '的', '性'과 같은 접사이다.[42] 이 세 접사 모두 우리의 학문적 언어에 깊이 스며있으며, 이 외에도 다양한 추상명사들이 우리글에 깊이 스며있다는 것은 엄연한 사실이다. 이런 상황에서 '우리말로 철학하기'의 진정한 의미는 무엇인가?

우리는 이 문제를 '생활세계의 언어'와 '체계의 언어'를 구분함으로써 생각해 볼 수 있을 것 같다. 이는 남북한 관계나 통일문제를 바라볼 때 '체계와 생활세계'의 틀을 응용해 볼 수 있는 것과 마찬가지이다.

하버마스의 '체계와 생활세계'의 이론을 받아들여 '체계에 의한 생활세계의 식민지화'를 근거로 생각해 보면, 생활세계의 언어가 체계의 언어에 의해 식민지화되어 가는가? 우리의 전통적 언어 또는 일상적 생활언어로 우리의 생활세계를 형상화해 온 시와 문학작품 등의 우리말이 있고, 서구 근대적 사회체계로부터 수용된 언어인 철학용어와 경제학용어 등 서구의 근대적 학문체계의 용어는 '번역'을 통해 수용되었다. 이러한 언어적 차이 때문에 철학의 추상화, 이론의 추상화가 이루어진 것이 아닌가? '번역어'로 우리의 생활세계를 기술할 수 있는가. 철학은 생활세계의 문제를 분명히 다루고 있음에도 불구하고 철학은 생활세계적 연관을 상실하고 있는 것이 아닌가?

● 학자 간 상호소통, 번역자 간의 상호소통, 상호참조(상호언급)가 매우 필요하다.

국내에 출간된 제대로 된 번역들은 연구자들에 의해 인용되고 연구자는 번역자의 공을 인정하고 정당하게 평가해야 한다. 번역은 연구에, 연

42 이 같은 접사에 대한 탐구가 일본이 서양의 근대를 수용하기 위한 전략 속에서 이루어졌다는 것을 염두에 둘 필요가 있다. 이에 대해서는 김동기, 「일본어 접사연구」, 철학 원전을 통해 본 우리의 근현대 연구팀 학술세미나 발표문, 2002.12.28. 참고.

구는 번역에 서로 반영되어야 한다. 번역에 대한 새로운 인식과 정당한 평가가 이루어져야 우리도 '믿고 인용할 수 있는' 정본(텍스트) 혹은 결정판을 보다 많이 가질 수 있고, 그것을 바탕으로 동양철학, 서양철학 모두 학문적 축적을 이루어 나갈 수 있을 것이다. 그리고 중세철학의 용어가 희랍철학의 용어에서 온 것인 만큼 한국의 중세 철학계와 희랍 철학계가 실질적인 소통을 하는 것이 학술적인 논의의 질을 높이는 데도 도움이 될 수 있을 것이다. 그런데 이제까지 이러한 상호인정과 교류가 거의 이루어지지 못한 것이 아닌가? 왜 그런가?

학문적인 바탕, 제도적 고려 위에서 번역문제도 다루어져야

번역의 문제를 출판시장에만 맡길 경우 매우 자의적인 수준에서 엉터리 번역이 이루어질 가능성이 커진다. 이 문제는 한국에서의 서양철학 수용에서도 잘 드러난다. 요컨대 한국에서의 서구 철학 이해는 단편적으로 이루어져 왔으며, 서구 철학사 전체가 종합적이고 입체적으로 연구되지 못했다. 철학사는 하나의 유기적 전체이다. 설사 어떤 부분을 전문적으로 연구한다 해도, 각각의 연구는 모두 철학사 전체라는 지평 위에서 이루어져야 한다. 이런 종합적이고 입체적인 시야視野의 결여가 원전 번역에도 큰 영향을 미쳤다. 이를 어떻게 극복할 것인가?

일본과의 관계, 일본어의 문제

일제강점기의 악몽과 같은 체험 때문에 그리고 일본에 대한 지적인 열등감 때문에 오랜 동안 한국의 지식인들은 일본에 대해 이중적인 태도를 취해 왔다. 학술적인 참고서로 일본의 것을 가장 많이 참고하면서도 그것을 드러내놓고 밝히는 학자는 적어도 1970년대까지는 드물었다. 이는 논문을 쓸 때의 원전 인용방식에서도 나타났다.

이러한 일본과의 묘한 관계 때문에 우리 학계에서 '지적 불성실' 또는 '지적 기만'이라는 문제는 도외시되어 왔던 것이 아닌가 생각해 볼 수 있다. 이제는 이러한 일본콤플렉스를 벗어나야 한다.

제대로 된 텍스트 생산이 필요하다.

학문은 텍스트의 생산과 축적, 텍스트에 대한 새로운 해석과 비판을 통한 새로운 텍스트의 생산이라는 과정을 통해 발달한다고 할 수 있다. 이 점에서 우리의 근현대 학문 역사에서는 공유할 만한 텍스트를 제대로 생산해 내지 못했고 또 생산했다 하더라도 이것을 텍스트로 인정하고 활용하는 노력을 소홀히 한 면이 있다. 이런 텍스트가 형성되려면 논란이 되는 문제를 공유하는 학문공동체가 있어야 할 것이다. 왜냐하면 텍스트란 특정 학문공동체가 지속적으로 조회하고 문의하고 새로운 모색을 할 수 있는 준거점일 터인데, 실제로는 학문공동체의 논쟁을 담을 수 있는 환경, 즉 콘텍스트가 형성되지 않고서는 진정한 의미의 학술적 텍스트가 성립될 수 없을 것이기 때문이다. 이런 의미에서 번역 용어에 대한 학술적 논의를 할 필요가 있다.

다른 한편 원전의 다양한 의미를 정확히 포착하는 것은 학문함의 기본자세이겠지만 이것을 번역어 채택의 과정에까지 세부적으로 반영하는 것이 좋은 일인지는 또 다른 문제이다. 정의채, 임석진 등이 시도해 온 다양한 번역어의 모색, 과감한 의역의 도입은 서구철학원전에 대한 깊이 있는 이해와 우리말에 대한 세련된 감각이 따라야 가능하지만 때로는 원문의 뜻과 맥락을 왜곡시키는 경우도 있을 것이다.

●

번역에 대한 정책적 배려를 충분히 해야 한다.

제대로 된 번역텍스트의 생산과 연관하여 함께 국가 정책, 대학정책 또는 학회 정책적 차원에서 철학원전 번역의 문제와 함께 이를 어떻게 교육에 활용할 것인가에 대한 검토도 충분히 이루어져야 한다.

맺는말

"현대(근대) 한국철학이 처음 형성될 때 우리에게는 일본이 반세기를 거쳐 겪어야 했던 번역과정이 거의 생략"[43]되어 있었고, 대부분의 철학연구가들은 서양철학의 원전을 읽고 해독하기는 했지만 주로 일본에서 번역된 서양철학서나 일본에서 저술된 철학서를 통해 서양철학을 더 많이 접했다고 볼 수 있다. 왜냐하면 일제강점기에는 서양철학 원전을 구하기가 어려웠고, 일본어가 국어로서 대학입학시험도 일본어로 치렀으므로 일본 서적을 훨씬 쉽게 볼 수 있었기 때문이다. 해방 후에도 일본에서 번역된 철학용어를 그대로 사용하는 경우가 많았다. 대체로 1980년대 이후 원전번역이 이루어지면서 번역용어에 대한 문제제기가 나오기 시작했지만 이 문제가 충분히 검토되지는 못한 상태이며 이 문제는 앞으로 다루어할 중요한 과제라 생각한다.

43 강영안, 『우리에게 철학은 무엇인가』, 궁리, 2002, 32쪽.

> 한국철학의 정립'을 위해서는 무엇보다도 먼저 동서양을 모두 포괄하는 철학의 주요한 고전 텍스트들이 전부 우리말로 번역되어야 한다. '번역'은 단순히 이 나라 말에서 저 나라말로 낱말의 옮김이 아니다. 번역 자체가 이미 번역되는 언어로 행하는 주체적인 철학함이고 창조적인 해석인 것이다. 이러한 기본적인 철학함이 없이는 '주체적인 철학함'은 요원한 일이다.[44]

위 주장에서 볼 수 있듯이 철학 주요 고전 또는 원전에 대한 충실하고도 정확한 번역의 중요성은 아무리 강조해도 지나치지 않다.

그리고 앞에서도 잠깐 언급했지만 이 번역과정은 식민지 근대성이 갖는 부정적 측면, 즉 식민지적 측면을 극복하고 긍정적 측면 즉 근대적 측면을 더욱 실현해 나가는 과정으로 해석할 수 있을 것이다. 그러나 이제까지의 철학원전 번역을 살펴봤을 때 근대성이 충분히 실현되었다고 보기 어려운 면이 있지만 동시에 근대성이 갖는 한계를 극복하려는 다양한 번역들도 최근에 이루어지고 있다. '철학원전번역과 우리의 근현대'의 문제는 우리의 작업만으로 완전히 해명되기는 어렵다고 생각한다.

보다 충분한 해명을 위해서는 우리 근현대철학계의 역사적 변천과정과 그 과정에서 산출된 연구 및 번역작업에 대한 보다 심화된 연구와 반성, 그리고 중국, 일본 등과의 비교연구를 통한 시야의 확대가 필요하리라 생각한다.

44 이기상, 『서양철학의 수용과 한국철학의 모색』, 지식산업사, 2002, 79쪽.

2장

번역과 철학

시작하는 말

이 장에서는 '번역과 철학'이라는 주제에 대해 생각해보고자 한다. 최근에 번역에 대한 관심이 높아지고 '번역학'이 생겨나고 '번역학회'가 만들어져 활발한 활동을 하고 있는 마당에 철학에서 번역의 문제를 다룬다면 무엇을 어떻게 다룰 것인가. 또 과연 제대로 다룰 수 있겠는가. 이런 고민을 하던 차에 리쾨르Paul Ricoeur의 『번역론: 번역에 관한 철학적 성찰』이란 책이 나와서 바로 구입해 읽어보았다. 그런데 이 책을 읽었는데도 고민은 계속되었다. 서양의 철학자들이 번역 문제를 다루는 것과 현재 우리의 입장에서 번역 문제를 보는 것과는 공통점도 있지만 차이도 있기 때문이다. 즉 중국이나 일본에서 그리고 우리사회에서는 '번역'의 문제는 매우 복합적으로 나타나기 때문이다.

일반적인 논문이라면 번역이란 무엇인가에 대한 여러 철학자(이론가)들의 논의를 검토하는 것으로 시작해야 하겠지만 철학자들의 번역에 대한 논의가 매우 적고 또 제한적이라, 또 필자의 능력이 미치지 않는지라 선별적으로 논의해 가면서 다양한 문제제기를 하는 방식으로 고찰해 보고자 한다.

"번역에는 과학적 번역, 시적 번역, 음악적 번역 그리고 인식론적 수준에서의 번역과 존재론적 수준에서의 번역 등 다양한 심급이 있다."[1] 그러므로 각 학문분야에 따라 번역에 대한 자각이 다를 수 있고, 독자적인 번역방법이 있을 수 있으며, 번역에 대한 개념규정과 문제의식에 따

1 김광억, 「원시인과 현대인은 합리성을 공유하는가」, 서울대 철학사상연구소, 『철학사상』 제22호, 2006.6, 31-32쪽.

라 번역론은 다양할 수밖에 없다. 예를 들어 일본 근대의 경우 철학의 경우는 한 원어에 대해 많은 번역어를 가지고 있고 오랜 진통 과정을 거쳐 번역된 언어가 시민권을 갖게 되지만 물리학이나 광물학 등의 경우 한 원어에 대해 한 역어의 등식이 쉽게 성립되었다고 볼 수 있다.

우선 논의의 실마리를 풀어나가기 위해 야콥슨의 번역론을 검토하고, 다음으로 해석학적 전통에 있는 리쾨르의 번역론을 살펴본 후, 번역 행위와 번역에 대한 표상의 구별을 매우 강조하는 사카이 나오키의 논의를 검토하고자 한다.

그리고 구체적으로 일본에서 '번역과 근대'의 관계, '철학'이란 용어의 번역과정과 철학사전에 대해 간략히 고찰한 후, 한국에서 번역의 문제, 한국 철학계에서 번역의 문제를 언급하고자 한다.

야콥슨Roman Jakobson의 번역에 대한 분류를 단서로

로만 야콥슨이 번역을 세 가지로 분류한 것은 잘 알려져 있다.

> ①언어 내 번역intralingual translation 혹은 바꿔 말하기rewording는 같은 언어의 다른 기호에 의한 언어기호의 해석이다. ②언어간 번역interlingual translation 또는 본래적 번역translation proper은 다른 언어에 의한 언어기호의 해석이다. ③기호체계 간 번역intersemiotic translation 또는 변형transmutation은 비언어적 기호체계의 기호에 의한 언어기호의 해석이다.[2]

2 로만 야콥슨, 'On Linguistic Aspects of Translation' in *Selected Writings*, vol.2 p.261, 사카이나오키(酒井直樹)·후지이 다케시 옮김, 『번역과 주체-일본과 문화적 국민주의』,

③은 비언어적 기호체계를 언어기호로 바꾸는 것이므로 고고학적 발굴, 예술 작품에 대한 해석, 악보에 대한 해석 등 다양한 인간 활동을 포괄하는 해석으로 볼 수 있을 것이다.

①은 한 언어공동체 내에서 이루어지는 '바꿔 말하기'이다. 사카이 나오키Sakai Naoki는 이 경우를 '균질언어적 말 걸기'로 보는데 이 경우는 출판에서 작가의 언어와 독자의 언어가 같고 이런 유의 말 걸기의 실천에는 같은 공동체에 속하는 다른 구성원에게 말을 건다는 내부자끼리의 대화를 수반한다. 즉 이는 단일한 언어공동체 내에서의 번역 즉 '언어내적 번역작업'으로서 이때 '번역은 곧 이해하는 것이다.' 즉 이해를 해서 다른 말로 표현하는 것, 즉 의사소통을 원활히 하기 위해 해석하는 것이다. 이것이 필요한 이유는 "일상적 타자들과 더불어 우리는 같은 것을 다르게 정의하고, 표현하고, 설명하고 말"[3]하기 때문이다. 또한

> 우리가 주장했던 것들이 제대로 이해되지 않았을 때, 이를 다른 주장으로 풀이하는 행위도 마찬가지이다. 우리는 이를 설명하는 것, 즉 '주름이 접힌 곳을 편다'고 말한다. 그런데 이렇게 같은 것을 다른 말로(다르게) 말하는 것, 그것이 바로 외국어를 번역하는 번역자가 하는 일이다. 동일한 언어공동체 내부에서도 같음의 수수께끼, 의미 자체의 수수께끼에 봉착한다. 동일한 의미에 도달할 수 없기에, 같은 의중을 두 가지 방식으로 말하는 두 가지 버전을 등가적으로 만들어야 하는 상황인 것이다.[4]

이산, 2005, 57쪽에서 재인용.

3 폴 리쾨르/윤성우·이향 옮김, 『번역론』, 철학과 현실사, 2006(원본은 2004년), 122쪽.

4 같은 책, 121쪽.

‘같음의 수수께끼’와 ‘의미자체의 수수께끼’는 언어내적 번역이나 언어 간 번역에 모두 해당되는 것이라 할 수 있다. 그러므로 여기서 “언어내적 번역과 언어 외적 번역 간의 가교가 이루어진다. 즉 동일한 공동체 내부에서도 이해를 위해서는 최소한 두 명의 화자가 필요하다. 물론 여기서는 이방인이 아닌 타자, 우리와 가까운 타자일 뿐이다.”[5] 우리는 이러한 언어 내적 번역을 일반적으로 말해 ‘해석’이라고 할 수 있을 것이다. 해석학은 원래 동일한 언어 사이의 번역에서 생겨나는 문제와 함께 생겨났기 때문이다.

우리는 번역에 대한 이러한 논의를 철학의 역할과 관련시켜 생각해 보기로 하자. 하버마스는 형이상학이 사라진 현대사회에서 철학의 역할을 두 가지로 제시한다. 즉 이성의 자리를 지키는 역할과 분업화, 자립화되어 소통이 잘 안되는 영역들 간을 매개하는 역할, 즉 합리성의 “수호자와 해석자Philosophie als Platzhalter und Interpret”[6]로서의 역할이다. 그러므로 철학자는 동일한 언어공동체에서 번역자의 역할 즉 ‘해석자’의 역할을 해야 하며 서로 다른 언어공동체로 구성되어 있는 이 세계에서 ‘합리성의 수호자’의 역할을 해야 한다. 그런데 우리는 합리성의 문제를 (문화) 번역과 관련하여 다음과 같이 생각해 볼 수 있을 것이다.

> 오늘날 인류학에서 핵심적인 철학적이고 방법론적인 질문 중의 하나가 바로 이 문화의 번역문제이다. 현지조사, 상대주의적 태도, 질적 접근, 공감 등의 방법과 과정을 통하여 문화를 이해했더라도 그것을 다른

5 같은 책, 122쪽.

6 J.Habermas ‘Philosophie als Platzhalter und Interpret’ in, *Moralbewußtsein und kommunikatives Handeln*, S.9.

> 언어(언어는 곧 사고방식을 결정하며 문화체계이다)를 옮기는 문제는 간단하지가 않다. 그들의 합리성을 우리의 합리성 혹은 과학적 논리에 맞게 쓰는 것이 곧 번역이라고 할 수 있을 것이다. 곧 합리성이란 다른 언어로 번역가능성이라는 뜻이 된다. 비합리성이란 따라서 번역이 불가능하다는 의미이다.[7]

그런데 "번역할 수 없는 것이나 번역에서 전달의 배분질서로 전유할 수 없는 것은 번역이라는 발화행위에 앞서 존재할 수 없다는 점을 늘 유의해야 한다. 번역이 번역할 수 없는 것을 낳는 것이다."[8] 따라서 합리성이 비합리성을 낳는다고 해석할 수 있다. 그렇다면 합리성을 어떻게 보느냐에 따라 비합리성이 규정된다고 할 수 있다. 이렇게 본다면 하버마스에서 철학의 역할은 '의사소통적 합리성'과 연관하여 번역과 해석의 문제와 매우 밀접히 관련되어 있음을 알 수 있다.

이제 ②를 중심으로 살펴보자. 이는 좁은 의미의 번역을 의미한다. 리쾨르에 의하면 협의의 번역은 "한 언어로 표현된 메시지를 다른 언어로 전달하는 작업"이며, 포괄적 의미의 번역은 "동일한 언어를 사용하는 언어공동체 내부에서 일어나는 기표의 총체에 대한 해석"[9]이다. 후자는 앞에서 언급한 ①과 ③이 해당되며 전자는 바로 한 특정한 언어문화권에서 생산되고, 전승된 텍스트를 다른 언어문화권으로 옮기는 것, 즉 하나의 해석학적 기호체계를 다른 해석학적 기호체계 속으로 옮겨

7 김광억, 앞의 글, 31쪽.

8 사카이 나오키(酒井直樹)/후지이 다케시 옮김, 『번역과 주체-일본과 문화적 국민주의』, 이산, 2005, 63~64쪽.

9 폴 리쾨르, 앞의 책, 93쪽.

그곳 특유의 의사소통과정에 편입시키는 것을 의미한다. 그러므로 이 과정에는 많은 어려운 문제들이 함축되어 있다.

특히 동일한 권력관계 내에 있는 그리고 크게 보아 동일한 문화(언어)권 내에 있는 타문화들 사이에서의 번역에서의 문제보다, 동일하지 않은 권력관계 내에서 그리고 근본적으로 이질적인 문화(언어)권 사이에서 번역의 문제는 그 출발점에서부터 상이한 접근방식을 요청한다.

그러므로 번역이 이루어지고 있는 장에서의 정치적 문화적 동력학에 대한 고려 없이 기술적 차원에서 번역문제를 보는 것은 소박하다 할 수 있다. 즉 우리는 '번역'을 역사적, 사회철학적, 문화정치적 문제로 구성할 필요가 있다.

이제까지 주로 해석과 번역을 구분했는데 이 관계를 좀 더 분명히 하기 위해서 번역론에서 주체의 능동적인 행위로서 이해의 개념을 도입한 볼프람 빌스W. Wilss의 논의를 살펴보자.

> 번역은 출발어 텍스트를 가급적 등가의 목적어 텍스트로 옮기는 과정 –텍스트를 다듬고 언어적으로 형상화하는– 이다. 그것은 원본에 대한 내용과 형식의 이해를 전제로 한다. 따라서 번역은 자체적으로 짜여진 과정 –두 개의 주요 단계를 포함한– 이다. 하나는 역자가 출발어 텍스트를 그 의미적, 형식적 의도에 따라 분석하는 이해의 단계이고, 다른 하나는 역자가 의미적, 형식적으로 분석된 출발어 텍스트를 의사소통의 등가성이라는 관점을 충분히 고려해서 재생산해내는 언어적인 재구성의 단계이다.[10]

10 W.Wilss *Übersetzungswissenschaft. Probleme und Methoden*. Stuttgart 1977, S.72 김이섭, 「다양한 번역이론과 새로운 번역가능성」(『번역연구』 제7집, 1999)에서 재인용.

여기서 출발어 텍스트를 분석하고 이해하여 목적어 텍스트로 재구성하는 과정은 분석과 이해, 해석, 번역의 과정을 포함한다. 그러나 해석학적으로 볼 때 분석과 이해, 해석, 재구성, 번역 등은 엄밀히 구분되지 않으며 '해석학적 순환'이 관계에 있다고 할 수 있다. 이에 대한 보충을 위해 리쾨르의 번역론을 살펴보자.

해석학적 번역론-리쾨르의 번역론

해석학에서는 ①말하다to say, ②설명하다to explain, ③번역하다translate라는 세 가지를 모두 '해석하다to interpret'로 표현될 수 있는 것으로 보면서도 이들 각각은 나름대로 해석의 독립적이고 중요한 의미를 구성하고 있다고 본다.[11]

가다머는 "모든 번역은 동시에 해석이며, 번역은 번역가에게 주어진 언어에 대해 번역자가 하는 해석의 완성"[12]으로 본다. 이처럼 해석은 번역과 불가분의 것이며 번역에서 핵심역할을 한다. 따라서 유능한 번역자는 가장 좋은 의미에서 해석을 해야 한다. 그러므로 번역자도 하나의 해석자라 할 수 있다.

해석학적 전통에 서 있는 리쾨르는 번역과 해석의 밀접한 연관을 강조한다. 리쾨르는 번역 작업은 매우 힘든 작업으로 일종의 '시련'으로 본다. 그리고 번역의 시련을 좀 더 명확히 하기 위해 벤야민Walter Benjamin이 말한 '번역가의 과제'가 무엇인지를 프로이드의 두 작업개념인 회상

11 리차드 E. 팔머/이한우 옮김, 『해석학이란 무엇인가』, 문예출판사, 1988, 35쪽.
12 H.G. Gadamer, *Wahrheit und Methode*, 1975, Tübingen, S.362.

의 작업과 애도의 작업으로 해석한다. 회상작업은 무엇인가를 구해내는 것이고 애도작업은 어느 정도의 상실을 감수하는 것이다.

번역하기를 통해 서로 다른 두 파트너가 연결된다. 그 하나는 작품, 원저자, 원작의 언어 등을 포함하는 '이국적인 것'이며, 두 번째는 '자국적인 것'으로 이는 번역된 작품의 수용자로서 독자이다. 번역자는 이 이국적인 것과 자국적인 것 사이에서 중개자의 역할을 하는 것이며 이것이 바로 번역의 시련이며, 이 두 주인을 동시에 섬겨야하는 것이 번역자의 역설이다.

슐라이어마흐F. Schleiermacher는 이 번역의 역설을 "독자를 저자에게 데려가는 것과 저자를 독자에게 데려가는 것"이라 표현하였다. 번역학자 베누티L.Venuti는 이 두 가지 전략을 '이국화'와 '자국화'로 개념화했다. 그런데 이 두 가지를 충실히 하는 '완벽한 번역'은 불가능하다. 그러므로 이러한 불가능성을 인정하고 받아들임으로써 즉 완벽한 번역에 대한 애도를 통해서 번역의 행복에 다가갈 수 있다. 즉

> 언어적 절대의 상실을 수용하면서 합치와 등가 간의 간극을 받아들이고 합치 없는 등가를 인정하는 순간, 번역의 행복이 이루어진다. 바로 이것이 번역의 행복인 것이다. 자국적인 것과 이국적인 것이 하나로 환원될 수 없음을 인정하고 받아들이면서, 외국어와 모국어 사이를 끊임없이 왕래하는 것이 번역활동의 본질[13]이다.

번역가는 "이국의 언어를 모국어라는 자신의 집에 맞아들임으로써 타자의 언어를 체험하는 기쁨을 누리는 것이다." 이것이 바로 "언어적 환

13 폴 리쾨르, 『번역론』 88쪽.

대"[14]이다. 그리고 "두 주인을 섬기려다 두 주인을 모두 배신하는 위험을 무릅쓰고 독자를 저자에게 데려가는 것, 혹은 저자를 독자에게 데려가는 것은 '언어적 환대'를 실행하는 것이다. 언어적 환대는 기타 형태의 환대의 모델이 된다."[15]

리쾨르는 "이국적인 것이 주는 시련이 없다면 모놀로그monologue의 씁쓸함 속에 우리의 모국어로 쓰인 우리의 책 속에서만 갇혀있게 되는 위험에 직면하게 되지 않을까. 따라서 언어적 환대에 경의를 표해야 한다"[16]고 강조한다.

그러나 이러한 '언어적 환대'를 실행할 때 처음부터 저항 없이 잘 이루어지는 것은 아니다. 번역자는 번역의 여러 단계에서 저항에 부딪치게 된다. 이 저항은 번역의 불가능성으로 나타나기도 한다. 특히 시 번역의 경우는 더욱 그러하다.

> 시는 언어의 의미와 운율, 기표와 기의가 불가분의 관계를 이루고 있다는 점에서 번역하기에 극도로 어렵다. 그런데 오늘 우리의 관심사인 철학적 작품의 번역은 이와는 전혀 다른 종류의 문제를 발생시킨다. 철학적 작품의 번역 과정에서 발생하는 문제들은 언어별로 의미장의 구획이 다른데서 오는 문제이므로 어떤 면에서는 시 번역만큼이나 까다로운 작업이라고 볼 수 있다. 이러한 어려움은 특히 철학의 핵심어Grundwörter의 번역에서 절정을 이루게 되는데 번역자는 때로는 자신의 모국어에서 동일한 뜻으로 쓰이는 단어를 골라 단어 대 단어로 직역하

14 같은 책, 89쪽.
15 같은 책, 119쪽.
16 같은 책, 129쪽.

> 는 우를 범하게 된다. 예를 들어 독일어의 Vorstellung표상/재현, Aufhebung지양, Dasein현존재, Ereignis사건/일어남/생기 등은 그 개념 속에 숨겨져 있는 상호텍스트성intertextualité들은 말할 것도 없고, 그 자체로서 거대한 문맥적 상황들을 담고 있는 텍스트성의 압축물이다.[17]

그러므로 전혀 다른 핵심어(근본범주)와 다른 세계관을 갖는 철학텍스트를 번역하는 것은 매우 어려운 것이다.

> 번역 텍스트들이 번역을 통해 전달하고자 하는 것들은 사실 단어들이나 문장들이 아니라 원문 텍스트들인 것이다. 그리고 이 텍스트들 또한 문화(적) 총체들ensembles culturels의 일부를 이룬다. 서로 다른 다양한 세계관들이 바로 이런 문화(적) 총체 전반을 통해 자신을 표현한다.[18]

그리고 이러한 텍스트는 동시에 상호텍스트성을 갖는다. 그러므로

> 번역가의 과제란 단어에서 시작해서 문장으로, 텍스트로, 문화전체로 나아가는 것이 아니라, 오히려 그 반대로 나아가야 한다는 것이다. 즉 번역가는 폭넓은 읽기를 통해 한 문화의 정신에 깊이 침잠하면서 텍스트에서 문장으로 그리고 끝으로 단어 차원으로 내려가야 한다는 것이다. 번역가의 마지막 행위란, 다시 말해 마지막으로 결정할 일이란 단어들 차원에서 어휘집을 확립하는 것이다. 이런 어휘집의 선정과 확립이야말로 번역가가 직면하는 마지막 시련이다.[19]

17 같은 책, 78~80쪽.
18 같은 책, 136~137쪽.
19 같은 책, 137~138쪽.

그런데 문화전체에서, 텍스트로, 다음에 문장으로, 단어로 나아가야 한다는 번역가의 과제가 구체적으로 어떻게 실현될 수 있겠는가. 이 과제는 단어에서, 문장으로, 텍스트로, 문화전체로 나아가는 과정과 이 역의 과정의 '해석학적 순환과정'의 반복을 통해서 가능해 질 것이다. 이 고통의 과정을 통해 '번역의 즐거움'을 느끼고 '언어적 환대'를 실천할 수 있을 것이다.

번역의 표상과 번역의 실천-사카이 나오키의 논의

사카이 나오키는 번역과 번역에 대한 표상을 구분하면서 "번역이 수행되는 그 상황을 번역자체가 어떻게 구조화하는가. 도대체 번역이란 어떤 사회적 관계인가"[20]를 묻고, 번역에 대한 벤야민의 윤리 정치적 의식을 높게 평가하면서 '번역자의 위치'를 중요한 문제로 삼는다. 그리고 "번역이 본질적으로 잡종화의 사례"[21]임을 주장하고, '말 걸기to address'와 '전달하기to communicate' '균질 언어적 말 걸기'와 '이異언어적 말 걸기'를 구분함으로써 야콥슨이 번역에 대해 구분한 ①과 ②, 즉 언어 내 번역과 언어 간 번역, 즉 분리된 언어들 사이의 번역과 동일한 언어통일체 속의 바꿔 말하기를 구분할 수 있다는 가정에 의문을 제기한다. 왜냐하면 "우리가 하나의 텍스트를 다른 텍스트로 번역(또는 통역/해석)해야 하는 까닭은 두 가지 상이한 언어통일체가 주어져 있기 때문이 아니다. 그것은 번역

20 사카이 나오키(酒井直樹)/후지이다케시 옮김, 『번역과 주체-일본과 문화적 국민주의』 이산, 2005, 48쪽.

21 사카이 나오키(酒井直樹), 앞의 책, 48쪽.

이 언어들을 분절한 결과 어떤 번역의 표상을 통해서 번역하는 언어와 번역되는 언어라는 두 가지 통일체를 마치 자기완결적인 실체처럼 정립할 수 있기 때문"[22]인데 이것은 "번역의 표상은 민족이라는 주체 또는 국민이라는 주체의 표상을 가능케 하며, 늘 사이에 있는 번역자의 현전에도 불구하고 번역은 이제 차이나 반복이 아니라 표상으로서 하나의 언어통일체를 다른 언어통일체와(그리고 하나의 '문화통일체'를 다른 문화통일체와) 대립시켜서 정립하는 역할"[23]을 하기 때문이다. 즉 번역가의 입장에서 '이언어적 말 걸기'의 자세를 채용한다면 언어 내 번역과 언어 간 번역을, 즉 분리된 언어들 사이의 번역과 동일한 언어통일체 속의 바꿔 말하기를 구분할 수 있다는 가정에 의문을 제기해야 할 것이다.[24] 더 나아가 서예작품의 예를 들어 언어기호와 비언어기호를 쉽게 구분할 수 없음을 지적하면서 ③의 구분에 대해서도 의문을 제기한다.

사카이 나오키는 이러한 문제제기를 통해 그 동안의 번역론에서 지배적이었던 관점 즉 "번역은 두 개의 완전히 형성된, 다르지만 '비교할 수 있는' 언어공동체 사이의 전달의 한 형식"[25]이라는 것이 번역에 대한 표상이었음을 비판한다. 즉 "번역이 특수한 두 언어 사이의 전달로 이해되는 번역의 특수한 표상은 분명 역사적으로 구축된 것이다. 그리고 다른 언어통일체와 대비하면서 민족어 또는 국어의 통일성을 형상화할 가능성을 낳은 것이 이 번역의 특수한 표상"[26]임을 밝히면서 일본어와

22 같은 책, 46쪽.
23 같은 책, 64쪽.
24 같은 책, 57쪽.
25 같은 책, 64쪽.
26 같은 책, 65쪽.

일본민족의 출현이 서양문화의 번역이라는 문제틀과 깊이 결부되어 있음을 해명한다.

그는 번역에 대한 이러한 표상을 '쌍형상화 도식the schema of configuration'으로 부르면서 "번역의 실천은 쌍형상화 도식을 통해 조장되는 번역의 표상에 대해 계속 이질적인 존재로 남는다"[27]고 주장한다. 번역의 실천에 대해 제대로 이해하기 위해서는 번역자의 위치와 번역의 시간성을 고려해야만 하는데 이를 사카이 나오키는 "번역에서의 인격(인칭)의 진동 또는 비한정성"[28]으로 표현한다. 번역자의 위치를 밝히는 과정에서 우리는 주어/주제/주관/주체subject라는 문제틀 속으로 들어가게 되고 이는 말하는 이나 듣는 이 사이의 분열, 번역자의 내적 분열을 드러내는 것이며 이것은 주체가 스스로를 구성하는 방식을 보여주는 것이다.[29]

이러한 문제제기를 통해 사카이는 번역을 통해 우리가 무엇을 하고 있는지를 근대국민국가 담론 바깥에서 이해하는 것이 매우 어렵고 또한 이 어려움은 국어라는 이념과 쌍형상화 도식이라고 부르는 것에 의해 통제된 담론 속에 우리가 얼마나 단단히 갇혀 있는가를 제시한다.[30] 그리하여 "균질지향사회적homosocial"[31]인 방식으로 통합된 '우리'라는 단순표상을 주어/주제/주관/주체라는 문제틀을 통해 해체하고자 한다. 즉 '균질 언어적 말 걸기' 또는 '균질 언어적 번역'에 익숙한 우리에게 '이(질) 언어적 말 걸기'와 '이질 언어적 번역'의 중요성을 강조하는 것이다.

---

27 사카이 나오키, 앞의 책, 122쪽.

28 같은 책, 62, 64쪽.

29 같은 책, 62쪽.

30 같은 책, 47쪽.

31 같은 책, 124쪽.

일본에서 번역의 문제

일본의 근대화와 번역

> 한 국가의 근대화라는 관점에서 보면 서학(양학)을 국가적 차원에서 수용하는가, 개인적 차원에서 수용하는가에는 근본적인 차이가 있다. 예를 들면 도쿠가와 막부는 양학을 연구하기 위한 국가기관으로서 1811년에 천문방天文方에 '번서화해어용蕃書和解御用'을 두었고, 1856년에는 이를 독립시켜 '번서조소蕃書調所'라 하였으며 나아가 1862년에는 '양서조소洋書調所'로 1863년에는 '개성소開成所'로 발전시켰다. 이것이 양학 수용을 통한 일본 근대화의 핵심이 되었음은 두말할 필요도 없다. 개인적 수용은 아무리 뛰어나도 수공업적인 한계를 뛰어넘을 수 없다.[32]

위 글에 잘 나타나듯이 일본의 근대화는 국가 주도적 근대화였다. 이 과정에서 번역의 문제는 매우 중요한 문제였다. 왜냐하면 일본은 문명개화의 과정에서 번역을 통해 서양문화·사상의 섭취와 수용을 신속하게 했기 때문이다. 일본의 명치정부는 서양에 대한 철저한 정보를 얻을 필요에 따라 번역의 필요성을 자각하여 태정관에 번역국을 두어 국가적으로 번역사업을 해 나갔다. 번역국의 구성원들은 대개 개성소開成所 출신으로 번역, 조사와 교육에 종사했던 막부의 지식인 관료 출신이었다. 이때 이들은 막말幕末의 난학蘭學에서 영학英學이나 그 밖의 다른 양학을 소개하고 수용하는 데 성공하였다. 개성소는 개성학교가 되고 나중에

32 강재언, 『서양과 조선』, 학고재, 1998, 254쪽.

동경대학(1877-)이 되었다. 군사제도나 부국강병에 관한 책만이 아니라 역사서도 포함해서 직접적으로 도움이 되지 않는 책들, 예를 들어 나카에 초민의『維氏美學』같은 책도 태정관이나 원로원 등의 권력체가 주도적으로 번역했다.[33] 그리고 근대화를 위해 외국인 교사를 제일 먼저 군대에 배치하고, 다음으로 제국대학에 초빙하는 등 활발하게 서양문화를 수용했다.[34]

이처럼 서구적 근대화를 주도했던 메이지 정부는 서구의 다양한 서적들을 번역하는 데에 매우 적극적이었다. "일본에서 진행된 국가형성의 중요한 특질은 그것이 학문의 존재양식, 그 학문을 추앙하는 사람들, 이들을 구성원으로 하는 집단의 동향과 매우 긴밀한 상관관계를 맺고 있었다. 법과 제도의 수용을 포함한 국가의 제도화문제를 해명하는 것은 곧 그 담당자와 학술의 변화를 해명하는 것이라는 주장이 일본의 국가형성의 특징"[35]이라고 볼 수 있기 때문이다.

그리고 일본은 서양문화의 수용에서 화혼양재和魂洋才 문제를 나름대로 고민해서 해결하려는 시도를 했다. 예술교육은 결국 서양화와 일본화, 양악과 국악의 병행으로 즉 화혼양재和魂洋才가 아니라 화혼화재와 양혼양재의 병립으로, 자연과학 쪽은 "의학은 하나다."라는 입장에서 적어도 국립대학에서는 완전히 서양모델을 따랐고 따라서 한의학은 민간에 자리 잡게 되었다. 그리고 화혼과 양재가 대립하거나 융합하거나 여러 가지 형태로 교섭한 것은 문제가 훨씬 복잡한 정치·경제·도덕의

33 마루야마 마사오·가토 슈이치/임성모 옮김,『번역과 일본의 근대』, 이산, 2000년, 166쪽.

34 마루야마 마사오·가토 슈이치, 같은 책, 25쪽.

35 야마무로 신이찌/임성모 옮김,『여럿이며 하나인 아시아』, 창비, 2003, 77쪽.

영역이었다. 이 영역에서의 문제의 복잡성은 바로 번역의 문제–무엇을 번역했나, 어떻게 번역했나, 사회가 번역된 개념과 사상을 어떻게 수용했나 등–로 나타난다고 할 수 있다.[36]

일본에서 '철학'이라는 번역어

'philosophos, philosophia'가 일본에 들어온 것은 16세기의 기독교문서에까지 거슬러 올라갈 수 있다. 1591년 간행된 『산토스의 작업』에 '필로소포스'라는 말이 보이고 그것은 사물의 근원을 아는 것으로 이해되고 있다. 타카노 나가히데(高野長英, 1804~1850)는 『見聞漫錄견문만록』(1835)에서 '西洋學師の說'로 철학자를 '學師학사'로 번역하고 나중에 '철학'의 번역으로 된 '格物窮理격물궁리', '窮理學궁리학', '理學이학' 등은 물리학이나 자연학의 의미로 사용하고 있다. 『英和對譯袖珍辭書영화대역수진사서』(1862)는 철학을 '理學'으로 번역하고 있다. 오늘날 哲學이라는 번역어는 츠다 마미치(津田眞道, 1825~1903)의 『性理論성리론』(1861)에 대한 니시 아마네(西周, 1829~1897)의 발문에서 처음으로 나타난다. "西土서토의 학이 전해지기를 이미 백여 년이 되었다. 格物地理器械격물지리기계 등 여러 科과에 이르러서는 대체로 각 부분별로 파고드는 자가 있지만, 단지 希哲學一科희철학일과에 이르러서는 아직 그러한 사람을 보지 못했다." 여기서 '철학'의 단초인 '희철학'이 나타나고 1862년 네덜란드로 유학하기 직전 '개성소開成所'에서 한 강의안에 '희철학'이 세 번 사용되었다.[37] 니시는 'philosophia'

36 마루야마 마사오·가토 슈이치, 앞의 책, 175쪽.

37 김동기, 「일본의 근대와 번역」, 한국철학사상연구소, 『시대와 철학』 제14권2호, 2003.가을, 282쪽.

를 처음에는 '희구현학希求賢學'이라는 의미에서 '희현학希賢學'이라고 번역하고 나아가 '희구철지希求哲智'라는 의미에서 '희철학希哲學'이라 했는데 유학 후에 최종적으로 '희'를 빼고 '철학'이라고 번역했다고 볼 수 있다.

서양어인 '필로소피'의 '필로'의 뜻을 살리면서 한자역어를 고르는 과정에서 '희구' '희'란 용어가 선택되었고 『詩經시경』의 '旣明且哲 以保其身기명차철 이보기신'의 어구에서 '明哲保身명철보신'이라는 말이 이미 많이 사용되었고 또 『書經서경』의 '能哲而惠능철이혜'가 '大智也 無所不知대지야 무소부지'란 뜻을 가지므로 '哲'자가 선택되었으리라 추측할 수 있다.

1863~1865년에 니시는 츠다와 함께 서양의 실증주의적인 여러 학문을 통일적으로 배울 필요를 실감하여 네덜란드 유학을 간다. 니시는 귀국 후 『百學連環백학연환』(1870)이라는 저서로 생각을 정리했는데 거기에 '필로소피'라는 항목이 있다. 또한 니시는 『生性發蘊생성발온』(1873)에서 '필로소피'를 '철학'으로 번역한 과정을 다음과 같이 썼다.

> 철학원어는 영국의 필로소피, 프랑스의 필로소피, 희랍의 필로 즉 사랑愛하는 자, 소포스 즉 賢현이라는 뜻에서 유래한다. 愛賢者애현자의 뜻으로 그 학을 필로소피라고 한다. 周茂叔주무숙의 소위 士希賢사희현과 같은 뜻이다. 후세의 습용으로 오로지 理이를 강구하는 학을 가리킨다. 理學이학이나 理論이론으로 번역하는 것을 직역이라고 한다면 그 의미가 흩어질 가능성이 많기 때문에 이제 哲學철학이라고 번역하여 東州동주의 유학과 구분한다.

당시의 사상사의 맥락에서 보면 음양오행설에 기초한 만물의 생성발전을 명확히 한 주돈희의 태극도가 주희의 이기이원론理氣二元論에 의해 더욱 심화되어 합리론적 우주론, 존재론, 실천론으로 전개되었다. 이것이 송학 또는 주자학으로 명명되었지만 내용적으로는 생리학生理學으로도 불려 여기서 이학理學이라는 말이 생겨났다. 이학理學은 물리학物理學의 의미로도 사용되었기 때문에 니시는 이 혼동을 피하기 위하여 철학이라는 용어를 선택한 것이다. 그러나 당시 일부 다른 학자들은 여전히 이학理學, 경학經學이라는 역어를 사용했다.[38]

츠다는 1874년 논고에서 "實物실물을 밝히고 實像실상을 가늠해서 확실한 理이를 說설하는 요즈음 서양의 天文格物化學醫學經濟希哲學천문격물화학의학경제희철학과 같은 것을 實學실학이라"고 하고 있고, 같은 해 니시는 『百一新論백일신론』에서 선천先天의 이理로서 물리物理와 후천後天의 이理로서 심리心理를 구별하고서 "모든 개개의 사태를 참고해서 心理심리를 밝히고 天道人道천도인도를 論明논명하고 덧붙여 教교의 방법을 세우는 것을 필로소피로 번역하면 哲學철학이라하며 서양에서 예로부터 論논해온 일이 있다"고 말하고 있는 것을 보아 이때까지는 다른 용어들과 함께 '희철학'과 '철학'을 같이 사용한 것처럼 보인다.

우리는 이러한 논의를 토대로 일본에서 철학이라는 용어가 대체적으로 구지학求知學, 구성학求聖學, 이학理學, 궁리학窮理學, 경학經學→희현학希賢學→희철학希哲學→철학哲學이라는 계열로 전개되어왔음을 추론할 수 있을 것이다.

이 번역 과정은 일본에서의 서양학문 체계에 대한 이해와 해석, 수용에 대한 고민과 과정, 그리고 언어적, 제도적 정착과정을 보여준다고 할

38 니시즈카 마사히데(石塚正英)외, 『哲學·思想飜譯語事典』, 論創社, 2003 '哲學' 항목참조.

수 있을 것이다. 그 예로서 니시는 주렴계의 '성희천聖希天, 현희성賢希聖, 사희현士希賢'을 모방해서 '현명함을 사랑하고 갈구한다'는 뜻의 '희현希賢' 또는 '희현학希賢學'으로 풀이하고 이학理學, 궁리학窮理學의 기존 번역도 제시한다. 그리고 서양의 물리학物理學과 같은 의미로 쓰이는 이학理學과의 혼동을 피하기 위해 최종적으로 哲學이란 역어를 선택한 것이다.

번역의 활성화는 마침내 번역용어집의 편찬으로 나타나는데 일본의 경우 철학전문술어집(철학용어사전)은 이노우에 데츠지로(井上哲次郎, 1855~1944)등이 영국의 플레밍(弗列冥)이란 사람의 철학사전을 토대로 편찬한 『哲學字彙』(명치 14년, 초판 1881, 개정재판 1884, 개정삼판 1912)가 최초로서 이를 통해 1880년대에 들어오면 '哲學'이라는 용어가 확고하게 자리 잡았음을 알 수 있다. 『哲學字彙철학자휘』의 3판인 『英獨佛和哲學字彙영독불화철학자휘』 서문에서 이노우에는 『哲學字彙』 편찬에 대해 영어로 명치유신 이후로 이입된 서양의 새로운 개념을 일본어로 번역할 때 하나의 술어에 다양한 역어various expression가 생겨나 역어를 통일하고 정착시킬 필요가 있었고, 이 요구에 따라 이 편찬 작업을 하게 되었다고 쓰고 있다.[39] 이 편찬은 동경대학에서 각 학회 회원에게 학술상의 용어통일을 요청한 1882년보다 1년 전의 일이었다.

동경대(1877년 창설) 철학과를 졸업한 이노우에는 동경제대 문학부 조교수가 되었고, 1884년에서 1890년까지 베를린에서 독일철학을 공부하고, 귀국한 직후 동경제대 철학과교수가 되어 일본 철학계의 지도자로 군림했다. 이리하여 철학이 넓게 사회나 인생의 존재방식을 묻는 학

39 히다요시후미(飛田良文)『哲學字彙 譯語總索引』笠間書院, 1979. 226쪽 "… It was, therefore, very necessary to settle finally the Japanese equivalents of European technical terms."

문에서 원서를 자구字句대로 해석하는 훈고학으로 되는 길이 열렸으며, 이는 일본에서 필로소피가 번역될 때 소크라테스적 정신이 살아있는 필로스 즉 희(사랑)가 빠져 '희학'이 아닌 '철학'으로 번역된 것과 무관하지 않다는 주장도 일리가 있다.[40]

이처럼 일본의 경우 번역의 문제는 지知, 지식, 언어에 대한 국가정책과 밀접하게 연관되어 전개되었으며 출판계에서도 서양철학에 대한 수요가 늘어남에 따라 서양철학사전을 만드는 작업을 하게 된다. 1905년에 『보통술어사전』, 토모나가 산주로(朝英三十郎)의 『철학사전』이 나왔고, 1909년부터 1912년까지는 7권으로 된 『철학대사전』이 나왔으며, 1922년에는 『이와나미(岩波)철학사전』이 나왔다. 1930년에는 이토 기치노스케(伊藤吉之助)의 『암파철학소사전』이 나와 판을 거듭해서 출간되었다.[41]

『철학자휘』(1881) 이전부터 『암파철학소사전』(1930)에 이르는 약 70여 년 간의 번역과정을 거쳐 다양한 번역용어들이 등장하여 경쟁하고 검증을 받으면서 철학번역어로 자리 잡게 되었다고 볼 수 있을 것이다.

그리고 일본의 근대화 과정에서 "번역어는 선진문명을 배후로 갖는 상등上等의 바다 건너에서 온 말이며, 같은 의미의 일상어와 대비해볼 때 더 상등이고 더 고급이라는 막연한 어감이 있었다."[42] 물론 서구 근대화를 추종하기 위해 서양철학의 전문적인 개념을 한자중심의 표현으로

40 니시즈카 마사히데(石塚正英)외, 『哲學·思想飜譯語事典』, 論創社, 2003 '哲學' 항목 참조.

41 강영안, 「우리의 철학용어는 어디서 왔는가」, 『우리에게 철학은 무엇인가』, 궁리, 231-232쪽.

42 야나부 아키라/서혜영 옮김, 『번역어 성립사정』, 일빛, 2003, 31-32쪽.

번역한 것은 서양철학 수용에 상당히 효율적인 면도 있었지만, 그러나 일본 전래의 일상어 표현을 살리지 못하고 잘라버림으로써 일본의 철학은 일본인들의 일상에 살아있는 의미들을 포섭하지 못했다는 비판도 있다.

한국에서 번역의 문제

한국의 근대화와 번역

한국의 경우 근대의 형성은 서구문명과 문화를 활발히 수용한 일본으로부터의 모방을 통한 근대화 시도와 이의 좌절인 식민지화와 맞물려 있다. 그리고 일반적으로 식민지배와 탈식민지화라는 과정 속에서 번역이라는 계기는 근대적인 사상과 문화의 형성에 결정적인 영향을 미친다. 우리는 이 번역의 과정을 무시하고서는 결코 우리 근대 또는 현대의 자화상을 그려 낼 수가 없다. 문제는 우리의 전통과 새로운 서구문화 또는 문명과의 만남이 '번역'을 통해서 어떻게 전개되었는가를 밝히는 것이다.

서양문화, 사상의 수용, 번역 과정은 서구로부터 직접 들어오는 길, 중국으로부터 들어오는 길 또는 일본에서 중국을 거쳐 들어오는 길, 일본을 통해 들어오는 길이 있는데 우리의 근대화는 세 번째 경로가 가장 지배적이라 할 수 있다. 그러므로 우리는 일본을 통한 서구철학과 사상의 수용과 번역 문제를 중점적으로 살펴보아야 한다.

한국에서 서양문화나 서양철학을 수용할 때 우리에게는 일본이 70

년 이상 고민하고 논쟁하며 겪었던 서양학문 전반에 대한 번역과정이 거의 없었다고 할 수 있다. 이는 조선 후기의 정치사회상황, 일제식민지로 전락함으로써 근대국가를 세우지 못한 것이 가장 큰 원인이라 할 수 있을 것이다.

번역문제를 알아보기 위해 조선후기에 간행된 사전류를 살펴보자. 당시 일본어나 한어漢語는 일본에서 편찬된 책들이 많이 들어와 불편이 없었으나 서양어 사전은 별로 없었다. 영어는 언더우드의 『韓英英韓字典(한영·영한자전)』(1890)이 있었는데 전문용어는 거의 찾아 볼 수 없으며 있어도 번역이 제대로 안되어 있었다. 예를 들어 philosophy는 '학, 학문, 리'로 풀이되어 있고 natural philosophy는 '성리지학, 격물궁리, 천성지학'으로 되어 있으며 metaphysics는 '의리지학' 등으로 번역되어 있다.[43]

스캇J.Scott의 『영한자전』, 게일J.S.Gale의 『한영자전』 등 개신교 선교사들에 의해 편찬되었는데, 게일이 편찬한 『한영자전』은 1897년 일본 요코하마에서 출판한 자전으로 일본어 계통의 새로운 어휘(신어휘)가 많았으며 1911년에 『한영자전』 개정판이 나왔다.[44] 프랑스어는 천주교 신부들의 『한불자전』, 꼬스트George Coste의 『韓法辭典한법사전』, 알레베크의 『法韓辭典법한사전』 등이 편찬되었으나 간행부수도 많지 않았고 학생들은 구입할 경제적 여유도 없었다. 리델 등 프랑스 신부들이 편찬한 『한불자전』은 1880년 요코하마에서 찍어낸 자전으로 대부분의 어휘가 중국어 계통의 한자어였다고 한다.

또한 서양어 중에 가장 먼저 편찬되었다는 1874년 간행 푸칠로의

43 강영안, 『우리에게 철학은 무엇인가』, 궁리, 2002. 176쪽.

44 김형철, 『개화기 국어연구』, 경남대학교출판부, 1997, 25쪽.

『露韓辭書』는 사전이라기보다 간단한 문장의 대역서代譯書로서 따로 러시아 사전은 없었으며, 독일어 역시 아무 사전이 없었다. 사전도 없이 외국어를 배울 경우 회화 혹은 간단한 작문 정도는 가능하겠지만 고등 어학을 습득하기 어려웠을 것이다. 또한 당시 "서양학문에 대한 일반이 수준이 낮아 앵무새처럼 외국어를 말하면 신학문을 체득한 것으로 자타가 공인할 정도"[45]였으므로 외국어를 배워 해당 국가의 학문이나 과학을 제대로 이해하고 받아들여 우리 사회에 적용하기는 상당히 어려웠다고 할 수 있다. 구한말에 서양의 사상과 과학에 관한 서적들 가운데 직접 원문에서 번역된 것이 거의 없는 것은 바로 이러한 까닭이라 할 수 있을 것이다.[46]

이러한 사정은 근대국가 형성의 실패, 근대 국민 형성과 국어 만들기에 실패하여 마침내 식민지로 전락하면서 더욱 악화되었다. 따라서 우리의 경우 해방 후 얼마간 까지도 일본처럼 번역의 문제를 둘러싸고 서구와 일본이라는 '쌍형상화 도식'을 제대로 가진 적도 없었다고 할 수 있다.

한국 철학계에서 번역의 문제

우리의 경우 서양철학수용이 본격화된 시기를 1920년대 후반과 30년대의 초반으로 본다. 왜냐하면 첫째, 이 시기에 경성제대에서 서양철학 연구가 시작되었고 둘째, 이 시기에 서양에서 서양문헌을 통해 철학을 본격적으로 공부한 사람들이 귀국하기 시작했으며 셋째, 『新興신흥』이나

45 이광린, 「구한말의 관립 외국어학교」, 『한국개화사연구』 개정판, 일조각, 1995, 158쪽.
46 이광린, 앞의 글, 148쪽.

『哲學』 등을 통한 체계적인 저술활동이 이때부터 시작되었기 때문이다.[47] 그러나 대부분의 철학연구가들은 서양철학의 원전을 읽고 해독할 때 일본사전과 일본 주석서를 참고했으며, 또 주로 일본에서 번역된 서양철학서나 일본에서 저술된 철학서에 의존해서 연구하기도 했다. 그리고 이 당시의 철학은 한마디로 서양철학이었으며 동경제국대학의 철학적 학풍이 그대로 경성제대로 들어왔다. 즉 문제제기 방식이나 그것을 표현하는 언어와 사고, 글쓰기 방식이 일본에서의 서양철학수용의 모범에 따라 규정되었다고 할 수 있다.[48]

해방 후에도 이러한 전통은 어느 정도 지속되었다고 할 수 있다. 철학에서 번역의 문제가 부분적으로나마 제기된 것은 유학을 통해 직접적으로 서양을 경험하고 서양철학을 공부한 사람들에 의해서였다. 철학계에서의 번역에 대한 구체적인 논의는 다음으로 미루겠다.[49]

철학텍스트가 번역이 제대로 안된 이유는 사회적, 정치적, 국가적 요인 이외에도 "철학적 용어는 실물어가 아니므로 그 지시하는 바를 가시화하기 어렵고, 대개의 문화어들은 긴 역사와 함께 다기 다양한 함축의 의미를 가지므로 철학용어를 완벽하게 우리말로 번역하는 것은 매우

47 『신흥』에 대해서는 졸저, 『한국 사회철학의 수용과 전개』, 동녘, 2002, 72쪽. 『철학』에 대해서는 같은 책 46쪽 참고.

48 강영안, 앞의 책, 25~29쪽.

49 필자는 「철학원전 번역을 통해 본 우리의 근현대」(『시대와 철학』 제14권2호, 2004. 가을)라는 논문에서 다른 연구자들의 성과를 토대로 한국철학에서 번역의 문제를 소략하나마 개괄적으로 다룬 적이 있다. 구체적인 분야별 연구에 대해서는 『시대와 철학』 가을호(제13권2호), 2003와 가을호(제14권2호), 2004의 번역관련 논문 참조. 또 번역의 문제를 '문명화와 식민화'라는 차원에서 다루면서 '한국사회 지식생산의 식민지적 양상'을 밝힌 흥미 있는 논문이 있다. 백승우 '번역의 정치-하버마스의 수용과 다시쓰기'(서울대 대학원, 언론정보학과 석사논문, 2002.2).

어렵기 때문이다."[50]

그럼에도 불구하고 "'한국철학의 정립'을 위해서는 무엇보다도 먼저 동서양을 모두 포괄하는 철학의 주요한 고전 텍스트들이 전부 우리말로 번역되어야 한다. '번역'은 단순히 이 나라 말에서 저 나라말로 낱말의 옮김이 아니다. 번역 자체가 이미 번역되는 언어로써 행하는 주체적인 철학함이고 창조적인 해석인 것이다. 이러한 기본적인 철학함이 없이는 '주체적인 철학함'은 요원한 일이다."[51]

50 백종현, 「칸트철학 주요 용어의 해설 및 번역어 선택의 문제」, 칸트/백종현 옮김, 『실천이성비판』, 아카넷, 2002, 부록 509쪽.

51 이기상, 『서양철학의 수용과 한국철학의 모색』, 지식산업사, 2002, 79쪽.

제4부

신남철, 박치우, 박종홍

1장

신남철, 『역사철학』 읽기

자료

강연

자료

신남철의 『역사철학』은 매우 전문적인 사회철학, 역사철학에 대한 우리나라 최초의 책으로서 해방 후 1948년 1월에 서울출판사에서 간행되었다. 이제까지 한국에서 『역사철학』이란 제하의 책이 몇 권 나왔지만 이 책만큼 치열한 현실참여의식과 역사의식을 가지고 쓰인 것은 찾기 어렵다. 이 책을 읽을 때는 신남철의 철학적 글쓰기가 항상 그 시대의 현실적·철학적·사상적·이데올로기적 상황에 대한 현실개입과 실천이라는 것을 염두에 두어야 한다. 이러한 문제의식을 우리는 책의 서문에서 잘 느낄 수 있다.

여기에 수록된 7편의 글은 모두 독립된 것으로, 글이 쓰인 순서에 따라 본다면 우선 일제하에서 「제5장 헤겔 백년제와 헤겔 부흥」과 「제6장 신헤겔주의와 그 비판」이 쓰여 각각 『신흥』5호(1931)와 『신흥』6호(1932)에 실렸다. 5장은 헤겔 사후 100년을 맞이해 서구와 일본에서 전개된 '헤겔 백년제와 헤겔 부흥'의 실상을 간략히 소개하면서, 식민지 지식인으로서 계급해방과 민족해방에 대한 관심을 가지고 서양철학과 일본철학을 주체적·비판적으로 수용하고 파악하려 시도한 글이다. 6장은 1931년 11월 14일 신흥사와 조선일보 학예부가 후원하고 천도교기념관에서 열린 헤겔백년제 기념강연의 초고이다. 신남철은 이 글에서 당시 유럽과 일본에서 유행하고 있는 신헤겔주의가 제국주의 파시즘과 어떤 관련이 있음을 제시하면서 단호하게 비판한다. 그리고 부록으로 편집된 '헤라클레이토스 단편어'의 번역은 『철학』창간호(1933년 7월)에 게재했던 것으로 식민지 젊은이들의 시대적 관심을 불러일으키기 위해 번역한 것이다. 「제7장 실존철학의 역사적 의의」는 원래『철학』2호(1934)에 <현대철학의 Existenz에의 전향과 그것에서 생生하는 당면의 과제>로 실렸던 논문의 제목을 수정하여 게재한 것이다. 이 글에서 신남철은 당시의 실존철학이 사회역사적 현실, 사회적·계급적 존재를 무시하고 순수 사변적인 개인적 실존에로 치우치는 것에 대해 혹독하게 비판한다. 또한「1장: 역사철학의 기초론–인식과 신체」는 본래 '인식, 신체 及 역사–문화의 논리학의 기초론'이라는 제목으로『신흥』9호(1937)에 실린 것이었다.

다음으로 해방 후 실천적 활동으로 매우 바쁜 중에 쓴 것이「제2장 역사의 발전과 개인의 실천」(『學術』제1집, 1945)과「제3장 희랍인의 세계관 투쟁과 소크라테스」(『민족문화』제1집, 1946) 그리고「제4장 르네상스와 휴머니즘」(1946)이다. 2장에서 신남철은 헤겔의『정신현상학』과『역사철학』에 대한 새로운 해석을 통해 해방 후의 비극적 상황에서 어떤 이론적 근거로 자신의 개인적 삶을 살아나가야 할 것인지 모색하고 있다. 즉, 그는 역사발전과 신문화창조를 위해 개인의 삶을 '희생'하면서 '죽음에 의한 삶의 전환'이라는 비장한 각오를 내비치고 있다. 제3장 역시 '고대세계에서 찾는 현 단계의 영상映像'이라는 부제에서 알 수 있듯이 해방 직후 한국현실에 대한 실천적 문제의식이 잘 반영되어 있는 글이다. 그는 희랍의 계몽주의자인 소피스트들의 중요한 역할을 소개하고 세계관 투쟁을 하다 최초로 옥사獄死한 소크라테스를 현실적 맥락 속에서 진지하게 다루면서 당대 현실에 대한 개입과 발언을 하고 있는 것이다. 제4장은 1945년 겨울에 '인문과학강좌'에서 강술한 것을 다소 가필한 글이다. 신남철은 이 강좌에서 '휴머니즘'에 기초한 문학과 예술이 바로 혁명적 사회의 도래를 선구적으로 예고한다는 것을 르네상스의 지식인들을 통해 예시하면서, 당시의 현실에서 조선이 자주적 민주주의국가를 건설하기 위해서 문학인 예술가들의 실천적 투쟁이 필요하다는 것을 강조하고 있다.

제1·2·3장, 제5·7장은 상세한 주註가 붙어 있는 전문적인 논문이고 제4·6장은 공개강좌의 초고이거나 강좌 초고를 보완한 글로서 일반 지식대중을 상대로 쓴 글이지만 우리는 모든 글에서 신남철의 치열한 문제의식과 역사의식을 읽을 수 있다. 또 당대의 세계적 수준에서 논의되는 철학적 담론을 우리 현실에 맞추어 비판적으로 소개하고 해석하는 태도는 오늘날 철학하는 사람들이 배워야 할 태도이다. 특히 해방 후에 쓴 글에는 당대의 현실인식과 실천적 의식이 뚜렷하게 나타나 당시의 시대적 분위기를 잘 반영하고 있으며 이 속에서 느끼고 생각하고 고뇌하는 실천철학자로서 신남철의 모습이 잘 드러난다고 할 수 있다.

한국 최초의 마르크스주의 철학자라 할 수 있는 신남철과 그의 철학사상의 특징에 대해서는 다음과 같이 정리할 수 있을 것이다. 첫째, 신남철은 식민지 현실에서 민족해방과 계급해방을 추구했던 철학자로서 현실과 주체적·실천적 입장을 매우 강조하고 실천한 철학자다. 둘째, 그의 마르크스주의 철학의 수용은 마르크스 철학을 수용하면서도 한국의 전통사상과 맺었던 관련과 더불어 한국사회의 특징인 일제강점기 시대의 좁았던 지식인 사회의 인간관계(인맥)를 잘 보여준다. 셋째, 신남철은 실천적·변증법적 유물론에 기초한 '사상사로서의 철학사'의 입장에서 서양고대철학사와 근세철학사를 해석한다. 또한 1930년대의 서양과 일본 철학계의 중요한 흐름인 신칸트학파, 현상학, 실존주의, 신헤겔주의 등과 당시 일본 철학계에 영향력이 컸던 미키 키요시三木清 등을 비판한다. 넷째, 그는 '신체적 인식'을 중시하면서 인식과 실천의 문제를 인식론과 역사학의 변증법적 통일로 발전시킨다. 다섯째, 그는 식민지 현실에 대한 다른 분야에서의 연구를 충분히 소화하면서 이를 토대로 현실에 대한 연구를 하고 발언한다. 여섯째, 신남철의 휴머니즘론은 해방 직후 한국사회의 정치적 현실과 노선에 대한 그의 입장과 함께 철학적인 기초로서의 가치론과 인간론에 대한 그의 입장을 잘 반영하는 것이다. 마지막으로 신남철은 헤겔의 『정신현상학』과 『역사철학』의 관념성을 비판하면서도 개인의 희생(실천)과 역사적 발전이라는 관점에서 실천적으로 해석하여 혁명적 실천의 논리를 도출함으로써 해방 공간에서의 신문화 창조를 위한 집단적 실천과 공동 노작勞作을 주장한다. 이러한 해석은 개인의 생명을 전체의 운동에 종속시키는 위험이 따를 수 있지만 해방 후 분단체제가 성립되어가는 상황에서 민족통일과 민중해방을 추구했던 마르크스주의 철학자의 비통한 현실인식과 각오를 볼 수 있는 것으로, 이 점이 바로 실천적 마르크스주의 철학자로서의 신남철의 특징이 매우 잘 드러나는 부분이라 할 수 있겠다.

강연

김재현 　안녕하세요. 반갑습니다. 추운 날씨에도 많이 참석해주셔서 감사합니다. 더구나 어르신들께서도 제 강의를 찾아주셔서 감동스럽습니다. 여기 또 송병섭 씨가 계시네요. 이전에 이제이북스에서 편집장으로 계시다가 신남철의 『역사철학』을 내자고 저한테 연락을 했었어요. 제가 경남 마산에 있는데 거기까지 내려오셨더라고요. 안 팔릴 책이고 또 어려운 철학책이지만 우리나라의 근현대 학문사, 지성사에서 매우 중요하기 때문에 저도 적극적으로 참여해 출간했습니다. 『역사철학』

원본은 한자가 너무 많아서 쉬운 한글로 풀었고, 제가 해제를 붙였습니다. 1948년에 나온 신남철의 『역사철학』 원본은 이 박물관 제6전시실에 전시되어 있어요.

인문학박물관에서 주관한 지금 이 강의 시리즈를 보니까 이여성, 김세용, 백남운, 김동석 등 모두 중요한 분들에 대해 다루더라고요. 이 분들이 낸 책들도 굉장히 중요하죠. 저의 주 전공은 서양현대철학, 그중에서도 사회철학입니다. 서구 마르크시즘 계열의 사회비판이론, 그 중에서도 특히 위르겐 하버마스라는 사람을 주제로 박사 논문을 썼어요. 제가 대학 때부터 철학 공부를 하면서 우리 선배들은 과거에 어떻게 서양철학을 공부했는지에 관심이 생겨 조사를 해봤어요. 과거로 거슬러 올라가면 일제강점기 경성제국대학이 1924년에 만들어지는데, 그 앞에 민립대학설립운동이 있었고 1924년에 예과가 만들어지고 1926년에 경성제국대학 본과가 생기면서 철학과가 처음으로 만들어집니다. 물론 그 전에 최남선이나 이광수 등이 일본 가서 철학을 좀 공부했고, 유럽으로 가서 공부한 사람도 있습니다. 제가 일제강점기에 철학했던 사람을 찾다가 신남철을 발견했고 다음에 박치우라든가 정진석 등을 알게 되었어요. 여하튼 해방이 되던 1945년 8월 15일부터 1948년 남북이 분단되어서 각각 남한의 대한민국과 북한의 조선민주주의인민공화국이 확립되기까지 그 과정의 지성사를 보면 상당히 다양했거든요. 일제강점기도 그렇고. 아마 어르신들은 신남철이라는 이름을 들어보신 적이 있으실 것도 같은데, 혹시 들어보셨습니까?

청중 제가 강의를 들었어요.

김재현 예?

청중 해방 직후 1946년에 신남철, 백남운 그 두 분의 철학과 경제학 강의를 들었어요.

김재현 그렇습니까? 두 분은 해방 후 유명한 학자셨는데. 철학에 있어선 신남철은 1급 철학자였거든요, 좌파 마르크시스트 철학자로서. 그러면 서울사대에서 들으셨나요?

청중 아뇨. 학교에서 강의한 것이 아니고….

김재현 아, 외부시민강좌였습니까?

청중 해방 직후에는 대학이 문을 열었지만 학생들이 학교에 가지 않았어요. 그분들이 밖에서 강좌를 열어 학생들이 몰려다녔지. 백남운, 신남철 강의를 친구들과 같이 가서 들었어요. 전에 문교부장관이었던 김연수 아들 김 아무개, 그 사람도 같이 들었어요.

김재현 백남운은 『조선사회경제사』라는 굉장한 책을 쓴 경제사학자인데, 신남철하고 매우 가까웠습니다. 신남철이 백남운의 『조선사회경제사』를 읽고 영향을 많이 받았어요. 해방 후에는 정치적으로도 백남운과 같이 활동했거든요. 실제로 신남철의 책에 백남운의 글이 인용됩니다. 조선사회를 어떻게 봐야 하느냐에 대한 글에서 백남운을 언급합니다.

저는 명지대에 계셨던 임석진 교수라고 헤겔 번역을 많이 하신 분인데, 그분한테 신남철 『역사철학』 원본을 빌려다가 복사해서 봤어요. 그때 그분 말씀이 신남철이 헤겔과 마르크스 쪽을 다 공부했는데, 해방 이후 월북하고 난 이후에도 『역사철학』과 『전환기의 이론』이라는 책이 남한에서 제법 읽혔다고 해요. 당시 학생들이 직접 강의를 들으러 쫓아다녔던 것처럼 그 두 책 역시 많이 읽었다는 것이죠. 임석진 교수도 헤겔 연구의 대가인데 신남철의 『역사철학』을 읽고서 헤겔에 대해 새로이 눈을 떴다는 말을 했습니다. 그분이 독일에서 「헤겔에 있어서의 노동개념」이라는 박사 논문을 썼는데 이 논문이 헤겔의 『정신현상학』에 대한 10대 연구서 중 하나로 인정받았어요. 그런데 노동개념이란 힌트를 신남철의 『역사철학』을 통해서, 즉 신남철의 헤겔 해석을 통해서 얻었다고 하더라고요. 이때 저는 '아, 한국 지성사의 흐름이 있구나. 연구가 안 돼서 그렇지 저변에 흐르는 사상조류의 영향사가 있구나' 하는 것을 느꼈어요. 그래서 제가 최초로 신남철에 관한 논문을 쓰게 됐고 그 덕에 지금 이 자리에 서게 된 것 같습니다.

재밌는 게, 신남철이 우리가 지금 와 있는 이 중앙고등학교를 졸업했어요. 김동석도 중앙고보 졸업했고요. 인촌 김성수가 이 학교를 세웠죠. 지금 경기고등학교의 전신인 경성고보는 당시 공립학교였거든요. 공립학교는 일제가 관리하는 학교로서 경성제1고보, 평양제2고보, 경북제3고보 등이 있었습니다. 일본 도쿄에 제1고보, 기타 지역에 2고보, 3고보, 4고보를 짓고 지역별로 줄을 세운 것처럼 우리나라에도 그렇게 학교를 만들었죠. 지금은 평준화되었기 때문에 그런 게 없어졌어요. 사립학교인 중앙고보는 전통적으로 민족주의의식이 강했기 때문에 한국인 교사도 많았습니다. 사립학교들 중에서도 중앙고보가 대표적이었죠. 반면 경성고보에는 전부 일본인 교사뿐이었습니다. 그래서 일제강점기에 사립학교와 공립학교의 분위기가 전혀 달랐어요. 제가 배운 선생님들 중에 경성고보 다니신 분들도 있었는데 그분들이 들려준 이야기와 여러 자료를 토대로 해서 보면 경성고보에 제일 공부 잘하는 학생들이 모이긴 했지만 철저히 공립학교교육을 받아 민족의식에 대해 배울 기회는 거의 없었습니다. 반대로 사립학교는 공립학교에서 안 배우는 민족역사나 한글 등을 배웠죠. 좀 다릅니다. 이런 점에서 보면 중앙고보의 출신들이 많은 역할을 했어요. 나중에 신남철이 동아일보에 들어가죠, 인촌이 사장으로 있을 때인가요. 아무튼 그런 인연도 있습니다. 그럼 이제 『역사철학』의 저자와 책에 대해서 간단히 이야기해보겠습니다.

일단 신남철이란 어떤 사람이냐. 신남철은 1907년 경기도 경성부 청진동에서 태어났습니다. 다른 기록에는 경기도 양평의 용문사 부근에서 태어났고 거기에서 보통학교를 다니고 서울에 있는 사립 중앙고보를 다녔다고 나오기도 합니다. 중앙고보 졸업 후에는 경성제국대학 예과 3회, 본과 1회에 진학했고요. 당시는 법문학부 안에 역사, 법학, 철학 전공 등이 다 있었습니다. 처음에는 정치학과가 있었는데 2년 후에 없어졌어요. 식민지에서 정치학 하는 사람을 키울 필요가 없다는 것이죠. 소위 제국대학 중의 하나가 경성제국대학이니까요. 대만에도 대만제국대학을 만들었는데 건립 시기는 우리보다 늦습니다. 경성제국대학을 1924년에 만들고, 그 다음에 대만제국대학 을 만들고, 말하자면 동아시아를 지배하는 과정에서 근대 대학교육기관을 세워 식민지 관리를 양성하고 동아시아 연구를 본격화해 식민지를 효율적으로 지배하기 위해 경성제국대학을 세운 거죠.

어쨌든 신남철은 여기 입학해서 철학을 공부하고 1931년에 졸업하는데, 논문은 순수철학 쪽이에요. 당시에는 실천철학이나 현실철학에 대한 강의가 없었고 대개 데카르트, 칸트, 쇼펜하우어 등 관념론 경향의 철학이 주로 교육되었어요. 그래서 그때 사람들은 철학이라고 하면 '데칸쇼, 데칸쇼'라고 할 정도였다고 합니다. 현실철학으로서 마르크스나 헤겔 철학 강의는 없었죠. 그런데 신남철은 예과 시절 조선인학생회 문학 서클인 '문호회'에 가입해서 활동하고 또 마르크스주의를 공부합니다. 경성제국대학은 일본어로 수업을 했기 때문에 일본인 학생들이 입학하기가 쉬워서 전교 학생의 2/3를 차지할 정도였습니다. 일본의 대학이니 교가도 물론 일본어로 불렀습니다. 그런데 조선인 학생들이 모여서 교가를 따로 만들어 부르기도 했습니다. 식민지 출신의 엘리트로서 민족의식이 없을 수가 없었죠. 당시 대학생들도 1919년에 일어난 3·1운동에 엄청난 영향을 받았어요. 3·1운동이 일어났을 때 신남철이 13세였거든요. 그 이후로도 3·1운동은 대부분 사람들에게 큰 영향을 줍니다. 이런 민족의식을 가지고 대학을 다니면서 그는 학교 내에서는 순수철학을 배우고, 서클 내에서는 현실철학, 주로 마르크스주의를 배우죠. 왜냐하면 이미 1917년에 러시아혁명이 일어나고 코민테른이 생겨나면서 민족해방운동을 지원해줬거든요, 소련에서. 말하자면 억압받고 있는 민족을 지원해줬기 때문에 일제강점기 민족해방을 추구했던 사람들은 이런 소련 공산당이나 좌파적인 성향을 쉽게 가질 수 있었습니다. 민족해방운동이 특히 상당 부분 마르크스주의에서 나왔기 때문에 그런 배경 속에서 마르크스를 연구하게 된 거죠.

또 이때 경성제국대학에 와 있던 교수 가운데 좌파 지식인들이 있었습니다. 미야케三宅 교수와 같은 마르크스주의자들, 일본이 점차 군국주의화로 가는 것에 비판적인 평등지향적이고 사회주의적인 지식인들이 있었거든요. 나중에 미야케 교수가 조선공산당재건사건에 걸려서 법적인 처벌도 받고 그러는데, 이 미야케 교수 밑에서 조선인 학생들이 마르크스를 배우게 됩니다. 신남철도 마찬가지였고 대학원 진학 후 철학과 조교로 근무하며 '조선사회사정연구소'에서 마르크스경제학을 더 깊이 있게 공부합니다. 여기서 함께 활동했던 사람들 중에는 당대의 천재로 소문난, 해방 후 고려대 총장을 지내고 대한민국 헌법을 기초한 법학자 유진오가 있습니다. 이 경성제국대학 조선사회사정연구소 안에는 유진오 외에 박헌영의 측근이었던 이강국도 있었고 조선공산당 핵심인물이었던 최용달도 있었습니다. 하지만 신남철은 조선공산당하고는 거리가 있었어요. 그는 백남운 쪽의 조선신민당 계열이었어요. '조선사회사정연구소'에서 신남철은 조사연구부, 교육부를 맡았고요. 또 당시 한글에도 관심이 많아서 조선어학연구회 창립총회에 참여해 한글에 대해서도 같이 연구를 합니다. 일제강점기에 조선어학회에 참여하면서 한글에 관심을 갖는 것은 민족주의적인 입장을 견지하는 중요한 기반이지요. 그와 같은 맥락에서 신남철은 조선어 철자법에 관한 논문도 발표했습니다. 이 점에서 신남철은 민족주의적 마르크시스트라 볼 수 있지요.

1932년에 『신흥』이라는 학술잡지가 나오는데요, 경성제국대학 출신들이 중심이 되어 출간한 종합학술지입니다. 『신흥』을 낸 당시 젊은 지식인들은 일본 학문의 영향을 많이 받으면서도 일본과는 다른 주체적인 문제의식을 강하게 가지며 일본의 학술계에 대항합니다. 창간호부터 9호까지 나오는데, 신남철이나 유진오 같은 경성제국대학 출신뿐 아니라 일본에서 유학한 사람들도 같이 조선 현실에 대해 연구한 글을 싣기도 합니다. 신남철은 『신흥』을 내는 데 깊이 관여하고 편집후기도 쓰죠.

우리나라 최초의 철학회인 '철학연구회'도 1932년에 만들어지는데 역시 신남철이 가장 중요한 역할을 합니다. 일제강점기에는, 특히 1931년 만주사변 이후에는 검열과 감시 체계가 훨씬 강화됩니다. 비판적 지식인이나 소위 민족해방운동과 관련된 거의 모든 사람이 일제의 감시 대상이 됩니다. 일상적인 모든 행동이 다 감시된다고 봐야겠지요. 그래서 신남철 같은 사람들은 자기네들이 모여서 하는 일을 일본인들이 다

알고 있다고 생각합니다. 그러므로 철학연구회 회칙을 만들 때에도 검열을 의식해서 만듭니다. 철학연구회의 학회지인 『철학』이란 책도 내고요. 기본적으로 식민지 시대에 식민지 통치국은 검열과 감시 등을 철저히 하고 반면에 민족해방을 추구하는 민족주의적 입장의 지식인이나 저항 세력은 그 검열 체제와 감시 체제를 의식하면서 글을 쓰고 활동하죠. 비슷한 얘기를 하나 해볼까요? 박정희 시대 말기, 저는 1975년에 대학에 입학했는데 이때도 집회 같은 것이 감시되었어요. 대학 내 교수님들 강의도 다 감시대상이었지요. 대형 강의실에는 사복형사들이 와서 앉아 있습니다. 대형 강의를 하던 교수님이 역사 이야기를 하다가 '자유'에 대해서 조금 이야기했는데 다음 주 수업에 안 나타나더라고요. 나중에 들으니까 중앙정보부에 끌려갔다 돌아왔다고 하더라고요. 박정희 시대 말기는 그런 시대였지요. 식민지 시기는 훨씬 더 심했다고 볼 수 있을 겁니다.

이후 신남철은 동아일보사에 들어가 학예부 기자를 하는데, 이 당시에 지식인들은 생계가 어려웠기 때문에 신문사에 많이 들어갔어요. 이렇게 기자생활을 하던 중 1934년경에 조선학에 대한 붐이 일어나자 '조선연구방법론'에 관한 글을 씁니다. 이 자료가 여기 인문학박물관에 전시되어 있더라고요. 또한 신남철은 문학 쪽에도 관심이 많아서 헤르만 헤세 등 독일시인의 시도 번역하고 국내 문학비평에도 참여합니다. 비평가로 유명한 임화와도 논쟁을 하고요. 또 역사 쪽에도 관심이 많았습니다. 동아일보는 1936년에 퇴사하는데 그 후 행적은 정확히 모르겠습니다. 1937년에 「역사철학의 기초론」이란 논문을 쓰고 중앙보통고등학교 교사로 근무한다고 나와 있는데 실제로 몇 년 근무했는지, 정확히 언제 그만뒀고 그만둔 뒤 무엇을 했는지 확인은 못했어요.

1938년에는 동아일보에서 이태준과 문학비평 논쟁을 하고 1942년까지 글을 좀 씁니다. 그러다가 절필을 하는데 그때는 이미 글을 쓸 수 없는 상황이었고, 1945년에 해방이 되자 본격적으로 활동을 합니다. 1945년 8월 16일 백남운과 만나 해방정국에서 새로운 국가 건설을 어떻게 할 것인가 고민하면서, 신남철의 표현을 따르면 "침식을 잊고", 즉 잠자는 것과 먹는 것을 잊고 바쁘게 활동했습니다. 해방은 식민지 체제가 무너지고 새로운 국가가 만들어지는 과정이기 때문에, 당시 새로운 국가건설을 향한 욕망이나 희망 같은 것들이 아주 강했습니다. 얼마나 강했는지 일화를 하나 들어볼게요. 서울의 유명한 빵집이 있죠. 태극당과 고려당, 이름이 특이하죠? 원래 정당 이름이었다고 해요. 해방 후에 뜻있는 젊은 사람들이 모여서 새로운 국가를 만들자, 역할을 해보자 해서 고려당, 태극당을 만들었습니다. 그런데 이 당시 당이 워낙 많이 나오고 일제강점기 때 운동했던 사람들과 세력들이 규합해 구체적인 정당이 나오니까 '아, 안되겠다. 하지만 이왕 모였으니까 무언가 해보자'라고 해서 고려당, 태극당이라는 빵집을 냈다고 합니다. 거의 300여 개의 정당이 나왔다가 제도화되는 과정에서 그런 에피소드가 나왔으리라 생각합니다. 그 정도로 해방이 갖는 의미가 컸죠.

신남철도 이 시기 혼신의 힘을 다해 엄청나게 다양한 활동을 하고 글도 많이 씁니다. 일제강점기에는 글도 마음대로 못 쓰고 하고 싶은 이야기도 제대로 못했으니까요. 그는 1945년 8월에 조선학술원의 서기국 위원으로 조직과 기획을 담당하고, 조선문학가동맹에도 가담합니다. 서울대 문리대 교수도 역임했는데 나중에 소위 국대안(국립대학안)을 통해 좌파 교수들이 다 쫓겨날 때 함께 나오죠. 당시 김일성이 평양에 김일성종합대학을 만들면서 넘어오면 특별대우를 해주겠다고 말했는데 서울대에서 나온 대부분의 좌파 교수들이 그때 북한으로 갑니다. 신남철도 마찬가지고, 서울에 있는 좌파 지식인들과 좌파 교수들도 평양으로 많이 올라갔습니다.

1947년에는 조선과학자동맹에서 나름대로 근대학문을 하던 사람들이 학술운동을 통해 신생국가건설에 기여하려 했지만 정치적 노선이 달라서 갈등을 겪습니다. 신남철도 조선과학자동맹 위원이었어요. 특히 줄곧 해외에서만 활동해 명성은 있었지만 국내 기반이 약했던 이승만이 들어와 '뭉치면 살고 흩어지면 죽는다'고 주장하죠. 국내에 정치적 기반을 마련하려면 세력을 끌어모아야 하는데 좌파 쪽에서는 친일파를 배척합니다. 그런데 이승만 입장에서 보면 친일파도 필요하죠. 지금은 뭉칠 때라고 봤으니까. 그때 안호상이 초대 교육부장관이었는데 소위 무조건 뭉치자는 일민주의一民主義를 더욱 이론화하기도 합니다. 말로만 보면 좋은 것 같지만 친일파를 포용하면서 정치적 세력을 확대하기 위한 수단이었습니다. 친일 문제는 참 괴롭죠. 저도 연구를 하면서 일본에 가서 1년 정도 일본 사람들과 한국근현대사상사 연구도 해봤는데, 일제강점기 후반으로 갈수록 일본이 친일을 강제했기 때문에 국내에 있던 대부분의 사람들이 친일 혐의를 벗어날 수 없어요. 양다리도 걸치고, 어쨌든 좌파들은 다 월북했고, 신남철도 해방 3년간은 아주 열심히 활동했습니다.

1948년 1월에 『역사철학』을 냈는데 유진오가 동아일보에 신간평을 써요. 1948년 4월에는 남북회담지지 108인 성명을 합니다. 당시에 이미 남북분단의 조짐이 있었지만 좌우합작을 통해 통일국가로 가야 한다고 생각한 많은 지식인이 이를 지지하고 성명을 내는데, 이것도 별로 실효는 없었죠. 1948년 5월에는 『전환기의 이론』이라는 책을 냅니다. 이는 해방 이후에 나온 현실에 대한 여러 가지 문제, 정치, 국대안, 교육 문제 등을 주제로 한 시평적이고 정치평론적인 글을 모아 엮은 책입니다. 그리고 1948년 6월 정도에 월북한 것으로 추측할 수 있어요.

월북 후 김일성대학의 철학과 교수가 되면서 북한의 인민대의원(남한의 국회의원)으로 활동하고, 6·25 때는 남한에 내려와서 서울시 문화부장을 합니다. 서울시 문화부장은 서울시의 문화와 정치교육 등을 총 담당하는 자리인데 이때 서울에 남아 있던 열암 박종홍이 신남철을 만났다고 해요. 박종홍은 남한 철학계의 태두죠. 그와 신남철은 경성제국대학을 같이 다녔습니다. 박종홍은 1903년생인데 고등보통학교 선생을 하다가 늦게 경성제대 철학과에 들어갔습니다. 해방 후 서울대 교수로 재직했고요. 이 사람은 사상적으로는 우파죠. 민족주의적인 우파 계열입니다. 신남철은 좌파고. 일제강점기에는 같이 억압받았기 때문에 좌파나 우파가 크게 문제되지 않았죠. 이들은 해방이 되고도 같이 활동했는데 정치적으로 노선이 첨예화되면서 갈라져버렸습니다. 서울에서 만났을 때 박종홍이 신남철에게 북한이 어떠냐고 물었는데 북한 체제에 대해서 약간 실망한 듯한 발언을 했다는 이야기가 전해져요. 그러나 어쨌든 그쪽을 택했기 때문에 그쪽에서 필요한 역할을 했다는 것이죠.

신남철은 백남운 노선 쪽인데, 백남운도 북한에 오래 있으면서 학자로서 중요한 역할을 했습니다. 정치적으로는 김일성과 박헌영의 권력투쟁이 상당히 문제가 됐지만 박헌영파가 아닌 사람들은 살아남았어요. 백남운도 오래 살아남았고. 전쟁이 끝나고 1956~1958년경에 소위 남조선 출신들, 특히 박헌영파에 대한 숙청이 대대적으로 일어났는데, 이때 신남철도 많이 힘들었다고 하죠. 하지만 이것도 정확한 자료가 없어요. 그리고 신남철의 활동이 1958년으로 끝나서 이 해에 사망한 것으로 추측하지만 어떤 이유로 숨을 거뒀는지는 모릅니다.

지금까지 신남철의 생애를 간략히 살펴봤으니 이제 그의 저술에 대한 이야기를 해볼까요. 우선 『역사철학』과 『전환기의 이론』이라는 두 권의 책이 있습니다. 『역사철학』은 철학에 대한 전문 논문을 모은 책으로 내용이 어렵습니다. 전문 철학자가 봐도 그리 쉬운 책은 아니에요. 이 두 책 외에도 많은 글을 썼기 때문에 정리를 좀 해보겠습니다.

과거에 인문학을 공부한 사람들은 문사철文史哲을 겸하죠. 1928년이면 21세 대학 시절인데 이때 '새 쌈의 선언'이라는 시를 씁니다. 식민지 지식인으로서 민족해방을 위해 어떻게 싸워야 하는가를 고민한 작품입니다. 그리고 제가 추가로 확인한 것인데요, 당시 경성제대는 1924년에 만들어졌지만 1929년 초에 1회 졸업생이 나옵니다. 사회에서 관심이 지대했지요. 국내 4년제 대학을 졸업한 첫 엘리트들이니까요. 그 당시 경성제대를 졸업했다고 하면 이미 초엘리트입니다. 그래서 졸업생들에게 송별강연을 시켜요. 졸업생 중에서 일부 대표적인 졸업생이 강연을 합니다. 신남철이 이때 강연을 하는데 『중외일간』 1928년 3월 19일자 졸업생 송별개요 난에 요약된 졸업소감 발표문이 실립니다. 제목이 뭐냐면 '어떻게 해서 투쟁이 철학적으로 가능하냐'입니다. 철학자로서 민족해방을 위해서 어떻게 싸워야 하나. 싸우는 방식에는 여러 가지가 있습니다. 이론투쟁도 있고, 조직적인 투쟁도 있고, 대중 계몽도 있고 너무나 다양하니까 그런 것을 이론가로서, 철학을 한 사람으로서 염두에 두고 쓴 글입니다. 다음에 한치진이라고 미국에서 공부한 사람이 있는데 이 사람의 철학이 현실과 무관하므로 문제가 많다고 비판합니다. 이런 전문적인 글을 포함해 상당히 많은 글을 계속해서 씁니다. 1932년에 쓴 「조선어철자법문제의 위기에 대하여」라는 글도 있죠. 「조선학 어떻게 수립할 것인가- 최근 조선학연구의 업적과 그 재출발」이라는 글을 동아일보 1934년 1월 1일자부터 시작해서 4회에 걸쳐 쓰기도 했어요. 그중 하나가 인문학박물관에 전시되어 있기도 하고요. 이 이후에도 동양사상과 서양사상에 대한 이야기, 금강산에 갔다 온 이야기 등 여러 가지를 씁니다.

1934년에 또 「나치스의 철학자 하이데거」란 글을 쓰는데요. 하이데거는 아주 유명한 20세기의 대표적 철학자죠. 한때 나치 추종자였습니다. 그래서 하이데거 사상이 일본에 들어올 때 좌파 입장에서는 하이데거를 나치철학자로 소개했고, 다른 한편으로는 존재론자로 소개했는데, 신남철은 좌파적 입장에서 하이데거를 비판합니다. 당시 일본은 국제 철학계의 흐름을 바로 직수입할 만큼 굉장히 빨랐기 때문에 일본을 통해 많은 자료가 전해졌습니다.

그리고 경성제국대학 철학과 교수들은 전부 동경제국대학 철학과 출신들입니다. 동경제국대학의 엘리트들은 국가에서 해외 유학을 2년씩 보냅니다. 독일에 2년씩 보내요. 이렇게 공부를 시키고 다시 데려옵니다. 그러니까 경성제국대학 철학과 교수들은 일본에 있는 교수들 중에서도 아주 쟁쟁한 사람들이었습니다. 나중에 일본 철학계에서 아주 중요한 역할을 한 사람들이 많았죠. 선배 교수들 중 신남철과 경성제국대학에 같이 다닌 김계숙 선생이라고 계셨는데, 이분이 돌아가시기 전에 만날 기회가 있어서 제가 경성제국대학 당시에 대해 물어봤습니다. 그 당시 철학과 일본 교수들은 굉장히 젠틀했다고 해요. 왜냐하면 서구철학의 보편주의적 입장에서 민족이라든가 국지적인 것에 관심이 없었으니까. 이에 반해 다른 학문 분야, 예를 들어 지나(중국) 연구나 조선 연구는 식민지정책학으로 만들어져서 일본제국으로부터 연구비 지원도 많이 받습니다. 경성제국대학에서 조선풍속연구, 조선신화연구, 고적연구 등 식민사관을 뒷받침하기 위해 온갖 조선 연구들을 다 하거든요. 지금도 일본인들이 한 그 연구가 아주 중요한 역할을 하는 분야도 있습니다. 반면에 철학과 교수들은 시킬 게 없었어요. 다 서양철학이니까. 한국유학연구 분야에는 다카하시 도오루高橋亨라는 연구자가 있었습니다. 하지만 철학과가 아닌 다른 분야에서 한국사상사를 가르쳤죠. 철학과 교수들은 식민지 대학의 교수라기보다 그냥 일반대학교 교수로서 서양철학을 가르치는 거예요. 다만 마르크스주의 같은 것은 안 가르친 것이죠. 그래서 다른 학문 분야의 교수들과 달리 신사적이고 좋았다고 그래요. 한글로 세미나를 할 때 일본인 교수들이 같이 참여했을 만큼 비교적 순수했다고 하는데, 글쎄…… 이것이 바로 현실의 함정일 수도 있지만. 그렇게 해서 철학이 현실에서 떠나 있었다고 볼 수 있죠.

1935년에 조선학에 대한 연구, 조선문학에 대한 연구가 나오면서 철학 쪽에서는 방법론의 문제가 중요하게 나타납니다. 이때 신남철이 「문화의 논리학에 대한 일 기여- 박 씨 문화사상 전반에 대한 비판」이라는 글을 『동아일보』에 발표하는데, 여기 나오는 박 씨가 열암 박종홍입니다. 앞서 소개한 것처럼 한국유학사라든가 한국철학계의 태두라 할 수 있는 사람이죠. 나중에 국민교육헌장을 기초했고 박정희정권 때 문교수석을 지냈습니다. 전체주의적인 면이 있어서 문제이긴 하지만 나름대로 민족중흥에 대한 사명감 같은 것이 있었다고 할까요. 그래서 대조적으로 비교가 됩니다. 신남철과 박종홍 외에 박치우란 철학자가 있었어요. 이 사람은 박헌영의 측근이었습니다. 조선공산당의 박헌영이란 이름으로 나오는 많은 글들을 박치우가 썼어요. 원래 정치가가 있으면 핵심참모들이 있잖아요. 박헌영이 북한에 갈 때 같이 갔다고 해요. 나중에 빨치산 유격대에서 핵심역할을 하는데, 정치국원으로 태백산맥을 통해 내려오다가 1949년 총에 맞아 죽습니다, 대표적인 철학자 중에는 박헌영의 측근이었던 박치우가 있었고, 신남철은 온건 좌파 백남운 쪽이었고, 열암 박종홍은 남한에 남아서 중요한 역할을 했습니다. 이 세 사람을 비교해보면 흥미롭습니다. 우리가 해방을 맞이하고 분단되는 과정에서 학자들이, 철학자들이, 그리고 지식인들이 어떤 식으로 삶이 갈리고 그 이후에 운명이 갈리는지 살펴볼 수 있죠. 함석헌 같은 경우도 박종홍과 평양고보 동기에요. 박종홍은 3·1운동 때 참여한 것에 대해 반성문을 쓰고 공립학교인 평양고보에 다시 들어가요.

청중　　함석헌은 평양고보에서 퇴학당하고 오산고로 갔어요.

김재현　　잘 아시네요. 함석헌은 3·1 운동에 주도적으로 참여했기 때문에 평양고보에서 반성문을 요구했는데 안 썼어요. 3·1운동 참여가 잘못한 일이었다고 쓸 수 없었던 거죠. 여기서 운명이 갈리죠. 이후 함석헌은 오산고에 가서 민족주의교육을 받고 유영모와 남강 이승훈도 만납니다. 함석헌 글에도 열암 박종홍의 이야기가 나와요. 여하튼 우리 현대사의 전개 가운데서 당대 지식인들의 삶이 어떤 계기로 달라졌는지, 내면의 사상이 어떻게 사람과 인생을 바꿔놨는지 읽을 수 있습니다.

1936~1937년 시기에 신남철은 특히 많은 글을 씁니다. 1941년에는 유진오에 대한 글도 쓰고, 문학평론도 쓰고. 1942년『매일신보』에「자유주의의 종언」이라는 글을 발표한 이후에는 일제의 전체주의가 강화되면서 글을 더 이상 안 쓰게 됩니다.

해방 후에는 본격적으로 정치활동을 합니다. 1945년에「역사발전과 개인의 실천」이라는 글이 나오는데 벌써 제목이 다르죠?『역사철학』에서 두 번째로 나오는 중요한 논문으로 헤겔에 대한 해석이 주요 내용입니다. 헤겔이 『역사에 있어서의 이성』이라는 책에서 나폴레옹 같은 세계적 영웅들이 시대정신을 구현한다고 하거든요. 개인은 개인의 열정과 자기 욕망과 목표를 가지고 살고, 영웅들을 통해서 시대정신이 실현된다고 봅니다. 마찬가지로 신남철 역시 헤겔을 공부했기 때문에 개인이 희생당하더라도 역사 발전의 정신은 구현될 것이라는 생각을 가지고 있었어요. 그러면서 헤겔을 재해석합니다. 저는 이 논문을 보고 굉장히 감동을 받았습니다. 그는 일제강점기, 해방 후의 상황, 분단의 상황, 통일에 대한 욕구 등으로 인해 생에 위협을 느끼는 가운데 아주 주체적으로 당시 실천적 지식인으로서 죽음에 대한 이야기를 씁니다. 나 개인이 희생당하더라도 역사가 발전한다면 희생할 수 있고, 지식인으로서 마땅히 희생해야 한다는 비장함도 드러냅니다.

그런데 재미있는 것은 유진오는 서평에서 이 같은 생각에 반대해서 '개인은 자기를 헌신·방기할 것이 아니라 자신을 주장·관철할 것이요, 죽음에 의하여 삶으로 전환할 것이 아니라 삶을 고집해야 할 것이다.'(1948년 3월)라고 주장합니다. 신남철은 죽음을 통해 영원히 사는 헤겔적인 역사철학을 실천적으로 해석한 것이고, 그러면서 생명의 위협을 느끼고 월북을 하면서 굉장히 불투명한 삶을 선택합니다. 반면에 유진오는 아직은 대한민국이 건국되기 전이고 북한도 좀 전체주의로 가는 게 아니냐는 예측도 하면서 '왜 우리 개인을 희생시켜야 하느냐, 우리 삶을 살아서 견뎌나가야지'라는 식으로 신남철의 주장에 대해 비판적인 글을 씁니다. 유진오는 이미 그때 미군정에서 대학 제도라든가 교육제도에 깊이 관여하고 있었거든요. 헌법 만드는 것에도 관여를 하고. 이런 점에서 차이를 읽을 수가 있죠.

그리고 1946년에 「희랍인의 세계관 투쟁과 소크라테스– 고대 세계에서 찾는 현 단계 영상」이라는 글이 나옵니다. 해방 직후에 쓴 글인데 『역사철학』에도 실려 있습니다. 그러니까 당시 사회정치적 현실 속에서 소크라테스의 죽음이 어떤 의미를 갖느냐는 거죠. 그것을 고대 철학사를 통해서 현 단계에 투영해 해석하는 거예요. 「르네상스와 휴머니즘」이라는 글도 있습니다. 인간이 중세적 질곡에서 벗어나서 역시 현 단계적 입장에서 르네상스를 불러일으켜야 한다, 민족문화에 르네상스를 불러일으켜야 한다는 내용입니다. 이것도 역시 이 책에 있습니다.

신남철의 또 다른 책 『전환기의 이론』에 수록된 글들은 대부분 정치비평적·시평적인 것입니다. 해방 직후 새로운 지도자를 뽑아야 할 필요성이 대두되었을 때 수많은 지도자가 등장합니다. 인촌 김성수, 백남운, 박헌영 등 온갖 지도자들이 등장하지요. 그 지도자론을 지식인들이 써요. 어떤 품성의 사람이, 어떤 전망을 갖고 있는 사람이 지도자가 되어야 하는지에 대한 원론적인 글입니다. 당시 김오성이 쓴 『지도자론』이란 책도 있어요. 『전환기의 이론』에는 「국립서울대학안과 나의 견해」, 「소위 국대안에 대해서」 등 당시 교육 문제, 민주문화 등에 대한 글이 많이 있습니다.

여러 가지 글을 쓰며 실천적인 활동을 하다가 1948년 6~7월경에 월북을 합니다. 월북 후 김일성대학의 철학과 교수로 서양철학사 등을 가르치고, 그 이후로 연구 발표한 글은 거의 없어요. 북한 체제는 개인의 저술보다는 집단적인 것을 많이 했기 때문에 개인적인 글은 별로 없고, 1957년이 되어서 「이율곡의 철학사상」이라는 글이 하나 나옵니다. 그 후에는 없고요. 앞에서 봤듯이 『전환기의 이론』은 정치비평 시론이고 그 외에 다른 글들은 문학, 학생에게 보내는 글, 개인적인 감상, 금강산 기행 등으로 다양합니다. 제가 처음 신남철을 연구하면서 이런 것들을 찾았는데 일제강점기에 나온 잡지에서 많이 찾았어요. 그런데 월북한 사람들의 이름을 대부분 지웠어요. 이름 전부를 지우지는 않고 가운데 글자를 지웁니다. 신O철, 이런 식으로. 일제강점기에는 검열을 받으니까 필명도 많이 썼어요. 'T기자'라고도 썼고, '남철'이라는 필명도 썼습니다. '천태산인'이라는 사람도 나오는데 천태산인은 우리 고전 한문학의 대가인 김태준이죠. 지리산 빨치산으로 잡혀서 죽습니다만 조선한문학사에 대한 연구자로서 대단한 분이었다고 해요.

오늘 강연의 주제가 신남철의 『역사철학』인 만큼 이 책에 대한 이야기를 좀 덧붙이지 않을 수 없는데요. 이 책은 일제강점기 해방 후의 구체적인 역사적 맥락에서 쓴 글들을 묶은 것입니다. 제1·3·5·7장은 주석이 붙은 전문적인 논문이고 제4·6장은 공개강좌의 초고로서 일반 대중을 상대로 쓴 글입니다. 이 글 모두에서 신남철의 치열한 역사의식과 문제의식을 읽을 수 있어요. 또 당대의 세계적 수준에서 논의된 철학적 담론을 우리 현실에 맞춰 비판적으로 소개하고 해석하는 태도는 오늘날 철학하는 사람들이 배워야 할 태도라고 생각합니다. 특히 해방 후에 쓰인 것들은 당대의 현실인식과 실천의식이 매우 잘 나타나 있어요. 고뇌하는 실천철학자로서 신남철의 모습이 매우 잘 드러난다고 할 수 있죠. 당시 시대적 분위기도 잘 반영하고 있고요.

그리고 이 책의 발간 배경은 서문에 아주 잘 나옵니다. '도둑처럼 갑자기 찾아온 해방'이라는 함석헌의 표현처럼, 해방은 갑자기 찾아왔습니다. 많은 지식인들은 정보가 제한되어 있었기 때문에 실제로 세계가 어떻게 돌아가는지 몰랐죠. 일본이 승리한 전쟁에 대한 보도처럼, 일본에 유리한 정보들만 부분적으로 알려졌으니까요. 단파방송을 듣거나 국제교류를 했던 사람들은 정세가 어떻게 돌아가는지 알 수 있었지만 이런 사람들은 극소수였고요. 여기 서문을 같이 읽어보면 이 책의 내용과 분위기를, 당시의 느낌을 알 수 있으리라 생각합니다. 중간중간 이해하기 쉽도록 제가 해설을 덧붙이겠습니다.

> "오래오래 두고 마음 속 깊이 간직하여 두었던 생각을 펼 수 있게 되었구나 하고 기뻐한 것은 8월 15일이었다. 이 땅의 모든 역사, 사회적·문화적 정황이 일제의 우민노예화정책하에서 그 본연한 정상의 발전을 하지 못하고 위축, 쇄잔해가서 거의 그 종국에 다다랐나 보다 하고 있을 즈음에", 거의 이렇게 생각했죠. 이제 우리는 희망이 없구나.

> "감격의 그날을 맞이하였던 것이다. 회생의 기쁨을 금치 못한 것이 어찌 나뿐이었으랴. 이 땅의 학술의 발전을 위하여 일상 마음먹은 것을 펴보려고 거의 침식을 잊고 애써도 보았다. 그러나 모든 사태는 당최 기념한 바와는 너무도 인연이 없는 것으로 변하여 갔다. 일제하에서 하고 싶은 말을 못하고 쓰고 싶은 글을 못 쓰고 화만 내던 사태가 역시 계속되는 것을 슬퍼하지 않을 수가 없었다."

해방되었지만 미군정이 들어오면서 다시 검열체제가 유지되니까. 또 통제가 되고 쫓기고. 해방 이후 남한의 여러 가지 정치적 사건들을 보시면 잘 알 수 있습니다. 그런 걸 표현하는 거죠.

> "이래고서야 어쩌나 하고 걱정하여 보나 이 거대한 전환기의 제상諸相이 적어도 일개 양식의 이성자는 되어야겠다고 골몰하는 나로서는 어찌할 수 없는 벅차고 쓰라린 순난의 비극임을 몸서리쳤다. 이 땅의 인민이 역사의 어느 페이지에서도 찾아보기 어려운 기구한 저주하에 생명의 약동이 거부되고 있음을 볼 때 나는 콜로사에이스인에게 보낸 파울로의 서간을 상기하지 않을 수가 없다. 파울로는 신앙사의 위협

을 예방하기 위하여 콜로사에이스 시민에게 그 글을 보냈으나 나는 지금, 이 땅의 인민적 광영을 위하여 감히 이 변변치 않은 소저를 감히 젊은 세대에게 보내려 한다."

신남철이 1947년 12월 11일에 서문을 쓴 것으로 되어 있는데 자기가 이전에 쓴 것들을 묶어서 젊은 청년에게 책으로 선보인다는 말이겠죠.

"파울로는 모든 속물적인 쾌감을 미래의 영상이라고 하여 그 영상의 본체를 지각하라고 타일렀다. 나는 그와는 다른 의미에서 되어가고 있는 모든 정치적·경제적·문화적인 이 슬픈 사태를 근원적으로 그것의 본질에서 인식 파악하여 주기를 바라마지 않는다. 과학적 진리의 세계에 들어가려고 할진대 위선 먼저 개개의 사건 현상을 전체와의 연관관계에서 근본적으로 분석하여 그 사회적인 본질과 의미를 탐색하여야 할 것이다. 일제시의 악몽이 완전 독립의 희망과 교차하여 우리의 뇌리에서 거래去來할 때 미래의 영상은 동시에 과거의 영상이기도 하지만 그러나 과거의 영상이 죽어버릴 운명을 악바지하며 연장시키려고 하는 곳에 이 애달픈 사태가 버려져가고 있는 것이다."

좌파 철학자로서 일제강점기의 억압적인 상황이 계속되고 친일파들이 다시 득세하는 등의 상황을 굉장히 비관적으로 안타깝게 보고 있는 부분입니다. 이 사람은 이런 과정에서 마침내 어쩔 수 없이 북한을 선택하게 된다고 할 수 있죠.

"지성과 학술, 과학의 사도이어야 할 이곳의 만천의 젊은 문화인 학도들은 순준고의(방황하면서 혼자 의심)할 것이 없이 결연코 나서서 이곳의 위대한 민족문화건설에 헌신하여야 할 것이다. 아무렴 순준회의도 좋다고 할 수 있다. 왜 그러냐 하면 회의는 관찰·숙려·탐구를 의미하기도 하는 것이고 결국은 그 관찰·숙려·탐구에 의하여 그는 그 사물에 대한 실천자로서 나타나지 않으면 아니 되는 까닭이다. 우리의 진정한 과학 문화가 일제에게 교살되는 위기에서 간신히 구출되려 하는 이 마당에 있어서 이 소저가 그들 젊은이들이게 행여나 무슨 예견을 줄 수 있다면 그보다 더 큰 기쁨은 없을 것이다."

이 뒤의 내용은 이 책에 수록한 글들이 언제 어디에 실린 것인지에 대한 간단한 소개이니 넘어가겠습니다.

"이것들은 모두 다른 정황과 조건 하에서 집필된 것이니만치 그 체제에 있어서 제일치 못한 감이 없지 않으나 적어도 그 내용에 있어서는 한 개의 체계적인 과학적 원리에 의하여 일관하려 하였고 또 그 정신에 있어서 현금의 역사, 사회적인 실정에 대한 비판적·실천적인 의의를 잊지 않으려고 하였음을 발견하여 주기 바란다. 부질긴 지성의 비판의 승리를 위한 세계적인 재탄생의 이 진통기를 당하여 이른바 철학하는 자의 할 일은 단순한 테오레인(정관靜觀)"

테오레인theorein은 희랍어로 바라본다는 뜻입니다. 로마 콜로세움에서 벌어지는 노예들에게 검투를 시키고 바라보는 것, 이게 테오레인입니다.

"테오레인이나 필레인[애고(愛顧, 고찰하는 것을 사랑하는)] 또는 드리네인(고민)만을 할 것이 아니라 크리네인(비판)하고 마케인(항쟁)하는 선구자가 되는 것이었다. 이것이 철학 하는 사람의 역할이다. 철학은 언제나 남의 뒤만을 따르는 것이 아니라 그 본질상 남의 해놓은 일을 언덕 삼아 그것을 딛고 넘어서 새것을 찾아내어 다 같이 나아갈 앞길을 예시하는 휠락스(감시자)이기도 하였던 것이다. 고대 아테나의 정치는 몇 사람의 이 휠락스에 의하여 지도되는 것이었다. 이곳의 과학도·철학도들은 좀 더 역사적 세계에 대한 통일적인 진리에의 감각을 촉발하여 주기를 바라마지 않는다. 이러한 관점에서 나는 역사철학에 대하여 보다 더 실천적인 적극성을 부여하고자 한다. 그것은 원죄에 의한 타락으로부터 최후의 심판에 이르는 초자연적인 역사의 철학도 아니며 절대이념의 자유로운 자기발전의 체계도 아니고, 또 기술된 역사의 반성적 사색도 아니다. 그것은 조금도 에누리 없이 정히 역사의 철학인 동시에 철학-사상의 역사이고 따라서 역사적 사회가 발전하는 근원적인 원리가 어떻게, 어디서, 무엇 때문에, 누구에 의하여 사유되어 어떠한 의의를 그때와 그곳의 인민에 대하여 가졌었느냐를 밝히는 것이어야 한다고 생각한다. 나의 이 소저는 이러한 관점에서 비록 각이한 정황과 조건 하에 집필된 독립한 논문들로 구성되기는 하였지만 하나의 체계를 가진 것이라고 감히 말하여 꺼리지 않는다. 끝으로 이 소저가 출판되게 된 데는 여러 지우의 권면도 있었지만 특히 전석담, 권혁창 양 씨의 호의에 감사를 표하여 마지않는다. 더욱 지금과 같은 정세 하에서 또 그 독자권에 상당한 제한을 예상하지 않으면 아니 되는 이런 류의 전문서가 간행되게 된 것은 오로지 양 씨의 성원에 의한 것이라고 하지 않을 수 없다".

이 책은 전석담이 운영한 서울출판사에서 나왔는데 이 전석담이라는 사람은 당시의 유명한 사회경제사학자입니다. 마르크스의 『자본론』 1권을 번역하기도 했어요. 해방 직후에 일본어로 된 『자본론』 1권이 있었는데 이걸 한글로 번역한 것이지요. 마르크스가 살아 있을 때 『자본론』 1권이 나왔고 마르크스가 죽은 뒤에 엥겔스가 2권과 3권을 펴냈나요? 그리고 4권이 나중에 다시 묶여져서 『잉여가치학설사』로 나옵니다. 제가 75학번인데 당시는 사상적으로 굉장히 통제가 심할 때라서 교수님들이 다른 한쪽 공부는 알아서 하라고 그랬어요. 다른 한쪽 공부라는 건 좌파 공부, 마르크스 공부죠. 국제사회로 나가려면 그쪽 공부를 안 할 수 없으니 알아서 하라고 했던 거죠. 그래서 마침 그때 전석담이 번역한 『자본론』 1권을 구해 복사해서 읽었어요. 읽다가 분위기가 이상하면 역사책을 읽었지요. 여하튼 『자본론』 1권은 한글로 읽고 2권은 영어, 3권은 일본어로 읽었어요. 전석담도 월북을 했죠.

이상으로 신남철과 그의 대표 저작인 『역사철학』에 대한 대강의 이야기를 마치겠습니다. 강의 내용과 관련된 것뿐만 아니라 그 이외의 질문도 괜찮습니다. 자유롭게 해주세요.

청중　　좋은 말씀 감사합니다. 처음에 제가 한 60여 년 전에 신남철 선생의 강의를 들었다고 했잖아요. 오래된 이야기고 제가 그 방면에 문외한이라 적절한 질문을 드릴 순 없는데, 단지 그때 신남철 선생이 르네상스에 대해서 무척 많은 시간을 할애해 강의했던 것이 기억나요. 강의에서 빈델반트라는 사람에 대한 이야기도 나왔는데…. 교수님께 제가 여쭤보고 싶은 것은 르네상스가 우리 문명사에 어떤 기여를 했고 어느 정도의 위치에 있는가, 신남철 선생이 어떤 뜻에서 르네상스를 강조했을까 하는 것입니다.

김재현　　신남철 선생의 강의를 직접 들으신 분이 계셔서 정말 반갑습니다. 이 책의 4장이 '르네상스와 휴머니즘'인데 일반 대중을 상대로 강의한 부분이죠. 르네상스란 말은 원래 불어입니다. 르네트르renaître에서 왔는데 네트르naître는 '태어나다'라는 뜻이고 르re는 '다시'라는 뜻으로, '다시 태어나다'라는 르네트르의 명사형이 르네상스renaissance입니다. 그래서 우리가 번역할 때는 '재생' 또는 '부흥'이라고도 하죠. 르네상스란 말하자면 15~16세기에 중세의 기독교가 지배했던 세상에서 벗어나 고대의 아테네 문명이 재생된 현상을 가리킵니다. 대표적으로 서양미술사에서 잘 나타나죠. 르네상스 시대에 그려진 보티첼리의 '비너스의 탄생' 같은 그림은 중세의 종교화와는 아주 뚜렷한 차이가 납니다. 고대 아테네는 종교에 의해 지배된 것은 아니거든요. 인간의 자유로운 정신과 육체를 있는 그대로 온전히 존중하면서 예술과 건축을 발달시켰는데 중세는 그렇지 않았죠.

중세 봉건제에서 근대사회로 전환되는 과정에서 종교개혁이 중요한 역할을 했고 다음으로 르네상스가 중요한 역할을 하는데, 르네상스는 이탈리아에서 시작돼서 전 유럽으로 퍼집니다. 흔히 이탈리아 문예부흥이라고도 하죠. 억압된 중세 체제를 깨고 나오는 다양한 예술운동, 문학운동 등을 통틀어서 부르는 말입니다. 신남철 선생이 강조하는 것은 일제강점기에 억압되었던 민족문화를 꽃피우기 위해 자유로운 정신이 필요하다는 점입니다. 르네상스 정신은 휴머니즘이거든요. 인간의 생동하는 모습이 강조됩니다. 반면 중세 기독교 시대에는 인간의 생동하는 모습이 오히려 억압되고 폄하됐죠. 중세 그림은 다 종교화입니다. 르네상스에 와서야 인간의 살아 있는 모습이 나와요. 마찬가지죠. 일제강점기 동안 얼고 죽었던 우리의 정신도 다시 살려야 한다는 겁니다. 그래서 대중 강연에서는 르네상스를 많이 이야기했던 것 같아요. 그 당시 단테라든가 레오나르도 다빈치 같은 서구 지식인들에 대한 이야기와 더불어 새로운 문예부흥, 문학인들의 역할에 대한 이야기도 했는데, 이 책에 보면 이런 내용도 나옵니다.

'현재 조선에 봉건주의로 돌아가려는 반동적 음모가 존재하는 한 우리 철학사상의 연구자는 당연히 그것과 투쟁해나가지 않으면 안 될 것이다.' 그러니까 과거의 봉건적인 관계 속으로 회귀하려는 경향에 대해서 르네상스적 정신으로 나가야 한다, 그리고 우리 젊은이들은 휴머니즘에 입각해서 르네상스 정신을 가지고 생동감 있게 실천하며 살아야 한다고 주장했다고 볼 수 있죠. 빈델반트Wilhelm Windelband는 서구철학사 전체를 해석해 『서양철학사』라는 책을 펴낸 사람인데 일제 때 지식인들이 이 책을 많이 읽었습니다.

청중　　빈델반트가 중세기 때 사람이에요?

김재현　　아니오. 현대 사람이죠. 현대 철학자입니다. 신칸트학파의 한 사람으로 20세기 초까지 활동했습니다. 본래 독일어 책이지만 일본어로 번역돼서 그 당시 많이 읽혔습니다. 일제강점기와 해방 후에도 서양철학사개론으로 가장 많이 읽힌 책이 빈델반트의 책이거든요. 신남철 선생이 자유로운 이성, 자유로운 정신, 인간 해방, 문화 부흥 등을 이야기하기 위해 서양 중세에서 근세로 넘어가는 과정에 발현한 르네상스와 휴머니즘을 설명하면서 한국사회에 적용한 거죠. 당대의 문제를 이 서양철학사를 이야기하는 사이사이에 집어넣어 서양을 소개함과 동시에 독자들이 현재 상황을 성찰하도록 글을 썼다고 할까요?

청중　　신남철 선생과 관계는 없지만 우리나라 소설론을 쓴 김태준 선생에 대해 혹시 말씀해주실 수 있나요?

김재현　　김태준 선생에 대해서는 서울대 국문과의 박희병 교수가 쓴 글이 있습니다. 상·하로 나눠 자세히 썼어요. 김태준 선생은 경성제대 나오고 한문학을 했죠. 한문학 실력이 워낙 좋아서 경성제대 강사를 했어요. 경성제대의 교수들은 전부 일본인이었고 한국인 전임교수는 아무도 없었어요. 강사도 잘 안 썼다고 해요. 이런 환경에서 강사를 했다니 실력이 얼마나 뛰어났을지 짐작이 갑니다. 『조선한문학사』라는 책도 썼는데 그 책이 지금도 대단한 수준이라고 하더라고요. 김태준 선생이 쓴 여러 글 중에 좌파적 입장에서 『춘향전』에 대해 해석한 것이 있습니다. 이 사람도 사회경제사 공부를 했고 좌파적 공부를 했으니까. 봉건제적 질곡 속에서 춘향이란 인물이 얼마나 계급타파적인지, 또 이 도령도 마찬가지고요. 도저히 현실적으론 불가능한 일 아닙니까. 아무리 사랑한다지만 관기의 딸과 과거급제한 사람이 결혼한다는 건 있을 수가 없죠. 『춘향전』의 판본도 여러 개라는데 이것을 본격적으로 연구한 김태준 선생이 처음으로 그렇게 해석을 했다고 해요. 그래서 계급관계를 타파하는 인간의 사랑이 갖는 위대함, 춘향의 여성으로서의 강건함 등을 읽어내고 전통적 해석과 완전히 다른 식으로 접근해서 상당한 센세이션을 일으켰다고 하더라고요.

일제 말에는 국내에 있으면 도저히 안 되겠다 싶어서 중국으로 갑니다. 중국으로 탈출해서 독립운동에 관련된 일을 하다가 해방된 후 들어와서 조선공산당 쪽에 관계합니다. 좌파 지식인으로서 문화·정치적인 글도 쓰고 하는데, 결국 나중에 지리산에서 잡혀서 총살당했다고 하네요. 소설가 이병주 선생의 『지리산』인가, 『관부연락선』인가요? 그 소설에 일제강점기에 징병을 피해서 지리산으로 들어간 젊은이들이 많이 나와요. 그중 박병태라는 인물이 있는데 이 인물의 실제모델이 김태준 선생이라는 이야기를 들은 적이 있어요. 김태준은 독일어도 아주 잘했다고 해요. 소설에는 지리산에서 자기들끼리 『자본론』을 읽는 장면도 나오고 단파방송을 듣는 장면도 나옵니다. 그러면서 정세를 파악하고 힘을 얻거든요. 김태준 선생은 정말 민족사 전체로 봐서도 아까운 사람이죠. 그렇게 일찍 돌아가신 건 큰 손실이에요.

청중　　　제가 어느 책에서 읽었는데 김태준 선생이 지금까지의 모든 생활을 청산하고 오직 학문만 연구하겠다, 나에게 학문을 연구할 수 있는 기회를 달라고 하면서 지리산을 나왔는데 이승만 정부가 그냥 사형을 시켜버렸다는 거예요. 이제 좌파니 뭐니 그런 것과는 관계를 끊겠다고 했는데. 저는 그때부터 이승만에 대한 의구심이 생겼어요. 제가 10대 때 어른들에게 들은 김태준에 대한 이야기는 교수님이 말씀하신 대로 한국인으로서 경성제대 강사를 할 만큼 아주 수재였다는 건데, 그런 인재를 처형하는 걸 보고 이건 아니다라고 생각하게 됐어요.

김재현　　　김태준 같은 경우는 경성제국대학의 강사가 됐다는 것이 신문에 날 정도로 유명했어요. 당시 경성제대에서는 조선인을 전혀 안 썼으니까요. 그런데 일본인 중에는 조선한문학사를 제대로 아는 사람이 없었죠.

청중　　　1930년대 때 정말 그 일이 화제였어요. 어려운 환경 속에서 경성제대에 진학했고 졸업과 동시에 강사가 됐는데 그때 공산당에 가입함으로써 파면당한 일이요. 그래서 아, 훌륭한 분이다라고 생각했는데 공부하겠다는 사람을 사형시킨다는 게 말이 안 되잖아요. 교수님 말씀을 듣다 보니 그때 생각이 간절하네요.

김재현　　　분단되는 과정에서, 그리고 전쟁 과정에서 아까운 인재들이 많이 희생됐죠. 『역사철학』 서문에도 비장하고 안타까운 감정이 잘 나타나고 있어요. 우리 현대사의 아픔과 비극이지요.

청중　　　그런데 지금 뉴라이트는 그것을 정당화시키려고 하잖아요.

김재현　그렇죠. 그쪽 입장에선 이승만이야말로 가장 정통적인 인물로 생각하고, 또 김대중, 노무현정권 시절을 잃어버린 10년이라고 말하고 있으니 그 발상 자체도 우습지만 역사의 연속성을 무시하는 거죠. 너무 정치적으로 해석해서 현실을 제대로 못 보는 것이 문제죠. 역사를 전체적으로 볼 수 있어야 하는데 너무 치우쳐 있습니다. 그렇게 해서 정치적인 힘을 계속 유지하겠다는 건데 상당히 안타깝죠.

청중　요새 한국의 뉴라이트 소속 학자들이 일본에 건너가서는 일본 사람들 덕택에 우리가 백화점 구경도 하게 되었고 뭐도 하게 되었다는 식으로 강의를 한대요. 그래서 굉장히 낯부끄럽다고 강덕상 교수가 쓴 글을 읽었는데 지금 뉴라이트 학자들이 일본에 가서 일본을 찬양하는 이야기들을 엄청 하는 모양이에요.

김재현　일제강점기를 보는 관점이 다릅니다. 이들은 식민지 지배를 통해서 우리나라가 어느 정도 산업화되고 근대화되었다는 입장이에요. 일제의 식민지 정책이 물론 부정적인 측면도 있지만 경제사적으로 보면 자본주의 발전의 토대를 깔았다고 보는 거죠. 전차 놔주고, 철도 놔주고. 다른 건 무시하는 듯합니다. 사실 그 시기 때문에 남북이 분단되었고 지금까지도 우리가 정치적으로 발전이 안 되고 있는데 이런 것들은 전혀 고려하지 않으니 난감하죠. 제가 공부를 하느라 일본에서 1년 정도 공부한 일이 있는데, 일본 사람들조차 안타까움을 표현합니다.

서양철학만 해서는 한국 현실을 알 수 없습니다. 나 자신을 이해하고 나를 둘러싼 역사적·사회적 삶을 이해하는 것이 중요한데, 서양철학만 공부해서는 안 되지 않습니까? 그러다 보니까 저는 선배들이 어땠는가를 공부하게 되고, 일본과의 관계를 연구하게 되고, 역사를 비롯한 다른 분야들을 공부하게 되었습니다. 이 공부는 결국 저 자신을 이해하는 밑거름이 되었고요. 서양철학만 하는 사람들은 일본을 잘 모르다 보니 한국현대사에 대해서도 잘 모릅니다. 그런데 제가 한국근현대철학사상사를 공부하기 위해 일본에 갔을 때 일본의 연구동향 등을 살펴봤는데 일본은 엄청나게 자료가 많아요. 일본을 공부하니까 중국도 보이고 미국도 보이는 거예요. 세계가 구체적으로 보이는 거예요. 남북한도 마찬가지고. 서양철학만 해서는 한국을 제대로 못 봅니다. 그럴 수밖에 없지 않습니까. 그래서 지금은 한국사회에 대한 논의가 나오면 대강은 이해하면서 그림을 그릴 수 있거든요. 하지만 미국이나 독일만 왔다 갔다 하면 현실적인 시각이 안 생겨요. 일본은 굉장히 중요하죠. 더구나 식민지, 해방, 분단과정, 그 과정에서 발생한 여러 가지 사건이나 인물들의 변화 같은 걸 모르면 현실을 이해할 수 없는 거죠. 함석헌 선생이나 열암 박종홍 선생, 신남철 선생 같은 사람들에 대한 구체적인 연구가 그래서 필요하다고 생각합니다.

그런 점에서 저는 참 다행이다 싶어요. 오늘 이런 자리도 오고. 저는 이 자리가 굉장히 의미있는데요, 신남철 연구를 해서 시민들에게 소개하는 이런 공적인 자리는 오늘이 처음이에요.

청중 북한의 철학은 철두철미 유물사관에 의한 그런 철학인가요?

김재현 해방 직후에는 마르크스-레닌주의에 입각한 철학을 받아들이고 또 소련의 영향도 컸어요. 그러다가 1960년대에 들어와 김일성 주체철학으로 바뀌죠. 유물사관은 객관적인 사물의 변화를 변증법적 유물론에 입각해서 보는데 주체사상은 그게 아니거든요. 인간이 중심이다, 인간이 주체다 하는 거니까. 제가 마르크스-레닌주의와 주체사상을 가지고 논문을 쓴 적이 있어요. 여하튼 1960년대 들어 주체사상이 본격적으로 나오면서 소위 소련 쪽에서의 마르크스-레닌주의에서 벗어납니다. 그러니까 현재 주체철학은 변증법적 유물론이라고 할 수 없죠. 완전히 벗어난 것은 아니지만 중심은 확실히 바뀌죠. 인간 주체, 주체사상으로 바뀌니까 중요한 차이가 있습니다.

북한은 가족국가적인 측면도 강하고 봉건적 요소도 여전하고 생산력이 너무 떨어지고 또 워낙 폐쇄적이라…. 북한은 그런 점에서 문제가 많죠.

이제 강의를 정리할까 합니다. 긴 시간 감사합니다.

2장

박치우

위상복 교수의

『불화 그리고 불온한 시대의 철학: 박치우의 삶과 철학』에 대한 서평

위상복 교수의 『불화 그리고 불온한 시대의 철학: 박치우의 삶과 철학』에 대한 서평(2012. 도서출판 길)

1

정년을 1년 앞 둔 전북대 철학과의 위상복 교수(이하 저자)가 41세 나이에 빨치산으로 죽은 한국의 현대 철학자 박치우(1909-1949)의 삶과 사상에 대한 방대한 책을 출간했다. 평자는 1975년 대학에 입학하여 철학을 공부하면서 철학과 현실의 관계에 대해 고민하면서 선배 철학자들에 대해 관심갖고 자료를 찾다가, 조희영 선생의 논문들을 읽으면서 월북 철학자들을 알게 되었다. 박치우의 『사상과 현실』, 신남철의 『역사철학』, 『전환기의 이론』을 힘들게 찾아서 읽고 월북 철학자들에 대해 연구, 발표도 하게 되었다. 저자는 평자의 저서인 『한국사회철학의 수용과 전개』(2002, 동녘)를 여러 군데 인용하면서 때때로 비판도 하고, 자신의 다른 입장을 제시하기도 한다. 평자로서는 정말로 반갑고 고마운 일이다.

저자는 이 책의 주요 목적을 "박치우와 관련된 여러 사태들이나 글들을 있는 그대로의 자료들로 제시"함으로써 "거의 잊혀버린 박치우를 복원"(15쪽)하는 데 있다고 한다. 그는 "박치우의 철학사상적 여정과 생애 자체가 우리 현대사의 질곡 속에 그대로 고스란히 담겨"있으므로 "그것들을 전체적으로 정리하는 것 자체가 무척 버거운 일"(811쪽)이라고 고백하기도 한다. 이 책을 읽으면서 저자의 자료에 대한 집요함과 끈질김 그리고 박치우에 대한 애정과 분단현실에 대한 안타까운 마음 등을 잘 느낄 수 있었다. 우선 분단 현실에 대한 문제의식을 가지고 그 동안 잘 알려지지 않았던 자료들을 철저하게 수집하고 연구하여 대작을 써주신 저자에게 감사와 존경의 마음을 전해드린다.

2

이 책은 6부로 나뉘어져 있지만 서론과 결론을 빼고 크게 묶으면 2부의 경성제국대학(51-316쪽) 3부의 박치우의 삶, 또는 생애의 기록(317-478쪽) 4부의 박치우의 철학사상 1, 5부의 박치우의 철학사상 2(479-802쪽)로 이루어져 있다.

2부에서는 경성제대 철학과 학생들에 대해 한명한명씩 매우 자세하게 언급하고 『신흥』, 철학연구회와 『철학』에 대해서도 상세히 다룬다. 그리고 『철학』에 글을 게재한 여러 철학자들(이재훈, 박종홍, 안호상, 신남철, 박치우, 전원배, 권세원, 이종우 등)과 글의 내용을 상세히 분석한다. 그러므로 2부의 내용과 분량 만으로도 일제강점기와 해방 후 분단에 이르기까지의 한국현대철학사상사 연구로서 하나의 단행본이 될 수 있을 것 같다.

3부에서는 박치우의 삶을 네 단계 즉 출생부터 경성제대 이전, 경성제대 시절, 경성제대 졸업 이후부터 해방까지, 해방공간과 분단체제로 고착되어가면서 죽음에 이르기까지의 시절로 나누어 매우 상세하게 고찰한다. 한국의 현대철학자 중 한 사람의 삶을 이렇게 자세하고도 구체적으로 다룬 책은 처음이라고 생각한다.

저자는 일본인 교수가 '일본에서도 보기 드문 천재'라고 말할 정도로 박치우는 매우 뛰어난 학생이었음을 드러내기 위해 김태준과 신남철의 경성제대 성적표와 비교하고, 박치우가 매우 인간적이었고 주위 사람들의 존경을 받았음을 제시하기도 한다. 저자는 그러면서도 "왜 임화나 이원조처럼 북에 남지 않고 스스로 총을 들고 남하하여 유격대 투쟁에 뛰어들었을까"(474)라는 의문이 완전히 풀리지 않는다고 말한다.

4부에서 저자는 박치우의 저서 및 글들에 대한 상세한 목록을 제시하고 초기의 글들을 중심으로 분석한다. 『박치우전집: 사상과 현실』(윤대석·윤미란편, 인하대학교출판부, 2010년 7월)에 박치우의 글과 목록이 거의 다 나와 있지만 이 책에 없는 일제강점기의 자료 몇 편과 해방 후의 여러 편의 글들이 나온다. 5부에서는 박치우의 유일한 저서인 『사상과 현실』을 중심으로 사회정치철학 비판, 역사철학 비판, 문화철학 비판, 기타 비판적 단상과 단편들을 다룬다. 4,5부를 통틀어 일관하는 것은 박치우의 시대에 대한 인식과 위기 철학이며 전체주의 비판과 파시즘 비판이다. "박치우에게 철학은 무엇보다도 이데올로기의 하나이며, 그 사회적 지반을 반영하는 이데올로기로서 '사회적인 의식'의 형태에 지나지 않는다." (631쪽)

3

평자의 관점에서 이 책이 갖는 의의, 특징과 장점들을 간단히 언급하겠다.

첫째, 이 책은 "우리가 과거의 자료들을 얼마나 불성실하기 짝이 없는 무관심 속에 버려두었는가를 뼈저리게"(14쪽) 느끼게 하면서 우리의 역사의식, 현실의식에 대한 각성을 불러일으킨다. 저자의 이 책은 불행한 식민지의 역사와 분단의 역사 속에서 비극적인 죽음을 맞고 잊혔던 수많은 사람들 중 한 철학자를 매우 충실하게 복원했다는 점에서 큰 의의가 있다.

둘째, 박치우가 박헌영의 비서 또는 직계였다는 종래의 해석(필자의 해석도 이에 들어감)에 대한 의문과 반론이다. 저자는 박치우가 "나는 정치와는 거리가 먼 일면서생一面書生"이라고 한 점에서 진지하고도 논리적인 철학자였으며 따라서 "언제나 반성을 통해 철학적이고 사상적인 길을 걷고자 했지 어떤 정당이나 단체의 이데올로기를 추구하려 하지는 않았다"(830쪽)고 평가한다. "해방 이후 그가 남로당이나 박헌영과 맺었던 관계가 더욱 세밀하게 밝혀져야 하겠지만, 그러나 그의 생애와 철학사상을 단순히 남로당의 사상적 노선에 귀속된 것으로만 이해하는 것은 지나친 속단이거나 왜곡일 수 있을 것"(830쪽)이라고 말한다. 즉 종래의 해석은 주로 해방 후에 나타난 그의 글을 통해 이루어졌지만 저자는 "일제시기 그의 자유주의 및 시민사회에 대한 비판과의 연관 속에서 파악"하면 "부르조아 민주주의에 대한 박치우의 비판은 남로당의 '8월 테제'에 따른 전략적인 단계적 혁명론이라기보다는 그의 철학사상적인 이론적 구명에 한정해서 주장하는 원칙론"(692쪽)에 가까운 것으로 그는 "부르조아 민주주의에 대한 단계적 혁명론을 주장하지 않았"(693쪽)고 '근로인민민주주의'를 주장했다고 본다. 이러한 주장은 상당히 설득력이 있지만 논쟁이 될 것으로 보이며 보다 철저한 연구를 통해 밝혀져야 할 문제라고 생각한다.

셋째, 김윤식을 비롯한 일부 문학평론가들이 박치우가 『인문평론』(1940.7)에 '동아협동체론의 일 성찰'을 썼다는 사실 만으로 그를 '친일비평가'로 평가하는 것에 대한 반론이다. 저자는 이 글과 '전체주의의 논리적 기초'(『조광』1941년 1월)에 대해 자세히 분석하면서 이 두 글은 전체주의가 강화되는 일제 말에 전체주의의 논리와 철학을 비판하는 것으로 "이처럼 비판적인 글을 쓸 수 있다는 것은 상상하기 어려운 일"(375쪽)로서 동아협동체론이 "전체주의적 논리에 기초한 반변증법적인 비합리주의를 근간으로 하는 한 실패할 수밖에 없다는 것을 암시한다"(655쪽)고 해석한다. 당시의 검열상황을 고려하고 다른 필자들의 글과 비교해서 자세히 살펴본다면 저자의 해석이 맞는다고 할 수 있다. 또한 그 이후의 박치우의 행적을 통해서도 검증이 된다고 할 수 있다.

넷째, 저자는 박치우를 통해 박종홍을 읽고 박종홍을 통해 박치우를 읽으면서 이 두 사람을 비교 고찰한다. 특히 일제 말 박치우는 김태준처럼 중국으로 피신하여 자신의 논리를 지키면서 저항을 계속했음에 비해 박종홍은 조선총독부 학무과에 촉탁으로 들어가 결국 "식민지 지식인의 굴종"의 길로 나갔음을 밝힌다. 이들이 일제 말에 선택한 현실은 이들의 "행동 및 실천의 차이를 극명하게 드러내 준다"(576쪽) 두 사람 모두 실천을 강조했지만 결국 박종홍은 전체주의적 실천을 통해 세속적 명예와 복을 누렸고, 박치우는 역사의 소용돌이에서 자신의 양심과 지식인으로서의 사명감에 따라 변증법적인 실천을 하다 '빨치산'으로 사살되는 비극적 삶을 살았다. 특히 저자는 "박치우의 관점에서 박종홍의 철학사상을 약간 비판적으로 서술하였다"고 말한다.

다섯째, 이 책은 박치우의 언론활동과 정치활동에 대해서도 자세히 해명한다. 박치우는 '현대일보'를 창간하여 편집인 겸 발행인으로 1946년 3월 25일부터 9월 6일까지 약 5개월 간 일요일에도 쉬지 않고 매일 신문을 발간했으며 저자는 사설 중 상당수가 박치우의 글이라고 추정한다. 해방 직후의 상황이 철저한 실천철학자인 박치우를 언론활동과 정치활동에 몰두하게 했다고 볼 수 있다.

4

서평자로서 비판적 역할을 하기 위해 몇 가지 논쟁점에 대해 문제를 제기하고 비판적 언급도 간단히 하겠다.

첫째, "박종홍의 경우 적어도 1940년부터 1945년까지의 행적이 묘연할 뿐만 아니라 더욱이 1945년부터 1953년까지의 일들은 투명하게 알

져진 것이라곤 거의 없다"(49쪽)고 서술하고 있는데 이는 사실과 차이가 있는 것으로 보인다. 해방 전후의 삶과 활동에 대해서 어느 정도 알려져 있고 또 전쟁 기간 동안에는 김성칠의 일기를 추려 간행된 『역사 앞에서–한 사학자의 6·25일기』(창작과 비평사, 1993)에 잘 나타난다. 이 책에서 자주 나오는 '박선생님'은 박종홍을 가리킨다. 이외에도 박치우의 입장에서 박종홍을 비판적으로 해석하다보니 박종홍 사상을 거칠게 평가하는 점들이 여러 곳에 나타나는데 이 또한 논쟁거리가 될 만한 것이다.

둘째, 저자가 경성제대에 대해 고찰하면서 "우리는 경성제대에 대해 잘 모를 뿐만 아니라 그에 대한 연구도 거의 없는 실정이다"(56쪽)라고 서술한 것은 최근의 연구 성과를 충분히 반영하지 못했기 때문이다. 평자의 「한국에서 근대적 학문으로서 철학의 형성과 그 특징 –경성제대 철학과를 중심으로」(『시대와 철학』2007, 가을)를 비롯해, 경성제대에 대한 본격적 연구로 정준영의 서울대 박사학위논문인 『경성제국대학과 식민지 헤게모니』(2009)나 정근식외 공저 『식민권력과 근대지식: 경성제국대학 연구』(서울대학교출판문화원, 2011) 등이 최근에 나오고 있다.

셋째, 저자는 박치우나 신남철, 박종홍 등의 철학도들이 당시 일본의 마르크스주의 철학자로 널리 알려진 미키 기요시(三木淸)로부터 영향 받았음을 언급하고 있지만 구체적인 영향 내용에 대한 분석은 부족하다. 물론 저자는 이 작업을 앞으로의 과제로 제시한다. 일제강점기와 해방 후의 한국철학사상사를 제대로 밝히려면 동아시아적 맥락에서의 영향사적 연구가 필요하리라 생각한다.

넷째, 저자는 철학적 입장이 다른 박종홍이 박치우의 『사상과 현실』에 대한 호의적 서평을 쓴 것(「경향신문」 1946.12.12)에 대한 의문을 제기하면서 방기중의 연구를 토대로 "민족문화연구소의 공동주관으로 1946년 9

월 말부터 1년여에 걸쳐 개최된 인문과학 강좌의 연사로 참여하여 신남철 등과 함께 서양철학과 칸트와 헤겔철학을 강의한 것 등"(615, 778쪽)이 그 계기가 되었을지도 모른다고 본다. 그러나 평자가 보기에 당시 급변하는 정치상황 때문에 강좌 중 일부는 계획된 것으로 그치고 실제로는 정치적 입장의 첨예한 표출 또는 그러한 현실 때문에 실행이 안 되었을 가능성이 크다. 박종홍의 연보에는 이 강좌에 대한 기록이 없다.

다섯째, 철학연구회의 결성 시기에 대한 논의(94, 198쪽)라든가 박치우의 활동이나 철학사상을 서술하는 과정에서 중복되는 부분들이 나타나는데 이러한 서술방식은 저자도 인정하듯이 연구 기간이 길어짐으로써 생긴 것이긴 하지만 독자들에게는 긴장감이 떨어지는 것은 사실이다.

여섯 째, 저자는 박치우의 철학사상은 "분명하고도 명쾌한 서술형식"을 갖는 "비교적 단순한 구성체계"이며 그 핵심은 "변증법적 유물론"에 입각한 "시대의 위기에 대한 철학적 분석과 비판"(591쪽)이며 이를 바탕으로 실천을 지향하는 것이었다고 본다. 그런데 그의 철학사상을 제4부와 5부로 나누어 길게 서술할 필요가 있었을까 하는 의문이 든다.

마지막으로, 아주 사소한 것이지만 동명이인同名異人인 유진오를 찾아보기에서 한 사람으로 다룬 것, '야끼나오시'(원작의 재탕) 등과 같은 몇 가지 일본어에 대한 번역이 없다는 것 등은 '옥의 티'라고 할 수 있을 것이다.

이 책은 한국에서 철학하는 사람이라면 일제강점기와 해방 직후 철학계의 상황과 분단된 현실에 대한 이해를 위해 그리고 한국현대철학사상사에 대한 이해를 위해 반드시 읽어야할 책이라고 생각한다.

3장

박종홍

김석수 저, 『현실 속의 철학, 철학 속의 현실: 박종홍 철학에 대한 또 하나의 해석』에 대한 서평

김석수 저 『현실 속의 철학, 철학 속의 현실: 박종홍 철학에 대한 또 하나의 해석』에 대한 서평

책에 대한 반가움 그리고 실망

김 교수의 책에 대한 소개를 신문에서 보면서 이런 종류의 책이 나온 것에 대해서 우선 반가웠고 그 내용이 어떨까 궁금했다. 마침 『아카필로』에서 서평을 부탁받아 책을 받자마자 바로 읽기 시작했다. 그런데 책 첫 장의 문제제기(5쪽, 이 글 2장의 문제제기)를 보면서 이해가 잘 안되었고 제 1장 '20세기의 우리철학' 첫 부분에 "우리에게 20세기는 베풀고 나누어 준 역사라기보다는 살아남기 위한 몸부림의 역사라고 해도 지나치지 않다"(17쪽)라는 문장을 보면서 멈칫거리게 되었다. 왜냐하면 세계사에서 '베풀고 나누어 준 역사'가 있었는지 의문이 들었기 때문이다. 저자의 역사인식에 대해 의심하면서 책을 계속 읽어나갔다.[1] 그러나 읽어갈수록 문제점을 많이 발견하게 되었고 책을 덮으면서 저서에 대한 실망

---

1 저자의 역사인식 상의 문제점들은 저서의 곳곳에서 드러난다. 두 가지 예만 들어본다. "여운형이나 백남운은 민족주의와 사회주의를 결합하려는 중도좌파의 길을 가려했을 때 박헌영에게 밀려났고 김구는 민족주의적 입장에서 미국의 입장을 종합하는 중도 우파의 길을 가려했을 때 이승만의 우파 논리에 밀려났다. 이렇게 밀려난 이들의 입장이 옳지 않다거나 무의미하다고 볼 수는 없다. 다만 이들의 주장에 현실에 대한 체계적이고 과학적인 분석이 결여되어 있었다는 데 문제가 있었다. 그로 인해 이들은 자신들이 이론적으로 설정하고 있었던 지향점에 다다를 수 없었다"(79쪽) "우리의 현대사를 돌아볼 때 해방 전에는 국가나 국민이 모두 민족주의라는 기치 아래서 변증법이 지니고 있는 부정의 힘을 중시했다면, 그 후 특히 6·25전쟁 후에는 지배자는 지배를 정당화하는 관점에서 변증법이 지니고 있는 합의 힘을 중시했다. 반면 민중은 국가 중심의 독재 논리에 저항하는 관점에서 변증법이 지니고 있는 부정의 힘을 중시했다."(136쪽)

을 하지 않을 수 없었다. 물론 저자는 이 책이 "박종홍 철학에 대한 완결된 안내서가 아니며" "문헌학적 작업으로는 일정 정도 한계가 있었다"(10-11쪽)고 고백하면서 자신의 연구의 미흡함을 스스로 인정하고 있지만 평자가 보기에는 이 정도의 변명으로 넘어갈 문제가 아닌 것으로 생각된다.

물론 이 책은 저서의 형태로 열암의 박정희 정권 참여에 대해 본격적인 논의의 실마리를 제공했다는 점에서 긍정적으로 평가할 수 있다. 하지만 이하에서 살펴보듯이 문제가 많은 책이라 생각한다. 평자는 중요하게 생각되는 몇 가지 문제점을 제기하면서 평자의 견해를 밝히고자 한다. 이 글이 저자 또는 다른 학자와의 보다 생산적인 논쟁으로 발전될 수 있기를 기대한다.

문제제기의 잘못과 역사적 고찰의 미흡

저자는 이 책 첫머리에서 "박종홍은 전반기에는 실천을 그토록 강조했음에도 불구하고 왜 사회주의적 행동가로 나서지 않았고, 후반기에는 유신독재가 진행되는데도 불구하고 현실에 참여했을까? ... 그는 왜 유신정권에 참여하는 철학을 했을까?"(5쪽)라고 묻고 있다. 이 문제제기에는 일제 하 때 실천을 강조했으면 사회주의적 행동가로 나서야 했고 유신독재가 진행될 때 박정희 정권에 참여하지 말아야 했다는 전제가 깔려있다. 이는 열암은 "행동으로 보여주어야 할 때 보여주지 못하고, 행동으로 보여주지 말아야 할 때 행동으로 보여주는 불행한 결과를 낳았다"(73쪽)는 평가에서 잘 드러난다. 그리고 이렇게 된 이유는 "현실에 대한 과학적이고 객관적인 분석"(169쪽)의 결여, "마르크스주의가 강조하는 과학적 사회분석”(78쪽)의 결여 때문에 “감성적 민족주의”(78쪽)에 빠져서 그렇다는 것이다.

그런데 일제 때 사회주의적 행동가로 나섰으면 후반기 박종홍의 철학이 제대로 형성되었을 것인가? 그리고 마르크스적인 냉정한 과학적 태도의 결여 때문에 박정희 정권에 참여했던 것인가? 이러한 문제제기는 처음부터 잘못된 것이었고 따라서 평가 역시 잘못될 수 밖에 없었다고 생각한다.

또한 열암이 “유신독재가 진행되는 데도 왜 유신정권에 참여했을까”라는 질문은 역사적으로 정확하지 않은 질문이다. 왜냐하면 열암은 이미 1968년에 국민교육헌장 작성에 주요 역할을 한 후 70년에 대통령 특별 보좌관 임명을 받고 유신이념의 창출에 깊이 개입했으며 유신독재는 1972년 ‘10월 유신’을 거쳐 확립되기 때문이다.

또한 저자는 열암의 전기철학과 후기 철학을 나누어 이 두 시기의 철학함에 일관성이 없다고 평가하는데 이 평가에도 문제가 있다. 왜냐하면 민족주의자로서 열암이 겪은 초기의 현실은 식민지 지배 하에 있었으므로 모순적 현실과 주체는 서로 적대적 관계였지만 그러나 해방 후, 더구나 대한민국 수립 이후 부정의 사상이 민족의 자주발전을 위한 주객의 종합 진보를 위한 낙관적 의욕과 건설의 사상으로 전환되는 것은 어떤 면에서는 당연한 귀결일 수 있기 때문이다.

전체적으로 보아 저자는 정확하지 않은 역사인식과 박정희 정권에 대한 부정적 평가를 기초로 인생의 후반기에 박정희 정권에 참여한 박종홍 철학의 문제를 고찰함으로써 박종홍 철학 전반의 부정적인 측면을 지적하고 비판한다. 이는 마치 하이데거의 일시적인 나치 참여 때문에 그의 철학 전체를 완전히 부정하는 것과 같은 입장이라 할 수 있다. 이러한 입장은 학문적으로 성실한 입장이 아니다. 우리는 하이데거의 나치 참여가 그의 전기 철학, 후기 철학 그리고 전체적인 하이데거 철학 사상과 어떤 관련이 있는가를 정확하게 밝혀 낼 필요가 있으며 이러한 엄밀한 연구를 토대로 하이데거에 대한 평가를 제대로 할 필요가 있다.[2] 이는 열암의 경우에도 마찬가지이다.

텍스트 읽기의 문제: 박종홍과 미키 키요시

저자는 열암의 텍스트 읽기에 대해 매우 비판적이다. "마르크스주의와 관련하여 그(열암)의 텍스트 읽기 방식은 매우 자의적"이며 "전반기에는 마르크스주의적 관련 문헌을 인간주의적 유물론으로 읽어내려고 했다면 후반기에는 기계론적 유물론으로 읽어내려는 경향이 매우 강했다" 그러므로 "그의 텍스트 읽기에서 입장변화는 쉽게 수용하기 어렵다. 그는 텍스트를 이론적으로 분석하는 데 논리적 모순을 범하고 있다"(111쪽)고 평가한다. 즉 열암은 "마르크스주의에 관한 텍스트를 비일관적으로 읽고 있다. 그는 현실에 너무 비중을 둠으로써 텍스트가 본래 지니고 있는 객관적 입장을 읽어내는 데 학자로서 그 의무를 충실히 하지 못했다"(232쪽)고 비판한다.

그러나 이러한 비판은 열암의 독서편력과 1920년대 후반과 30년대의 일본철학계와 경성제대의 학문적 분위기 그리고 해방 후 남한사회

2 최근에 하이데거의 나치 참여 문제를 그의 철학사상과 연관시켜 상세히 고찰한 훌륭한 책이 나왔다. 박찬국, 『하이데거와 나치즘』, 문예출판사, 2001. 박종홍에 대해서도 이 책의 저자와 같은 자세를 가지고 제대로 된 연구를 해야 할 것이다.

에 대한 몰이해에서 나온다고 할 수 있다. 1930년대 당시 신남철, 박치우를 비롯하여[3] 열암도 일본철학계의 영향을 크게 받았다. 그 중에서도 특히 미키 키요시의 영향이 컸다. " 일본 철학자 가운데서 박군은 특히 미키 키요시를 높이 평가하고 있었습니다. 특히 미기가 당시 일본사상계를 풍미하고 있던 마르크시즘을 하이데거의 존재론적 입장에서 해석하려는 시도에 큰 흥미를 보이고 있었던 것 같았어요. 니시다(西田)는 대단치 않게 여기고 있었고 오히려 박군은 타나베(田邊元)에게서 영향을 받았다"[4]고 할 수 있다. 우리는 신남철의 경우와는 달리 열암의 글에서 마르크스주의 텍스트를 직접 읽었다는 흔적을 찾기 어렵다. 추측컨대 미키의 글이 당시 열암이 접한 마르크스주의의 주요 텍스트가 아닌가 생각된다.[5]

또한 저자는 현대 해석학의 기본원리를 이해하고 있지 못한 것 같다. 왜냐하면 "텍스트가 본래 지니고 있는 객관적 입장"(232쪽)을 강조하면서 박종홍이 학자로서의 의무를 충실히 하지 못했다고 비판하는데 이는 매우 섣부른 비판으로서, 텍스트 자체의 객관적인 입장은 있을 수 없

3 신남철·박치우에 대해서는 졸고 「일제하, 해방 직후의 맑시즘 수용-신남철을 중심으로」, 철학연구회, 『철학연구』제24집, 1988, 겨울; 「월북철학자들」, 한국철학사상연구회, 『시대와 철학』제1호, 천지, 1990.6; 「일제하부터 1950년대까지 맑스주의의 수용」, 서울대 철학사상연구소 엮음, 『철학사상』제5호, 1995 참조.

4 이재훈, 「만학·만혼·만성의 대기」, 열암기념사업회 엮음 『스승의 길』증보판, 천지, 1998, 37쪽(초판은 1977년에 나옴.).

5 미키는 1927년 6월 '인간학의 맑스적 형태', 8월에 「맑스주의와 유물론」, 12월에 「프래그머티즘과 맑시즘의 철학」 등을 『사상(思想)』지에 발표했다. 이 외에 미키는 「위기에 있어서의 이론적 의의」(『개조(改造)』 1929.1), 「위기의식의 철학적 해결」(『이상(理想)』 1932.11), 「위기에 있어서의 인간의 입장」(1933.6) 등을 썼다. 미키가 일본철학계에서 차지하는 위치로 보아 한국의 철학 1세대인 신남철·박종홍·박치우 등에게 상당히 큰 영향을 줬으리라 짐작할 수 있다.

다는 것이 하이데거의 영향을 받은 가다머 이후 현대해석학의 상식이기 때문이다. 이 비판은 오히려 저자 자신에게 다시 돌아가야 할 것이 아닌가 생각한다.

박종홍과 마르크스주의

저자는 "박종홍은 해방 전에는 마르크스주의에 대해서 긍정적"(103쪽)이었으며 더 나아가 마르크스주의는 "저항의 논리가 작동하던 시기에 그(열암)를 지탱해 주었던"(178쪽) 이념으로 해석하고 있다. 그리고 해방 후, 특히 6·25전쟁 이후에는 마르크스주의에 대해 비판적이었다고 해석하면서 마르크스 해석에서 열암 철학이 "불일치"(116쪽)를 보여준다고 비판한다. 그런데 이 비판 또한 전혀 근거 없는 비판이다. 왜냐하면 평자가 보기에 열암은 일제하에서도 마르크스주의 또는 변증법적 유물론에 친화적이었다고 해석할 수 있는 자료를 발견하기 어렵기 때문이다.

열암은 어릴 때 한문을 배웠고 고등학교 시절에 3. 1운동에 가담하여 20일간 옥고를 치룸으로써 이를 계기로 '우리 민족'을 자각하고 민족의 역사와 문화, 사상, 철학에 대한 관심을 확대시켜 나갔다. 그는 대학 입학 전에 이미 「조선미술의 사적 고찰」, 「퇴계의 교육사상」 등의 글을 발표했다. 그러므로 열암에게 민족문제가 근원이며 특히 퇴계의 영향이 컸다. 이는 저자도 인정하고 있다. "민족문제에 대한 그의 관심은 그의 철학의 밑거름이 되었다. 그래서 그는 현실에 바탕을 두지 않는 철학, 실천과 결부되지 않는 이론을 강력하게 비판했다."(29쪽) 그런데 1920년 중반 경에 당시 민족문제와 관련하여 민족주의자와 사회주의자 간에 심각한 논쟁이 있었으며 열암은 이 논쟁에 직접 참여하지 않았지만 이 논쟁을 알고 있었으리라 추측할 수 있으며 1920년대 후반에 이미 열암은 민족주의자로 충실히 남는 것으로 해석할 수 있다. 왜냐하면 1927년경 사회주의적 실천가인 한 친구와의 만남을 회고한 글을 통해 우리는 그가 마르크스주의로부터 상당히 거리를 뒀음을 알 수 있다.[6] 또한 신남철이 마르크스주의적 입장에서 미키가 시도한 "인간학적인 하이데거적 변증법적 해석에 의한 마르크스주의에 대한 새로운 정초"[7]는 역사적 구체성을 무시한 것이라고 미키를 비판하는 것에 반해, 열암은 니시다의 관념주의적 경향에 대해 비판적이면서 당시의 유명한 일본 철학자인 미키에 대해서 전혀 언급이 없다는 것도 이를 뒷받침한다고 볼 수 있다.

또한 1935에 박사점朴士漸이란 필명으로 「조선문화의 유산과 그 전승의 방법」이란 글에서 조선문화의 특수성을 강조하면서 마르크스주의자이자 『조선사회경제사』의 저자인 백남운의 보편적 법칙을 강조하는 역사인식을 비판하였다. 여러 가지 정황이나 자료로 볼 때 그의 학문방법론이나 태도에서, 그리고 해방 3년간의 열암의 연구방향이나 실천양식을 볼 때 일제강점기에 마르크스에 친화적이었다고 볼 수 없다. 그러므로 저자가 열암이 신남철, 박치우와 유사하게 일제강점기에 마르크스주의에 친화적이었다고 하는 주장은 근거가 없는 것이다. 열암은 일제 때에도 마르크스를 제대로 공부한 적이 없으며 해방 후에는 남북분단의 과정에서 『일반논리학』을 저술하는 등 현실과 거리를 둠으로써

6 졸고 「열암 초기 '철학함'의 특징」, 『현실과 창조』 제2권, 열암기념사업회, 2001, 155쪽.
7 신남철, 『역사철학』, 서울출판사, 1948, 142쪽.

신중하게 학자로서의 삶을 살았다. 그리고 1950년대에는 개인적으로도 마르크스주의와 멀었고 또한 반공을 중시했던 남한 사회의 지도적인 철학자로서 마르크스주의를 비판한 것은 당연하다 하겠다. 그러므로 마르크스주의에 대한 열암의 해석에는 뚜렷하게 구분되는 "불일치"가 없다고 할 수 있다.

박종홍과 박정희 정권

저자는 "우리를 가장 슬프게 하는 것은 유신정권과 박종홍 철학의 만남이다. 유신은 박종홍의 창조논리가 궁극적으로 지향하고 실천하고자 하는 것"(164쪽)이었으며 열암이 "현실과 부정성을 강조했음에도 불구하고 그의 이론은 자신의 의도와는 무관하게 정열적인 민족주의의 옷을 입은 유신정권의 정신적 토양을 강화시키고 구속과 지배를 오히려 정당화하는 역설적인 상황을 만들어낸 것이다"(158쪽)고 평가한다. 그러면서 "한 시대의 위대한 철학자가 절실한 정열에만 몰입하여 현실의 모순을 간파하지 못했던 것인가?"(158쪽)라고 묻고 있다.

우리는 여기서 저자 자신의 논리적 모순을 발견할 수 있다. '유신이 열암의 창조논리가 지향하고 실천하고자 한 것'이라면 열암의 '의도와는 무관하게 유신을 정당화하는 역설적 상황을 만들어냈다'고 하는 평가는 모순적이 아닌가? 또 '정열에만 몰입'한 사람을 '한 시대의 위대한 철학자'로 말할 수 있는가? '위대한 철학자'란 말은 비꼬는 말인가? 무엇이 문제인가?

박종홍은 일제강점기, 그리고 해방 직후 현실에 대해 심각하게 고민한 흔적을 볼 수 있지만 6·25를 통해 남북분단이 고착된 이후 남한 사회의 현실에 대해 비판적인 자세로 고뇌한 흔적을 적어도 그의 글에서는 찾아보기가 어렵다. 그는 1955년에 미국유학의 경험을 통해 과학주의와 실용주의를 도입하고 이를 조국의 근대화의 이념으로 만들어 나가고자 했다. 그러다가 4·19와 5·16을 만났다. 열암은 63년에 이 두 사건을 같은 성격의 것으로 보았다. "4·19혁명 5·16혁명도 이 나라 백성의 주체성을 살리자는 것이다. 학생도 군인도 이 백성의 참뜻을 대신하여 궐기한 것이다"[8] 그러므로 5·16쿠데타 후에 발표된 글 중에 민주주의를 강조하고 박정희 정권에 비판적인 글을 찾기 힘들다. 그리고 대체로 박정희에 대해 일관되게 긍정적인 것으로 평가할 수 있다. 또한 60년대 초반부터 재건국민운동 중앙위원 등으로 박정희 정권에 부분적으로 참여하고 있었고 재건국민운동에 대해서도 매우 긍정적으로 보고 있다.[9] 그러다가 68년에 열암은 '국민교육헌장'의 제정에 깊이 참여하면서 "투철한 국가관과 확고한 국민윤리의식"[10]을 강조했다. 그는 이 시기 이후를 "실천의 시기"로 보고 헌장의 실현을 위해 "과감"[11]하게 노력했다.

69년 4월 도산서원 원장으로 추대되고 마침내 1970년 12월 10일 대통령 교육문화담당 특별 보좌관에 취임한다. 그가 대통령 특별 보좌관으로 임명받은 날 '세론이 분분'함을 의식하면서도 일기장에 "나의 철학을 참으로 산 철학으로 하느냐? 그것은 동시에 이 민족이 사느냐와 같다"라고 쓰고 있다. 이 때는 이미 박정희가 헌법개정(69년 9월)으로 3선 개

8 『박종홍전집』제6권, 민음사, 1988, 377쪽(이하 인용은『전집』으로 한다.).

9 박정희 정권하에서의 박종홍의 사상적 모색의 현실적 경향에 대해서는 송상옥, 「박종홍은 박정희에게서 무엇을 발견하였나?」,『월간 조선』, 1996. 1 참조.

10 『스승의 길』, 1998, 533쪽.

11 『전집』제7권, 50쪽.

헌의 길을 터놓고 선거(71년 4월)를 코앞에 두고 있을 때이다. 그리고 71년 1월 일본유신에 관한 책을 구입하는[12] 것으로 보아 유신이념의 창출에도 깊이 개입한 것으로 추측할 수 있다. 유신독재는 1972년 '10월 유신'을 거쳐 확립된다.

이 점에서 필자는 '국민교육헌장' 안에 열암 철학의 핵심이 포함되어 있다고 생각한다. 그리고 박정희 정권에의 참여는 현실과 실천을 중시하고 주체적 근대화와 전통윤리의 실현을 추구하고자 했던 그의 철학함의 귀결이라 할 수 있다. 즉 열암은 박정희 정권에 참여함으로써 자신의 철학을 실현시키고자 했고 이것이 민족이 사는 길이라고 확신하고 있었다. 당시 열암의 일기를 통해 우리는 이 당시 스스로 매우 만족하고 있음을 알 수 있다.

그런데 저자는 "그는 왜 정권에 도전하는 비판적 지식인의 길을 가지 못하고 오히려 그 정권에 참여해야만 했을까?"(166쪽)라고 묻고 열암이 이에 대해 "명쾌한 답변을 하고 있지 않다"고 말하면서 그의 현실참여가 쉽게 납득이 되지 않는다고 말한다. 평자가 보기에 열암의 현실참여에 대해 저자가 납득할 수 없는 이유는 열암의 철학함의 과정과 내용을 충분히 이해하지 못했기 때문이다.

열암은 60년대 들어서면서 '민족적 주체성'에 기초한 조국근대화를 추구하고자 했다. 그는 서구식의 급속한 근대화에 따른 전통윤리와 공동체 정신의 상실에 대해 염려하면서 경제발전과 도덕이 나란히 가야 한다고 생각했다. 그리하여 그는 경제발전을 위해 강력하고 안정된 국가가 필요하며 국가구성원들에게 전통윤리에 입각한 공동체정신과 애

12 『전집』 제7권, 44쪽.

국심을 고양시키기 위한 국민윤리교육이 필요하다고 판단했다. 그러므로 '국민교육헌장' 제정에 깊이 참여했으며 이 헌장의 정신을 전 국민들에게 진작시키는 것을 실천철학자의 중요한 사명으로 생각했던 것이다. 그의 정권 참여는 단순한 어용철학자로서가 아니라 그의 철학적 실천을 위한 결단이었음을 알 수 있다.

이 점에서 "그(열암)의 실천은 이론의 충실한 반영이다. 이 점에서 그 실천은 성실성을 갖는다. 그러나 그러한 실천의 이론적 배경에 대해 이해하고 반성해 보는 작업이 없이 열광적 찬양이나 비판을 하는 것은 성급한 것이다"[13] 는 주장은 설득력이 있다. 또한 "현실긍정의 철학을 실천에 옮겨서 역사의 흐름 속에 직접 뛰어들어 흐름 그 자체를 맑게 개선하려고 한 의도"는 인정 할 수 있지만 "이미 너무나 탁류화해 버린 정치에 관여하는 것이 과연 이 나라 지성들의 갈 길인가에 대한 의문"[14]이 당시에 많이 제기되었고 지금도 여전히 문제로 남아 있는 것이다. 평자도 열암의 현실정치 참여에 대해 비판적으로 보고 있지만 이것을 열암 철학 전체의 오류요 실패라고 단정하기는 어렵다고 생각한다.

열암 철학에 대한 평가와 앞으로의 과제

저자는 맺는말인 '박종홍과 우리철학'에서 조동일과 철학계의 여러 논자들의 박종홍에 대한 평가를 간단히 살핀 후 메타 철학적인 담론을 줄

13 이규성, 「<열암사상의 이해와 계승>에 대한 논평」, 제11회 열암철학학술발표회(1996.12.14) 발표논문집, 95쪽.

14 이남덕, 「선생님께서 주신 것」, 『스승의 길』, 민음사, 1998, 139쪽. 철학자가 아닌 이남덕은 『스승의 길』(초판, 1977) 발행당시 이 책에 기고한 여러 필자들 중 유일하게 열암의 박정희 정권 참여에 대해 분명한 의문을 제시하고 있다.

이고 일차적 관찰을 해야 하며 따라서 20세기의 우리 철학사를 제대로 써야 한다고 주장하는 정호근의 입장에 대해 공감하고 있다. 그리고 "선언적인 논쟁을 계속하는 것보다는 정말 한국의 현대 철학자를 제대로 분석하고 연구하여 공론장을 통해 검토 받고 무엇이 문제점인지를 냉정하게 평가하는 작업이 무엇보다도 필요하다"(197쪽)고 주장한다. 평자가 보기에는 저자가 검토한 논자들이 박종홍 철학과 한국현대철학(또는 철학사)에 대해 충분한 연구를 토대로 해석하기보다는 일면적 부분적 연구를 통해 열암 철학사상에 대해 단정하거나 한국현대철학, 또는 현대철학사에 대해 쉽게 발언하는 것처럼 보인다. 이는 저자의 경우에도 마찬가지가 아닌가 생각된다.

이제까지 열암에 대한 평가는 '박종홍은 실학사상의 계승자이고 박정희는 실학의 실천가', '박정희와 박종홍은 의기투합하여 한 사람은 경제를 한 사람은 정신 면을 일으켜 민족중흥을 일으켜보자는 신념으로 결합했다'는 등의 매우 긍정적인 평가와 '하이데거와 같은 파시즘의 협조자', '어용 철학자', '한국지성의 한계를 보인 사람' 등의 부정적 평가가 있고, 또 한편으로 그가 '민주주의 발전'에 미친 부정적 영향에 대해서는 소극적으로 동의하면서도 그가 학자로서, 교육자로서, 지성인으로서 매우 중요한 역할을 했다는 중간적인 입장의 평가도 있다. 그런데 문제는 이러한 평가들이 제대로 된 연구와 검토를 거친 후에 나온 이론적 근거가 있는 평가라기보다는 개인의 주관적 입장에 따라 달라지는 평가라는 것이다.

열암 철학의 여정과 그의 현실참여에 대한 평가는 '표피적으로는' 박정희식 돌진적(?) 근대화와 소위 '한국적 민주주의'에 대한 경제적, 정치적, 문화적 해석과 직결되어 있겠지만 '근원적으로는' 한국에서 전통과 근대, 동양과 서양, 근대성과 식민지성, 현실과 주체적 철학함의 관계 등에 대한 우리의 인식, 평가와 관련되어 있다. 그러므로 열암에 대해 구체적으로 어떤 점에서 긍정적이며 어떤 점에서 부정적인지를, 그리고 이 긍정적인 측면과 부정적인 측면이 어떻게 연관되는지를 제대로 평가하기 위해 좀 더 충실한 연구를 해야 할 것이다. 이는 앞으로의 과제라 하겠다.

제5부

한국 철학계 무엇이 문제인가

시작하는 말

한국의 철학연구 이대로 좋은가? 한국의 철학연구, 무엇이 문제인가? 문제problem라는 말은 '앞에 놓인 장애물pro+bleme'이라는 뜻이 있다. 그리고 문제는 특정한 상황에서 생겨나는데, 그 '문제상황' 속에 있는 사람이 문제라고 인식할 때 비로소 문제가 된다. 따라서 특정 상황에 있는 모든 사람에게 객관적으로 주어지는 문제는 없으며 보는 사람의 위치와 관점, 문제의식 등에 따라 다르게 발견되고 구체적인 문제로서 드러나는 것이다. 그리고 문제를 문제로 생각하는 사람은 그 문제를 풀기 위해 노력할 것이며, 진지한 철학자는 자신의 '문제해결'을 위해 자신의 삶을 살아갈 것이다.

이 장에서는 한국에서 철학연구의 문제를 다루되 시각을 조금 더 넓혀서 한국 철학계의 문제라는 차원에서 생각해 보고자 한다. 여기서 '한국 철학계'라고 할 때 그 범위는 철학과 관련되는 다음 세 가지 영역으로 나누어 보려 한다. 즉 '강단(아카데미) 철학–대학제도로서의 전문 철학' 영역, '문화운동(사상, 비판, 현실적 힘)으로서 철학' 영역, '삶(생활)의 철학, 대중 철학 또는 철학의 대중화' 영역이 그것이다. 이 세 영역이 엄밀히 구분되는 것은 아니지만 우리의 문제를 보다 명료하게 하려고 필자 나름대로 구분하여, 이들이 각각 어떤 문제들을 갖고 있는지 또 어떤 역할을 하는지 그리고 그 관계가 무엇인지에 대해서 생각해 보고자 한다.[1]

1 김태길은 철학을 '학문 그 자체에 중점을 두는 강단(아카데미) 철학'과 '생활인을 위한 삶의 지혜로서의 철학'으로 구분한 적이 있다. 백영서는 학문을 크게 '제도로서의 학문'과 '운동으로서 학문'으로 구분했고, (백영서, 「동양사학의 탄생과 쇠퇴–동아시아에서의 학술제도의 전파와 변형」, 『창작과 비평』 2004.겨울, 96쪽) 박명림은 '순수 인문학', '사회인문학', '대중(상업·시장)인문학'으로 구분한다(박명림, 「왜 그리고

먼저 한국철학계의 문제들에 대한 진단을 하고, 다음으로 이 문제들의 원인이 무엇인지를 해명한 후, 이 문제들의 해결을 위해 구체적으로 어떤 실천 방법이 필요한지를 제시하고자 한다.

한국 철학계에는 어떤 문제들이 있는가?

한국 철학계의 문제를 파악하기 위한 방편으로 의사의 역할(환자의 어디가 어떻게 아픈가, 원인과 처방은 무엇인가)과 불교의 사성제 즉 고苦, 집集, 멸滅, 도道에 대한 분석틀[2]을 빌고, 철학계에서 기존의 여러 논의들을 참조해 필자 나름대로 진단해 보기로 한다. 앞에서 언급한 세 가지 영역의 순서에 따라 우선 한국의 전문 철학계의 현황에 대해 간단히 검토하고 문제점들을 제시하겠다.[3]

무엇이 사회인문학인가」; 김성보 외, 『사회인문학이란 무엇인가 -비판적 인문정신의 회복을 위하여?』, 사회인문학총서 1, 한길사, 2011, 70~73쪽).

2 에릭 프롬/김진홍 옮김, 『소유냐 삶이냐』, 홍성신서, 1978, 204~209. 프롬은 마르크스의 사회분석과 프로이트의 치유방법도 불교의 사성제의 문제틀과 유사하다고 본다.

3 김석수는 해방 이후 서양철학연구의 문제점을 여덟 가지로 거론하는데 중첩되는 측면이 있다. 김석수(연구책임자. 공동연구자는 김교빈·신주백·이명원) 외, 『한국 인문학의 자기성찰과 혁신』, 경제·인문사회연구회, 2008, 77쪽. 이 책은 인문정책총서(2008-01)로서 문학, 역사, 철학 분야의 기존 연구와 여러 학자들의 다양한 견해를 토대로 한국인문학의 역사와 문제를 전체적으로 분석, 기술하는 자료집의 성격이 강한 보고서이다. 한국사회철학의 전개과정과 역사에 대해서는 김재현, 『한국 사회철학의 수용과 전개』, 동녘, 2002 참조.

가. 대학제도를 중심으로 한 강단철학, 전문 철학

한국사회의 발전과 함께 학계 전체가 발전했듯이 한국 철학계도 그 동안 매우 빠르게 양적, 질적 발전을 해 왔다. 전국 대학의 철학과가 1980년대 이후 증가하다가 2000년대 들어오면서 정체되고 감소되기 시작한다. 최근 자료에 의하면 2011년 현재 4년제 대학의 철학전공 전임교원이 748명이고 이 중 남자교수 672명, 여자교수가 76명이다.[4] 그런데 세대별로 보면 60대 이상이 128명, 50대가 386명, 40대가 210명, 30대가 24명[5]으로 30대의 비중이 현저하게 적다. 이는 한국 철학계의 젊은 연구인력이 대학교수로 자리를 잡기가 점점 어려워진다는 것을 나타내는 것으로 볼 수 있다.

현재 한국 철학계의 외국 철학 수용능력과 연구 능력은 예전의 선배 철학자들과 비교해도 그렇고 수평적으로 다른 나라 철학자들과 비교해도 거의 수준급에 도달해 있다고 볼 수 있다.[6] 그리고 과거에 비해 서구의 철학자들과 자주 교류하면서 현재 논의되는 서구철학의 수준을 실시간적으로 이해하고 논의를 같이 할 수 있는 상황이라고 할 수 있다. 특히 1996년 봄에 하버마스가 방문한 이후 한국철학회, 현상학회 등의 학회와 대학 철학연구소 등을 통해 서구의 여러 철학자들이 수시로 방문하여 철학적 담론을 나누고 있다. 다시 말해 한국 철학계는 최근 20여 년간 양적, 질적으로 엄청나게 발전했고, 국제화, 세계화 수준도 상당한

4 한국연구재단, 『2011년 대학연구활동실태조사』, 2011.11, 101쪽.

5 같은 책, 106쪽.

6 백종현, 『독일철학과 20세기 한국의 철학』, 철학과 현실사, 1998; 이화여자대학교 한국문화연구원, 『철학연구 50년』 2003; 한국철학회 편, 『한국철학의 회고와 전망』, 철학과 현실사, 2010 등 참조.

정도로 실현되고 있으며 일부 교수들은 이러한 발전을 상당히 긍정적으로 평가하고 있다. 그러나 이러한 발전에도 불구하고 여전히 다음과 같은 문제들이 있다.

1) 2008년에는 세계철학자대회를 한국에서 했는데, 한국전통철학이 아닌 현대한국철학분과에서 우리 자신의 한국적 정체성을 드러내는 철학을 발표할 수 있는가 하는 논의 과정에서 '유영모와 함석헌이 한국의 철학자인가?'라는 문제제기와 토론이 있었고 결국 한국철학분과에서 유영모와 함석헌의 철학에 대한 발표가 있었다. 발표 이후에도 이들이 한국을 대표할 수 있는 철학자인가에 대한 논란이 있었다. 이러한 논란은 서구 철학이나 전통 동양철학, 한국철학이 아닌 근현대 한국사회에서 우리 자신의 문제를 철학적으로 해명한 주체적이고 창조적인 철학자가 있는가, 있다면 어떤 점에서 그렇게 볼 수 있는가? 라는 문제와 연관되어 있다. 이 문제는 철학계에서 여전히 논란거리이며 일본과 중국의 경우와 비교해 본다면 우리는 상당히 늦었고 또 본격적인 논의도 없었다고 할 수 있다. 과연 우리의 경우 근현대한국철학자로 꼽을 만한 사람이 있는가? 아쉽게도 한국사회에서 이제까지 진정한 자신의 철학적 문제를 가지고 대결한 결과를 텍스트로 만들어낸 철학자는 상당히 드물다. 그런 점에서 한국에서 주체적, 창조적으로 철학한다는 것의 진정한 의미, 이를 위한 방법, 구체적인 결과에 대한 논의가 필요할 것이다. 이와 함께 필자는 대학에서 직업인으로서 철학을 가르치고 전공 논문을 쓰는 보통의 철학교수와 자신의 철학적 문제의식을 갖고 이를 철저히 해결하고자 온 몸으로 분투하는 사람인 진정한 철학자의 구별이 필요하리라 생각하면서 한국에서도 진정한 철학자가 나오기를 기대해 본

다.[7]

2) "한국 철학계가 당면한 가장 심각한 문제점 중의 하나는 다양한 전공 분야의 연구가 심화되고는 있으나 서로 다른 철학사조 사이의 대화가 활발하게 이루어지고 있지 못하다"[8]는 사실은 많은 사람들이 지적해 왔지만 아직도 나아지고 있지 않으며 전공분야의 연구가 심화됨에 따라 대화의 단절은 오히려 커지는 것 같다. 오늘날 전국 차원의 한국철학회, 철학연구회, 한국철학사상연구회 등과 지역을 중심으로 한 다양한 철학회가 있고, 한국철학회 내에 19개의 다양한 분과학회가 활동하고 있다.[9] 최근에는 전국 단위의 전체학회보다 현상학회 등의 분과학회 활동이 더 활발해지는 경향을 보이고 있다. 따라서 과거에 철학계 내의 소통에 중요한 역할을 하던 한국철학회, 철학연구회의 역할과 비중이 더 약화되어가고 있는 것 같다. 철학계 내에서의 의사소통, 토론, 상호언급, 인용이 잘 안될 뿐만 아니라 연관 학문 분야와도 고립되어 폐쇄적인 면이 강하고 현실과의 거리도 상당히 존재한다. "학문적으로는 인문학 내 분과학문·전공사이의 단절 및 사회과학과의 단절이 존재하며, 학문 외적으로는 사회 및 세계와의 단절이 존재한다"[10]는 지적은 한국 철

7 백종현은 하버마스가 방문했을 당시의 한국 철학교수들의 행태를 비판하면서 "한국에는 하버마스 문헌 연구가는 다수 있지만 사회철학자는 없다고 평할 수밖에 없다"고 말한다(백종현, 『독일철학과 20세기 한국의 철학』, 철학과 현실사, 1998, 239쪽).

8 이남인, 「한국현상학회」, 한국철학회 편, 『한국철학의 회고와 전망』, 철학과 현실사, 2010, 438쪽.

9 한국철학회와 분과학회에 대한 상세한 내용은 『철학』제100집 출간기념으로 한국철학회 편집위원회가 엮어 낸 『한국철학의 회고와 전망』, 철학과 현실사, 2010 참조.

10 박명림, 「왜 그리고 무엇이 사회인문학인가」, 김성보 외, 『사회인문학이란 무엇인가: 비판적 인문정신의 회복을 위하여?』, 사회인문학총서 1, 한길사, 2011, 79쪽.

학계에도 역시 타당하다고 하겠다.

3) 최근에 들어와 철학연구자들의 재생산이 잘 안 된다. 특히 서양철학전공의 경우 국내에서 대학원 교육을 통해 전문 연구자로 성장하는 것이 현실적으로 더 어려워지고 있다. 그러므로 한국의 현실에 깊이 뿌리내려 연구를 제대로 한 자생적 학자들이 배출되기 어려운 상황이다. 또한 외국유학을 통해서도 전문 교수요원이 되기가 쉽지 않은 상황이다. 이 문제는 철학과 졸업생의 취업의 어려움과도 연관되어 있으며, 이와 맞물려 철학과에 지원하는 학생들의 수가 줄어들기 때문에 입학률이 떨어지고, 재학생 재적율도 하락하며 결국 지방 사립대에서는 철학과가 구조조정의 대상이 된다. 이 결과 신임교수를 충원하지 않게 되고 이는 능력 있는 전문 연구자들의 재생산에 커다란 장애가 된다.

4) 철학은 텍스트의 생산과 축적, 텍스트에 대한 새로운 해석과 비판을 통한 새로운 텍스트의 생산이라는 과정을 통해 발달한다. 이 점에서 우리의 근현대 철학의 역사에서는 공유할 만한 텍스트를 제대로 생산해 내지 못했고 또 생산했다 하더라도 이것을 텍스트로 인정하고 활용하는 노력을 소홀히 해 왔다. 이런 까닭에 전문철학계 내에서 연구자들의 텍스트 생산이 제대로 안 되고 있다. 최근에 와서 상당한 저술(텍스트)들이 나오지만 개별 연구논문을 모은 것들이 많고, 한국의 컨텍스트(환경 또는 맥락)에서 자신의 철학적 문제의식을 토대로 연구한 성과로서의 텍스트들은 드문 편이다. 또한 충실하게 번역된 고전텍스트도 필요하다.

5) 최근에 대학에서 철학교육이 충실하게 되고 있는지 의문스럽다. 철학, 논리학 과목이 더 이상 교양필수가 아니며, 학생들은 철학 과목이

어렵고, 비실용적이며, 학점을 취득하기가 어렵다고 수강하지 않는다. 이와 함께 전반적으로 취업을 중시하는 경향 때문에 철학교육이 약화되고 있다.

나. 문화운동(사상, 비판, 현실적 힘)으로서 철학

이 영역은 철학의 현실적, 사회적 영향력과 관계가 깊다고 생각한다. 동서양철학을 연구하고 발표하고, 저술하고 가르치는 것이 사회적 현실에 대해 어떤 의미를 가지며 어떤 영향을 미치는가와 관련해서 논의할 필요가 있다. 철학연구자들이 현실에 대해 많이 언급하고 한국현실에 대한 연구와 고찰이 필요하다고 주장하지만 과연 성공적으로 이를 수행하는 연구자들이 얼마나 되는지 알 수 없으며, 전통과 단절되어 있는 한국에서 철학이 현실에 어떻게 개입할 것인지도 상당히 어려운 문제이다.

다. 삶(생활)의 철학, 지혜의 철학 또는 철학의 대중화

철학은 대체적으로 일반 대중들에게 긍정적인 평가를 받지 못하고 있다. 예를 들어 철학은 점치는 것과 관련되며, 어렵고 재미가 없고 비현실적이며, 기초학문이라고는 하지만 별로 실용성이 없고 따라서 배울 필요가 없다는 등의 평가를 많이 받아왔다.[11] 최근에 와서 철학에 대한 사회적 수요가 조금 늘고 있지만 일반 대중들의 철학에 대한 인식은 여

11 한국갤럽조사연구소, 『한국인의 철학-여론조사로 생생하게 밝힌 한국 최초의 철학 탐구서』, 제1장, 2011, 철학에 대한 인식 참조.

전히 부정적인 면이 많은 것 같다.

이 문제들의 원인은 무엇인가?

여기서는 앞에서 다룬 철학의 세 가지 영역에서의 문제점들 각각에 대해 그 원인들이 무엇인지를 순서에 따라 분석하고자 한다.

가-1)

이 문제는 한국의 역사적 현실과 밀접한 연관이 있다. 즉 철학을 포함한 우리의 근대적 학문의 출발 당시부터 문제인데 이에 대한 간단한 역사적 고찰을 해 보자. 우리는 19세기 말에 서구와 일본의 침입을 극복하고 근대국가를 만들어 내기 위해 많은 노력을 기울였으나 결국 실패하고 일본의 식민지가 되었다. 이 과정에서 전통학문을 제대로 계승하지 못했고 서구의 근대적 학문도 주체적으로 수용하지 못했다. 철학의 경우 서구철학을 직접 이해하고 수용할 수 있는 능력이 거의 없는 상태에서 일본을 통해 서구철학을 수용했으며, 일제의 식민지정책에 의해 경성제대 철학과가 설립(1926년)되었고 따라서 일본의 철학사상과 일본인들의 학문방식(학문분야, 글쓰기 방식, 학문제도, 교육제도, 보편성과 특수성에 대한 이해 등)이 크게 영향을 끼쳤다.[12] 일본의 영향은 해방 후에도 지속되었다. 왜냐하면 경성제대 졸업생의 상당수가 남한에서 대학교수와 행정관료를 역임했으며, 특히 경성제대 출신과 일본 유학생 출신들이 대학 내의 학

12 김재현 2007(나), 「한국에서 근대적 학문으로서 철학의 형성과 그 특징; 경성제국대학 철학과를 중심으로」, 『시대와 철학』 제18권3호.

장과 총장 등의 주요 보직을 역임함으로써 신생독립국가에서 대학계의 핵심 엘리트로 자리를 잡았기 때문이다.[13] 그 결과 해방 후에도 제국주의 시기 일본에서 생산된 지적 체계와 담론 구조들은 경성제국대학 출신자들이나 일본 제국의 각급 대학 출신자들을 통해서, 그리고 서울대학교의 재편 과정에 남겨진 학적 체계의 흔적들을 통해서 여전히 많은 부분에서 영향을 주었다. 즉 해방 후 대학의 틀은 미국식을 도입했지만 그 세부적인 운영에서는 일본식 잔재가 강하게 작동하였다. 이와 동시에 미군정과 이에 공모한 친일세력의 주도하에 이루어진 좌우 대립의 과정 속에서 선별된 교수진의 구성, 그리고 좌파 지식인들의 배제와 월북이 이루어지게 되면서 자연스럽게 냉전적 지식-담론 체계가 조금씩 배태되기 시작했다.[14]

한국전쟁 후, 인문학 분야에는 전반적인 세대교체와 함께 미국의 교육원조 및 교류 프로그램을 통해 새로운 영미계열의 이론과 방법론들이 적극 수용되면서 해방 직후의 지식-담론과는 다른 새로운 층을 형성해 나가고 이 과정에서 미국의 지적 영향력은 급격히 확대되어 나간다.[15] 한국 철학계에서는 다른 학문분야와 비교해서 독일철학의 영향력이 여전히 강했는데 이는 전후의 황폐한 정신적 상태에서의 실존철학의 도입 그리고 일제강점기 독일철학의 영향이 교육과 인맥을 통해 힘을 발휘했기 때문으로 볼 수 있다. 이처럼 독일과 미국의 영향 하에 서구중심적, 순수 학문적 철학 패러다임이 지배적으로 발전해 왔다.

13 정선이, 『경성제국대학연구』, 문음사, 2002, 164~167쪽.

14 윤영도, 「탈식민, 냉전 그리고 고등교육」, 『냉전 아시아의 문화풍경 1: 1940~1950년대』, 현실문학, 2008. 173쪽.

15 윤영도, 같은 글, 172쪽.

그러므로 우리 자신의 현실적, 역사적 발전이나 전통학문과 현실의 관계 등에 대한 충분한 관심과 연구는 부족한 편이었고 남북분단에 따라 이데올로기적 지형이 협소해 지면서 철학의 정치성, 현실성과 역사성에 대한 인식도 거의 사라졌다. 식민지 경성제대에서 서구의 '보편적 학문으로서 철학'에 대한 강조는 아카데미의 철학연구자에게 식민지 현실을 도외시하게 영향을 미쳤고, 이는 해방 이후 오랫동안 서구 중심적 근대의 보편성을 그대로 수용한 것과도 연관된다. 이러한 수용과정은 한국의 역사적, 정치적 현실과 밀접한 연관이 있으며 한국의 식민지 경험, 정치적 현실, 해방 후의 분단과 분단국가의 성격이 철학의 기형적 발전에 크게 영향을 주었다고 할 수 있을 것이다.

가-2)

국내 학자들 간의 상호소통, 학문적 토론, 상호 읽기, 연구사 검토, 인용 등이 거의 없다. 원로 철학교수들의 좌담회에서 손봉호는 "내가 철학 논문을 쓰면 누가 읽겠는가? 하는 생각이 들었습니다. 철학논문들을 읽어 보면, 국내 학자들이 쓴 논문은 참고서적으로 들어가 있지 않더군요. 그래서 점점 더 학문으로서의 철학에서 관심이 멀어져 갔습니다"[16]고 고백한다. 철학연구자들의 전공의 장막(폐쇄성), 철학하는 방식의 문제, 현실적 능력의 한계, 대학 제도상의 문제 등이 그 원인이라고 할 수 있다.

가-3)

연구자의 재생산 문제는 자본의 논리, 시장의 논리가 사회적으로 확장

16 한국철학회 편집위원회 엮음, 『한국철학의 회고와 전망』, 철학과 현실사, 2010, 46쪽.

됨에 따라 대학도 시장법칙에서 살아남아야 하는 상황과 함께, 국가의 신자유주의적 대학정책에 따라 인문학 분야가 겪는 공통의 문제이다. 물론 이 문제는 특정 국가가 자본주의적 세계체제에서 어떤 위상을 갖느냐에 따라 그 성격과 역할이 크게 달라지듯이 대학도 세계체제에서, 한 국가 내에서의 그 위상에 따라 그 역할, 당면한 문제도 달라진다. 즉 "같은 한국의 대학들 중에서도 서울에 있느냐 지방에 있느냐에 따라, 또 한 국가 엘리트의 양성기관인 세칭 일류 대학이냐 그것과 거리가 먼 '하위권 대학' 또는 전문대학이냐에 따라 그 교육의 성격과 당면과제가 엄청나게 다를 수 있는 것과 흡사하다."[17] 그리고 국내에서 외국박사를 선호하는 까닭이 "국내의 지적 재생산구조가 열악하기 때문"[18]이라는 것은 주지의 사실이다.

가-4)

원인은 여러 가지이다. 우선 연구자 개인들의 문제의식과 역량의 한계가 있으며, 학계와 대학 내에서의 연구업적(논문, 저서, 번역서) 평가제도와 시스템, 한국연구재단의 평가제도와 시스템의 문제들이 있다. 이와 함께 연구비 지원제도나 시스템의 문제도 지적할 수 있다.

또한 한국학 고전텍스트의 정본화 작업이 필요한데도 제대로 안 된 것은 국가의 문화정책의 문제이기도 하다. 이태수교수는 "정본을 확립하는 일은 인문학의 출발점이다. 그간 우리 학자들이 문구에 매달리는

17 백낙청, 『분단체제 변혁의 공부길』 창작과 비평사, 1994, 233~234쪽.

18 한국갤럽조사연구소, 『한국인의 철학: 여론조사로 생생하게 밝힌 한국 최초의 철학 탐구서』, 2011, 160쪽. 손동현은 일본의 경우 국내박사를 선호하며 일본 내의 지적 재생산구조가 완결되었다고 본다.

것을 소인배의 일로, 문자배면의 뜻과 직거래하는 것이 대학자라는 관념을 가지고 외국에서 수입한 문헌의 해석에 더 열중"[19]하느라 우리의 전통 텍스트들을 제대로 다루지 못했음을 지적했다.

가-5)

대학 철학교육의 문제는 대학 교과과정의 문제, 철학교재의 문제, 철학교수의 문제와 연관되어 있다. 이는 입시 위주의 교육 때문에 중·고등학교에서 철학교육의 부재와도 밀접히 관련된다. 또한 대학 철학교육의 내용적 측면에서 교수들과 아카데미 철학계에서의 문제의식과 노력이 부족했음을 인정해야 할 것이다.

그리고 료따르가 『포스트모던적 조건』에서 밝힌 바와 같은 사회변화에 따른 지식생산과 공급, 소비의 변화에 대한 대응도 부족했다. 우리의 삶에서 생기는 철학적 문제를 가능하면 일상 언어로 풀어서 설명할 수 있어야 하는데 철학용어나 개념의 추상성이 갖는 한계 때문에 생기는 철학적, 개념적 해석의 어려움도 있다

●

한국에서는 철학의 사회적 역할과 영향력이 상당히 낮은데 그 이유는 철학이 한국사회의 역사적 현실과 밀접한 연관을 갖지 못하고, 서구의 철학적 문제의식을 그대로 우리의 문제인 것처럼 수용했기 때문이다. 바꾸어 말하면 한국 현실이 철학적 '연구'와 '텍스트'의 의미 있는 컨텍스트가 되지 못했다는 것이다. 또한 전통과의 단절, 역사적·정치적 현실, 철학연구자들의 능력 부족 등 다양한 이유 때문에 현실에 대한 철학

19 「교수신문」, 2012.6.25.

(사상)적 개입에도 어려움이 있었다. 그동안 현실문제를 철학적으로 분석하면서 현실에 개입하려 한 노력들이 『시대와 철학』, 『사회와 철학』의 발간 등을 통해 여러 가지 방식으로 나타났지만 다른 학문 분야에서만큼 성과를 내고 현실적 영향력을 행사했다고 평가하기는 어려운 것 같다.

철학계가 이렇게 된 중요한 이유 중 하나는 전통으로부터 단절, 식민지적 근대성, 분단, 압축 성장 과정 등을 통해 변화, 발전한 한국근현대사에 대한 전체적인 철학(사상)사적 해석이 없었다는 것이다. "철학사는 동일한 문제를 시대적 현실에 따라 다르게 해석하는 철학적 대결의 역사"라는 하이데거의 말처럼 서구철학자들은 자신들의 시대적, 현실적 문제를 철학적으로 해명할 때, 자신들의 철학사를 재해석하는 작업을 통해 현실에 개입하고 그럼으로써 영향력을 확보해 왔지만 우리의 경우는 그렇지 못했다.

●

철학 대중화의 어려움이라는 문제는 바로 앞에서 논의한 것과 밀접한 연관이 있는데, 이는 대중들의 삶과 밀접한 한국사회의 현실적 문제에 대해 철학계가 소홀히 했다는 것이다. 즉 전통과의 단절, 식민지 근대성, 남북분단, 자본주의적 발전, 과학기술주의, 생산력주의에 토대를 둔 압축 근대화 과정 등에서 오는 여러 가지 문제들에 대해 철학전문가들의 문제의식과 분석능력이 부족했고, 생활세계의 파괴와 단절에 대한 철학적 진단과 개입도 부족했으며, 일상용어와 철학용어 사이의 격차를 극복하고자 한 노력도 역시 부족했다. 또한 철학 대중화에 대한 전문 철학계에서의 무관심과 무능력도 중요한 원인이다. 물론 1960, 70년대에 안병욱, 김형석 등의 역할, 최근에 김용옥[20] 등의 역할이 있지만 여전히 부족한 상황이다. 또한 기존 철학계에서 『철학과 현실』의 간행을 통해 대중화를 위해 노력했지만 어느 정도 성과가 있었는지 평가하기 어렵다.

문제해결을 위한 실천방법 모색

30년 전에 김여수는 "한국의 철학은 적어도 부분적으로는 지금까지 경시되어 왔던 한국의 철학적 전통에서 영감과 교훈을 찾고자 할 것이다. ... 바라건대 그렇게 해서 성취된 철학적 종합은 서구적인 것도 아니고 동양적인 것도 아니며 한국적이되 미국적인 것은 아니고 한국적이되 중국적인 것도 아닌 '그 중심은 어디에나 있으되 주변은 어디에도 없는' 그러한 것이 될 것"[21]을 기대했다. 그러나 30년 동안 전통철학, 동서양철학에 대한 연구가 심화되었지만 아직 서구적 보편주의가 아닌 새로운 '문화종합'[22], '철학적 종합', '창의적 통합'이라고 할 만한 중심을 만들어내지는 못한 것 같고 여전히 서양철학의 주변적 위치에 있는 것이 아닌

20 김용옥을 대중철학자로 구분하는 데에는 논란이 있다. 이에 대해서는 교수신문 엮음, 『오늘의 우리 이론 어디로 가는가: 현대 한국의 자생이론 20』, 생각의 나무, 2003, 76-89쪽 참조.

21 김여수, 「한국철학의 현황」, 1982; 심재룡 외, 『한국에서 철학하는 자세들: 철학연구 방법론의 한국적 모색』, 집문당, 1987, 377-378쪽. 그런데 '그 중심은 어디에나 있으되 주변은 어디에도 없는'이라는 말은 로티의 말을 인용한 것인데 이 말은 니체에게서 나온 것으로 보인다.

22 김여수, 1996, 「문화보편주의의 새로운 모습」, 『해방 50년의 한국철학』, 철학과 현실사, 244쪽-250쪽.

가 하는 의문이 든다. 이 장에서는 앞에서 해명한 각각의 문제들, 원인들에 대한 처방 또는 실천방법을 나름대로 제시하고자 한다.

가-1)에 대해서

가) 역사적 현실과 철학의 관계에 대한 분명한 자각과 인식이 필요하다. 모든 시대의 위대한 철학자들은 자신의 시대가 가진 문제와 철저하게 부딪히며 사유한 사람들이다. 철학을 초역사적이며 보편적 진리에 대한 탐구로 보는 기존의 관점들에 대한 전면적인 혁신이 필요하다.

> 철학자들은 진공 속에서 사색을 하지는 않으니, 그들의 사색의 결과들은 '기질 × 체험 × 앞서의 철학자들'의 산물로서 기술될 수 있겠다. 바꾸어 말하면 그들의 사색의 결과는 바깥 세계가 그 특정인에게 스스로를 드러내 보일 때, 그것에 대해 보이는 그 특정인의 어떤 기질의 반응인데, 이 반응은 또한 대개의 철학자들의 경우에, 이전의 사상가들이 남긴 저술들에 관한 반성에 의해서 영향을 받고 있다…. 철학의 궁극적인 물음에 대한 대답이 엄청나게 다르게 주어졌던 까닭이 바로 그것이다.[23]

23 거드리/박종현 옮김, 『희랍철학입문』, 종로서적, 1981, 26-27쪽. 이태수는 철학과 철학사의 관계에 대한 중요성을 강조한다. "철학과 철학사의 관계는 특별하다. 예를 들어 의학을 연구하는 일과 의학사를 연구하는 일은 서로 뚜렷하게 구분될 수 있다. 그러나 철학의 경우는 그 구별이 원칙적으로 그렇게 뚜렷하지 않다 … 철학적 문제에 대한 이해는 그 문제가 제기된 맥락과 전수, 전승을 통한 변용의 과정을 함께 이해함으로써 비로소 가능해지고 깊이를 얻어가는 것이다."(이태수, 「장욱 교수의 논문에 대한 논평」, 『철학』 제39집, 1993 봄, 109쪽) 철학자들의 문제의식이나 철학방식의 차이, 그 결과는 맥락에 따라 다르다. 칸트는 흄의 회의적 입장에 대해 뉴튼 물리학, 유클리드 기하학이 어째서 과학인가를 정당화하려 했다. 마르크스, 비트겐슈타인 존 롤스, 로티 등 모든 철학자에 대한 이해는 이러한 철학사적 맥락

나) 서양철학 또는 서양철학사에 대한 구체적 해석을 위해 철학적 작업을 모두 '발화행위speech act'로 그리고 '철학 텍스트'는 발화행위의 결과로 볼 필요가 있다. 따라서 보편성과 특수성의 관계라는 기존의 막연한 생각이나 발언들은 재고되어야 한다. 김여수, 차인석, 소흥렬, 남경희 등 여러 철학교수들은 '서구적 보편주의'[24]에 대해 비판하면서 철학이 넓은 의미에서 사회철학, 문화철학임을 강조한다.[25] 그리고 우리는 "우리 문화에 바탕을 두고, 우리 문화의 텍스트 안에서" 철학을 하고, 철학 강의를 할 필요가 있으며 "우리가 철학을 이끌어갈 방향은 그런 의미에서 문화철학"[26]이라고 주장한다.

하나의 예로 한국사회에 대한 정치철학적 모색을 위한 방법론 논의를 "서구적 보편성과 한국적 특수성의 관계 문제 같은 것으로 파악해서는 안 된다. 서구에서 발전한 다양한 개념과 이론은 우리의 현실을 제대로 포착하기 위해서 매우 '불가결'하긴 하지만 또한 동시에 언제나 '부적절'하다. … 문제는 바로 이러한 종류의 불가결성과 부적절성의 긴장이다"[27] 따라서 "우리가 갖고 있는 이론의 보편성에 대한 인식도 전면적

에 대한 이해를 전제해야 한다.

24 남경희, 「한국현대철학의 방향정위와 새로운 언어관」, 이화여자대학교 한국문화연구원, 『철학연구 50년』, 2003, 71~73쪽.

25 "동서고금을 막론하고 모든 중요한 철학들은 이론언어 또는 추상 언어로 표현된 문화종합이었다." 그리고 "문화종합을 토대로 한 공동체는 각 사회의 현실적 삶에 뿌리박고 있으면서도 핏줄이나 지리의 우연성, 역사나 언어의 특수성을 뛰어넘을 수 있고 이념의 공동체가 될 수도 있다. 문화보편주의란 그 이상도 그 이하도 아니다" 그리고 이러한 '문화보편주의'는 "칸트적 의미에서 규제이념"으로 볼 수 있을 것이다(김여수, 1996, 「문화보편주의의 새로운 모습」, 『해방 50년의 한국철학』, 철학과 현실사, 245~247쪽).

26 한국철학회 편, 『한국철학의 회고와 전망』, 철학과 현실사, 52~53쪽.

27 장은주, 『정치의 이동』, 상상너머, 2012, 54~55쪽.

으로 폐기되어야 하며 이론의 자기이해 또한 근본적으로 새롭게 사유되어야 한다"[28]는 말은 필자의 주장을 잘 대변하고 있다. "각국에 있어서 사회과학은 예외 없이 보편주의적 관점보다는 자신의 사회, 즉 개별 국민국가의 발전을 둘러싸고 나타난 현실적 문제를 해결하려는 현실적 노력의 과정에서 나타났다"[29]는 주장도 이를 뒷받침한다.

다) 이 문제를 해결하기 위한 구체적 방법으로는 세계사의 보편적 과정으로 생각되어 온 서구적 근대화라는 틀을 넘어 전통과 근대, 동양철학과 서양철학의 이분법을 극복하고, 동서양철학을 넘어 세계체제 내에서의 동아시아적 문제의식이 필요하다. 즉 "근대란 식민주의시대에 유럽이 세계사의 중심을 자처하면서 진보의 역사라는 단일축 위에 근대-전근대, 문명-야만, 진보-정체停滯, 중심부-주변부를 위계적으로 배치하고 '차이의 지배'를 정당화한 담론의 중핵"[30]이므로 서구적 근대, 서구적 보편주의에 대한 반성과 성찰을 위해서는 새로운 시각과 방법론이 필요하기 때문이다.[31] 이러한 시각과 방법론, 내용을 계발하기 위해서는 그동안 소홀히 했던 일본에서의 철학함, 서양철학 수용 과정, 일본 근현대철학사상 등에 대한 연구, 그리고 중국에서의 전통과 현대에 대

28 같은 책, 56쪽.

29 박상섭, 「근대 사회의 전개과정과 사회 과학의 형성 및 변천」; 소광희 외, 『현대의 학문체계』, 민음사, 1994, 208쪽.

30 김흥규, 「식민주의와 근대의 특권화를 넘어서」, 『창작과 비평』, 153호, 2011.가을, 477쪽.

31 국학에서 동아시아학으로 더 나아가 세계학으로의 발전을 제시하는 조동일의 '학문론'은 처음부터 보편성을 강조하는 기존 철학적(인문학적) 담론에 대한 비판으로서 큰 의미가 있다고 생각한다. 또한 송호근의, 『인민의 탄생: 공론장의 구조변동』(민음사 2011)도 '서양산 사회과학'의 한계를 극복해 보려는 매우 중요한 시도라 할 수 있겠다.

한 고민, 서양철학 수용과 중국근현대철학사상과 사상사적 작업 등에 대한 연구가 도움이 될 것이라 생각한다.[32]

가-2)에 대해서

철학연구자간 상호소통, 상호참조가 필요하고, 또 학제간 상호소통이 필요하다는 것은 대부분 공감하고 있지만 현실적으로 잘 실현되고 있지 않는 상황이다. 철학계의 논쟁적 소통구조가 활성화되기 위해서 "다른 학자의 말과 글을 진정성을 갖고 듣고 읽는 비판적 개방성"[33]이 필요하며 이를 실현할 수 있는 제도적, 개인적 노력이 뒷받침되어야 한다. 철학논문이나 책을 쓸 경우 논문, 학술서적, 번역서들을 철학 연구자들이 상세히 검토하고 인용할 필요가 있다. 해외에서의 연구사는 차치하고라도 국내에서 연구사를 충분히 검토한 바탕 위에서 새로운 글이 나와야 한다. 번역에 대한 새로운 인식과 정당한 평가가 이루어져야 '믿고 인용할 수 있는' 정본(텍스트) 혹은 결정판을 보다 많이 가질 수 있고, 그것을 바탕으로 동양철학, 서양철학 모두 학문적 축적을 이루어 나갈 수 있을 것이다.

가-3)에 대해서

이 문제를 해결하기 위해서는 다양한 차원의 변화가 필요하다. 국가의 교육, 문화정책이 바뀌어야 하고, 서울 중심의 중앙과 지방의 격차도 완

32 야마무로 신이찌(山室信一)/임성모 옮김, 『여럿이며 하나인 아시아』, 창비, 2003; 왕후이(汪暉)/송인재 옮김, 『아시아는 세계다; 아시아의 근현대를 심층 탐사하여 유럽판 '세계 역사'를 해체하고 신제국 질서를 뚫어보다』, 글항아리, 2011 등 참조.

33 이진우, 「'창의적 통합'으로서의 한국철학」, 『우리 학문이 가야할 길』, 아카넷, 2010, 142쪽.

화되어야 하며, 대학에서의 교수요원 평가제도도 바뀌어야 한다. 한국 철학계가 스스로 이 문제를 어떻게 풀어갈 것인지 고민해야 하며 이를 위해 철학연구자들과 한국철학회의 역할이 필요하다. 인문적 가치나 삶의 가치, 인간의 존엄성에 대한 인식의 전환이 필요하며, 이를 위해 사회 전체적으로 '보다 많은 민주주의'가 실현되어야 한다.

가-4)에 대해서

우선적으로 철학연구자들이 스스로 문제의식을 철저히 하고, 사유하는 방식을 심화시키고, 보다 폭넓고 깊은 연구를 통해 텍스트를 생산하는 노력이 필요하다. 이를 위해 국내 연구업적에 대한 철저한 조사, 평가를 전제로 한 글쓰기를 권장하고 이를 제대로 평가하는 제도의 도입이 필요하다. 연구업적 평가, 연구비 지원제도와 시스템도 이런 문제를 해결할 수 있는 방식으로 개선되어야 할 것이다.

또한 철학텍스트가 제대로 생산되려면 논란이 되는 문제를 공유하는 학문공동체가 있어야 한다. 왜냐하면 텍스트란 특정 학문공동체가 지속적으로 조회하고 문의하고 새로운 모색을 할 수 있는 준거인데, 실제로는 학문공동체의 논쟁을 담을 수 있는 컨텍스트(환경 또는 맥락)가 형성되지 않고서는 진정한 의미의 학술적 텍스트가 생산될 수 없을 것이기 때문이다. 그리고 "'한국철학의 정립'을 위해서는 무엇보다도 먼저 동서양을 모두 포괄하는 철학의 주요한 고전 텍스트들이 전부 우리말로 번역되어야 한다. '번역'은 단순히 이 나라 말에서 저 나라말로 낱말의 옮김이 아니다. 번역 자체가 이미 번역되는 언어로 행하는 주체적인 철학함이고 창조적인 해석인 것이다. 이러한 기본적인 철학함이 없이는 '주체적인 철학함'은 요원한 일이다"[34]라는 주장에서도 볼 수 있듯이 철학 주요 고전 또는 원전에 대한 충실하고도 정확한 번역이 필요하다. 앞에서 지적한 여러 가지 점에 대해서 철학연구자 개개인, 각 대학 철학과와 한국 철학회 등의 새로운 노력이 필요하다.

가-5)에 대해서

우선 중·고등학교에서의 철학교육을 활성화할 필요가 있다.[35] 디지털 사회로의 변화 속에서 창조적 사유의 진작을 위해, 또한 보다 성숙한 사회로의 발전을 위해 다양한 차원의 철학교육이 강화되어야 하며 따라서 고등학교와 대학의 교육과정에서 철학이 차지하는 위치가 강조될 필요가 있다.[36] 그리고 대학 철학교육도 사회변화에 따른 생활세계의 변화, 지식사회의 변화를 잘 반영하면서 명확한 사고, 비판적 사고, 논증적 사고, 전체적 사고를 할 수 있도록 사고훈련 중심의 교육으로 바뀌어야 한다. 교수들은 가능한 명료한 일상 언어를 바탕으로 재미있고도 내용이 충실한 교과과정과 교재를 개발해야 한다. 물론 가르치는 사람들이 다양한 노력을 통해 철학교육을 향상시켜야 한다는 것은 말할 것도 없다.

나. 현실에 대한 철학(사상)적 개입의 어려움

한국에서 철학의 사회적 역할과 영향력을 높이기 위해서 우선 전문철학계가 한국사회의 역사와 현실을 직면하면서 고민할 필요가 있다. 즉

34 이기상, 『서양철학의 수용과 한국철학의 모색』, 지식산업사, 2002, 79쪽.

35 최근에 경기도 교육청에서 중학교에 철학교육을 도입하려는 시도를 하고 있으며 이를 위해 홍윤기 교수와 교사들이 『더불어 나누는 철학』이라는 교재를 간행했다.

36 백도형, 「문화와 언어: 인문교육의 지평」, 인제대학교 인간환경미래연구원, 『인간환경 미래』 제4호, 2010.봄, 71-91쪽 참조.

한국 현실을 컨텍스트로 철학적 텍스트를 만들어 내야 한다. 그러기 위해서 철학연구자들은 그 사이 축적된 역량을 최대한 발휘할 필요가 있다. 그 동안 현실 문제를 철학적으로 분석하면서 현실에 개입하려 한 노력들이 『시대와 철학』[37], 『사회와 철학』[38] 등을 통해 여러 가지 방식으로 나타났지만 다른 학문 분야에서 만큼 성과를 내고 사회적 영향력을 발휘했다고 평가하기는 어려운 것 같다. 철학계가 현실에 이론적·실천적으로 개입하기 위한 새로운 통합적 이론의 창출과 '삶에 대한 비평'을 위한 '사상자원'[39]의 확보가 필요하다. 사상자원의 확보를 위해 동아시아적 맥락에서 한국근현대(철학)사상에 대한 다양한 해석들이 나와야 한다.[40] 이를 위한 기초작업인 한국근현대철학사상사 서술을 위한 텍스트

37 김재현, 「한국철학사상연구회와 『시대와 철학』에 대한 비판적 고찰」, 『시대와 철학』 제23권 1호(권보드래 외 『지식의 현장, 담론의 풍경: 잡지로 보는 인문학』, 사회인문학총서 3, 한길사, 2012에 재수록).

38 나종석, 「학회를 통해 본 공공성과 학문성의 결합 가능성 –한국 사회와철학연구회를 중심으로」, 연세대 국학연구원, 『동방학지』 제149집, 2010(『지식의 현장, 담론의 풍경: 잡지로 보는 인문학』, 사회인문학총서 3, 한길사, 2012에 재수록).

39 '사상자원'이라는 말은 쑨거(孫歌)가 『아시아라는 사유공간』(창비, 2003, 120·159쪽)에서 사용한 것으로 그는 복잡한 현실에서부터 '사상과제'를 추려내어 사상과제에 맞는 '사상자원'을 통해 현실을 해석하면서 역사에 진입할 수 있다고 본다. 그는 "나는 다케우치 요시미를 따라 일본의 근대로 들어갈 수 있었으며, 그로부터 루쉰에 들어갈 수 있는 새로운 시각이 계발되어 다시 중국의 근대로 들어갈 수 있었다"(같은 책, 51쪽)고 고백하고 더 나아가 "다케우치 요시미는 중국과 루쉰을 가장 풍성한 사상의 자원으로 바꿔 놓았다. 나는 역의 방향에서 다케우치 요시미를 아시아의 사상자원으로 삼고 싶다"(쑨거/윤여일 옮김, 『다케우치요시미라는 물음』, 그린비, 2007, 22쪽)고 말한다. 우리의 경우 우리 자신의 '사상자원'을 어디서 어떻게 확보하여 역사와 현실에 개입할 것인가가 매우 중요한 문제라고 생각한다.

40 최근에 출간된 이규성의 『한국현대철학사론』(이화여대출판부, 2012, 976쪽)은 최제우·최시형·이돈화·김기전·전병훈·나철·이기·서일·신채호·이회영·이건창·박은식·박종홍·함석헌·신남철·박치우의 철학사상을 아우르는 최초의 한국근현대철학사상사에 대한 방대한 저술이라 할 수 있다.

생산, 전집 또는 선집의 출판 등 여러 학술적 작업들이 충분히 뒷받침되어야 한다.

다. 삶(생활)의 철학, 철학의 대중화의 측면에서

최근에 철학을 포함한 인문학에 대한 사회적, 대중적 요구가 늘어나고 있다. 이는 첫째, 스티브 잡스 등의 예에서 알 수 있듯이 디지털 경제시대, 융합의 시대에 새로운 생산력과 창조력의 뿌리를 인문학과 기술의 결합에서 찾으려는 시도로 나타난다. 둘째, 황폐화된 삶에 대한 반성과 치유(힐링)에 대한 바람으로 삶의 철학 또는 생활철학, 삶의 지혜에 대한 요구가 증대되는데 이는 한편으로는 유교철학, 노장사상, 불교 등의 동양전통철학에 대한 요구로, 다른 한편으로는 행복의 철학, 치유의 철학 등에 대한 요구로 나타난다. 셋째, 마이클 샌델의 『정의란 무엇인가』에 대한 열풍으로 나타난 것처럼, 사회적 신뢰와 윤리의식의 붕괴, 양극화의 심화, 정치적 부패 등에 따른 사회정의와 인간 존엄에 대한 관심으로 철학에 대한 요구가 증대되었다고 해석할 수 있을 것이다. 한국에서도 그동안 축적된 전문철학계의 성과들을 토대로 철학에 대한 사회적 요구(수요)를 충족시키는 대중철학자 또는 대중철학서의 저자들(김용옥·강신주·황광우 등)이 많이 나오고 있다. 이 부분은 최근에 와서 상당히 활성화되고 있다고 생각된다.[41]

41 철학교수들이 주축이 되어 간행하고 있는 대중잡지 『철학과 현실』에 대한 고찰과 한국철학사상연구회에서 운영하고 있는 전자메거진인 'E-시대와 철학'에 대한 평가, 그 외 철학대중화를 위한 다양한 노력들에 대한 분석 및 평가도 필요할 것이다.

맺는말

이제까지 언급한 여러 가지 문제들, 문제들의 원인, 해결방법에 대한 나름의 서술이 충분한 사실적, 논리적 근거가 있는 것인지, 한국 철학계가 공유할 만한 것인지에 대해서 검증받을 필요가 있을 것이다. 그러므로 철학계의 여러 전문 연구자들과 토론을 통해 이 논의들이 수정, 보완될 필요가 있고 한국 철학회 등을 통해 이 논의가 보다 현실적으로 검토될 필요가 있으리라 생각한다.

어쨌든 '한국 철학계, 무엇이 문제인가'라는 문제의식을 토대로 주체적, 창조적, 통합적인 사유를 통해 새로운 철학을 만들어낼 필요가 있을 것이다. 이를 위해서는 전문 철학연구자에게 철저한 '문제의식의 변형'(하버마스)이 필요하며, 모험을 통해 창조가 가능하도록 '흔들리는 모험'(에드워드 사이드)을 해야 한다. 그리고 이러한 모험을 통해 이론과 실천 간의 '반성적 평형'(존 롤스, 마이클 샌델)을 만들어 나가도록 해야 할 것이다. "역사를 사유하는 일은 항상 모험이며, 그것을 잘 알려면 늘 다른 방식으로 생각해야만 한다."[42]

42 박근갑, 「근대의 의미론」, 한림과학원, 『개념과 소통』 제9호, 2012, 143쪽에서 코젤렉의 말을 재인용함.

참고문헌

A. Krajzek, 「자립과 통일에의 열망」, 『서구 맑스주의자들이 본 북한사회』, 중원문화, 1990.

E. 블룬·J. 허쉬, 『사회주의 북한–북한 경제발전 연구』, 지평.

H.G. 웰스/지명관 옮김, 『웰스의 세계문화사』, 가람기획, 2003.

Habermas, J, "Volkssouveranität als Verfahren"(1988), 「절차로서의 국민주권」, 하버마스/홍기수 옮김, 『정치문화현실과 의사소통적 사회비판이론–하버마스 정치시사 평론선집』, 문예마당, 1996.

Lloyd Kramer, "Historical Narratives and the Meaning of Nationalism", Journal of History of Ideas, vol, 58, no.3, 1997.

가가와 도요히코/홍순명 옮김, 『우애의 경제학』, 그물코, 2009.

가다머 H.G. Gadamer, Wahrheit und Methode, 1975, Tübingen.

가라타니 고진/박유하 옮김, 『일본근대문학의 기원』, 민음사, 1999.

강내희, 「한국의 식민지 근대성과 충격의 번역」, 『문화과학』, 2002.가을.

강만길, 『역사가의 시간』, 창비, 2010.

강명숙, 「1945~1946년의 경성대학에 관한 시론적 연구」, 『교육사학연구』제14집, 2004.

______, 『일제하 한국기독교인들의 사회경제사상』, 백산자료원, 1999.

강상중, 『오리엔탈리즘을 넘어서: 근대문화 비판』, 이산, 1997.

강영안, 「현재 한국에서 사용되는 철학용어의 형성 배경」, 『철학사상』제5호.

______, 『우리에게 철학은 무엇인가』, 궁리, 2002.

강재언, 『서양과 조선』, 학고재, 1998.

______, 『조선의 서학사』, 민음사.

______, 『韓國近代史硏究』, 한울, 1982.
강재언/이규수 옮김, 『서양과 조선: 그 이문화 격투의 역사』, 학고재, 1998.
강재언/정창열 옮김, 『한국의 개화사상』, 비봉출판사, 1984.
거드리/박종현 옮김, 『희랍철학입문』, 종로서적, 1981.
京城帝國大學創立五十周年記念編輯委員會, 『紺碧遙かに』, 京城帝國大學同窓會, 1974.
警世生, 「人權은 國權의 基礎」, 『大韓學會月報』 제4호, 1908.
고려대학교 『고려대학교90년지』, 고려대학교출판부, 1995.
교수신문 엮음, 『오늘의 우리 이론 어디로 가는가: 현대 한국의 자생이론 20』, 생각의 나무, 2003.
국토통일원, 『한민족공동체 형성의 모색』, 1990.
권태억, 「근대화·동화·식민지유산」, 『역사학보』 제165집, 2000.
金容德, 「京城帝國大學(1924~45)の教育と學生」, 宮嶋博史, 金容德編, 『近代交流史と相互認識2-日帝支配期』, 慶應義塾大學出版會, 2004.
금장태·강돈구, 「기독교의 전래와 서양철학의 수용」, 『철학사상』 제4호, 1994.
김건우, 「1960년대 후반 문학과 『사상계』 지식인 담론의 관련 양상 연구」(2001년 서울대 문학박사 논문).
김경일, 「공동체론의 기본문제」, 신용하 편, 『공동체 이론』, 문학과 지성사, 1985.
김경재, 『울타리를 넘어서』, 유토피아, 2005.
김광억, 「원시인과 현대인은 합리성을 공유하는가」, 서울대 철학사상연구소, 『철학사상』 제22호, 2006.
김규영, 「나에게 있어 학(學)과 도(道)」, 『철학과 현실』, 1993.봄.
김남식, 「북한 연구현황과 주체사상」, 『한국 근현대연구 입문』, 역사비평사, 1988.
김도현, 「가상 '공동체'인가 '가상'공동체인가」, 『창작과 비평』 제107호, 2000.봄.
김동기, 「일본어 접사연구」, 철학 원전을 통해 본 우리의 근현대 연구팀 학술세미나 발표문, 2002.12.28.
______, 「일본의 근대와 번역」, 한국철학사상연구소, 『시대와 철학』 제14권2호, 2003.가을.
______, 「일본근대철 학의 형성과 번역」, 『시대와 철학』 제16권 1호, 2005.
김동춘, 「80년대 이후 한국 맑스주의이론의 성격변화」, 『창작과 비평』, 1993.겨울.
______, 「20세기 한국에서의 '국민'」, 『창작과 비평』 제106호, 1999.겨울.
______, 「남북한 이질화의 사회학적 고찰」, 역사문제연구소 편, 『분단 50년과 통일시대의 과제』, 역사비평사, 1995.

______,「한국사회과학과 창비 30년」,『창작과 비평』, 1996.봄.
김명섭,「남북한 관계의 문명론적 조망」,『열린 지성』제4호, 교수신문사. 1998.가을·겨울.
______,「통일방안으로서 고려(Corea) 분방권」, 한홍수 엮음,『한국정치 동태론』, 오름, 1996.
김범찬,「주체사상의 역사적 형성과정」,『사회와 사상』, 1988.12.
김병곤,「사회진화론의 발생과 전개」,『역사비평』제32호, 1996.봄.
김봉렬,『유길준 개화사상의 연구』, 경남대학교출판부, 1998.
김석수,「네오마르크스주의, 마르크스-레닌주의, 주체사상을 통해서 본 한국의 사회 철학」,『동아연구』제41집, 2001.6.
______,「맑시즘과 실존주의 수용에서 본 한국현대(1920~60년대) 정신의 갈등 구조」, 서강대학교 동아연구소,『동아연구』제37집, 1999.6.
______,『현실 속의 철학 철학 속의 현실』, 책세상, 2001.
김석수 외,『한국 인문학의 자기성찰과 혁신』, 경제·인문사회연구회, 2008.
김성근「동아시아에서 '자연(nature)'이라는 근대어휘의 탄생과 정착: 일본과 한국의 사전류를 중심으로」,『한국과학사학회지』제32권2호, 2010.
______,「메이지 일본에서 '철학'이라는 용어의 탄생과 정착-니시 아마네(西周)의 '유학'과 'philosophy'를 중심으로」,『동서철학연구』제59호, 2011.
______,「일본의 메이지 사상계와 '科學'이라는 용어의 성립과정」,『한국과학사학회지』제25호, 2003.
김성수,『함석헌평전』, 삼인, 2001.
김여수,「한국철학의 현황」, 1982; 심재룡 외,『한국에서 철학하는 자세들: 철학연구 방법론의 한국적 모색』, 집문당, 1987.
______,「문화보편주의의 새로운 모습」,『해방 50년의 한국철학』, 철학과 현실사, 1996.
김연각,「북한 변화 연구-과학성과 통찰력 사이에서(서평논문)」,『현대북한연구』제2권1호, 경남대학교 북한대학원, 1999.
______,「북한연구방법론 검토」, 경남대학교 극동문제연구소『한국과 국제정치』제24호, 1996.가을·겨울.
김연희,「한성순보 및 한성주보의 과학기술 기사로 본 고종시대 서구 문물 수용노력」,『한국과학사학회지』제33권1호, 2011.
김영민,『탈식민지성과 우리 인문학의 글쓰기』, 민음사, 1996.

김영수, 「북한의 통치 이데올로기 변화」, 『현대북한연구』제4권1호, 경남대학교 북한대학원, 2001.
김용헌, 「격물치지」, 『조선유학의 개념들』, 예문서원. 2002.
김욱동 편, 『포스트모더니즘의 이해』, 문학과 지성사, 1992.
______, 『근대의 세 번역가; 서재필, 최남선, 김억』, 소명출판, 2010.
______, 『번역과 한국의 근대』, 소명출판, 2010.
김이섭, 「다양한 번역이론과 새로운 번역가능성」, 『번역연구』제7집, 1999.
김재기, 「80년대의 사회변혁운동과 주체사상」, 『철학연구』, 철학연구회 엮음, 1989. 여름.
김재현, 「근대학문의 수용」, 『한국사45: 신문화운동 1』, 국사편찬위원회, 2000.
______, 「소련철학에서 '인간론'의 지평」, 『시대와 철학』제2호, 1991.
______, 「열암 박종홍의 초기 철학함의 특징」, 『한국사회철학의 수용과 전개』, 동녘, 2002.
______, 「월북철학자들」, 한국철학사상연구회, 『시대와 철학』제1호, 천지, 1990.6.
______, 「일제하, 해방 직후의 맑시즘 수용-신남철을 중심으로」, 철학연구회, 『철학연구』제24집, 1988.겨울.
______, 「일제하부터 1950년대까지 맑스주의의 수용」, 서울대 철학사상연구소 엮음, 『철학사상』제5호, 1995.
______, 「번역과 철학」, 『인문학연구』제13집, 한림대인문과학연구소, 2007.
______, 「한국에서 근대적 학문으로서 철학의 형성과 그 특징; 경성제국대학 철학과를 중심으로」, 『시대와 철학』제18권3호. 2007.
______, 「한국철학사상연구회와 『시대와 철학』에 대한 비판적 고찰」, 『시대와 철학』제23권1호, 2012.
______, 「해방 이후 한국 사회철학의 전개과정」, 이화여자대학교 한국문화연구원, 『철학연구 50년』, 2003.
______, 『한국 사회철학의 수용과 전개』, 동녘, 2002.
김정일, 「주체사상교양에서 제기되는 몇 가지 문제에 대하여」, 『주체사상의 형성과정』, 백두, 1988.
김종석, 「이인재의 사상과 역사적 의의: 서양철학 전래 초기 유학계의 동향에 관한 일고찰」, 『철학회지』제17집, 영남대.
김지하, "젊은 벗들: 역사에서 무엇을 배우는가", 「조선일보」1991년 5월 5일자.
김찬기, 「<한성순보> 소재 '亞里斯多得里傳'에 관한 연구」, 『현대문학이론연구』

제21권, 2004.

김창호, 「80년대 이후 진보적 철학연구사」, 『현대 한국인문사회과학 연구사』, 한국산업사회연구회 편, 1994.

______, 「사회이론의 철학적 기초」, 사회철학연구실 『社哲研會報』 창간호, 1987.12.

______, 『한국사회변혁과 철학논쟁』, 사계절, 1989.

______, 「한국사회에서의 맑스주의의 구체화와 주체사상의 문제」, 『한국민중론과 주체사상과의 대화』, 풀빛, 1989.

김창호·서유석, 「페레스트로이카와 철학논쟁-사회주의 모순 논쟁과 인간론을 중심으로」, 『사회주의 개혁과 한반도』, 학술단체협의회 편, 한울, 1990.

김태길, 『존 듀이의 사회철학』(초판 1967), 명문당, 1989.

김현주, 「서유견문과 계몽기 지(知)의 장(場)」, 유길준/허경진 옮김 『서유견문: 조선 지식인 유길준 서양을 번역하다』, 서해문집, 2004.

김형철, 『개화기 국어연구』, 경남대학교출판부, 1997.

김흥규, 「식민주의와 근대의 특권화를 넘어서」, 『창작과 비평』 제153호, 2011.

나인호, 『개념사란 무엇인가: 역사와 언어의 새로운 만남』, 역사비평사, 2011.

나종석, 「학회를 통해 본 공공성과 학문성의 결합 가능성 -한국 사회와철학연 구회를 중심으로」, 『동방학지』 제149집, 연세대 국학연구원, 2010.

나카무라 슌사쿠(中村春作), 2009, 「근대일본의 學知와 유교의 재편-근대지로서의 철학사 성립」, 『사림』 제32집.

남경희, 「한국현대철학의 방향정위와 새로운 언어관」, 이화여자대학교 한국문화연구원, 『철학연구 50년』, 2003.

노대환, 『문명』, 한국개념사총서6, 소화, 2010.

노태돈, 「한국민족형성시기론」, 『한국사시민강좌』 제20집, 1997, 일조각.

니시즈카 마사히데(石塚正英)외, 『哲學·思想飜譯語事典』, 論創社, 2003.

다카하시 도오루(高橋亨)/조남호 옮김, 『조선의 유학』, 소나무.

더글라스 로빈슨/정혜욱 옮김, 『번역과 제국』, 동문선, 2002.

데니스 포플린/신용하 편, 「공동체의 개념」, 『공동체 이론』, 문학과 지성사, 1985.

藤原彰, 『日本民衆の歴史』, 東京, 三省堂, 1983.

류시현, 「식민지시기 러셀의 <사회개조의 원리>의 번역과 수용」, 『한국사학보』 제22집, 2006.

______, 「일제강점기 러셀 저작의 번역과 볼셰비즘 비판」, 『역사교육』 제100집, 2006.

류준필, 「19C 말 일본 대학의 학과편제와 國學·漢學·東洋學의 위상」, 『코기토』 제65

호, 부산대학교 인문과학연구소, 2009.
리디아 리우/민정기 옮김, 『언어횡단적 실천』, 소명출판, 2005.
리영희, 『전환시대의 논리』, 1974.
______, 『전환시대의 논리』'개정판에 부쳐', 2006.
______, 「사회주의의 실패, 지식인의 사명」, 『신동아』1991.3월호.
리영희/대담 임헌영, 『대화』, 한길사, 2005.
리차드 E. 팔머/이한우 옮김, 『해석학이란 무엇인가』, 문예출판사.
리쾨르 폴/윤성우·이향 옮김, 『번역론』, 철학과 현실사, 2006.
마루야마 마사오, 「초국가주의의 논리와 심리」, 『현대정치의 사상과 행동』, 한길사, 1997.
마루야마 마사오/김석근 옮김, 『일본의 사상』, 한길사, 1998.
__________________________, 『일본정치사상사연구』, 통나무, 1995.
마루야마 마사오·가토 슈이치/임성모 옮김, 『번역과 일본의 근대』, 이산, 2000.
馬越徹/한용진 옮김, 『한국근대대학의 성립과 전개』, 교육과학사, 2001, 25-26쪽.
문현병, 「쁘띠 부르조아 이데올로기로서의 비판이론의 한국적 수용」, 『철학연구』 제24집, 천지, 1988.겨울.
미야가와 토루·아라카와 이쿠오/이수정 옮김, 『일본근대철학사』, 생각의 나무, 2001.
미우라 히로시, 『우치무라 간조의 삶과 사상』, 예영커뮤니케이션, 2000.
민족통일연구원, 『민족공동체 통일방안'의 이론체계와 실천방향』, 1994.
박광현, 「경성제국대학의 문예사적 연구를 위한 시론」, 『한국문학연구』제21집, 동국대학교 한국문학연구소, 1999.
______, 「경성제대와 '신흥'」, 『한국문학연구』제26집, 2003.
박근갑, 「근대의 의미론」, 한림과학원, 『개념과 소통』제9호, 2012.
박동환, 「개방사회와 한국사회의 문제」, 김태길 외, 『현대사회와 철학』, 문학과 지성사, 1981.
박명림, 「사회인문학의 창안-사회의 인문성 제고, 인문학의 사회성 발양을 위한 융합학문의 모색」, 『東方學志』, 연세대학교 국학연구원, 2010.
______, 「왜 그리고 무엇이 사회인문학인가」; 김성보 외, 『사회인문학이란 무엇인가-비판적 인문정신의 회복을 위하여?』, 사회인문학총서1, 한길사, 2011.
박병기, 「리영희-휴머니즘으로서 이데올로기 비판」, 『시대와 철학』제13호.
박상섭, 「근대 사회의 전개과정과 사회 과학의 형성 및 변천」, 소광희 외, 『현대의 학문체계』, 민음사, 1994.

______, 「주체사상비판연구에 관한 비판적 내용분석」, 『북한통치 이데올로기 연구』, 한국정신문화원, 1984.
박승덕, 「맑스·레닌주의와 주체사상」, 김창호 엮음, 『한국사회변혁과 철학 논쟁』, 사계절, 1989.
박양삼, 「북한의 주체사상과 맑스·레닌주의」, 서울지역교지편집인 연합회, 『백두에서 한라까지』, 돌베개, 1988.
박영균 「철학 없는 시대 또는 시대 없는 철학」, 문성원 「철학의 기능과 이념-1980년대 이후 한국사회철학에 대한 반성」, 『시대와 철학』, 2009.가을.
박영신, 「한국 사회학의 사회학적 역사」, 『사회학 이론과 현실인식』, 민영사, 1992.
박정하, 「『프랑크푸르트학파의 사회비판이론』에 대한 서평」, 『시대와 철학』제6호, 1993.
박정호, 「『철학대사전』작업을 마치고」, 『한국철학사상연구회 회보』창간호, 1989.6.
박종린, 「1920년대 초 정태신의 마르크스주의 수용과 개조」, 『역사문제연구』제21권, 역사비평사, 2009.
박종홍, 「이인재론-처음으로 서양고대철학사를 소개 비판한 유학자」, 『박종홍 전집』제5권, 민음사.
______, 「이정직의 '칸트' 연구」, 『박종홍전집』제5권, 민음사, 1998.
______, 『박종홍전집』제1- 6권, 민음사, 1988.
박찬국, 『하이데거와 나치즘』, 문예출판사, 2001.
박찬승, 「한말·일제시기 사회진화론의 성격과 영향」, 『역사비평』제32호, 1996.봄.
______, 『한국근대정치사상사연구-민족주의 우파의 실력양성운동론』, 역사비평사, 1992.
박현채, 「공동체론과 공동체 운동」, 『한국 경제구조론』, 일월서각, 1986.
박희성, 『회의와 진리』, 삼익문화사, 1989.
발리바르/서관모 옮김, 「민족형태-그 역사와 이데올로기」, 『이론』, 1993.가을.
방중영·허종국, 「族群, 種族, 民族 그리고 中華民族」, 『한국과 국제정치』제28호, 경남대 극동문제연구소, 1998.
백낙청 엮음, 『민족주의란 무엇인가』, 창작과 비평사, 1981.
______, 「21세기 한민족공동체의 가능성과 의의」, 『흔들리는 분단체제』.
______, 「독일과 한반도의 통일에 관한 하버마스의 견해」, 『현대성의 새로운 지평』, 하버마스/한상진 편, 나남, 1996.
______, 「민족문학론, 분단체제론, 근대극복론」, 『창작과 비평』, 1995.가을.

______, 「지구시대의 민족문학」, 『창작과 비평』제81호. 1993.
______, 「학문의 과학성과 민족주의적 실천」, 『한국민족주의론 2』, 송건호·강만길 엮음, 창작과 비평사, 1983.
______, 『백낙청회화록 1~5』, 창비, 2007.
______, 『분단체제 변혁의 공부길』, 창작과 비평사, 1994.
______, 『흔들리는 분단체제』, 창작과 비평사, 1998.
백도형, 「문화와 언어: 인문교육의 지평'」, 『인간 환경 미래』제4호, 인제대학교 인간환경미래연구원, 2010.봄.
백승균, 「실존철학과 사회이론 그리고 인간생명」, 『철학과 현실』, 2001.겨울.
백승우, 「번역의 정치-하버마스의 수용과 다시쓰기」, 서울대 대학원, 언론정보학과 석사논문, 2002.
백영서, 「사회인문학의 지평을 열며-그 출발점인 공공성의 역사학」, 『東方學志』, 연세대학교 국학연구원, 2010.
______, 「20세기형 동아시아 문명과 국민국가를 넘어서-한민족공동체의 선택」, 『창작과 비평』제106, 1999.겨울.
______, 「동양사학의 탄생과 쇠퇴 -동아시아에서의 학술제도의 전파와 변형」, 『창작과 비평』, 2004.겨울.
______, 「상상 속의 차이성, 구조 속의 동일성: 경성제대와 대북제대의 비교」, 『한국학연구』제4집, 2005.
______, 「중국의 국민국가와 민족문제 -형성과 변용」, 한국사연구회편, 『근대 국민국가와 민족의식』, 지식산업사, 1995.
백영서·손호철·유재건·김호기 좌담, 「근대성의 재조명과 분단체제 극복의길」, 『창작과 비평』, 1995.봄.
백종현, 「20세기 한국사회와 사회철학 그리고 그 과제」, 『사회철학대계 5』, 민음사, 1998.
______, 「20세기 한국의 철학계」, 『철학과 현실』, 1999.봄.
______, 「독일철학의 유입과 수용전개」, 『철학사상』제5호, 서울대 철학사상연구소, 1995.
______, 「서양철학수용과 한국의 철학」, 『철학사상』제5호, 서울대 철학사상연구소.
______, 「서양철학의 수용과 서우(曙宇)의 철학」, 『해방 50년의 한국철학』, 철학연구회 편, 철학과 현실사, 1996.
______, 「칸트철학 주요 용어의 해설 및 번역어 선택의 문제」, 『실천이성비판』, 칸트

/백종현 옮김, 아카넷, 2002.
______, 『독일철학과 20세기 한국의 철학』, 철학과 현실사, 1998.
부르스 커밍스, 「북한의 조합주의」, 『한국현대사 연구 1』, 김동춘 엮음, 이성과 현실사, 1988.
북한사회과학원 철학연구소, 『철학사전』, 힘.
북한사회과학출판사, 『위대한 주체사상 총서 1, 주체사상의 철학적원리』, 백산, 1989.
________________, 『주체사상 총서 2: 주체사상의 사회역사적 원리』, 백산, 1989.
사카이 나오키(酒井直樹), 「서문」, 『흔적』 제1호, 2000.
____________________, 『日本思想という問題-翻譯と主体』, 岩波書店, 1998.
사카이 나오키(酒井直樹)/후지이 다케시 옮김, 『번역과 주체-일본과 문화적 국민주의』, 이산, 2005.
上垣外憲一, 『일본유학과 혁명운동』, 진흥문화사, 1983.
서대숙, 『북한의 지도자 김일성』, 청계연구소, 1989.
서산정석해간행위원회편, 『서산 정석해 그 인간과 사상』, 연세대학교출판부, 1989.
서울대학교 철학과, 『철학논구』, 1973.
서울대학교50년사편찬위원회편, 『서울대학교 50년사(상)』, 서울대학교출판부, 1996.
서정민, 『이동휘와 기독교: 한국사회주의와 기독교 관계 연구』, 2007, 연세대학교출판부.
서중석, 「일제시대 사회주의자들의 민족관과 계급관」, 『한국민족주의론 3』, 창작과 비평사.
설헌영, 「현실변혁과 변증법」, 『철학연구』, 천지, 1988.겨울.
世界教育史研究會 編, 『世界教育史 5: 朝鮮教育史』, 講談社, 1975.
소흥렬, 「과학기술문명과 프래그머티즘」, 『변화하는 시대와 철학의 과제』.
손정수, 「신남철, 박치우의 사상과 그 해석에 작용하는 경성제국대학이라는 장」 참조, 『한국학연구』 제14집, 2005.
손호철, 「주체사상의 연구방향에 관한 제안」, 한국정치학회, 1989년 연례발표회 발표논문.
송두율, 「북한사회를 어떻게 볼 것인가」, 『사회와 사상』, 1988. 12.
송상옥, 「박종홍은 박정희에게서 무엇을 발견하였나?」, 『월간 조선』, 1996.1.
송상용, 「한국과학철학회」, 한국철학회편집위원회편, 『한국철학의 회고와 전망』.
송영배, 「'천주실의'의 내용과 그 의미」, 서울대학교 철학사상연구소, 『철학사상』 제5호, 1995.

송호근,『인민의 탄생: 공론장의 구조변동』,민음사, 2011.
스즈키 노리히사,『무교회주의자 우치무라 간조』, 한림신서, '일본학총서 11', 1995.
스즈키 마사유키/유영기 옮김,『김정일과 수령제 사회주의』, 중앙일보사, 1994.
스즈키 사다미/김채수 옮김,『일본의 문학개념』, 보고사, 2001.
스칼라피노/이정식,『한국공산주의 운동사 3』, 돌베개.
신남철,『역사철학』, 서울출판사, 1948.
신용하,「19세기 한국의 근대 국가형성 문제와 입헌공화국 수립운동」,『한국의 근대국가 형성과 민족문제』, 문학과 지성사, 1986 .
______,『박은식의 사회사상연구』, 서울대학교출판부, 1982.
______,『신채호의 사회사상연구』, 한길사, 1984.
신일철,『북한 '주체철학'의 비판적 분석』, 사회발전연구소, 1987.
쑨거(孫歌)/류준필 외 옮김『아시아라는 사유공간』,창비, 2003.
쑨거/윤여일 옮김,『다케우치요시미라는 물음』, 그린비, 2007.
쑨장·리리펑/최정섭 옮김,「개념, 개념사, 그리고 중국적 콘텍스트」,『개념과 소통』 제8호, 2011.
아베 요시시게(安培能成),『岩波茂雄傳』, 岩波書店, 2001(19쇄, 1957 초판발행).
안용준,『개화기 서구정치학의 도입에 관한 연구』, 경남대학교 대학원 정치외교학과 박사논문, 1998.
앤더슨(B.Anderson), Imagined Communities:Reflections on the Origin and Speed of Nationalism, Verso, 1983, 앤더슨/윤형숙 옮김,『민족주의의 기원과 전파』, 나남, 1991.
앤더슨/최석영 옮김,『민족의식의 역사인류학』, 서경문화사, 1995.
야나부 아키라/서혜영 옮김,『번역어 성립사정』, 일빛, 2003.
야마무로 신이치(山室信一)/임성모 옮김,『여럿이며 하나인 아시아』, 창비, 2003.
야마무로 신이치(山室信一),『思想課題としてのアジア-基軸·連鎖·投企』, 岩波書店, 2001.
양일모,「청말 서구정치사상의수용과 유교적 仁政 담론의 전개-담사동, 강유위, 양계초, 엄복을 중심으로」,『유교문화연구』, 성균관대 동아시아학술원, 2002.
______,「J.S.Mill과 근대중국」, 대동철학회 논문집,『大同哲學』제17집, 2002.
______,「근대 중국의 서양학문 수용과 번역」,『개념의 번역과 창조; 개념사로 본 동아시아 근대』, 돌베개, 2012.
______,「번역의 사상사: 강유위와 엄복」,『중국학보』제40집, 1999.

______, 「자유를 둘러싼 유교적 담론-엄복, 장지동, 하계의 논쟁을 중심으로」, 『철학연구』 제52집, 2001.봄.
______, 「한국 개념사 연구의 모색과 논점」, 『개념과 소통』 제8집, 2012.
양혀아, 「가부장적 공동체로서의 민족」, 『창작과 비평』 제106호, 1999, 겨울.
양현혜, 『근대 한·일관계사 속의 기독교』, 이화여자대학교출판부, 2009.
엄복/양일모·이종민·강중기 역주, 『천연론』, 소명출판, 2008.
엄정식 「분단시대 한국철학과 민족주의」, 『동아연구』 제14집, 서강대 동아연구소, 2001. 8.
______, 「안호상의 종교적 민족주의」, 『철학과 현실』, 1998.봄.
______, 「프래그머티즘과 미국문화의 수용」, 『해방의 철학』.
______, 「한국철학과 민족주의」 『동아연구』 제37집, 1999. 서강대학교 동아연구소.
에릭 프롬/김진홍 옮김, 『소유냐 삶이냐』, 홍성신서, 1978.
역사문제연구소 편, 『한국의 '근대'와 '근대성'』, 1996.
역사비평 편집위원회, 『논쟁으로 본 한국사회 100년』, 2000.
열암기념사업회엮음, 『스승의 길: 박종홍박사를 회상한다』(증보판/초판 1977), 천지, 1988.
염무웅, 「민족문학론의 우렁찬 발걸음-백낙청 비평역정의 초창기 풍경」, 『백낙청 회화록 1』, 창비, 2007.
오영석 편저, 『해방기 간행도서 총목록: 1945-1950』, 소명출판, 2009.
오이환, 「동아시아적 사유구조」 대동철학회, 『대동철학』 제17집, 2002.
오종일, 「실학사상의 근대적 전이-석정 이정직의 경우」, 『한국학보 35』, 1984.
오진혁, 『주체철학비판 1』, 전진, 1989.
올린 라이트, "분석적 맑스주의란 무엇인가?" 경남대 극동문제연구소, 『전환기의 맑스주의』, 공동체, 1991.
왕후이(汪暉)/송인재 옮김, 『아시아는 세계다; 아시아의 근현대를 심층 탐사하여 유럽판 '세계 역사'를 해체하고 신제국 질서를 뚫어보다』, 글항아리, 2011,
요아힘 쿨츠, 「칸트의 '물자체'에 대한 중국어 번역」, 『개념의 번역과 창조: 개념사로 본 동아시아 근대』, 돌베개, 2012.
위상복, 『불화 그리고 불온한 시대의 철학 -박치우의 삶과 철학사상』, 길, 2012.
유길준, 『西遊見聞』, 교순사, 1895, 東京 제13편.
______, 『정치학』, 한석태 역주, 경남대학교출판부, 1998.
유길준전서편찬위원회편, 『유길준전서』 제1권, 일조각.

______________________, 『유길준전서』 제4권, 「정치·경제」편 참조, 일조각, 1971.
유미나, 「植民地期朝鮮における經學院」, 朝鮮史研究會, 『朝鮮史研究會論文集』 제42집, 2004.
______, 「植民地期朝鮮における明倫學院」, 『史滴』 제26호, 2004.
유영렬, 『기독교 민족사회주의자 김창준』, 숭실대학교출판부, 2006.
______, 『개화기의 윤치호연구』, 한길사.
유영익, 「갑오경장 이전의 유길준-1894년 친일개혁파로서의 등장배경을 중심으로」, 『한림대 논문집』 제4집, 1986.
유재건, 「식민지·근대와 세계사적 시야의 모색」, 『창작과 비평』 제98호, 1997.겨울.
유호열, 「김정일 지도자와 북한 체제 -우상과 실제」(서평 논문), 『현대북한연구』 제3권2호, 경남대학교 북한대학원, 2000.
윤건차, 『일본-그 국가·민족·국민』, 일월서각, 1997.
______, 「일본의 사회진화론과 그 영향」, 『역사비평』 제32호, 1996.봄.
______, 『朝鮮近代教育の思想と運動』, 東京大學出版會, 1982.
______, 『한국근대교육의 사상과 운동』, 청사, 1987.
윤대석, 「아카데미즘과 현실 사이의 긴장-박치우의 삶과 사상」, 『우리말글』 제36호, 2006.
윤대석·윤미란 편, 『박치우전집-사상과 현실』, 인하대학교출판부, 2010.
윤명로, 「철학에 입문하기까지의 인생 역정의 자기 소묘」, 『한국철학회 50년, 역대 회장의 회고와 전망』, 철학과 현실사, 2003.
윤사순·이광래, 『우리사상 100년』, 현암사, 2001.
윤선자, 「이관용의 생애와 민족운동」, 한국근현대사학회, 『한국근현대사연구』, 2004.가을.
윤영도, 「탈식민, 냉전 그리고 고등교육」, 『냉전 아시아의 문화풍경 1: 1940~1950년대』, 현실문학, 2008.
윤재설 외, 『세계의 사회주의자들』, 펜타그램, 2009.
윤해동, 『식민지의 회색지대』, 역사비평사, 2003.
윤형식, 「마르크스-레닌주의 정통주의의 시대」, 『1980년대 이후 마르크스주의 연구』, 과학과 사상, 1995.
이광래, 『한국의 서양사상수용사』, 열린책들, 2003.
이광린, 『개화당연구』, 일조각, 1973.
______, 「구한말의 관립 외국어학교」, 『한국개화사연구』 개정판, 일조각, 1995.

______, 「유길준의 개화사상-서유견문을 중심으로」, 『한국개화사상연구』, 일조각, 1979.
______, 「육영공원의 설치와 그 변천」, 『한국개화사연구』 개정판, 일조각, 1995.
______, 「통리기무아문의 조직과 기능」, 『개화파와 개화사상연구』, 일조각, 1991.
______, 『개화기연구』, 일조각, 1994.
______, 『개화파와 개화사상 연구』, 일조각, 1989.
______, 『한국개화사상연구』, 일조각, 1979.
______, 『한국개화사연구』 개정판, 일조각, 1995.
______, 『한국개화사의 제문제』, 일조각, 1986.
이광주, 「'민족'과 '민족문화'의 새로운 인식」, 『서양에서의 민족과 민족주의』, 까치, 1999.
이규성, 「'열암사상의 이해와 계승'에 대한 논평」, 제11회 열암철학학술발표회(1996.12.14.) 발표논문집.
______, 『한국현대철학사론』,이화여대출판부, 2012.
이기상, 「철학개론서와 교과과정을 통해 본 서양철학의 수용(1900~1960)」, 서울대 철학사상연구소, 『철학사상』 제5호.
______, 『서양철학의 수용과 한국철학의 모색』, 지식산업사, 2002.
이기준, 『한말 서구경제학 도입사연구』, 일조각, 1985.
이길상, 『20세기 한국교육사』, 집문당, 2007.
이남덕, 「선생님께서 주신 것」, 『스승의 길』, 민음사, 1998.
이남인, 「한국현상학회」, 한국철학회 편, 『한국철학의 회고와 전망』, 철학과 현실사, 2010.
伊藤友信 외 편, 『近代日本哲學思想家辭典』, 東京書籍株式, 1982.
이만우, 「남북한 민족사회공동체 수립방향」, 『분단 반세기 남북한의 정치와 경제』, 경남대 극동문제연구소 편.
이민호, 「우리에게 민족주의란 무엇인가」, 『서양에서의 민족과 민족주의』.
이병수, 「1930년대 서양철학 수용에 나타난 철학 1세대의 철학함의 특징과 이론적 영향」, 한국철학사상연구회, 『시대와 철학』 제17권2호, 2006.여름.
______, 『열암 박종홍의 철학사상』, 한국학술정보, 2005.
이병창, 「1980년대 변증법의 수용과정」, 『시대와 철학』 제1호, 까치, 1987.
______, 「80년대의 한국사회와 사상운동」, 『사회와 사상』 1989년 1월호.
______, 「철학에 대한 반성과 전망」, 서울대 인문대 대학원 자치회 학술토론회, 1987.

______, 「『분단체제 변혁의 공부길』에 대한 서평」, 『시대와 철학』제9호. 1994.가을.
이병천, 「맑스 역사관의 재검토」, 『사회경제평론』제4집, 한울, 1991.
이삼열, 「철학과 현실참여의 사이에서」(1)(2), 『철학과 현실』, 2000.겨울, 2001.봄.
이선옥, 「日帝强占期のソウル考察-安倍能成の韓國觀を中心に」, 일어일문학회, 『일어일문학연구』제43집, 2002.
이수훈, 「한국사회 맑스주의 논의의 회고와 전망-1980년대를 중심으로」, 『경제와 사회』, 1992.여름.
이시즈카 마사히데(石塚正英)외, 『哲學·思想飜譯語事典』, 論創社, 2003.
이원순, 「한국근대문화의 서구적 기초」, 『한국사학』1, 한국정신문화연구원, 1980.
______, 『朝鮮西學史硏究』, 일지사. 1986.
이인재, 『고대희랍철학고변』, 성곡집(附哲學巧辨), 한국학문헌연구소편(서울, 아세아문화사, 1980).
이재선, 『한국개화기 소설연구』, 일조각, 1972.
이재현 「철학·연구·운동」, 사회철학연구실, 『社哲硏會報』, 1987.12(창간호).
이재훈, 「만학·만혼·만성의 대기」, 『스승의 길』증보판, 천지, 열암기념사업회 엮음, 1998(초판은 1977년에 나옴).
이정길, 『철학의 새로운 단계』, 녹두, 1989.
이정은, 「사회변혁을 위한 철학적 논의들-서양철학을 중심으로」, 『시대와 철학』제20권3호, 2009.가을.
이종석, 「북한 사회주의 정권의 성립과정」, 『역사비평』, 1988.가을.
______, 『새로 쓴 현대북한의 이해』, 역사비평사, 2000.
이준식, 「일제강점기의 대학제도와 학문체계-경성제대 조선어문학과를 중심으로」, 『사회와 역사』제61집, 2002.
______, 「일제침략기 개량주의 사회학의 흐름」, 『사회학연구』, 1986.
이진경 엮음, 『주체사상비판 1·2』, 벼리, 1989.
이진우, 「'창의적 통합'으로서의 한국철학」, 『우리 학문이 가야할 길』, 아카넷, 2010.
______, 『한국인문학의 서양콤플렉스』, 민음사, 1999.
이철승 「임중(任重)의 시대정신 발현과 도원(道遠)의 우리철학 정립문제-동양철학 논문을 중심으로」, 『시대와 철학』, 2009.가을.
이충우, 『경성제국대학』, 다락원, 1980.
이치석, 『씨올 함석헌 평전』, 시대의창, 2005.
이태수, 「장욱 교수의 논문에 대한 논평」, 『철학』제39집, 1993.봄.

이한섭, 「서유견문에 받아들여진 일본의 한자어에 대하여」, 『일본학』 제6집, 1987.

이한섭 외 편, 『서유견문 어휘색인』, 박이정, 2000.

이행훈, 「학문개념의 근대적 변환; '격치', '궁리'개념을 중심으로」, 『동양고전연구』 제37집, 2009.

______, 「한국근대 철학 개념의 역사의미론 연구」, 『개념의 번역과 창조; 개념사로 본 동아시아 근대』, 돌베개, 2012.

이현구, 「개화기 유학자와 계몽운동가들의 서양철학 수용」, 서울대 철학사상연구소, 『철학사상』 제4호.

이화여자대학교 한국문화연구원, 『철학연구 50년』, 2003.

이 훈, 「현대철학과 제국주의」, 월간 『사회와 사상』, 한길사, 1989년 1월호.

임대식, 「1960년대 지식인과 이념의 분화」, 『지식변동의 사회사』, 문학과 지성사, 2003.

임영태, 「혁명적 지식인 김태준」, 『사회와 사상』 창간호, 한길사, 1988.

임홍빈, 「21세기의 길목에서 한국철학을 반성한다」, 『사회비평』 제10호, 1993.겨울.

장규식, 「1920년대 개조론의 확산과 기독교사회주의의 수용·정착」, 『역사문제연구』 No.21, 2009.

장성규, 「'이태준 문학에 나타난 이상적 공동체주의; 오스키 사카에, 우치무라 간조와 『성서조선』그룹, 헨리 데이빗 소로우의 영향을 중심으로」, 서울대 규장각 한국학연구원, 『韓國文化』 제38권.

장은주, 「올바른 철학실천을 위한 모색; 『시대와 철학』(1987)에 대한 서평」, 『社哲硏會報』 창간호, 사회철학연구실 1987.12.

______, 『정치의 이동』, 상상너머, 2012.

『장지연전서』, 단국대학교 동양학연구소, 단국대학교출판부, 1979, 全書 2권.

장춘익 외, 『하버마스의 사상-주요 주제와 쟁점들』, 나남, 1996.

장-프랑수아 료따르/이현복 옮김, 『포스트모던적 조건』, 서광사, 1992.

전복희, 『사회진화론과 국가사상-구한말을 중심으로』, 한울, 1996.

정규영, 『京城帝國大學に見る戰前日本の高等教育と國家』, 東京大學大學院教育學研究科 博士學位請求論文, 1995.

정근식, 「식민지 검열의 역사적 기원, 1904~1910」, 한국사회사학회편, 『사회와 역사』 제64권, 2003.1.

정근식·최경희, 「도서과의 설치와 일제 식민지출판경찰의 체계화」, 『한국문학연구』, 동국대한국문학연구소, 2006.

정문길, 「진보주의의 수용과 전개 –1970년대 이후 한국에서 마르크스주의 운동과 연구동향」, 김병익·정문길·정과리 엮음, 『오늘의 한국지성, 그 흐름을 읽는다. 1975~1995』, 문학과 지성사, 1995.
정선이, 『경성제국대학연구』 문음사, 2002.
정선태, 「근대계몽기의 번역론과 번역의 사상」, 『근대어, 근대매체, 근대문학』, 성균관대학교 대동문화연구원, 2006.
정성진, 「포스트모던 마르크스경제학 비판」, 『이론』 제16호, 1996.겨울·1997.봄 합본호.
정용화, 2004, 『문명의 정치사상: 유길준과 근대한국』, 문학과 지성사.
정　종, 「한국 철학계에 있어서의 미국철학의 수용과 영향」, 고려대아세아문제연구소, 『아세아연구』, 1967.
정종현, 「신남철과 대학제도의 안과 밖」, 『한국어문연구』 제54집, 2010.
정진석, 「한성순보와 주보의 뉴스원」, 『신문학보』 제16호, 1983.
조가경, 「스튜던트 파워의 정신적 지주–마르쿠제의 이상과 환멸」, 월간『중앙』, 1968.12.
조경란, 「중국과 일본의 서양철학 수용」, 서울대학교 철학사상연구소, 『철학사상』 제4호, 1994.
______, 「중국에서 사회진화론 수용과 극복」, 『역사비평』 제32호, 1996.봄.
조동걸, 「일제식민지시대 국내 독립운동의 이해와 과제」, 『일제식민지시대의 민족운동』, 한길사, 1988.
조동일, 『우리학문의 길』, 지식산업사, 1993.
______, 『이 땅에서 학문하기』, 지식산업사.
______, 『인문학문의 사명』, 서울대학교출판부, 1997.
______, 『한국의 문학사와 철학사』.
조요한, 「한국에 있어서의 서양철학연구의 어제와 오늘」, 숭전대학교철학회, 『사색』 제1호, 1972.
조진경, 『민족자주화운동론1』, 백산, 1988.
조희영 편, 『서양철학관계 국내간행물 총목록(1931~1968)』, 비간행자료.
______, 「현대한국의 중기철학 연구-박종홍과 전원배의 철학을 중심으로」, 대한철학회, 『철학연구』 제44호, 1988.
주상희, 「한국철학서적출판에 대한 실태분석–해방 이후부터 1990년까지」, 중앙대학교 신문방송대학원 석사논문, 1991.
진관타오·류칭펑·양일모·송인재·한지은·강중기·이상돈 옮김, 『관념사란 무엇인가 1. 이론과 방법』, 푸른역사, 2008.

________________________________, 『관념사란 무엇인가 2. 관념의 변천과 용어』, 푸른역사, 2010.

陳一新, 2010, 「동아시아의 접사성 한자어 교류 양상 연구」, 인하대학교 대학원 한국학과 석사논문 참조.

차인석, 「종교에서 실존 그리고 사회사상」, 『철학과 현실』, 2001.가을.

철학연구회 『철학연구』제32집(1993.봄), 『철학연구』제33집, 1993.가을.

최완규, 「Icarus의 비운-김영삼 정부의 대북정책 실패 요인 분석」, 『한국과 국제정치』, 1998.가을·겨울.

______, 「북한국가성격의 이론과 쟁점 -비교 사회주의적 관점」, 『현대북한연구』제4권1호, 2001, 경남대학교 북한대학원.

______, 『북한은 어디로』, 1996, 경남대학교출판부.

최원식, 「신소설에 나타난 개화의 두 모습」, 『역사비평』계간34호, 1996.가을.

______, 「탈냉전시대와 동아시아적 시각의 모색」, 『창비』, 1993.봄.

최재석, 「한국의 초기 사회학: 구한말-해방」, 『한국사회학』제6집, 1974.

최재철, 「安倍能成における「京城」」, 『세계문학비교연구』, 세계문학비교학회, 2006.

최종고, 『한국의 서양법 수용사』, 박영사, 1982.

崔眞碩, 「朴致祐における暴力の豫感-'東亞協同體論の一省察'を中心に」, 『現代思想』, 2003年 3月号.

캘리니코스/임상훈·이동연 옮김, 『포스트모더니즘 비판』, 성림, 1994.

콘스탄티노프 외, 『토대/상부구조론 입문』, 학민사, 1986.

太丸義一, 「日本におけるマルクス主義」, 『歷史評論』, 東京, 1983.

板垣龍太, 「植民地近代をめぐって-朝鮮史研究における現狀と課題」, 『歷史評論』, 2004. 10, 654号.

페데리코 마시니/이정재 옮김, 『근대중국의 언어와 역사』, 소명출판, 2005.

프란체스코 삼비아시/김철범·신창석 옮김, 『영언여작』, 일조각, 2007.

하버마스(J.Habermas), 'Philosophie als Platzhalter und Interpret' in, Moralbewußtsein und kommunikatives Handeln.

________________, Theorie des kommunikativen Handelns, Bd 2. 1981, s.255, 장은주 옮김, 『의사소통의 행위이론』, 관악사, 1995.

하버마스/한상진 편, 「민족통일과 국민주권」, 『현대성의 새로운 지평』, 나남, 1996.

________________, 「유럽국민국가에 대한 성찰」, 『현대성의 새로운 지평』, 나남,

1996.
하수도, 『김일성사상의 비판』, 백두, 1988.
______, 『유물론과 주체사상』, 시린새벽, 1988.
학술단체협의회편, 『80년대 한국인문사회과학의 현단계와 전망』, 역사비평사, 1988.
한국갤럽조사연구소, 『한국인의 철학-여론조사로 생생하게 밝힌 한국 최초의 철학 탐구서』, 2011.
한국공간환경학회, 『공간의 근대성과 근대성의 공간』, 1996.
한국기독교사회연구소, 『일제하 한국기독교와 사회주의』, 1992.
한국연구재단, 『2011년 대학연구활동실태조사』, 2011.11.
한국철학사상연구회 편역, 『페레스트로이카와 철학논쟁』, 녹진, 1990.
한국철학사상연구회, 『시대와 철학』제1권 통권 54호.
__________________, 『시대와 철학』제13호 특집 '변혁시대의 지성사' 참조.
__________________, 『철학대사전』, 동녘, 1989.
한국철학회, 『한국철학의 회고와 전망』, 철학과 현실사, 2010.
__________, 『철학』제100호. 2009.가을.
__________, 『한국철학사』, 1987, 하권.
한국현상학회 편, 『현상학과 한국사상』, 1996.
한기형, 「문화정치기 검열체제와 식민지 미디어」, 『대동문화연구』제51집, 2005.
______, 「왜 식민지 검열 연구인가-경위보고서」, 『동아시아학술원 연례학술회의-식민지 검열체제의 역사적 성격』, 2004.12.17.
한만수, 「1930년대 검열기준의 구성원리와 작동기제」, 『한국어문학연구』제47집, 2006.
한상구, 「1950년대 지배이데올로기의 내용-사상계를 통해 본 1950년대 지식인들의 지적 구조와 그 내용」, 미발표 논문(1991).
한상진, 「한반도 통일의 네가지 핵심 쟁점」, 하버마스/한상진 편, 『현대성의 새로운 지평』, 나남, 1996.
______, 「해석학과 비판이론-민족주의적 실천론에 덧붙여」.
한상진·김성기, 「포스트 모더니즘 이렇게 보아야 한다」, 정정호·강내희 편, 『포스트 모더니즘의 쟁점』, 터, 1991.
한석태, 「개화기 정치학에 관한 연구」, 『사회과학연구』제4집, 경남대 사회과학연구소, 1992.

한정철, 「무엇이 주체사상-맑시즘 논쟁의 쟁점인가?」, 김창호 엮음, 『한국사회변혁과 철학논쟁』, 사계절, 1989.
한철호, 『친미개화파연구』, 국학자료원, 1998.
한홍구, 「북한 주요문헌 해제」, 『오늘의 북한』, 월간중앙, 1989년 신년호 별책부록.
함석헌저작집, 제1권, 『들사람 얼』 2009.
___________, 제2권, 『인간혁명』.
___________, 제6권, 『죽을 때까지 이 걸음으로』, 한길사.
___________, 제7권, 『하나님의 발길에 채여서』, 한길사.
___________, 제10권, 『오늘 다시 그리워지는 사람들』.
___________, 제13권, 『우리민족의 이상』.
___________, 제18권, 『먼저 그 의를 구하라』.
___________, 제25권, 『함석헌과의 대화』.
함택영, 「주체사상과 북한의 국방정책 -자위노선의 업적 및 한계」, 『북한의 정치이념 주체사상』, 경남대학교 극동문제연구소, 1990.
허남진, 「서구사상의 전래와 실학」, 서울대학교 철학사상연구소, 『철학사상』 제4호, 1994.
허남진 외, 「서구철학의 유입과 그 평가: 1부 서양철학 수용에 따른 전통철학의 대응」 서울대 철학사상연구소, 『철학사상』 제8호, 1998.
헤겔/임석진 옮김, 『법철학』, 지식산업사, 1989.
호네트(Honneth.A) Kampf um Anerkennung, Shurkamp,1992. 문성훈·이현재 옮김, 『인정투쟁』, 동녘, 1996.
홍웅선, 『광복 후의 신교육운동: 1946~1949-조선교육연구회를 중심으로』, 대한교과서주식회사, 1991.
홍윤기 외, 『더불어 나누는 철학』, 2014.
홍정완, 「일제하-해방 후 한치진의 학문체계 정립과 민주주의론」, 『역사문제연구』 제4호, 2010.
히다 요시후미(飛田良文), 『哲學字彙 譯語總索引』, 笠間書院, 1979.

인명 찾아보기